DIÁRIO CONFESSIONAL

OSWALD DE ANDRADE

Diário confessional

Organização
Manuel da Costa Pinto

Copyright © 2022 by herdeiros de Oswald de Andrade

Grafia atualizada segundo o Acordo Ortográfico da Língua Portuguesa de 1990, que entrou em vigor no Brasil em 2009.

Capa
Elisa von Randow

Foto de capa
Oswald de Andrade (1953). Arquivo Público do Estado de São Paulo

Imagens de miolo
Foto de abertura: Oswald de Andrade com a mulher, Maria Antonieta d'Alkmin, e os filhos Marilia e Paulo Marcos (1950). Fundo Oswald de Andrade, Centro de Documentação Cultural Alexandre Eulalio.
Reprodução dos diários: Renato Parada

Preparação
Silvia Massimini Felix

Revisão
Huendel Viana
Jane Pessoa

Transcrição
Marina Jarouche
João Victor de Almeida

Checagem
Érico Melo

Cronologia
Orna Messer Levin

Dados Internacionais de Catalogação na Publicação (CIP)
(Câmara Brasileira do Livro, SP, Brasil)

Andrade, Oswald de, 1890-1954
    Diário confessional / Oswald de Andrade ; organização Manuel da Costa Pinto. — 1ª ed. — São Paulo : Companhia das Letras, 2022.

    ISBN 978-65-5921-242-2

    1. Literatura brasileira 2. Memórias 3. Modernismo I. Pinto, Manuel da Costa. II. Título.

21-90752   CDD-869.803

Índice para catálogo sistemático:
1. Memórias : Literatura brasileira   869.803

Maria Alice Ferreira – Bibliotecária – CRB-8/7964

[2022]
Todos os direitos desta edição reservados à
EDITORA SCHWARCZ S.A.
Rua Bandeira Paulista, 702, cj. 32
04532-002 — São Paulo — SP
Telefone: (11) 3707-3500
www.companhiadasletras.com.br
www.blogdacompanhia.com.br
facebook.com/companhiadasletras
instagram.com/companhiadasletras
twitter.com/cialetras

Sumário

Apresentação — Manuel da Costa Pinto, 7

DIÁRIO CONFESSIONAL

1948, 31
1949, 99
1950, 185
1951, 223
1952, 331
1953, 451
1954, 499

A Antropofagia como visão do mundo — Oswald de Andrade, 511
Semana de 22, trinta anos — Oswald de Andrade, 553

Cronologia, 571

Apresentação

Manuel da Costa Pinto

Em 26 de agosto de 1951, o jornalista José Tavares de Miranda publicou, na *Folha da Manhã*, o relato de um encontro com Oswald de Andrade no qual informava que o escritor estava envolvido em duas novas obras:

> Atualmente trabalha em um grande livro o qual considera o fim de sua obra. Trata-se de um ensaio de amplitude intitulado: *A Antropofagia como visão do mundo*, livro que se prende a sua tese para o concurso de professor de literatura brasileira da Faculdade de Filosofia, Ciências e Letras da Universidade de São Paulo, da qual é livre-docente da referida cadeira.
>
> Oswald também escreve uma obra que será por certo um documento muito importante do nosso tempo. Trata-se do *Diário confessional*. Esse livro de memórias tem revelações surpreendentes [...].*

---

* O relato foi publicado como texto principal de uma breve entrevista intitulada "Traços de identidade", reproduzida no livro *Os dentes do dragão* (São Paulo: Globo, 2009, p. 289). A tese a que se refere Tavares de Miranda é *A crise da filosofia messiânica*, escrita por Oswald com vistas ao concurso para a cadeira de filosofia da Universidade de São Paulo, e não de literatura brasileira, da qual ele se tornara livre-docente em 1945 com a tese *A Arcádia e a Inconfidência* — ambas publicadas em *A utopia antropofágica* (São Paulo: Globo, 2011).

As duas obras mencionadas por Tavares de Miranda permaneceriam iné-
ditas até a publicação deste volume, que inclui tanto o *Diário confessional* quanto uma versão inacabada, porém consistente, de *A Antropofagia como visão do
mundo*, além de reflexões de caráter fragmentário que Oswald de Andrade escreveu em 1952 sobre os trinta anos da Semana de Arte Moderna de 22.

O material permaneceu guardado todos esses anos em meio aos manuscritos do escritor — mais especificamente, em dezesseis cadernos pertencentes
ao acervo particular de sua filha, Marília de Andrade. O conjunto inclui uma
gama variada de anotações esparsas, esboços de textos (em especial para a coluna "Telefonema", publicada no jornal *Correio da Manhã* entre 1944 e 1954,
ano da morte de Oswald), fichamentos de livros e versões iniciais do primeiro
volume de suas memórias, *Um homem sem profissão: Sob as ordens de mamãe*,
e da série de artigos "A Marcha das Utopias", publicada no jornal *O Estado de
S. Paulo* de julho a setembro de 1953.

Os cadernos foram escritos entre 1948 e 1954, com exceção de *A Antropofagia como visão do mundo* e de um caderno em cuja página inicial Oswald
escreve "A Antropofagia como 'Philosophia Perennis': Uma teoria do conflito
— São Paulo 1946", como se fosse o título de uma nova obra, mas que contém
apenas anotações fragmentárias, citações e comentários sobre diferentes obras
e autores, feitos entre 1946 e 1947.*

Pode-se afirmar, portanto, que a única obra que restou ao mesmo tempo
inédita e completa no conjunto dos cadernos é o *Diário confessional*, que aparece em seis dos dezesseis cadernos, porém de forma descontínua: as partes
referentes a 1948, por exemplo, estão divididas em dois cadernos, os mesmos
que contêm as duas partes referentes a 1949, sendo que um desses volumes traz
os registros de 1950, e assim por diante. Essa repartição caótica, bem ao estilo

---

* Numa das páginas do mesmo caderno, aparece ainda o título "O Antropófago — Ensaio
de uma teoria do conflito", seguido de algumas páginas de um texto que, contudo, não corresponde ao ensaio "O Antropófago", publicado postumamente em *Estética e política* (São
Paulo: Globo, 2011). Uma das raras referências ao texto "A Antropofagia como 'Philosophia
Perennis'" em obras de ou sobre Oswald de Andrade aparece na seção "Manuscritos inéditos" da bibliografia do livro *Obras escogidas*, organizado por Haroldo de Campos e K. David
Jackson (Caracas: Fundación Biblioteca Ayacucho, 1981), dando porém como data da escrita do material o ano de 1948. Ver: K. David Jackson, "Bibliografia", em Oswald de Andrade. *Obra incompleta*. Ed. crítica. Coord. de Jorge Schwartz. São Paulo: Edusp, 2021, tomo II,
pp. 1397-477. Col. Archivos 37.

indisciplinado de Oswald, exigiu assim um trabalho de montagem para restituir a sequência cronológica dos diários na presente edição.

Em duas ocasiões, Oswald de Andrade extraiu daí reflexões que desenvolveu e publicou na coluna "Telefonema", reproduzidas no livro homônimo — duas dessas colunas trazem, aliás, os títulos "Diário confessional" (2 dez. 1949) e "Notas para o meu 'Diário confessional'" (15 jun. 1951). Além disso, fragmentos dessa obra inédita, referentes aos anos de 1948 e 1949, foram publicados pelos irmãos Augusto e Haroldo de Campos e por Décio Pignatari na revista *Invenção* de dezembro de 1964, conforme indicado nesta edição. Trata-se, porém, de parcela muito restrita do conjunto.

Conforme dito acima, os cadernos nos quais Oswald trabalhava incluem uma miríade de anotações dispersas e sem data, sendo verossímil que considerasse muitas delas como pertencentes ao impulso memorialístico que está na origem do *Diário confessional*. Como, entretanto, é impossível determinar quais dessas anotações de fato poderiam representar uma marginália a ser incorporada pelo autor na versão final do diário, esta edição segue fielmente as indicações explícitas de Oswald. Ou seja, publica-se aqui a sequência de textos, com entradas de dia e mês entre 1948 e 1954, da forma indicada por ele em seu manuscrito, que demarca claramente o início e o fim dos diários com datas simbólicas: respectivamente, o aniversário de cinco anos de seu casamento com Maria Antonieta d'Alkmin (sua última mulher) e seu próprio aniversário de 64 anos.

Aparentemente, Oswald começou a fazer um registro cotidiano de suas vivências como ponto de partida para a elaboração de suas memórias. Essa intenção original é sugerida por um comentário que faz em *Um homem sem profissão*, no qual aparece a expressão "diário confessional": "Antonio Candido diz que uma literatura só adquire maioridade com memórias, cartas e documentos pessoais e me fez jurar que tentarei escrever já este diário confessional".

Entretanto, existe uma clara discrepância temporal entre o livro de memórias do autor (cujo primeiro e único volume concluído cobre o período de 1890 a 1919) e o diário publicado no presente livro, que começa em 1948 e traz poucas reminiscências de tempos pregressos. Se, portanto, a matéria que constitui *Um homem sem profissão* não está no *Diário confessional*, por que este seria base para aquele? Dessa forma, é possível especular que, uma vez reconstituídos os períodos anteriores das memórias (para as quais previa quatro ou cinco volumes), Oswald utilizasse as anotações dos diários para compor o último volume, dedicado ao período posterior a 1945.

No encontro com Tavares de Miranda, contudo, Oswald já parece tratar o *Diário confessional* como livro autônomo, embora também seja possível que usasse a expressão para se referir às memórias, que até aquele momento ainda não haviam sido escritas em sua forma final. O fato é que temos duas obras: as *Memórias e confissões* (subtítulo de *Um homem sem profissão*, lançado poucos meses antes da morte do autor) e o até agora inédito *Diário confessional*. Ou seja, memória e diário funcionam como variantes formais e existenciais de um mesmo documento de "maioridade".

Dito isso, o leitor notará que há no *Diário confessional* dois períodos lacunares: a parte referente a 1950 vai apenas de janeiro a agosto, e aquela correspondente a 1953 não traz anotações entre os meses de fevereiro e julho. Neste último caso, o motivo da interrupção é explícito: no dia de seu aniversário, 11 de janeiro, Oswald decreta o fim dos diários, apenas para retomar sua escrita em 7 de agosto do mesmo ano (com a anotação "Diário novo"), prosseguindo até 11 de janeiro do ano seguinte — quando, aí sim, sentencia: "Fim do ciclo dos diários". No caso de 1950, porém, é provável que ele tenha abandonado a escrita do diário temporariamente, para cuidar de sua malfadada candidatura a deputado federal — uma das tantas tentativas desesperadas para sair do inferno financeiro em que se viu envolto nos anos finais de sua vida.

Pois, se há uma tônica dominante no *Diário confessional*, é exatamente esta: a insegurança econômica que pouco a pouco vai ocupando espaço cada vez maior no registro de um cotidiano atormentado por credores e por infrutíferas iniciativas de vender bens, conseguir empréstimos, negociar hipotecas — termo que surge ao lado de palavras recorrentes como "promissória", "letra", "título", "anticrese", "papagaio", pertencentes a um jargão hoje em desuso para designar os compromissos assumidos com instituições de crédito e, sobretudo, agiotas que se aproveitavam da situação de Oswald com empréstimos a juros extorsivos, que aumentavam seu endividamento.

Os problemas de Oswald haviam começado muito antes. Seu pai, que vinha de uma família abastada do sul de Minas, mudara-se para São Paulo em 1881, tornando-se vereador e uma espécie de "latifundiário urbano", dono da Vila Cerqueira César e de terrenos em bairros como Pacaembu, Pinheiros, Sumaré e Mooca. Ao morrer em 1919, porém, o vultoso patrimônio de "seu" José Oswald já estava em parte hipotecado.

Inicialmente, esses reveses não alteraram a rotina de viagens transatlânticas glamorosas de Oswald, que viveu seu período áureo durante o casamento com a pintora Tarsila do Amaral, oriunda de uma rica família de cafeicultores — tanto que o escritor chegou a comprar uma das fazendas do sogro. Foi após a crise mundial de 1929, que coincidiu com a separação de Tarsila e sua ligação com a militante comunista Patrícia Galvão, a Pagu, que os problemas econômicos se acirraram, até chegar ao dramático período compreendido por este *Diário*. Aqui, o "homem sem profissão" — que, filho único, herdara imóveis e terrenos hoje localizados em alguns dos bairros mais nobres de São Paulo — está insolvente, seu patrimônio encontra-se desvalorizado ou bloqueado por pendências jurídico-burocráticas, então trabalha feito louco visitando agiotas, corretores, diretores de banco.

Em determinados momentos, Oswald faz lembrar o Naziazeno de *Os ratos*, de Dyonelio Machado (romance que, aliás, ele aponta como um dos melhores da literatura brasileira). A exemplo do anti-herói do escritor gaúcho, que percorre em delírio expressionista a Porto Alegre dos anos 1930, tentando conseguir uns trocados para garantir o leite de seu rebento, Oswald se vê prestes a não conseguir pagar o aluguel da casa e o colégio dos filhos pequenos, Antonieta Marília e Paulo Marcos (nascidos de seu casamento com Maria Antonieta), e entra numa espiral persecutória, demonizando o benfeitor que, na véspera, acenara com um empréstimo ou com a compra de um terreno, mas acabara traindo o compromisso, aprofundando a desgraça do escritor e afiando suas garras. "A vida é uma calamidade a prestações"; "Proletas e *underdogs*, eis o que temos mesmo que ser neste mundo imundo", ele escreve, revoltando-se contra as atribulações que comprometem sua saúde cada vez mais debilitada e despertam nele o fantasma da morte e até mesmo do suicídio.

Mesmo no ápice do desespero, porém, Oswald encontra energia criativa para ensaiar um poema que denominou de "Experiência Passaláqua" (em referência ao nome de um dos endereços nos quais morou, a rua Monsenhor Passaláqua, em São Paulo). Esse experimento verbal, no qual se cruzam conflitos familiares e diatribes financeiras, está disperso pelos diários como um *work in progress* e representa um texto poético inédito dentro do ineditismo do conjunto — que inclui ainda alguns esboços, também inéditos, de cenas para um projetado, mas nunca realizado, terceiro volume de *Marco zero* (em geral indicados por Oswald pela sigla "M.Z.").

Como bem observou Marília de Andrade durante os trabalhos de edição deste livro, o *Diário confessional* é o mundo de O *Rei da Vela*, a peça revolucionária (em mais de um sentido) que Oswald escreve em 1933 e na qual faz a autópsia pândega das estruturas canibais brasileiras, que ele tentou expurgar com sua Antropofagia — contraponto expansivo, dionisíaco e produtivo para nossa autofagia ressentida e usurária. Publicada em 1937, mas encenada pela primeira vez em 1967 por José Celso Martinez Corrêa no Teatro Oficina, O *Rei da Vela* seria, como se sabe, uma das principais referências do tropicalismo. E a peça também traz passagens nas quais Oswald projeta, de modo quase masoquista, elementos de sua biografia — como nessa cena inicial, ambientada no "Escritório de usura de Abelardo & Abelardo", em que os agiotas ironizam com requintes de crueldade:

> Família é uma coisa distinta. Prole é de proletário. A família requer a propriedade e vice-versa. Quem não tem propriedades deve ter prole. Para trabalhar, os filhos são a fortuna do pobre… […] É a desordem social, o desemprego, a Rússia! Esse homem possuía uma casinha. Tinha o direito de ter uma família. Perdeu a casa. Cavasse prole! Seu Abelardo, a família e a propriedade são duas garotas que frequentam a mesma garçonnière, a mesma farra… quando o pão sobra… Mas quando o pão falta, uma sai pela porta e a outra voa pela janela.*

Mas esses diários trazem também marcas do mundo pré-crise de 1929. Ao mesmo tempo que bate dia a dia na porta de reles credores e financistas, Oswald negocia sua saída do buraco com algumas das mais ilustres personagens da República: oferece terrenos ao arquiteto Oscar Niemeyer, pleiteia créditos com o banqueiro Gastão Vidigal, consegue audiência com o próprio presidente, Getúlio Vargas. São resquícios do Oswald que ia à Europa em transatlânticos e, como ele mesmo diz aqui, conviveu com Pablo Picasso, Max Jacob, Blaise Cendrars, Jean-Louis Barrault e Isadora Duncan — com quem passou uma lendária noitada num hotel paulistano, noitada esta que ele promete esclarecer, sem avançar sobre o que já foi dito em *Um homem sem profissão*…

Para além de caricaturas e nostalgias, o autorretrato que sobressai desse *Diário confessional* é, sobretudo, o de um homem fragilizado e carinhoso com

---

* O *Rei da Vela*. São Paulo: Companhia das letras, 2017, p. 19.

sua mulher Maria Antonieta, emocionado com seus filhos menores e orgulho dos mais velhos, o artista plástico Nonê (seu filho com a francesa Henriett Denise Boufflers, a Kamiá, e eterno companheiro no calvário econômico) e o cineasta Rudá (do casamento com Pagu). Quando, ao longo do diário, Oswald fala de seus "onze", está se referindo a esse núcleo familiar — ele, a mulher e os quatro filhos —, que ele sustentava, e no qual se incluem ainda a nora, Adelaide Guerrini de Andrade, e os netos nascidos até então, todos com o sobrenome Guerrini de Andrade: Inês, José Oswald (Timo, abreviação do apelido Timochenko, em referência ao general russo fundamental na vitória dos aliados na Segunda Guerra), Marcos Antônio e Bárbara Heliodora (Pilula). Vale destacar, ainda, as menções afetuosas aos membros da família de Maria Antonieta d'Alkmin, que se tornaram muito próximos ao escritor, dando-lhe apoio emocional e até financeiro. Ao final da vida, Oswald também encontra algumas personalidades intelectuais que calam fundo em sua sensibilidade, como Josué de Castro (autor de um importante estudo sobre a fome no Brasil) e Albert Camus, interlocutores que reverberam suas preocupações éticas e políticas.

Camus, por sinal, é presença marcante no *Diário confessional*. Oswald faz vários esboços, em francês, do discurso de recepção ao escritor, que visitou o Brasil em 1949, e descreve os preparativos para a viagem que fez com ele a Iguape — experiência que o autor de *O estrangeiro* reconstitui em detalhe em seu *Diário de viagem* e que está na gênese do conto "A pedra que cresce", de *O exílio e o reino*, ambientado na cidade do litoral paulista. Aliás, Camus é responsável pelo único registro existente do ensaio *A Antropofagia como visão do mundo*, além da breve menção de Tavares de Miranda, na reportagem da *Folha da Manhã*, e das referências feitas pelo próprio Oswald em seu diário.

Em seu relato de viagem ao Brasil, Camus anota, em 3 e 4 de agosto: "Jantar com Oswald de Andrade, personagem notável. Seu ponto de vista é que o Brasil é povoado de primitivos e que é melhor assim. [...] Andrade me expõe sua teoria: a antropofagia como visão do mundo" — e, em seguida, explica com notável fidelidade (em se tratando da transcrição de uma conversa informal) a teoria de Oswald.*

---

* Camus assim traduz as ideias de O.A.: "Diante do fracasso de Descartes e da ciência, retorno à fecundação primitiva: o matriarcado e a antropofagia. O primeiro bispo que desembarca na Bahia tendo sido comido por lá, Andrade datava sua revista como do ano 317 da deglutição do

É bastante verossímil pensar que, ao usar a expressão "a antropofagia como visão do mundo" para apresentar suas ideias a Camus, Oswald tivesse em mente o ensaio homônimo que concebia no momento, não se referindo apenas à Antropofagia de 1928 como forma de ver e interpretar a realidade brasileira. Tanto é que, no *Diário confessional*, Oswald afirma, em 13 de novembro de 1949: "Vou enfim redigir o que será o meu maior livro — *A crise da filosofia messiânica*, tese para o concurso de filosofia, donde sairá *A Antropofagia como visão do mundo*, que mandarei a Camus".

Quase um ano antes, aliás, ele redige respostas a um "inquérito" em que inclui uma reflexão na qual estabelece um liame entre o diário, o ensaio inédito e outros textos que concebia ao final de década de 1940:

> O que me levou ao *Diário confessional* que estou redigindo foi o medo de não poder terminar a filosofia imatura em que trabalho. A Antropofagia como visão do mundo. Pelo menos aí ficará fixada a pesquisa em torno do primitivismo tecnizado que vejo tomar conta de toda a Terra. Entre escrever apressadamente um *Breviário de Antropofagia, A Antropofagia como filosofia perene* ou ainda *Uma filosofia do ócio e do conflito*, três livros que imaginei e anoto, prefiro não perder o que está feito e que há vinte anos elaboro, mesmo através da experiência marxista que fiz. (*Diário confessional*, pp. 91-2)

O comentário esclarece um aspecto misterioso do manuscrito. O caderno em que Oswald redige *A Antropofagia como visão do mundo* traz, em seu frontispício escrito à mão, a data de 1930. Ao final do mesmo caderno, porém, há frases soltas e anotações com datas bem posteriores, 1946 e 1950. Muito provavelmente, isso indica que Oswald pensava em retomar, no período em que escreve seus diários, a "filosofia imatura" cuja elaboração iniciara vinte anos antes. *A antropofagia como visão do mundo* pertence ao mesmo movimento de

---

bispo Sardinha". Há uma pequena imprecisão de Camus: o manifesto, publicado em 1928 no primeiro número da *Revista de Antropofagia*, foi datado do "Ano 374 da Deglutição do Bispo Sardinha", mas Oswald também "erra", talvez intencionalmente, pois o religioso foi devorado pelos índios caetés em 1556, e não em 1554 (que é o resultado se subtraímos 374 da data de publicação do manifesto, 1928); possivelmente, Oswald adulterou o ano para fazer o ritual antropófago coincidir com o ano da fundação de São Paulo — onde foram lançadas as bases do modernismo na Semana de 22.

sistematização filosófica, antropológica e sociológica das sementes lançadas sobre o chão de Pindorama no "Manifesto Antropófago". Como é sabido, passado o momento vanguardista (cujo espírito, no entanto, Oswald jamais abandona), o escritor desdobra suas percepções em termos mais ensaísticos e conceituais na tese *A crise da filosofia messiânica*, na série de artigos "A Marcha das Utopias" e numa sucessão de textos publicados em vida ou postumamente. Dentre esses, o que mais se aproxima de *A Antropofagia como visão do mundo* é "O Antropófago", publicado em *Estética e política* a partir de um manuscrito depositado no Centro de Documentação Cultural Alexandre Eulalio (Cedae/IEL/Unicamp). Segundo a organizadora do volume, Maria Eugenia Boaventura, o manuscrito registra datas de 1952 e 1953, além de um subtítulo (suprimido da edição em livro) que aparece também nesta anotação de 17 de junho de 1952 do *Diário confessional*: "O título do meu livro ficou *O antropófago — Sua marcha para a técnica, a revolução e o progresso*. Já tenho quase duzentas páginas escritas".*

"O Antropófago" aborda vários temas presentes em *A Antropofagia como visão do mundo*, como a "hipótese das latitudes", que também já aparecera em "Meu Testamento" (depoimento de 1944 a Edgard Cavalheiro, publicado em *A utopia antropofágica*). Mas seu desenvolvimento é bastante diferente do ensaio aqui publicado, em que Oswald adota ao mesmo tempo um tom mais oracular para tratar do devir antropofágico e uma genealogia mais especulativa (radicada na biologia dos seres elementares) para a função devorativa que nos define e que foi, segundo ele, recalcada por uma espécie de terror mítico moldado por fatalidades geográficas. Em resumo, o inacabado *A Antropofagia como visão do mundo* parece estar na gênese do igualmente inacabado "O Antropófago" e de outros ensaios que Oswald menciona no *Diário confessional*, mas dos quais não deixou esboços consistentes.

Em seu teor utópico ou profético, *A Antropofagia como visão do mundo* traz também as marcas culturais do período. Oswald funde um idealismo conceitual de matriz hegeliana e uma fenomenologia das derivas comportamentais

---

* Segundo Boaventura, Oswald ditou parte de "O Antropófago" para sua mulher, Maria Antonieta, quando estava convalescente. Como não há registro desse período de convalescença no *Diário confessional*, que termina em 11 de janeiro de 1954, é provável que a versão desse ensaio que chegou até nós tenha sido arrematada a partir de março do mesmo ano, quando Oswald é internado para uma cirurgia e escreve o caderno de reflexões "Livro da convalescença", depositado no Cedae.

do homem diante de sua condição, das sociedades e mesmo do cosmos. Em uma singular combinação de ideias de Rousseau, Marx, Spengler, Freud e Einstein com estudos etnográficos hoje contestados (como sua noção de um matriarcado primordial), ele busca determinações ao mesmo tempo metafísicas, materialistas e até climatológicas para descrever a "concepção imperialista do homem fáustico" e a "decadência do Ocidente", cujos sintomas seriam superados pela antropofagia dos povos "voluptuários". Para isso, cria categorias que soam excêntricas — como "estado catacumbal" ou "latitudes fáusticas" e "latitudes sanchas", inspiradas nos mitos literários do mefistofélico Fausto e do submisso Sancho Pança de Cervantes — e recorre a um jargão racial para celebrar nas culturas indígena e negra a "ordem profunda do homem natural".

O manuscrito de *A Antropofagia como visão do mundo* não está completo — seu texto contínuo é interrompido após um capítulo sobre Rousseau. Mas Oswald escreveu, no mesmo caderno, e depois de deixar algumas páginas em branco, duas outras seções, que transcrevemos na presente edição, indicando, porém, que seriam provavelmente incorporadas e mescladas a outros desenvolvimentos das ideias contidas no ensaio.

Igualmente incompleto é o conjunto de anotações e insights que Oswald escreve sobre a Semana de 22 — incluído também ao fim deste volume. A gênese desses fragmentos é incerta. Poderiam ser esboços para um ou mais textos da coluna "Telefonema", ou para textos encomendados por jornais e revistas, ou ainda rascunhos de respostas a alguma entrevista, tendo em vista que se comemoravam então os trinta anos da eclosão modernista. Algumas reflexões desses fragmentos aparecem, bastante modificadas, em textos pontuais de *Estética e política*, tais como "Brecheret" e "O modernismo". Este último foi publicado pela revista *Anhembi* em 1954, porém fala mais dos preparativos e do "alarido" provocado pela programação da Semana, ao passo que as anotações aqui transcritas se referem a seu legado.

Evidentemente, o tom ácido das anotações oswaldianas sobre os protagonistas (ou algozes) do movimento é característico de um caderno íntimo e talvez fosse amenizado numa eventual versão publicada pelo próprio autor — o que torna "Semana de 22, trinta anos" (título atribuído ao conjunto por esta edição) um instantâneo das lembranças e visões retrospectivas de Oswald concentradas em torno do evento seminal do modernismo e de suas reverberações, principalmente a partir dos anos 1930.

CONVENÇÕES TEXTUAIS DA PRESENTE EDIÇÃO

Oswald de Andrade escrevia quase sempre a lápis nos dezesseis volumes de capa dura ou brochura pertencentes à coleção particular de Marília de Andrade, o que inclui os sete cadernos dos quais foram extraídos todos os textos aqui publicados. Essa característica material resulta em manuscritos de difícil leitura, com muitas palavras, incluindo nomes de pessoas, cuja decifração é incerta.

Além disso, Oswald cita uma miríade de pessoas cuja identificação exata foi impossível de estabelecer — principalmente ao descrever seus périplos por instituições financeiras e credores individuais, quando convive com personagens que, embora recorrentes no *Diário confessional*, deixaram poucos traços.

Para proporcionar uma leitura mais fluida, sem excesso de notas, recorreu-se aos seguintes critérios no estabelecimento dos textos:

- Nos comentários e notas, sempre nos referimos a Oswald de Andrade como O.A.
- Quando há supressão de trechos indecifráveis, as lacunas textuais são indicadas por colchetes e reticências: [...].
- Comentários sobre a disposição espacial do manuscrito ou informações adicionadas ao texto pelo organizador, como prenomes ou sobrenomes, nomes completos de instituições, títulos de livros etc. aparecem sempre entre colchetes e em itálico. Por exemplo: Noemia [*Mourão*]; [*Banco*] Imobiliário; *O Único* [*e sua propriedade*], de [*Max*] Stirner.
- Trechos de decifração incerta foram transcritos entre colchetes, sem itálico.
- Palavras e frases escritas nas entrelinhas ou à margem da página são indicadas entre colchetes, em itálico, e eventualmente seguidas da anotação de Oswald de Andrade sem itálico. Por exemplo: [*nas entrelinhas:* Uma mitologia do ócio — elaboração totêmica].
- Páginas do manuscrito em que Oswald de Andrade faz contas e relaciona dívidas, nomes de credores/instituições financeiras etc. foram suprimidas e substituídas por indicações da intervenção. Por exemplo: [*relação de bens e dívidas*].
- Nomes de pessoas pertencentes ao círculo familiar do autor ou que, por serem públicas, são hoje menos conhecidas, foram completa-

dos pelo organizador com o auxílio de Marília de Andrade e Érico Melo; nomes de pessoas com as quais mantinha relações ocasionais ou meramente comerciais e que não deixaram registro foram mantidos tal como no manuscrito; nomes de personalidades, artistas, intelectuais etc. foram completados apenas quando isso constitui informação que facilite o reconhecimento pelo leitor (o que não é o caso de figuras sobejamente conhecidas como Marx, Nietzsche, Freud etc.).

- Atualizamos a ortografia e adequamos a acentuação e a hifenização ao atual Acordo Ortográfico.

- Palavras e frases em línguas estrangeiras foram grafadas em itálico, com tradução em notas de rodapé.

- Títulos de obras e periódicos escritos entre aspas pelo autor foram grafados em itálico e sem aspas, seguindo o padrão da editora.

- Algumas vírgulas foram adicionadas, apenas quando há erro flagrante comprometendo a compreensão do texto.

- Quando o texto traz (?), trata-se de recurso do próprio autor, indicando dúvida. Quando traz [?], com o ponto de interrogação em itálico, significa intervenção do organizador para indicar frase interrogativa da qual não constava o sinal.

- Alguns nomes escritos de forma errada foram corrigidos (como "Rousseau", e não "Rosseau", ou "Ferreira Gullar", e não "Goulart"); outros foram atualizados (como "Cerqueira César", e não "Cezar"; "Getúlio Vargas", e não "Getulio").

- Mantivemos a grafia e a sintaxe das frases em que Oswald mimetiza os modos peculiares de falar de seus interlocutores.

- Oswald usa diversas formas de grafar números, horas, datas e medidas em geral; para facilitar a leitura, padronizamos tal uso quando conveniente, optando por uma delas, transcrevendo-os por extenso ou em algarismos, conforme o padrão da editora.

- Substantivos comuns e adjetivos grafados por Oswald ora em maiúscula ora em minúscula foram padronizados em minúscula, salvo quando é relevante manter a opção do autor — caso de termos que denotam conceitos ou ideias próprias, como "Antropofagia" ou "Moral de Escravo".

- Como o leitor notará, o autor muitas vezes se refere a seu filho Nonê (apelido de Oswald de Andrade Filho) como Nony, grafia que mantivemos. Mas padronizamos a grafia de "Baíla" para as diferentes formas com que Oswald grafa o apelido de sua filha, Antonieta Marília de Andrade.

Devo o convite para realizar este trabalho de edição dos cadernos de Oswald de Andrade à generosidade da filha do escritor — a dançarina e coreógrafa Marília de Andrade (que tive o prazer de conhecer quando fui curador da Flip de 2011, que teve o escritor como autor homenageado) — e da editora e poeta Alice Sant'Anna. O mínimo que poderia dizer é que o diálogo que mantivemos faz de ambas coorganizadoras deste livro, no qual também teve participação fundamental o *publisher* Otávio Marques da Costa.

Marina Jarouche e João Victor de Almeida, responsáveis pelo árduo trabalho de transcrição dos manuscritos (a partir de fotografias digitais feitas por Alice Keiko Taira), foram parceiros essenciais da empreitada — especialmente Marina, que, além de decifrar forma e conteúdo do texto, muitas vezes deixava, à margem de nossos arquivos de trabalho, comentários emocionados sobre esse documento biográfico que é o *Diário confessional*.

Um livro extraído de um conjunto de manuscritos que seu autor não teve tempo de revisar e organizar dá margem a muitas dúvidas e inseguranças quanto ao ineditismo e à contextualização dos originais, exigindo consultas a grandes conhecedores de Oswald de Andrade como Jorge Schwartz e Gênese Andrade, coordenadores editoriais das obras do escritor, K. David Jackson e Augusto de Campos — cujas informações minimizaram as eventuais imprecisões pelas quais sou o único responsável. A eles se somam os jornalistas Alexandre Agabiti Fernandez e Flávia Costa Neves Machado, que contribuíram na elucidação de questões específicas surgidas ao longo do trabalho de estabelecimento dos textos dos manuscritos.

O editor de texto Willian Vieira e a preparadora Silvia Massimini Felix foram muito além da padronização e da correção textual, contribuindo para decisões editoriais que tiveram em Érico Melo um leitor cujas notas esclarecedoras se confundem com a deste organizador. Em nome deles, agradeço a toda a equipe da Companhia das Letras.

DIÁRIO CONFESSIONAL

Diário confessional

Memórias de Oswald de Andrade

1890-19...

Para serem publicadas em 1991 ou antes

Caderno bis

São Paulo 19 de junho de 1948

MEMÓRIAS
sob o título

Diário confessional

[O.A. anota a seguinte epígrafe no verso da página]

*A vida do poeta começa
por uma luta contra o
mundo inteiro: para ele
trata-se de encontrar a
paz ou a justificação.
. . . .
o mundo o absolve no
instante em que ele
quer por assim dizer
destruir-se.*
  Kierkegaard, *A repetição*

Maria da Penha
Fagniani
Rua São Clemente

———

Diario Confessional

Memorias de Oswald de Andrade

1890 — 19...

Para ~~nunca~~ serem publicadas

em 1991 ou antes

Caderno bis

São Paulo 19 de Junho de 1948

54 - 45 - 26

MEMORIAS

sob o titulo

Diario Confessional

A vida do poeta começa
por uma luta contra o
mundo inteiro: para ele
trata-se de encontrar a
paz ou a justificação.
. . . .
o mundo o absolve no
instante em que ele
quer por assim dizer
destruir-se.

Kierkegaard – "A
petição"

1948

19 de Junho

Decido-me hoje a escrever as minhas Memorias. Por muito tempo hesitei. Hoje reencetо e tomada de materiá

Cinco anos atraz eu me casava с Maria Antonieta de Alkmin Mira com ela e nossos dois filhos, Antonieta Marilia e Paulo Marco — este nascido ha menos de dois mezes — numa casa velha e emp. tavel da Rua Monsenhor Passalá que num pedaço hibrido da cidade onde nasci - São Paulo. É uma rua onde vegeta e luta gente de pequena burguesia, gente que empresta jornal e termometro e se interessa e comove pelos acontecimentos circundantes. De um lado estuge a vida comercial da Rua da Liberdade, do outro a da

1948

19 DE JUNHO

Decido-me hoje a escrever as minhas memórias. Por muito hesitei. Hoje reenceto a tomada de material.

Cinco anos atrás eu me casava com Maria Antonieta d'Alkmin. Moro com ela e nossos dois filhos, Antonieta Marília e Paulo Marcos — este nascido há menos de dois meses — numa casa velha e imprestável da rua Monsenhor Passaláqua num pedaço híbrido da cidade onde nasci — São Paulo. É uma rua onde vegeta e luta gente de pequena burguesia, gente que empresta jornal e termômetro e se interessa e comove pelos acontecimentos circundantes. De um lado estruge a vida comercial da rua da Liberdade, do outro a da avenida Brigadeiro. A minha biblioteca, pobre e incompleta, aos fundos da casa, dá para o convento [novo] do Carmo, refúgio colonial para os olhos, como os seus sinos são emoção sonora para os ouvidos. E a várzea do Carmo, agora, dá para o sol e para o céu.

Comumente, às cinco horas da madrugada, venho daqui ver se iluminarem as vinte janelas silenciosas dos frades. Estou casado há cinco anos na data de hoje. Com alguém que tem representado para mim o milagre de Job. É neste clima kierkegaardiano da *Repetição* que resolvo escrever e contar a minha vida.

Ontem, depois de ter subido à Caixa Econômica Federal de São Paulo, fui reformar um título [...] no Banco do Distrito Federal, à rua 15 de Novembro. Aí encontrei meus dois filhos maiores, Nonê e Rudá.* Rudá que é adolescente está malvestido com os sapatos cambados e gastos. Reclama risonho:

— Eu preciso andar melhorzinho porque sou filho do Oswald de Andrade.

Feitas as contas e pagos os juros, dou-lhe o que é preciso para comprar os mais baratos sapatos da cidade. Nonê reclama a Inês, minha primeira neta, [estar com os pés machucados], também por causa dos sapatos velhos. Vamos os três ao 10º Tabelião assinar a escritura da constituição do Museu de Arte Moderna a pedido de Ciccillo Matarazzo. Deixo os dois e volto para casa num ônibus, cerca de quatro horas.

Nessa caminhada que começou às onze, depois de um almoço rápido, encontrei alguns marcos humanos da minha existência. Estive inicialmente no escritório de meu advogado, Alexandre Marcondes Filho, com quem fui ver uns terrenos novos que ele deseja comprar no Sumaré. De volta ao centro, falo com os diretores da Caixa, Alcides Vidigal e Arthur Antunes Maciel. Estavam em conselho, me dissera o contínuo Benedito, com o outro diretor Alfredo Egídio de Souza Aranha. Este me recorda o ginásio de São Bento e infância.

Na rua, no Beco, enquanto tomo com Nonê e Rudá um cafezinho [e compro estampilhas para a reforma], levo um esbarrão seguido de um murmúrio confuso. É sô Luigi, que esmola discretamente, pequenino, com mais de oitenta anos, num sobretudo que tem cem. Já era velho e me servia pizza napolitana, em 1909, quando comecei a ser jornalista. Encontrei na rua Quinze o velho Torquato, outro trecho de minha vida, coiteiro no Jabaquara de minhas fugas comunistas em 32.**

Tira um sopro da boca desdentada:

— Non faço nada sinon vô in galera!***

---

* Nonê, apelido familiar de José Oswald Antônio de Andrade, nasceu em 1914 do relacionamento do escritor com a francesa Henriette Denise Boufflers (Kamiá). Rudá Poronominare Galvão de Andrade, filho de O.A. e Pagu, nasceu em 1930. (Esta e as demais notas são do organizador do volume.)
** Perseguido pelos governos estadual e federal, O.A. entrou na clandestinidade durante a Revolução Constitucionalista, o que é narrado em seu livro *Marco zero I: A revolução melancólica*.
*** Em italiano macarrônico: "Não faço nada, senão vou para a prisão!".

A uma dobra da City, dou com um carrapato da corretagem usurária, dessa que [me quis] sufocar em 1921, por ocasião da quebra do cônego Melo* em que me vi envolvido como endossante. Chama-se Calpúrnio de Magalhães Couto. Lança-me um boa-tarde que vale uma facada. Está todo torto e, como é gordo e velho, arrasta uma figura estranha de corcunda ocasional pelas ruas.

Calpúrnio, Torquato de Lorenzi, seu Luigi — trechos da minha vida, como os filhos e os advogados dignatários da Caixa — marcos de minhas confissões, trechos de minha existência-aparência à entrada deste livro, como fantasmas de Elsinore,** exigindo que se cumpram estas páginas. É o apelo que me fez Antonio Candido, da dolorosa empresa de dizer tudo o que guardo. De tomar satisfação do destino, como Hamlet.

Que seja isso começado neste dia feliz de 19 de junho de 1948. Tenho a felicidade [fácil].

20 DE JUNHO

Ontem, festejamos o quinto aniversário de nosso casamento, com a presença do casal Antonio Candido, do casal Cid Franco, do professor [José] Cretella, vieram também Aurasil [Brandão Joly], Pirão*** e família. O Pirão atual de Aurasil. Muito bonita e muito baiana, sempre vestida por um compêndio de História das religiões, ora mexicana, ora hindu, ora grega com sandálias e tudo.

Pela manhã, oferecemos uma feijoada às celebridades do rádio local que fizeram mês atrás uma hora de literatura comigo. Túlio de Lemos, Edmur Cotti, Walter Foster e o maestro Spartaco Rossi. Ideias trocadas de me levarem para o rádio. Ando precisadinho. Quem sabe?

Enfim, nestes cinco anos progredimos, sobretudo em crédito e portanto em dívidas. Dívidas para com os bancos, com a usura, com a Caixa Econômica Federal, com o engenheiro Mathias. Dívidas para com o público, os editores e a crítica — Marco zero, três volumes para assim dizer escritos mas esquarteja-

---

* O.A. foi avalista dos empréstimos bancários tomados pelo cônego Francisco de Melo e Sousa, vigário da igreja da Consolação, para a construção do atual templo na rua homônima.
** Castelo em que se passa Hamlet, de Shakespeare.
*** Gíria para "mulher". Aurasil era casado com Maria Cecília Brandão Joly. O casal era muito próximo de O.A. e Antonieta.

dos ainda nos oitenta cadernos de material. Dívidas para comigo mesmo, para com a memória de meus pais, para com Antonieta, com filhos e netos. Morrerei devendo.

Mas nesses cinco anos, levantamos um edifício de dez andares no terreno da rua Vitória que Samuel Ribeiro nos fez adquirir em 1940. O edifício esteve congelado por mais de meio ano, graças à horrenda boa vontade de Arthur Antunes Maciel que desde a saída de Samuel Ribeiro da presidência da Caixa, onde o substituiu, nos aporrinha e persegue periodicamente, só agora permitindo o reajustamento há longo tempo compromissado para o término da obra. O que isso me tem custado de saúde e de nervos estragados é incalculável e incalculado. Foi com certeza o que me provocou a crise de setembro último em que senti na rua a cabeça descolada. Estive de cama, no Rio, com pressão alta, assistido por [*Waldemar*] Berardinelli e Pedro Nava.

Se perguntarem por que insisto em construir, direi que não acredito na derrocada imediata do capitalismo entre nós e por isso, através dum desenvolvimento penoso e longo de economia herdada, procuro de qualquer modo transmitir aos meus alguma coisa do que me deixaram os velhos queridos. É essa a chave sentimental da minha luta capitalista. Para não ser vencido, meus horários têm sido de guerra, meus dias de febre, e mais de uma vez o destino tem contado nove pontos, antes que me releve machucado dos tablados infectos que me imponho — Caixa Econômica Federal de São Paulo, escritório do engenheiro Alfredo Mathias, escritório de advocacia Marcondes Filho. Fórum, gerências de bancos e de casas bancárias.

Não me faltou o totem. Maria Antonieta d'Alkmin casou-se comigo, no México, por procuração, e no culto protestante, no pequeno apartamento da rua Aurora que habitamos até 45, no Edifício Santa Inês.* Além da família, apareceu gente curiosa para assistir o ato curioso, com o speech de um velho pastor e fotografias dos noivos. Lembro-me de Flávio de Carvalho, Di Caval-

---

* Antes da aprovação da lei do divórcio no Brasil, pessoas desquitadas que, a exemplo de O.A., quisessem oficializar um novo casamento, faziam-no em outros países, muitas vezes por procuração — por isso o casal selou sua união no México. E, como a igreja Católica tampouco permite mais de um casamento, a cerimônia religiosa foi celebrada, em São Paulo, por um pastor protestante. Apud Marília de Andrade e Ésio Macedo Ribeiro (Orgs.). *Maria Antonieta d'Alkmin e Oswald de Andrade: Marco zero*. São Paulo: Edusp; Imprensa Oficial do Estado de São Paulo; Oficina do Livro Rubem Borba de Moraes, 2003, pp. 65-9.

canti, Noemia [*Mourão*], Bella Karawaewa e o marido, um Prado. Amigas e colegas de Antonieta. Muito doce e pequena champanhe.

Essa noite partimos pelo noturno do Rio para a Aparecida, onde dormimos, num hotel. Antonieta no seu roupão verde e na sua camisa branca e fina pesava cinquenta quilos.

Num encontro de redação em que revejo no jornalismo Hermínio Sacchetta, converso com Miguel de Macedo, o ex-ideólogo do trotskismo, e com a hiena amável, ou seja o escritor e sociólogo Cândido Mota Filho, de quem exprobo a frouxidão oportunista em homem cuja cultura atingiu e ultrapassou os limites do local. E dos seus lábios roxos sai isto dito em tremolo: — Sinto uma covardia diante da realidade...

[*O.A. anota no alto da página*: o nascimento o imediato a morte / o mesmo plano subterrâneo e paludoso da devoração (desengonça e cria)]

Falo-lhes da revolução matriarcal que a Antropofagia assinala na era da técnica. — É Keyserling, diz Mota. — Também Keyserling e os profetas da Idade Mecânica...

Macedo me indica o livro de Mannheim que desconheço, *Liberdade, poder e planificação* [*democrática*].

Mota propõe-se a arranjar com o milionário algodoeiro Zarvos que foi garçom na Noroeste o vasto local que possui na praça da República, para instalar-se o Clube de Arte Moderna de Chicilo [*Ciccillo Matarazzo*] e Yolanda [*Penteado*]. Local onde esplendeu o Partido Comunista na áurea era de 45.

Essa ida ao *Diário de São Paulo** recorda-me a noite em que conheci Miguel de Macedo. Foi na rua Barão de Piracicaba, onde eu morava no fim da década de 30, no palacete do então meu sogro, o velho fazendeiro José Estanislau do Amaral, pai de Tarsila.**

Não me lembro como, mas já tarde dei numa esquina com Raul Bopp e Macedo. Minha Antropofagia inicial coincidia com a alta do café. E me fez impressão

---

* O escritor não emprega a grafia oficial dos títulos de alguns jornais da época, como o *Diario de S.Paulo*.

** Provável equívoco cronológico de O.A., que se separou de Tarsila em 1929, quando passou a viver com Pagu. No final dos anos 1930, o escritor estava casado com Julieta Guerrini.

a seriedade e a cultura daquele moço anônimo que me falava pela primeira vez em luta conduzida pelo proletariado, massa e poder político a conquistar. Discutimos. Eu desarmado e inocente. Era no tempo da Antropofagia Ingênua. Miguel de Macedo emprestou-me *As questões fundamentais do marxismo*, de Plekhanov, que passaram a estruturar e dar forma a minha larvada e sempre vigilante inconformação social. Mas ainda estava longe de ficar comunista.

Antonieta lê as páginas precedentes e me diz que neste Diário ela ouve a minha própria voz. Que seja a literatura oral a forma deste livro, onde a confidência, a confissão e a própria história da confidência e da confissão se reúnam num único compromisso — o da autenticidade. E com isso o da responsabilidade assumida e o da posição confessional.

Na noite de 19, expliquei a Cid Franco, "o vereador do povo", a minha retirada do Partido Comunista Brasileiro, em 1945. Ele se referira aos seus sofrimentos de mais de dez anos atrás, quando também deixara o PCB. Fora isso na época da Revolução Constitucionalista, em 32, e também eu, socorrista militante, fora informado de que o pequeno-burguês Cid Franco era um traidor do proletariado, de quem me devia afastar.

Nossas relações não eram enormes, antes era Nonê, meu filho, quem as tinha com ele. Como eu e ele, a maior parte dos intelectuais comunistas não era recebida no Partido. Ficávamos como servos atentos em experiência, na antessala do Socorro Vermelho, com vigilância dos dois lados — a burguesia que nos detestava e prendia e o proletariado partidário que nos mantinha em suspeição. De vez em quando nos era dada a honra de tomar parte em reuniões secretas. Encargos, como esse de arranjar dinheiro a qualquer custo, de expor a vida nos comícios ou socorrer companheiros presos e manter ligações, acreditávamos ser pequenos galões na ascensão humilde. Nada. Vinham insultos e desconfianças. Notávamos que as acusações partiam muitas vezes de gente como nós, oriunda da burguesia — feudal, grande, média ou pequena. A demagogia desses capitães ideológicos conseguia faquirizar a massa partidária que lhes oferecia cargos de direção. E eles cevavam seus complexos na nossa pele ofertada. Éramos sempre "intelectuais pequeno-burgueses", "traidores do proletariado", "trotskistas ou trotskisantes". De vez em quando um saltava da roda, opresso e revoltado contra aquele monopólio da revolução que se enquistara em certos eleitos do absolutismo vermelho. Cid saltou muito antes de mim e teve uma crise que quase o enlouqueceu.

Foi em 1945 que coube a mim reagir contra a opressão pecebista que mais tarde Koestler fixaria como o ponto de vista do "comissário" que se torna "policial" e inferniza a vida de gente a melhor intencionada e muitas vezes a mais eficiente e disposta para a luta social.

Na conversa desta última noite, aqui em casa, contei a Cid Franco o que se passara comigo, em 1945. Ele houvera sido o speaker da apresentação à massa, dos candidatos a deputados, no Teatro Municipal, momento em que eu dissera versos, apresentado também por ele. Experiência única de criação dirigida em toda a minha vida intelectual, a "Canção do pracinha só".*

Por essa ocasião, eu já me sentia completamente desligado do Partido. Dentro dele a minha tendência havia sido derrotada pelo sectarismo obreirista que deu no que deu. Até os dias da anistia que coincidiram com o fim da guerra mundial, eu me conservara perfeitamente disciplinado, mesmo na visita que fiz a Prestes em sua cela onde encontrei Silo e Ilvo Meireles com ele discutindo.

Na verdade, fora triste surpresa para mim a declaração de Prestes, favorável ao ditador Getúlio Vargas que tanto o tinha martirizado, a ele e a outros, grandes e pequenos militantes. Maior era, porém, a minha integração disciplinar na causa e em seu chefe. De modo que, se não divergi no momento do capitão Silo, meu velho camarada, como Prestes desde Montevidéu,** também não apoiei o ponto de vista do chefe, a ele no entanto atendendo atenciosa e disciplinadamente.

Faltava-me uma acomodação sincera dentro da inesperada contramarcha do Partido. Apoiar Getúlio por apoiar parecia-me não só absurdo mas profundamente antipático e errado. Nós, comunistas, íamos comprometer a luta férrea de tantos anos e mais que tudo, a vitória espetacular que agora, com o desfecho da greve, tínhamos na mão. Quem conseguiu apaziguar meus escrúpulos ideológicos não foi, então, quem era o meu melhor amigo, Jorge Amado. Este, ao contrário, manteve para comigo uma reserva política incompreensível que se acentuou até o nosso rompimento. Era ele o detentor dos segredos da marcha estratégica do comunismo. Todo mundo lhe apare-

---

* "Canto do pracinha só", originalmente publicado em 1945 na *Revista Academica* e recolhido no póstumo *O santeiro do Mangue e outros poemas* (São Paulo: Globo, 1991).

** Em 1931, Oswald e Pagu viajaram à capital uruguaia para se encontrar com Luís Carlos Prestes e se filiaram formalmente ao PCB.

cia como "trotskista e piroquéte" [*Como nota de rodapé, O.A. escreve:* Epíteto insultuoso, dado pela deformação da palavra "espiroqueta"]. Com uma pobreza de visão lamentável num mestre do romance, repetia as frases fortes do pior sectarismo obreirista.

Quem me trouxe ao apartamento da rua Aurora, onde morava, o livro de [*Earl*] Browder, *Teerã*,* foi o militante [*Joaquim*] Câmara Ferreira, jornalista e dos mais simpáticos e sacrificados elementos do Partido.

Nele se continha a nova doutrina, ou melhor, a interpretação nova que dava direção à luta marxista. Uma síntese que conservasse negando e abrangendo ambas, a tese e a antítese históricas — burguesia e proletariado. A vitória sobre o fascismo, obtida pela coligação das forças soviéticas e das forças das democracias progressistas em Teerã, estava indicando o caminho dialético da vitória.

No entanto, o que dominava nas hostes locais do PCB era o mais imbecil sectarismo de fogueira, evidentemente oriundo da nossa incultura e das nossas origens ibero-coloniais. Jorge Amado tornava-se insuportável. Uma das vítimas prediletas da sua sátira maneta era o jovem crítico Antonio Candido, que ele chamava continuamente de "trotskista", por ter comentado com independência o livro de Trótski sobre Stálin. Um incidente ia pondo em xeque minha disciplina partidária já comprometida decerto nas contínuas discussões que eu mantinha com Jorge Amado e Pedro Pomar, nos almoços que faziam em minha casa. Acusava-os de sectários e obreiristas, contraditórios portanto com a linha de Teerã que diziam adotar. A chegada do poeta Pablo Neruda, senador comunista chileno, alvoroçou todos os meios. Neruda era o bezerro plangente da Revolução vitoriosa. Recitava, gordo, anasalado e declamatório, seus poemas dirigidos com enorme êxito popular. Sobretudo "Stalingrado". Apareceu acompanhado de sua mulher, uma francesa riquíssima, e se prestou imediatamente a todas as manequinagens do momento. Fatigara-se, no entanto, logo das exibições formalistas que lhe impunham e uma noite, no Teatro Municipal, depois de um recital estrondoso, me chamou para um canto e pediu-me para organizar uma reunião de intelectuais em meu apartamento, a fim de que pudesse ler alguns poemas seus, que esti-

---

* *Teheran: Our Path in War and Peace* [Teerã: Nosso caminho na guerra e na paz].

mava sobremaneira, e que nada tinham com suas convicções políticas. Comecei a escolher a melhor gente da cidade e nela incluí naturalmente Antonio Candido, Sérgio Milliet, José Geraldo Vieira e Paulo Mendes [*de Almeida*]. Jorge, tomando conhecimento, vetou o nome de Antonio Candido. — Um trotskista não pode entrar em contato com Neruda!

Fiz-lhe ver que se tratava de gente culta, como queria Neruda, eu não poderia deixar de convidar Antonio Candido. Jorge Amado era um delegado do Kremlin. O que dizia era irrevogavelmente selado pelo Partido. Isso me pôs numa séria dificuldade. Eu não poderia deixar de confirmar o convite feito ao crítico, mas isso constituiria um ato de indisciplina partidária. Nesse momento, não sei por quê, Antonio Candido escusou-se de comparecer à reunião, que se efetuou sem ele. Estávamos ouvindo os poemas, aliás excelentes, de Neruda quando bateram à porta. Fui abrir e deparei com uma das figuras mais eminentes do Partido — o futuro deputado federal Arruda Câmara. Chamando-me de "mestre" (era como me tratava), avançou pelo corredor, seguido de uma espécie de padeiro espanhol, gordo e malvestido. E deparando com a tertúlia, berrou de dedo em riste: — Não gosto disso não! Não gosto disso não! Neruda! Venha falar ao povo espanhol!

A figura violenta de Arruda Câmara dava ideia de um Dom Quixote a sério, com magreza, bigode e ímpeto. Poucas vezes tenho tido antipatia tão imediata e duradoura como a que me provocou esse fanático grotesco que dominava com seus gestos irascíveis, com seus *ukazes* berrantes e sua crença de inculto, a direção do PCB. Ele era a CNOP.*

O senador poeta levantou-se e pôs o paletó, dando por terminada a tertúlia e seguindo para um *meeting* que se realizava no Clube Republicano Espanhol. A minha irritação crescia. Era isso o comunismo na sua expressão realista e crua. Como seria depois da tomada do poder? Jorge Amado, dando o espetáculo da sua inconsciência, passou a levar Neruda à casa de campo de Flávio de Carvalho, em Valinhos. Ia com eles um casal, também comunista, de quem a mulher era a vítima escolhida para as libidinagens do romancista. Não sei o que houve entre ambos e parece mesmo que nada se consumou. Mas Jorge inventava esses passeios com o fim único de abocanhá-la, utilizan-

---

* Comissão Nacional de Organização Provisória, criada durante o período de ilegalidade do Partido Comunista Brasileiro.

do para isso a influência que tinha no Partido. Fez isso ele repetidas vezes, até apanhar na rua, do marido de outra, esta vítima efetiva que acabou sua companheira. As farras, no apartamento que tinha na avenida São João, eram públicas, nelas tomando parte o violeiro sofisticado Dorival Caymmi e a espanhola casada com o militante Rivadávia Mendonça, que com tudo, disciplinarmente, se conformava.

Ante a oposição de procedimento que fazia com que levasse à casa de um inimigo declarado dos [sovietes] o poeta chileno, não admitindo que Antonio Candido com ele se encontrasse, preparou a minha explosão, que veio após o comício monstro de Prestes no Pacaembu. A visita de Prestes a São Paulo trouxe uma trégua fictícia e rápida.

Aliás meu dissídio político com as diretivas do PCB estabelecera-se desde o dia em que eu, vendo a burguesia em pânico, procurei realizar, apoiado calorosamente por Prestes, o que chamei de Ala Progressista. Seria uma ligação da burguesia avançada de São Paulo com os comunistas, incluindo-se uma possível frente eleitoral com o partido dominante, o PSD, e a consequente infiltração eleitoral nossa.

Quando Cid Franco, ouvindo a minha narrativa, agora, aqui nesta casa da rua Monsenhor Passaláqua, exclamou para Antonio Candido, socialista como ele: — Nosso partido não faria isso! — estava evidentemente longe da realidade brasileira e da dialética marxista. Sobretudo dessa realidade de 1945, jogada fora por Prestes, que mais uma vez deixou de cumprir a Revolução brasileira para seguir o sectarismo obreirista que se apossava da política soviética.

Eu tinha grandes elementos para julgar do pânico da burguesia no fim da Segunda Guerra Mundial. Minha experiência fora feita em primeiro lugar com dois pilares da alta finança, Gastão Vidigal e Roberto Simonsen.

29 DE JUNHO

Apenas dez dias tem este livro e uma série de aparições vieram ao encontro de meus fins.

3 DE JULHO

Cheguei a Atenas, porém ninguém me conheceu!
Demócrito*

Uma vontade inelutável e seca de chorar, eis a colheita do meu dia. Acho--me num quarto do Natal Hotel, no Rio, esperando a solução do caso da construção do nosso prédio da rua Vitória, a ser resolvido pelo Conselho Superior das Caixas Econômicas. Devia ter voltado ontem com o papel aprovado, mas um dos conselheiros pediu vista e ficou tudo para segunda-feira, depois de amanhã.

Acho-me só. Almocei com José Lins e João Condé e encontrei-me depois com o crítico Olívio Montenegro, de Pernambuco.

Infelizmente, não foi de completa eficiência o auxílio de Solano da Cunha a meu favor no Conselho. A Caixa de São Paulo não remeteu os esclarecimentos julgados necessários sobre os diferentes empréstimos. Mas esperemos que seja tudo solucionado segunda.

Pela manhã, falei com Antonieta bancando o forte para não desabar. Chego a um estado de medo neste pequeno isolamento forçado que me afasta dos meus.

Ontem à noite, visitei seu Paulo, meu primo, que me deu apontamentos sobre meu avô paterno e sobre tio Herculano, pai dele. Contou-me coisas dos velhos ancestrais de Faro — e disse-me que Noêmia é a flor da família. Trata-se de uma prima nossa, filha de tio Chico e duma Leitão [*Cândida Leitão*]. É irmã da Queta [*Henriqueta*] e do Juca. Gente ligada à minha infância. Noêmia, um pouco mais velha que eu, me beijava nos brinquedos. Casada à força com um comissário de café burríssimo — estava vai não vai para um namoro que prometia tudo quando o pai morrer. Enviuvou depois e ficou uma usurária tremenda, encastelada no Jardim América, explorando outro primo, o Marcos, que caíra na mais extrema pobreza. Seu Paulo me contou que as taras desse ramo são devidas ao avô materno, que se suicidou num chiqueiro dizendo que era ali lugar de leitão.

Meu coração transborda de confidências. Elas se atropelam no papel. Tenho vontade de falar de todos os primos, de me queixar, de gritar contra a família salafrária e rica que me cercou de suspeição e de hostilidade durante

---

* O.A. passa a escrever o diário em outro caderno e introduz essa citação a título de epígrafe.

toda a minha vida. Vem outra gente à minha memória — Geraldo Rocha, Rodrigo de Melo Franco, Prudente [*de Morais Neto*]. Mas me sinto incapaz de continuar a escrever.

4 DE JULHO

Ontem, estive à noite com Carlos Drummond de Andrade; primeiro em casa dele, depois num bar da rua Bolívar. Ele me revelou que não tem emprego no Ministério da Educação. Sua situação é precária. Vive como contratado. De modo que o homem que teve em suas mãos, ao lado do ministro Capanema, todos os setores federais da Educação durante quinze anos e uma posição capital de mando e de prestígio, nem sequer se garantiu com um posto fixo na administração. Nem arranjou cartório, negócio algum. O homem que presidiu a transformação arquitetônica do Brasil mora com sua família numa casa alugada da rua Junqueira [...]. E declara-me que, se sair a lei do inquilinato que controla os aluguéis, não terá o suficiente para permanecer ali.

Uma dura incapacidade prende certos temperamentos a obedecer a uma invisível lei moral que só dá masoquismo e tortura.

Privilégio não só de artistas e escritores, que são muitas vezes os riquinhos de Aníbal Machado e Portinari.

Como muitos outros, meu pai entrou para a linha voluntária dos sacrificados que não tiram partido nem recebem gorjeta. Assim como o vereador José Oswald,* muita gente há se machucando com a família num mundo solto de salafras e patifes.

No artista que herda essa fatalidade, o drama cresce. Resta a glória de se carregar nos ombros toda a pena do mundo. É o "funesto privilégio" de Kierkegaard. Volto à *Repetição* do grande solteiro de Copenhague. Tenho uma tradução italiana que parece boa. É um dos livros que me obsessionam e prendem pelo seu sentido misterioso e tímido de confissão.

Kierkegaard, como Hamlet, é um homem de Elsinore. Justamente a *Repetição* abre o caso de Regine Olsen. A dúvida e a expectativa do milagre. Ser ou

---

* O pai do escritor, José Oswald Nogueira de Andrade, foi vereador de São Paulo quatro vezes entre 1899 e 1914.

não ser. Talvez o último drama intelectual do patriarcado. É uma ideia-chave para muita coisa. Ligar Kierkegaard à decadência patriarcal.

Falo com Carlos Drummond sobre essa posição do intelectual voluntariamente ofertado aos sacrifícios do mundo. Um sacerdócio ignorado que oferece a glória dos votos — pobreza, obediência. E castidade, pois só a missão que não é traída conserva o poeta no seu ministério.

Olívio Montenegro, que me parece inteligente e simpático, também se confraternizara comigo [*acréscimo ilegível nas entrelinhas*] nesse sentido do homem de letras, puro e não ambientado no mundo. A minha visita ao poeta M., com quem almoço, confirma. É a degenerescência do artista no conforto e na despreocupação. M. é um dos homens mais dotados de nossa geração. Mas casou rico, vive bem.

É preciso viver morrendo pela defesa do Gral. É preciso assumir, corajosamente, indefectivelmente, a defesa do único patrimônio que não se corrompe — o patrimônio íntimo. Eu assumo a responsabilidade, e sempre assumi, da minha própria destruição para conservar intacta a minha autenticidade. Tudo o que possuo é ser um homem autêntico. Assumo mesmo a terrível responsabilidade do sacrifício de minha prole, pois a ela prefiro deixar a certeza de que não me vendi nem me entreguei a seduções que quebrassem a minha verdade. Não soube ganhar, não soube me aproveitar, não soube. Seu Paulo exclamava melancolicamente para mim ontem à noite: — Você podia ser a maior fortuna de São Paulo!

Que importa? Vivemos de gafes, de [...], uma velha expressão semita de Bourget. Meu pai também não soube liquidar na hora. Refiro-me à venda fracassada da Vila Cerqueira César em 1911. Que importa! Que importa!

—

Tenho sobre a cama do hotel, onde escrevo, o livro de Karl Mannheim, traduzido para o espanhol com o título *Liberdade e planificação*.

Ontem, iluminou-me a ideia de que o estado natural do mundo, o estado de horda planificada em que vivemos, tende dialeticamente a um salto na direção da sociedade comunial e antropofágica — o homem lúdico na devoração. Disse a Carlos Drummond:

— Tenho uma vida espiritual muito mais intensa que o Tristão de Athayde ou qualquer padre. E evidentemente não é isso que está aí o que eu quero.

10 DE JULHO

— Minhas condições são excelentes!

É nessa cortina de fumaça que oculto o perigo financeiro que me cerca. Disse isso ontem à minha grande amiga Z. E é isso que repito pelos bancos, pelos tabelionatos. É natural que se abata sobre mim um cansaço nervoso sem tréguas.

Foi afinal aprovado no Rio, pelo Conselho Superior das Caixas Econômicas, o contrato que obtivemos há seis meses do anão e ventríloquo Arthur Antunes Maciel para terminação do nosso prédio. Mas que prodígios não foram necessários! Voltei a São Paulo para levar um laudo de avaliação do terreno grande do Sumaré que exigiram. Consegui num grande esforço arrancar o papel de Alcides Vidigal. Nonê seguiu de avião

[*O texto é interrompido por rabiscos a lápis azul; então O.A. anota, antes de seguir de onde parou:* Autógrafo de Antonieta Marília]

levando-o. Mas, tendo me informado sobre o andamento do caso com outro conselheiro, o Vergueiro de Lorena, adquiri a certeza de que havia séria oposição de um outro conselheiro, Dunshee de Abranches, lá dentro. Corri ao [*Vicente*] Rao.* Felizmente íntimo desse ás inesperado da obstrução de minha vida. Deu-me uma carta. Sem ela, não creio que os amáveis esforços de Solano da Cunha conseguissem vencer o veto potencial do Conselho, que está neste momento entravando tudo. É a administração Dutra — negar pão e água a São Paulo e aos estados, num esforço fascista de centralização bancária e de intervenção política. Brasil, Brasil!

Sinto-me vitorioso dessa longa batalha para salvar o prédio, mas estou sem recursos. Quase falta dinheiro para pagar o aluguel da casa e as contas modestas do mês. E devia ir, no dia 1º, para Bauru, onde Antonieta e as crianças ficariam nas férias de julho, na chácara de Maria Augusta e [*José de*] Lima Figueiredo.**

Sobre a necessidade de ter prontamente o dinheiro para a escritura da Caixa, com selo proporcional, impostos e comissão, sondo Alcântara e a minha

---

* Advogado, empresário e ex-ministro da Justiça do governo Vargas, assumiu a pasta das Relações Exteriores em 1953.
** O general foi diretor da Estrada Noroeste. O casal era muito próximo de O.A., que frequentava sua chácara com a família.

grande amiga Z. No salão rico, conversamos. A piteira em riste, a velhice velhaca desce tranquila nos cabelos e na face. Falo nas minhas dificuldades. Acende-se uma luzinha nos olhos avarentos. Sinal fechado. A piteira fulge. Um movimento imperceptível como num pescoço de galinha alertada. Sobre a defesa sutil, desliza e declina o meu sonho de obter os cinquenta contos necessários. Fora o que precisamos, eu e Nonê, com nossas dez bocas. Rudá doente. Voltou a úlcera duodenal de que se tinha curado, conforme me afirmara a especialista Figliolini. Aproveitando as férias, ele deitou-se para mais um mês de regime rigoroso. O primeiro, fizera dois anos atrás com resultado nulo, conforme afirma, baseado na chapa radiográfica de então, o médico Magaldi, cunhado de Nonê. Estamos no quarto de Rudá, que lê encantado *O muro*, de Sartre, quando chega Magaldi. Fala em operação, uma cicatriz substituindo outra cicatriz, declara, frente ao doente, que há uma deformação no duodeno.

O especialista ter-se-ia enganado dando alta dois anos atrás. — Hei de curar essa criança e fazer dela, superdotada como é, alguém. Vou aos bancos. América. Lowndes. Esperança. Recusa Esperança. Há de se arranjar, agora que está aprovado o contrato com a Caixa.

Volto ao palácio dos Campos Elíseos. O mesmo tumulto acanalhado de transformação de quadros. Vou pleitear a publicidade do 9 de Julho para enviar ao *Correio da Manhã* e recolher assim alguns cruzeiros de comissão, quando voltar ao Rio. Tenho conseguido alguma coisa. Relativamente muito mais do que me pagam pelos "Telefonemas".* Além de tudo, sou agente de publicidade.

No Rio, fui visitar, ao cair de uma noite, o filho de Solano, Pedro Otavio, que está de cama, procurando recuperar-se de um infarto cardíaco. O pai trabalha como eu. Está com mais de sessenta anos duros. É vermelho e ágil. O filho é intelectual e pálido. Permaneceu dias e dias debaixo de uma tenda de oxigênio.

A mulher, grávida, numa outra cama, quase grita de impaciência contra aquela "complicação". E no bric-à-brac de velharias, quadros e tradições, a mãe, parada, meio aérea, pergunta-me se não sou filho de dona Inês. Sou eu sim. Conheceu-me no Guarujá de 1896. É uma dessas senhoras dobradas pela educação e pelo casamento, que ficam sombras na casa inexistente.

Esse encontro com alguém que conheceu meus pais me evoca as pequenas sortidas que tive na infância. O Guarujá dessa época, das senhoras de maiô

---

* "Telefonema" era o nome da coluna que O.A. escreveu para o jornal *Correio da Manhã* de 1944 a 1954.

fechado do tornozelo ao pescoço, era outro que o do jogo, do nu e do pileque prostituto. Lembro-me do mar que vi pela primeira vez em Santos e na travessia do canal. Balsa? Talvez uma lancha chamada *Marina*, nome de uma prima, filha de tio Herculano, o Inglês de Souza escritor. Que prima linda! Morreu de papo,* deixando um viúvo modelo. Havia um trem, uma janela de quarto, onde eu chupava laranjas descascadas. E minha mãe. A orquestra do velho Hotel de la Plage tocava pela primeira vez no século, a *Washington Post*.** Meu pai era tímido e correto. Minha mãe, gorda e tutelar. Mandava dar gorjetas ao cozinheiro ou ao *maître d'hôtel* para nos servirem bom peixe.

Uns primórdios de sexualidade na areia. Com quem? Com alguém que se incendiou com o velho Hotel de la Plage. Ficou seca e telúrica no horizonte líquido a Ilha da Moela.

Há um mês desci sozinho para o Guarujá. Antonieta impossibilitada pela dieta do parto, digamos assim, como no tempo antigo. Fui almoçar com minha grande amiga Z. Depois, saí cedo e sem rumo. Na casa suntuosa e de mau gosto, ela me serviu um grande *whisky sour*, depois um ótimo almoço. Perdi-me num ônibus, na direção da Praia das Tartarugas, onde me lembro ter vindo nessa pequena viagem. Fiquei diante do mar e da Moela.

Ontem, enquanto, doente, hesitava em ir à cidade ver o que era o 9 de Julho deste ano, no clima próximo da Intervenção,*** caiu-me nas mãos uma conferência de Jorge [*Georg*] Simmel, o filósofo alemão a quem não se tem dado uma excepcional importância. Na tradução italiana que tenho, trata-se do *Conflito da civilização moderna*.**** E aí encontrei uma sensibilidade para a arte contemporânea que eu desconhecia na filosofia atual. Não falemos de Sartre. Mas, por exemplo, a estética de Dilthey — querem coisa mais atrasada e abracadabrante? E a do Croce? Simmel entende até de expressionismo e dá uma inteligente anotação sobre o futurismo italiano.

---

* Bócio, aumento anômalo da tireoide.

** Marcha do compositor John Philip Sousa.

*** Em abril de 1948, parlamentares de São Paulo requisitaram uma intervenção federal no estado. O governador Ademar de Barros (PSP) era acusado de diversos crimes e má gestão. Dutra enviou seu ministro da Guerra ao estado para negociar a intervenção e Ademar concordou em aumentar a repressão policial ao movimento sindical e à militância comunista. O pedido acabou arquivado pelo Senado.

**** *Der Konflikt der modernen Kultur* (1918).

O que, porém, me tocou nesse pequeno trabalho luminoso, que ninguém conhece, foi a ideia do conflito que aí encontrei, coincidindo com o postulado central da Antropofagia. Eis o que ele diz, terminando o folheto quase anônimo: "Sem dúvida, a vida leva àquelas típicas mutações de civilização, à criação de novas formas adaptadas às forças atuais, com as quais, porém, não se faz mais (mesmo talvez, tendo disso consciência só lentamente e prorrogando por muito tempo a luta aberta) que eliminar um problema por outro problema e um conflito por outro conflito. E com isso se verifica o que realmente a vida anuncia, vida que é luta em sentido absoluto, contendo em si o contraste relativo da guerra e da paz, enquanto a paz absoluta, que talvez também contenha em si o mesmo contraste, permanece o segredo divino."

Confesso que me é quase penoso ler Dilthey. Muita coisa se ilumina no estilo tantas vezes pedregoso e difícil do filósofo vitalista, progressista. Mas leio mal o autor das *Concepções do mundo*. Não faço como o pintor, teatrista e excelente mulato Santa Rosa, que me dizia o ano passado na livraria José Olympio, no Rio, batendo na mesa, os óculos mongólicos e o sorriso desdentado: — A gente também conhece o seu Diltheysinho!

Justamente, encontrei em Dilthey uma fulguração que dá caminho à minha pesquisa sobre o espiritual. Que é o espiritual senão o insondável em nós? O que nos joga imediatamente na metafísica, como quer Heidegger? E que é isso senão o espelho da realidade profunda em que mergulhamos? Que somos sem o nosso fantasma? Por acaso o homem lúdico na devoração, o materialista que sabia ser Deus o Oposto, a Negatividade, o Contrário, o homem primitivo, quero dizer, por acaso não teria ele uma intensa vida espiritual? Dilthey fala das relações do oculto em nós que se fazem visíveis em pontos isolados de nossa vida — pontos claros, isolados, que lançam um fulgor passageiro sobre um amplo rio obscuro de insondável profundidade. E acrescenta: "Cada qual só fala de si mesmo. E o que da vida vê fora de si mesmo, o interpreta através de seu cristal".

De vez em quando, Dilthey afunda. A sua admiração por Maeterlinck é inacreditável. Conheci esse velho vaidoso na casa de campo de António Ferro, em Cascais, em 39, quando, obrigado pelo embaixador Souza Dantas a sair de Paris, com o começo da guerra, tive que voltar. Na espera em Lisboa, Ferro me convidou a jantar na companhia de Maurice Maeterlinck. Foi um ato de espionagem geral, todos uns para os outros incompreendidos e incompreensíveis. Até o *homard** bem servido parecia suspeito no centro da mesa. Maeterlinck me pediu pelo amor de Deus que não contasse a ninguém que detestara a filmagem americana de seu *L'Oiseau bleu*. Que importa que isso seja divulgado em 1991?

Antes do jantar, o escritor da *La Princesse Lointaine*** tinha sumido. Estava perdido no bosque que contorna a casa. Saímos em busca dele, gritando, a mulher e eu na frente. Moça ainda, com uma diferença de mais de quarenta anos da idade dele. Serafim Ponte Grande andou perto de fazer uma das dele. Mas não fez. O poeta foi encontrado.

Afinal, com o próprio Maeterlinck, com Simmel e Dilthey, abre-se um pórtico solene para o existencialismo. Dilthey cita, como vitalistas do século XIX, Schopenhauer, Wagner, Nietzsche, Tolstói e Ruskin. Toda essa elevação deveria acabar em Sartre, catedrático de porcaria e mestre da neossofística contemporânea. A turma grave e romântica que foi o contraponto do plebeu Rousseau e do indianista René de Chateaubriand iria terminar na *Putain respectueuse*.***

De Dilthey ainda: "No final da Idade Média, quando em todas as cátedras se ensinava a escolástica, os humanistas se tornaram donos do mundo".

Assim se processa o fim de toda cultura.

A uma epígrafe de Schiller, colocada por Dilthey na entrada de sua estética, respondo: "Como se a verdade não fosse somente a beleza de cada um".

É a seguinte a citação do poeta: "Oxalá pudéssemos renunciar à exigência de beleza substituindo-a por completo com a exigência da verdade".****

11 DE JULHO

Domingo matinal e quieto na minha "experiência Passaláqua". Chamo assim essa fase de recuperação em que viemos morar na casa caindo desta rua, entre gente ativa que acorda cedo, varre a calçada e vai buscar comigo pão e leite na vendinha da esquina.

---

* Em francês: "lagosta".
** O.A. provavelmente se refere à peça *La Princesse Maleine*.
*** *A prostituta respeitosa*, peça de Sartre.
**** Epígrafe de "Die drei Epochen der modern Ästhetik und ihre heutige Aufgabe" [As três épocas da estética moderna e seu problema atual], de 1892.

Escrevo um "Telefonema" para o *Correio da Manhã* — "A consciência de Lobato".*

E penso de novo na doença de Rudá. Receio que de fato o especialista Figliolini tenha errado, contrariando o diagnóstico do radiologista M, que me avisou de que seria difícil curá-lo sem operação.

Rudá é a vítima dos médicos. Quase estragou uma vista pela displicência de outro especialista — o oculista Armando Gallo. Agora, talvez tenha que ser mais uma vez operado. O foi da vista com eficiência pelo dr. Moacyr Álvaro.

O radiologista M, um homem grisalho e grave, joga-me para velhos tempos. Talvez venha a ser filho ou sobrinho de uma mulher fatal, a que ocasionou o suicídio de Ricardo Gonçalves. Foi um grande caso na São Paulo inicial deste século. O responsável apontado — o pediatra Margarido, "um Apolo moreno", dizia-me então na rua um amigo seu, oficial do Exército, que ficaria célebre na Revolução de 32, o capitão Sampaio.

Fui ver Ricardito no necrotério e dessa impressão fiz a cena d'*Os condenados* onde Jorge d'Alvelos é encontrado pelos amigos na mesa de mármore da polícia numa noite de Carnaval. Vi ainda Ricardo morto, na sua casa. Sobre o caixão, uma moça chorosa abriu um jornal com a sua fotografia. Uma namorada do começo do século.

É assim que as tragédias se dissolvem no tempo. Hoje, Margarido redimiu-se, se crime teve, no exercício infatigável de uma grande clínica caridosa, com laivos e compromissos de espiritismo cristão. O radiólogo dedicado também a sua especialização é um pedaço do bem público. Nem um nem outro são médicos da "Cidadela".** Como esse famoso Whitaker, que me cobrou quarenta contos pela cura de Antonieta, nos começos de 47, caída com uma mastoidite aguda e possivelmente salva por ele. Mas isto é outra história.

———

Na croniquinha que enviei ao *Correio da Manhã*, comento o artigo de Mathias Arrudão, publicado no *Estado* de hoje, onde, em carta, Lobato produz uma poderosa autocrítica. Foi de fato o "desforço do fazendeiro arruinado" de Taubaté que começou a sua grande carreira. Não compreendendo o

* Publicado em 13 jul. 1948.
** Alusão ao romance *A cidadela* (1937), de A. J. Cronin.

ateador de fogo dos fazendeiros — o Jeca — para depois compromissar-se com ele até a morte.

Pela correspondência publicada em *A barca de Gleyre*, constata-se quanto Lobato foi o paulista culto do começo do século. Ali, estão preocupações intelectuais que passaram longe até de homens de 22 — um Sérgio Milliet, um Guilherme [*de Almeida*], mesmo um Mário de Andrade. Ali estão Nietzsche, Flaubert, Dickens e Dostoiévski. Há um momento, porém, em que Lobato perde o fio da meada. É quando passa a citar, como sucessores dos grandes homens que havia lido e amado, toda uma corja francelha de segunda ordem, a que figurou na celebridade das revistas e na crônica dos jornais. É quando Lobato se desinteressa da pesquisa cultural de seu tempo e passa a tomar posição contra Anita Malfatti num amuo de inferioridade provinciana. Quando evita a maré modernista montante para lançar a desolada campanha do "Saci" e de outros baixos mitos naturalistas, coisa depois continuada pela fase inferior de Cassiano Ricardo. É claro que Menotti Del Picchia devia estar com os dois.

Inutilmente, procuro na *Barca de Gleyre* o momento em que Lobato se desliga da cultura literária e desacompanha os modernistas. A sua querela com Anita, veio depois a saber-se, é um desabafo pessoal de pintor fracassado. A sua celebridade é tamanha que um artigo seu basta para liquidá-la. Inútil eu defendê-la, num artigo aliás tímido, assinado O.A., pelo *Jornal do Commercio* de São Paulo.

No entanto, é Anita quem abre os caminhos da pintura moderna do Brasil com essa malfadada exposição de 17.

O segundo grande erro de Lobato foi agora no fim, quando ele aceita de cabeça baixa a fracassada política sectária de Prestes e se mete até as orelhas no Partido que naufraga.

Seja como for, o contraponto social da obra de Lobato, sua ação infiltradora vigilante, sua coragem e seu martírio num país de canalhas e de alarves, sua grande penitência pública para com o Jeca, justificam e animam todas as homenagens e honras que lhe prestam.

João Condé, outro dia no Rio, me disse que tinha graves depoimentos contra a minha atuação no Primeiro Congresso de Escritores. Frases e comentários colhidos no momento e que eu lhe pedi que publicasse. Era já a divergência entre mim e o Partido. Desses, referiu o de Caio Prado e o de Mário de

Andrade. Curioso, pois todo mundo viu os aplausos e sorrisos com que Mário saudou de sua frisa o meu discurso interrompido pela burrice agressiva do paulista [*René*] Thiollier.

Pode ser que haja também um comentário desfavorável de Lobato, já imantado nas malhas do Partido. Aliás, na última vez que o vi, na rua, pareceu-me perfeitamente sincero o seu efusivo grito: — Gosto muito de você! Aliás, dos modernistas, fui o único que obteve dele, meu primeiro editor, um vago sorriso crítico. Falou d'*Os condenados* e de qualquer outra coisa de que não me lembro. Cercavam-no de suspeita contra mim os homens do *Estadão* e agora os homens de Prestes. Que importa se falou mal de mim? Sou lobatista.

Um artigo de Georges Gurvitch traz minha atenção para o que ele chama de "A sociologia do jovem Marx". Eis aqui uma citação importante: "O poder social, isto é, a força produtiva multiplicada que resulta da colaboração (seria melhor acrescentar logo "voluntária ou forçada") entre os variados indivíduos, condicionados pela divisão do trabalho, apresenta-se a esses indivíduos — (aqui entra) porque a própria colaboração não é voluntária — não com seu próprio poder unificado, mas como uma força estranha, situada fora de si mesma, cuja origem e objetivo desconhecem".

É o que Simmel chama de "formas" em oposição à vida.

Mais adiante, agora de Gurvitch: "Sob o regime capitalista, esse fenômeno assume uma forma particularmente impressionante e ameaçadora". Em primeiro lugar (diz Marx na *Ideologia alemã*), as forças produtivas apresentam-se como inteiramente independentes e separadas dos indivíduos, como um mundo particular ao lado dos indivíduos (Deus). "O motivo dessa alienação econômica (?), que depois foi descrita de modo muito eloquente por Marx no primeiro volume do *Capital* de preferência como 'fetichismo' das mercadorias, das quantidades de dinheiro, dos capitais, consiste em estarem os seres humanos que lhes deram nascimento 'dispersados e opostos' uns aos outros".

E negue-se autoridade sociológica à Antropofagia. Vivemos evidentemente uma sociedade fetichista que [briga]. Que são as "formas" de Simmel ou as "forças sociais" de Marx, como os "fatos" de Durkheim, senão os tabus do homem primitivo? Em evolução para uma Idade de Ouro tecnizada.

Vejam como continua a *Ideologia alemã*, citada por Gurvitch: "Em segundo lugar, as próprias relações sociais são inteiramente exteriorizadas, devido à sua preponderante dependência das relações de propriedade privada, cuja base humana e social se vê rechaçada para o último plano por ser *propriedade privada emancipada da comunidade*".

[*Ao pé da página, O.A. anota:* M.Z.* — o fetiche-dinheiro]

Gurvitch cita outros trechos nesse ótimo artigo informativo, publicado no *Estado* de ontem. Bem haja! Trechos onde Marx envereda pelo panorama proletário da Europa em seu tempo, no triunfo da grande indústria.

E aí entra a deslocação do problema para os dias de hoje. Pois, pela evolução técnica e política e pela presença ativa dos soviets** na quinta parte do mundo, o proletariado não teve o crescimento esquemático vegetal e revolucionário previsto. Houve uma terrível infiltração demagógica no poder. E ele não representa mais a "massa total da sociedade em face da única classe dominante". O que há é o caos, a transformação, é o domínio transitório e oportunista de grupos na plena proletarização da sociedade. Veja-se o nazismo, a chamada "Itália proletária" de Mussolini e outro cínico populismo como foi o Estado Novo entre nós. A velocidade social nas brechas da sociedade desloca o esquema, pois o trabalhador de ontem é o miliardário de amanhã. Nada mais impressionante que o guichê de qualquer banco de São Paulo. Não dá um nome nacional na retirada de cheques ou no depósito de dinheiro. A nuvem de sírios, judeus, italianos ou japoneses liquidou os velhos Queiroz, os Ferreira e os Almeida.

Evidentemente, erra o sectarismo soviético quando, em vez de enveredar pela síntese de [*Earl*] Browder, se emaranha na provocação capitalista da guerra. E com ele erraram Prestes e Lobato.

O comunismo russo foi superado pelo materialismo histórico (tese de Stálin da dissolução da 3ª Internacional). Mas há, além disso, para além da economia das forças produtivas, uma economia do ser que fez, faz e fará muitas vezes dum homem sem nada a criatura feliz sobre a terra. Isso, Marx não viu e, se visse, perderia toda a força polêmica a sua obra.

Nota — Sobre o fetichismo do dinheiro — v. M.Z. — procissão de S. Vito mártir.

---

* Sempre que escreve "M.Z.", O.A. refere-se à escrita de seu livro *Marco zero*.
** Em vários momentos, O.A. adota a grafia "soviés" para "soviets" (conselhos de trabalhadores do regime comunista depois da Revolução Russa). Adotamos a segunda forma, por ser a mais usual.

12 DE JULHO

[*Nas passagens a seguir, entre aspas, Maria Antonieta d'Alkmin transcreve conversa com O.A.*]

"12-7-48. Na manhã de hoje, Oswald me explica:

"— A massa está se tornando *scientes*. Estamos vivendo um grande caos — a crise da lei dialética do senhor e do escravo que pela primeira vez entrou em xeque. A massa, se libertando do terror cristão que a acrisolou, agarra-se aos mitos políticos. Daí a grande força do comunismo, do fascismo etc.

"Fala-me do 'sentimento da massa que deseja que pelo menos sejam suprimidos os males desnecessários', e traduz do prefácio do *Kierkegaard et la philosophie existentielle*, de Chestov, importante trecho de uma carta de Bielinski a Dostoiévski:

"Quando mesmo eu atinjo [*a tradução correta seria: Quando eu atingir*] o mais alto degrau da escala do desenvolvimento, eu pedirei contas de todas as vítimas das condições da existência e da história, de todas as vítimas do acaso, das superstições, da Inquisição, de Felipe II etc., de outra maneira eu me atiraria de cabeça pra baixo do alto da escala. Eu não quero felicidade mesmo gratuita se não estiver tranquilo com a sorte de cada um de meus irmãos de sangue."

Antonieta anota rapidamente essas impressões, enquanto eu lamento seriamente não poder acordar entre terraços de sol e bibliotecas de despreocupação e de silêncio para levar avante a minha pesquisa e a minha obra. Agora, por exemplo, sou obrigado a interromper a leitura desse curioso prefácio de Chestov para telefonar a um vizinho do pequeno usurário, ou melhor, modesto e simpático intermediário de usura, a fim de que ele consiga a reforma de duas letras e mais algum numerário (estamos a nenhum!) para levar Antonieta e as duas crianças até Bauru. Garcia sumiu do barbeiro onde o encontro, pequeno e escuro, na sua capa de borracha, dizendo sempre que não tem emprego, que não pode viver, que a fumaça da casa está queimando e que a filhinha dele não sabe quanto custa a gordurinha que tem!

Antonieta alinha rapidamente essas anotações sobre a Antropofagia, reavivadas por esse livro que me emprestou ontem à noite Sérgio Buarque de

Holanda. Estivemos em casa dele numa pequena reunião de aniversário. E quem encontro lá? O filisteu Paulo Duarte, que tanto eu como Antonio Candido não podemos suportar. Naquela encolarinhada empáfia de lacaio de quatrocentos anos, ele explica o sucesso político de Ademar de Barros: — A massa deseducada ouve o rádio. É a demagogia em que ele é mestre!

Ele não percebe que justamente devido ao desenvolvimento histórico e político, auxiliado pela técnica (o rádio, o cinema, enfim, a comunicação), a massa vai se tornando "cientes" e não quer mais os antigos senhores, preferindo qualquer borra-botas a um escravizador de velho estilo. Sucessor de Getúlio, de Prestes, de Ademar. Reação. Soluções fascistas à vista.

Toda a história do mundo está de fato presa à Árvore da Ciência bíblica, ao "*eritis scientes*".* Chegada ao estado antropofágico (chamemos assim a Idade de Ouro, em que o homem tem uma visão do mundo ao mesmo tempo lúdica e estoica, ligada ao "princípio de devoração"), são todos igualmente "cientes" ou se fizeram igualmente ignorantes. A natureza às ordens não obriga ao esforço técnico e político. Na passagem, ou melhor, na ruptura do estado de antropofagia para o estado de opressão, em que se cria a dialética do senhor e do escravo (o homem primitivo deixa de devorar o adversário, escraviza o inimigo aprisionado, criando todas as complicações da divisão do trabalho e da hierarquia), nessa ruptura a "ciência" fica nas mãos sacerdotais de alguns, alimentando o poder político. A história do mundo, daí para cá — patriarcado ligado à monogamia e à herança, à propriedade privada e ao Estado de classe —, tem sido não só a história da fome humana, mas também a do conhecimento. Toda vez em que cruzam a fome e a consciência, o mundo caminha. Para onde? Para uma ida, através de revoluções e progressos, à Idade de Ouro tecnizada que anuncio.

———

Tenho que sair com Nonê, procurar Carvalho Sobrinho no tabelionato, a fim de lhe mostrar os terrenos e fundar possivelmente uma imobiliária. Vou puxar carroça mais uma vez pelo asfalto risonho.

* Em latim: "você saberá"; O.A. cita a expressão partir do livro de Chestov mencionado e alterna as grafias "cientes" e "scientes" para designar um saber autônomo em relação a autoridades espirituais ou temporais.

———

A Idade de Ouro é a idade em que não existe ainda o sentimento de culpa. Em que está fora da sociedade a ideia do pecado original. Não se poderá ligar isso (pecado, sentimento de culpa) à ruptura do estado antropofágico e à escravização do homem pelo homem?

O mito do Juízo Final, recrudescido no cristianismo até a grandiosa gravura da [capela] Sistina, afinal não passa do desenvolvimento desse sentimento de culpa social (a escravização do homem pelo homem) que precisa se justificar e pacificar. Daí as grandes catarses da religião e da arte.

13 DE JULHO

A nossa situação, nesta manhã que promete o verão, é a seguinte: catei dos bancos Cr 2500,00* que restavam. Preciso dar a Antonieta Cr 1500,00 para o resto das contas e tenho que pagar o aluguel da casa. Temos que sacar o que resta na Caixa — Cr 2000,00 de Antonieta e Cr 1800,00 de Antonieta Marília. Tivemos que despedir a velha cozinheira Zeferina. Antonieta e as crianças devem embarcar hoje à noite para Bauru, onde ficarão na chácara de Lima Figueiredo. E eu, lutando aqui como sempre.

Há no ar da própria casa uma opressão quase física. Qualquer choro de Antonieta Marília ou de Paulo Marcos enerva e irrita. Sinto supersticiosamente descer a sombra das velhas misérias que passei. É verdade que a situação é outra. Encontrei afinal o Garcia, meu corretor de usura. Engrolou desculpas para não me levar até a casa da mulher que empresta a 3% e com quem tenho um título de vinte contos a reformar: — Aquela mulher me tirou sangue! Não gosto dela não! Vou falar co portugueis. Amanhã telefono sem falta. Não gosto de andá mostrando a bunda, não!

Carvalho Sobrinho, que devia ver os terrenos, seguiu de avião para o Rio. O sogro do [Irineu] não chega. A imobiliária no ar. Risonha a morena terra de Cerqueira César! Os teus restos nos podem salvar, dentro do sacro regime latifundiário capitalista contra o qual luto com todas as minhas energias.

---

* O cruzeiro foi a moeda vigente no Brasil de 1942 a 1967.

Enfeixo num envelope as informações que o juiz Alípio Bastos — que está neste momento julgando a nossa causa da avenida Rebouças — me pediu sobre meu avô materno e meu tio Inglês de Souza, e com elas lhe mando um pequeno volume d'*O missionário*, deste último.

A recente cena de fórum em que tomei parte — um depoimento pessoal exigido pelo advogado contrário — me deu a medida da fraqueza ou da força do perito único — o engenheiro Pereira de Queiroz. Ele tinha entregue o laudo completamente favorável a nós. No depoimento, declarou, porém, não propriamente o contrário, mas que o terreno que é nosso não está dentro do nosso terreno. Entenda-se! Antes de depor, encontrei-o em companhia do advogado contrário e ele me disse: — Este sujeito está querendo me comprar!

É sem dúvida o melhor e o mais honesto perito da cidade.

—

Desço para atender à chamada telefônica da minha grande amiga Z., que se naturalizou graças enfim à minha intervenção, pois quem desentocou o processo foi o Chico de Adhemar e quem o liquidou agora foi o Inojosa do Lyra.

Falo para os Diários [*Associados*] com o poeta Nobre Nazário. E explico-lhe as razões e a posição do meu "Telefonema" de hoje para o *Correio da Manhã*, sobre Lobato. É que começa a haver uma surda, mas não muda, contrariedade por parte dos maristas ante a importância do escritor dos *Urupês*, agora desaparecido. Não posso ficar com os amigos do Mário de Andrade, pois sei que as duas posições são bem opostas. Uma, a do participante Lobato, que foi o exemplo do escritor de pública e histórica envergadura, sempre disposto à luta e à polêmica, e [*outra*] a do esteta arrependido da conferência do Itamaraty.* Colocando as duas personalidades uma diante da outra, nota-se em Mário uma deficiência. Ele foi sempre um formalista que, sem o meu artigo do *Jornal do Commercio*** e, depois, a Semana de 22, talvez dificilmente viesse a [furo]. A prova disso está [na] tragédia que se desencadeou nele quando perdeu o emprego. Ficou dançando nas patas grosseiras, do salafra Prestes Maia,

* O.A. provavelmente se refere a "O movimento modernista", conferência proferida por Mário de Andrade em 1942 na Biblioteca do Itamaraty, no Rio de Janeiro.
** "O meu poeta futurista", 27 maio 1921.

perante o qual inutilmente se humilhou para ficar. O emprego, a Semana, a posição de pajé das letras modernistas, foram para ele necessidades orgânicas sem as quais não funcionava direito.

Tenho outros compromissos para além do Modernismo. Aliás, com o recuo do tempo, há uma ondulação que envolve 22. É a "modernidade" da conferência de Gilberto Freyre, de que o Modernismo é um detalhe [...] corajoso. Antes, bem antes da Semana, a minha primeira prisão foi ocasionada por ter auxiliado a fuga do grande libertário Oreste Ristori, numa rua de São Paulo, onde com outros o defendi contra a polícia que o perseguia. Daí para cá, fui preso por dívidas, namoro, rolo e questão social.

Mas nada disso importa. O que importa é que Lobato foi um estadista potencial que deu sua saúde e vida pela causa pública, enquanto as únicas relações de Mário de Andrade com o Estado foram através de Força Pública, seção de cavalaria, no Jardim Público e outros coretos noturnos.

15 DE JULHO

A situação parece ter mudado. Grandes démarches com J. Silva, o português do Garcia. Espécie de Anjo Leite apaziguado em renda e chácara em Valinhos.* Quer nos arranjar os cinquenta pacotes** hoje e comprar o Sumaré pequeno ou [...] organizar a venda em prestações. A família toda tende para o negócio a dinheiro que nos oferta com prejuízo o corretor [Ediseu] Tavares. Pretendo sair cedo com Nony e medir a sobra de um triângulo ao longo da via Augusta. *Il faut bouger.**** A escritura do superfinanciamento da Caixa será escalada amanhã pelo dr. Pompeia.

Pretendo seguir hoje à noite com a família perfeita para Bauru.

A vida muda e o tempo muda em São Paulo. Há muitos anos que não tivemos um tempo tão sereno e azul como este começo de mês. Ontem, porém, o noroeste ventou agressivo no calor ascendente, enchendo a boca e a vista do paulista urbano da areia dos andaimes. Hoje, amanheceu chuviscando e nublou o céu. Para nós, parece ter sido o contrário. Começarão afinal os dias azuis?

* Referência ao português Anjo Leite, personagem de *Marco zero*.
** Gíria da época para "maço de dinheiro", equivalente a mil cruzeiros.
*** Em francês: "é preciso se mexer".

Intervenção à vista. Carros de assalto e soldados de prontidão por toda parte.

18 DE JULHO

O movimento pendular da história do homem sobre a terra processa-se em duas direções — a da técnica e a do idealismo guerreiro. A técnica produzida pelo *faber* é a tendência do primitivo. O *faber* é o primitivo. O idealismo guerreiro se desloca na exogamia e produz a alienação mística. Enquanto o *faber* endógamo tem em si a alienação política. A Idade Média é do tipo idealista guerreiro. Estabilizada nas novas nacionalidades, que deram os aglomerados europeus da civilização ocidental, erigiu-se nela o *faber* através da revolução industrial e do puritanismo capitalista. Era a volta do primitivo que vem se cumprindo na busca de uma síntese de caráter antropofágico.

Eis em rápido desenho o que venho pensando estes dias em que me transferi de São Paulo para a chácara de Lima em Bauru.

Cura de imobilidade talvez por três dias depois de alguns anos de futebol no asfalto com bola de pedra. Diante do terraço rústico da casa branca da chácara, a paisagem para para deixar passar um trem que leva desgraçados para Porto Esperança.

Enfim sinto a vocação do silêncio e do campo que me obceca. Trouxe comigo um livro do comunista Lefebvre, *Critique de la vie quotidienne.* * Não entende, de jeito algum, a evolução econômica e política do proletariado trazida pela técnica e pelo progresso social. As premissas com que lida são do Marx inglês de um século atrás. O sectarismo o cega.

Não entende, de jeito algum, que a primeira alienação do homem se deu quando ele deixou o estado antropofágico para escravizar o prisioneiro de guerra. Quando criou a dialética do senhor e do escravo. Alienação que não terminará pelos milagres da raiva militante russófila, e sim quando, dominando a Natureza pela técnica e tornadas *scientes* as massas, entrará em crise a formulação célebre de Hegel, mas sim e somente quando o homem tornar à Idade de Ouro assegurado pelo estado antropofágico.

---

* "Crítica da vida cotidiana", sem tradução no Brasil.

Aparece nesse estafante elogio da mediocridade (alienação do homem no Partido) a ideia de fetichismo trazida para a mercadoria no *Capital* de Marx. Lefebvre não compreende que é isso apenas uma forma da constante fetichista que sempre acompanhará a especulação humana, a abstração, o limite, o Tabu enfim.

19 OU 20 DE JULHO

Depois da madrugada de leite no curral próximo e do café faustoso da fazenda, Antonieta, no roupão verde, relê pra mim estas páginas e volto ao quarto espaçoso que Lima e Maria Augusta nos cederam. Ao meu lado, no outro leito, está Paulo Marcos com menos de três meses de idade. E, de pé, Antonieta Marília, loirinha num pijama também verde-claro, rabisca um livro de fábulas e algaravia uma porção de causos fabulosos. Na vinda ainda à chácara, escasseou o leite materno e foi preciso, um alvoroço, reforçar a alimentação do garoto com outro leite. Telefonamos ao pediatra Carlos Prado, que mandou dar Eledon.

Penso nas tragédias mamárias deste imenso Brasil. Pobre brasileirinho do interior, que vê secar o peito materno.

—

Sou acordado da sesta por um chamado telefônico de São Paulo. O banqueiro Alcântara quer falar comigo. É o superintendente do Banco do Estado. Pede-me para telefonar ao Lima no Rio, dizendo que se compromete a fazer liquidar ainda este mês os compromissos da Sorocabana para com a Noroeste,* de que Lima é o diretor. — Ele está fazendo pressão no Rio. Mas eu pago. Faço-lhe ver que a minha boa vontade é tão grande que antes de vir para cá comuniquei ao governador que vinha e ele não quis falar comigo. — Ele está cheio de dedos!, explica a voz ao telefone.

—

O governador Ademar de Barros está de fato cercado em São Paulo por tanques e canhões das forças federais. E apela agora para as boas relações que,

---

* Sorocabana e Noroeste são duas estradas de ferro.

através de mim, Alcântara mantém com o coronel Lima. Quer isso dizer que a situação continua grave, apesar do parecer Vivacqua* e da falada reorganização do secretariado paulista.

O caso da intervenção federal em São Paulo cifra-se no seguinte: a situação internacional anuncia a proximidade da Terceira Guerra Mundial. O Brasil, situado e compromissado na vertente democrática, que é por sinal a vertente da bomba atômica, tem que se colocar à completa mercê dos americanos, particularmente na luta contra os partidos comunistas do hemisfério. O Estado-Maior não julga pessoa de confiança o governador de São Paulo. Junte-se a isso a ambição dos grupos em luta pelo poder fácil e está feito e fervendo o caldo da cultura intervencionista. Estamos a um passo de nova ditadura, desta vez possivelmente militar. E o curioso é que o fermento desta ingratíssima luta vem a ser a UDN, o partido do brigadeiro Eduardo Gomes, cujo idealismo liberal era assestado contra os outros agrupamentos eleitorais como brasão orgulhoso e exclusivo. A UDN paulista está contra a direção nacional, suas diretivas e princípios, porque o que interessa aos Mesquita do *Estado* e aos demais udenistas locais é "tirar o Ademar". Conversando aliás com calma com a besta do Paulo Duarte em casa de Sérgio Buarque, fiz-lhe ver que os testes eleitorais eram indiscutíveis a favor do governador. Ao que ele me disse: — As massas deseducadas ouvem o rádio…

O sr. Paulo Duarte não quer que as massas ouçam sequer o rádio, quanto mais se eduquem e votem. E sem querer, ele penetra e pisa o terreno da sociologia. Porque, de fato, esse demonstrado e teimoso anseio em torno do Ademar, de [*Hugo*] Borghi e mesmo de Getúlio é apenas isto: as massas, pelo desenvolvimento técnico e político, estão se tornando *scientes* e, desde que elas conheçam alguma coisa, querem tudo menos os homens e os regimes do passado. Ademar, com seu pitoresco populismo, muda alguma coisa, realiza e promete mais ainda. Em Campos do Jordão, quando o ano passado fui ver o Rudá de férias em Umuarama, ouvi de uma grã-fina, aliás pobre: — Quando em Pindamonhangaba, uma noite, eu vi o governador eleito entrar de caminhão, em mangas de camisa, chupando laranja ao lado de um preto, percebi que São Paulo estava perdido!

Vem ao encontro de uma dessas observações (a que afirma a prioridade dos interesses imediatistas e grupais no Brasil sobre princípios e ideologias) o

---

* Atílio Vivacqua, senador que deu parecer contrário à intervenção federal.

que me contou Lima Figueiredo sobre o golpe de 37 no Norte. Lá, como Getúlio fazia no Rio, ele tapeou os integralistas, utilizando-se de seu apoio para depois desarmá-los e inutilizá-los.

De fato, a não ser a facção do sr. Plínio Salgado, não há entre nós fascistas conscientes e convictos. O que há é caudilhismo e reacionarismo ao longo da nossa história de escravos. Somos senhores muito relativos e apenas a conquista da solidão tem marcado para nós a conquista da liberdade. Pagamos ainda o dízimo ao estrangeiro. De d. João vi a Wall Street, a nossa história é a mesma, picada de heroísmos revolucionários na maioria frustros ou tristes, muitas vezes ridículos ou absurdos.

Qualquer dos nossos chefes de governo que fosse fascista integraria Plínio e sua gente no poder.

A propósito, publicam os jornais de hoje extenso discurso do deputado pelo PRP* sobre o passado "democrático" de sua grei. Afirma o sr. Loureiro Junior que Plínio Salgado, em 37, foi convidado a integrar o Ministério da Educação duas vezes, não aceitando, pois o governo de Getúlio insistia em fechar, como fechou, a Ação Integralista. É como eu digo, Plínio interessava não como chefe, mas como espoleta de um caudilhismo que ele com certeza considerava ideologicamente impuro.

O Brasil também tem isso — uma vocação formalista e formulista que estraga os seus poucos e parcos ideólogos e os afasta de qualquer realismo tático — Prestes, Plínio e, há séculos em São Paulo, o legitimista Amador Bueno [...].

Por esse discurso vem-se a saber que na mexida de 38 — assalto ao Palácio Guanabara pelo tenente [*Severo*] Fournier — estavam comprometidos não só os integralistas como os liberais de Armando Salles e o parrudo Octavio Mangabeira. Afirma o sr. Loureiro Junior que Fournier e o verde [*Belmiro*] Valverde precipitaram a revolta, sem conhecimento nem assentimento dos integralistas de Plínio, que, diante da resistência vitoriosa de Getúlio, a reprovaram. O que eu sei de fonte limpa, porque se passou comigo, é que o salafra Paulo Duarte sabia do caso, pois na ocasião, em contato com ele, ouvi que se esperava qualquer coisa e, no dia, a sua exaltação pró-Fournier era valentíssima. Contei-lhe uma anedota que corria: num trem da Central, um sujeito pedia no carro restaurante que lhe servissem um bife à Getúlio, elucidando para

---

* Partido de Representação Popular, antigo Ação Integralista.

o garçom — com três ovos! Estávamos na engalanada demi-vierge que era a biblioteca de Paulo Duarte. Este sorria constrangido diante da lareira: — Então devia ser um bife à Fournier!

Falo com Lima no Rio. Ele aceita o Armando Alcântara como fiador e liquidante das contas da Sorocabana com a Noroeste até o fim do mês. Falo com Alcântara em São Paulo, o qual promete realizar o imediato pagamento.

— Não subestimo a sua cooperação!

——

Visitamos, eu e Antonieta, pela manhã, o Educandário de Bauru, onde sessenta orfãozinhos foram recolhidos dos cafezais e dos sargentos da cidade proletária. [...] é o organizador dessa pequena creche que irmãs dirigem, com seu barracão de aula, seus leitos iguais, suas mesinhas limpas e seus cantos intérminos de saudação aos visitantes.

O dr. Cyro, com sua seriedade de médico de campo, nos acompanha. Uma de suas grandes preocupações é arranjar amostras de remédios para as crianças.

21 DE JULHO

Acabo de ler *O muro*, de Sartre. Parece Humberto de Campos! De tal modo o final compromete e estraga a ascensão admirável da agonia dos fuzilados naquela prisão da Espanha. Aliás o que há de extraordinário em Sartre é a fidelidade minuciosa à vida reportada. É o homem que escuta atrás das portas. Um aguçamento do realismo, geralmente sem criação e sem ficção. No mesmo volume, algumas novelas de primeira ordem: "Infância de um chefe", "Intimidade". O que há de notável é a crescente descristianização da literatura em Sartre e nos existencialistas em geral. Um deslocamento do ético e praticamente do pudor. Um preparo para a Antropofagia.

——

Quando a doença vem te procurar no teu próprio leito, então desenha-se atrás dela a morte vaga e diáfana. Ontem, a angústia me sufocou à tarde, num bar de Bauru, onde o velho Filardi reuniu alguns amigos para me conhecerem. A angústia que evidentemente não é imotivada, como querem os existencialistas. Tudo me estrangula — a ausência de segurança para os meus e a saúde que periclita. Será só no Brasil que existe a angústia bancária? Foi a angústia capitalista que sufocou o pequeno gênio de Copenhague com sua gigantesca tragédia mental.

Privilégio do Brasil é a angústia sexual. Não se pode dizer que Graciliano Ramos e Nelson Rodrigues não exprimam o Brasil. Dois polos opostos da literatura — aquele, um mestre; este, um cabotino. A prova de que não fomos cristianizados, e sim simplesmente catequizados, está na existência de ambos como "literatura". Não há sedimentação cristã possível nas bambochatas cruas da Suzana Flag.* Nem onde a angústia é somente erótica.

A propósito, Sartre! Leio *O muro*. Uma velha literatura de efeito e de truque como uma passante e nova psicologia. Sem dúvida. É o documentário da descristianização do mundo ocidental, aliás admitida por Bernanos em Genebra, nos encontros dos intelectuais. Sartre é capaz de gostar de *Álbum de família*.** Com uma enorme diferença de qualidade, ele tem um ar de parentesco com a *bestia* do *Muro*.

22 DE JULHO

Ontem, um fogaréu cercava a terra de estrelas, quando voltávamos da cidade, ao longo de cercas de fazendas e da estrada de ferro. No bar, cresceu em mim a obsessão por Mato Grosso. Apresentaram-me engenheiros que moram em Copacabana e Bela Vista, na fronteira paraguaia, "onde há liberdade!". É preciso descopacabanizar o Brasil. A pequena burguesia que se encastela nos apartamentos de pif-paf — [Orlania] — a pinga — a bolsa de estudos — Como são deliciosos os Estados Unidos — Somos uns índios de gravata — Franqui-Frinke — Isso é negro! — Os judeus jogando — Isso não é hora de incomodar famílias — E o poeta recalcado e esquelético assuntando — Capaz de dar os mais lindos versos por aquelas coxas morenas — E por aquela literatura que não gosta de andar de ônibus e elevador e parece num tom mais alto o seu Silva do Mappin.

---

* Pseudônimo com o qual Nelson Rodrigues assinava romances de folhetim.
** Peça de Nelson Rodrigues publicada em 1946.

A arquitetura cowboy de Bauru. Foram suprimidos os beirais antigos. Fachadas retas cinemáticas, duras e cinzentas. O que interessa é a piscina, o clube, o baile, o cinema e o bordel. Os *landlords* morreram. A visão de Paulo Prado.

24 DE JULHO

O gesto gratuito de Gide, a angústia imotivada de Kierkegaard — eu sinto e sofro tudo isso, mas sei que a dor que abriu uma flor de fogo em meu peito vem da situação em que flutuo sem solução e sem paz. O pequeno paraíso da chácara de Lima não me convence. Estou como aqueles caboclos do começo do século diante da "máquina de falar". Não acreditam. Toda a alegria física dessa casa perfeita, com o criação chinês que é ele e o encanto pródigo de Maria Augusta e as crianças, escorre por mim sem penetrar. É que sei o que se passa inflexivelmente em São Paulo, a escritura da Caixa mais uma vez sabotada pelo ventríloquo, os terrenos que se custam a vender, meus [medos] sem férias.

27 DE JULHO

Depois do dia amargo da chegada a São Paulo, só, na casa só, na rua só — noite esperançada por um chamado de Madureira que se torna logo o grande Madureira. Falo da conferência que vou realizar em Bauru, sábado:

"Daí a inaptidão para ser o trabalhador que faz o homem tropeçar no caminho em que se vocacionou sem ter vocação, em que se comprometeu sem compromisso íntimo. É o médico que detesta os seus agonizantes, o advogado que executa por detrás os seus próprios clientes, o engenheiro que se associa aos fornecedores para lucrar. Num mundo que perdeu as suas coordenadas morais, isso é visível a olho nu. Não se precisa ler a *Cidadela* para reconhecer em alguns dos nossos grandes nomes da medicina o ganhador sem alma e sem escrúpulos que opera sem necessidade, dá alta a condenados e prolonga os padecimentos dos que lhes caem nos bisturis e nas drogas.

"Mas que se deve fazer então? Abandonar o trabalho? Nunca! Mas bastaria seguir as vocações de cada um, dar a cada um a liberdade de se orientar e escolher, para que o trabalho, assim exercido, deixe de ser uma condenação e um cansaço. Para que cada um se encontrasse no seu dever e se sentisse feliz cumprindo a tarefa social que elegeu. Nas sociedades algemadas, isso é impossível porque não há saúde para todos, quanto mais educação para todos."

1º DE AGOSTO

Fiz ontem a maior gafe da minha vida. Hospedado como antigamente se hospedava na chácara de Lima Figueiredo, não estendi a Maria Augusta os meus agradecimentos na conferência do Automóvel Clube.* Na volta, duelo de lealdade entre ela e Antonieta. Maria Augusta é de fato — o revelou ontem — uma criatura acima do comum e fora do normal. Eu perdi o gosto da vida a noite toda.

3 DE AGOSTO

Duas ideias:
1ª — Quanto maior o perigo, maior a solidariedade — O cristianismo foi a sociedade sem risco — O céu no fim — Daí o espantoso crescimento do egoísmo farisaico embrulhado de amor ao próximo nessa fase da história.

2ª — O matriarcado desliga do amor a ideia da procriação. Consequência — Uma história do pudor — O pai na família. A imoralidade — Minha mãe me teve... E em Pompeia — Resíduo de uma moral matriarcal? Não. A deificação da função genética longe do pecado. De qualquer maneira, o cristianismo é o grande condenado da história, mas talvez a experiência mais rica do homem — De Santo Agostinho a Dostoiévski — E agora?

É possível a síntese de uma nova Idade de Ouro — a função genética do homem deificada em Pompeia, no afresco que pesa o sexo numa balança onde o ouro se iguala no outro prato — e o desligamento do amor e da geração.

* "O sentido do interior", publicada em *Estética e política* (São Paulo: Globo, 1992, pp. 191-202).

Histórias do Lima — a mulher que volta para buscar a sua criança pegada pelos brancos — Onde o pai? Que pai? Qual pai?

———

A noite nhambiquara de Rondon.

———

A camisa — O gavião depenado e o cobertor.

———

Os índios exigem a roupa do Exército, despem as calças porque atrapalham na selva. Homens e mulheres de túnica vermelha.

———

Deu a camisa a um soldado tiritante. Rondon. Quando você estiver assim, eu não dou a minha.

———

O soldado entregue aos índios, por infração sexual, na expedição Roosevelt.

5 DE AGOSTO

Volto à experiência Passaláqua. Choque imediato com o complexo materno presente.

Agravamento de tudo. O ventríloquo só quer dar a primeira prestação do prédio em setembro.

Assim não vai.

———

De Bauru

A bela do baile ouve elogios dos bigodinhos. — Que calor! — Outra contradança. — Está cheio! — Outra — Que tempo! — Está boa a orquestra!

No trem, as colegiais.

Diálogo conjugal depois da cafajestada do banqueiro. — As frutas são feitas para serem comidas ou chupadas — Mas as mulheres são superiores — Obrigada [...] — Explosão e retirada — Não tenho vontade de ser corno! Não admito que os amigos se metam em assuntos reservados — Você é aquilo que eu sempre pensei — Apaziguamento difícil — Você vai ao baile? — Não. Meu destino é esse. Viver só. Só você encontra os que não são o que você pensava. — Pazes — Presentes — Alegria.

O garoto petulante que fugiu para Buenos Aires e ficou no Paraná a pedir gaita. Quer fundar um centro literário. Não comparece ao embarque.

Há pintura em Bauru.

14 DE AGOSTO

Arte é alienação.
Por isso deixei de escrever, de ler, de tudo.

Algumas ideias:
*Le prestige du faux** — A gente ama a mentira [*acima de "a mentira", O.A. escreve:* o Ego ideal].
*Le chemin des illusions*** — Ciccillo, que almoça conosco no Inter-Americano, vai atrás da arte abstrata.

[...]

* Em francês: "O prestígio do falso".
** Em francês: "O caminho das ilusões".

28 DE AGOSTO

O professor Jairo Ramos, meu médico, me aconselha a escrever. Para desafogar o aneurisma em que mergulho, de novo, como Jorge d'Alvelos, "hipocondríaco, quebrado de dores absurdas".

Chego a um ponto cataclísmico.

Não suporto mais a cara cínica do Luís Coelho,* coitado, um menino tão bom que me emprestou uma vez 50 mil-réis para comer e agora me estrangula de todo jeito por causa da dívida de honorários que tenho para com o escritório Marcondes Filho.

São eles os meus advogados. E é sem dúvida alguma a gente mais suja e indecente que tenho encontrado nestes últimos decênios. Em 193... eu fui executado por um endosso de favor que dei idiotamente ao Osvaldo Costa. E quem me executava? O próprio escritório Marcondes Filho, através da dentadura de um banco que é o Ultramarino. Perguntar-se-á — Por que eu não deixei esses homens? Por que não rompi? Não gritei? Nada disso fiz e nada disso faço, como ontem aceitando concessões humilhantes porque não posso agir de outra maneira. São as condições da vida capitalista. A gente a viver e se servir dos seus piores inimigos. É claro que eu não tenho dinheiro para pagar outros advogados e me desforrar desses tristes salafras da rua Crispiniano, como desejo, quero e farei um dia! Vou me arranjando com eles. Fui eu que consegui só a restituição dos terrenos da prefeitura com o Abraão Ribeiro, através do Rao, e como eles cobraram 100 mil cruzeiros de honorários e eu não pude pagar tudo, estão agora de novo me pondo a corda no pescoço. Reformei uma letra de 33 mil cruzeiros por noventa dias, antes do regresso do Coelho, que foi à Europa. Encontrei ontem o ambiente mudado. O negócio não podia mais ser feito. O banco não aceitava. O Coelho, nem vindo de Paris, deixa de ser o meu perseguidor implacável. Por quê? Deve ser qualquer complexo de inferioridade. Literatura? Sei lá!

———

Recordação de Aníbal gagá fazendo revelações de cama com a senhora — já aprendeu: Eu demoro...

———

* Luís Lopes Coelho foi por muitos anos advogado de O.A., chegando a cuidar de seu inventário. Também foi autor de contos do gênero policial, casado com a escritora Dinah Silveira de Queiroz.

Ontem, almoço com Ademar, César Vergueiro e Lincoln Feliciano em casa de Lilly.

Ademar é qualquer coisa de fáustico. Garantiu que foi carregado numa mesa pelos espíritos de dona Alzira. Também envolvidos César e o conde Silvio Penteado, que levou até lá a Lilly.

Trata-se de uma tia velha da Tarsila que ergue cadeiras, mexe quadros na parede sem sair de seu lugar. Perdi um passeio em fortaleza voadora. Podia ter ido com Ademar. Sofri duas horas por causa disso. Ando completamente louco. São os vencimentos, os compromissos, as dívidas. Passei a escritura de reajustamento na Caixa. Ganhei a causa da Rebouças. [Quero] acordo para terminar. Mas nada adianta. Secou a glândula do gosto. Não há mais reação.

Apenas minha filha é uma aurora, Antonieta fica mártir ao meu lado e o sorriso do meu filho de quatro meses ainda pesa na balança do suicídio, que tem os pratos móveis.

———

Vou ler. Vou ler Chestov e Herbert Baldus.

———

Afinal, depois de um dia inteiro de angústia — daquela que Phytina não cura e que o dr. Samuel, bem católico, não conhece — afinal, dez horas depois do encontro com meu irmão da esmola negada, concluo que, por 10 mil-réis, eu teria comprado uma boa consciência. Enquanto a ruptura, [...] o cataclismo aórtico me trouxe de novo inteira a questão social — não brasileira, mas humana — exigindo solução. Para que não haja adolescentes que foram diaristas [...] e que peçam esmolas nos parques [tímidos].

———

E como na Idade de Ouro não havia luta de classe, que era a arte?
Depois, iniciada a dialética do senhor e do escravo?

———

[...]
Minha veracidade cresce.

———

Cresce na angústia.

———

Vou tomar Vagostesyl e ver se se aplacam as Erínias de meu irmão mendicante, levantadas como dedos. Ver se se aplaca a placa de fogo físico que tenho sobre o coração.

———

Beni, chegando, disse com os cabelos ingênuos, não cortados como os de Sansão.
— Prefiro ficar do lado de lá!

———

Antonieta disse uma coisa muito boa da coleção de Flávio, *Minha mãe morrendo:** — É religião!

———

Arte é alienação ou confissão.
Religião é confissão.

31 DE AGOSTO

Às vezes tenho a vontade de guardar certas peças de vestuário que carregaram os meus suores anos, meses, e nos dias de tragédia contada hora a hora. Um par de sapatos que cambei nas caminhadas de cabeça na chuva em 46, quando, para me salvar, reivindicava os terrenos da prefeitura [...]. [...] um pobre pulôver verde, manchado de sujo, com que durmo no frio e com o qual também figuro nos almoços castelãos e nas festas e em juízo. Pobres e mudas testemunhas de minha aflição silenciosa e vigilante. Tinha um pulôver branco mandado fazer por Antonieta e roubaram.

Tenho tanto que trabalhar nas minhas ideias, na minha obra e na minha cultura e vivo entre chuços e zagais como numa guerra antiga. E tenho que ficar quieto e sofrer e penar e me levantar de novo cedo para correr e lutar.

* Série de croquis em que Flávio de Carvalho registra a agonia da mãe.

Estou estafado, liquidado, morto! E morto tenho que me levantar e viver. Ontem, passei um dos grandes pânicos da minha existência, acuado de angústia, não motivada, mas pretextada, por que fiz, por que não fiz. Espio através das páginas de um livro que comprei, um livro do grande Fondane, chama-se *Baudelaire et l'expérience du gouffre.** Espio a mim mesmo! E essa vaca cheirosa do Sartre que não percebeu nada! Como é formalista, pedagógico e puramente ritual — ritual de café em grande cidade — esse existencialismo de Sartre e seus epígonos de toma-fumo com bigodeira e camisola colorida. *"C'est aux parias que pense Baudelaire, à ceux qui ont vu leur vie se transformer en un rat vivant."*** A vida da gente se transformar num rato vivo. É isso mesmo que eu sinto nos bancos, diante dos palhaços poderosos, nas grandes casas diante das putas velhas vitrinas de joias. Sou um rato vivo, pulando atrás do queijo que tenho direito a roubar para mim e para os meus.

1º DE SETEMBRO

Antigamente, faz muitos anos, eu, a estas horas matinais, estava na janela da sala de visitas da minha casa da rua de Santo Antônio, vendo as italianinhas passarem para a fábrica. Não sabia nem o que era fábrica nem o que era menina de fábrica. Sabia que fábrica era uma coisa que apitava e menina também sabia, mas vagamente. Uma pretinha tinha me mostrado. Carregava então todas as minhas virgindades intactas. Todas as reservas do ser diante da vida. Minha mãe me conservou assim em redoma até os vinte anos. Depois comecei. São 7h15 da manhã.

—

O filósofo jovem — chama-se Renato [*Cirell Czerna*], conheci-o no coleginho do Vicente, fazendo conferências sobre Dacqué — indica-me um livro de [*Waldemar*] Deonna, *Du Miracle grec au miracle chrétien.**** Aí aparece

* Baudelaire e a experiência do abismo.
** Em francês: "É nos párias que Baudelaire pensa, naqueles que viram suas vidas se transformar num rato vivo".
*** Do milagre grego ao milagre cristão.

uma noção nova de primitivismo, de um certo modo coincidindo com as buscas da Antropofagia. Grosso modo, ele coloca em face do classicismo o espírito primitivo, onde engloba, com o orientalismo, todas as reações heterodoxas, ao que parece, até o barroco e o romantismo.

———

Tenho vontade de me deitar. Lembro aquela manhã em que meu velho pai, no seu chambrão de lã, me acordou naquela casa fatídica da rua Augusta, para me dizer que estava com uma dor intensa que não passava. Eu dormia num divã de palha que estivera na garçonnière da rua Líbero [*Badaró*]. Acordei espantado. Ele sentara-se comigo. Foi o seu primeiro e último sos, o desse velho calado que esperava olhando o ar doméstico da casa anarquizada. Sua esperança era o neto, Nonê, que tinha então cinco anos. E que abre amanhã, com trinta e quatro, a sua segunda exposição de quadros em São Paulo.

Meu velho, oito dias depois, morria, envolvido comigo num conluio trágico de testamento encabeçado pelo [negregado] Sarti Prado,* por dona Kamiá e pelo advogado Teodomiro Dias, que hoje trona na presidência da mais alta corte de Justiça do Estado. Pobre velho, e eu mesmo.

9 DE SETEMBRO

Devia partir hoje à noite para Bauru e seguir amanhã até o fundo de Mato Grosso na comitiva de Lima Figueiredo, que vai inspecionar a Noroeste, de que é diretor. Mas surgiu um incidente com a saúde de Maria Augusta e ele telefonou adiando a excursão. A fim de preparar a viagem, fui reformar minhas letras e inesperadamente encontrei uma vigilância hostil e uma negativa teimosa da parte de quem não esperava — o seu Décio, do Mercantil. Puxou diversas fichas coloridas e me disse, grave — O senhor hipotecou! O senhor está com tudo hipotecado!

Só tenho, nesses momentos antagônicos, moedas que não correm — a imaginação na cabeça, a angústia e o susto no coração. Fui à Caixa, recorrer à boa vontade de Alcides Vidigal — o banco é dos Vidigal. Tanta humilhação

---

* Advogado que se casou com Kamiá, ex-mulher de O.A.

terá fim um dia; talvez somente no túmulo da Consolação, que não visitei nem ontem nem anteontem. Renovo assim o drama distante, mas presente, de 1912. Chego tarde.

A 7 de setembro, trinta e seis anos atrás, minha mãe morria sem mim. E era conduzida para o Consolação. Como agora, eu estava longe, aquela vez a bordo do *Oceania*, agora nos linhos finos da Lilly.

Estivemos em Guarujá, viajamos com o governador, conhecemos dona Chimene, que manda e não pede. Inteligente, bonita e desempenada.

Lilly começou pondo *à la porte** um jornalista da *Chicago Tribune* que vai dizer o diabo do Brasil. Depois, serviu-nos regiamente. Ao meu lado, uma Carminha qualquer, de calças, chamando o Eurico Sodré de tio, casada com um valentíssimo besta, irmão do trágico Ulpianinho, advogado da Lilly. É médico e acha que a questão social ainda é um "caso de polícia", como afirmava Washington Luiz em 1929. — Os operários agora têm todos os direitos e nenhum dever!

Disse a Lilly sobre o seu conforto do Guarujá — *C'est l'Égypte! C'est les cataractes.*** De fato, o café com leite servido no quarto me lembrou o perdido Luxor de 1924.

Na volta, Lilly e [Louise], a governanta, falam *argot**** sobre Eliot, o garçom. — *Il est gaga devant la mer! Il devient complètement ramolli quand il prend un bain!*****

No carro da volta, grande bruma no canal. Depois, a via Anchieta límpida. E chegamos, gentes e cães, cães peludos de pescoço torto, cães minúsculos e flexuosos como cobras. E gentes inocentes como cobras.

—

Subo do café madrugador como de uma refrega. Palpito de imaginação. Se tivesse os dias bons e auspiciosos para escrever. Mas, ao contrário, meus ríctus de rugas se acentuam na face envelhecida. Sou um boxeur na arena. No *ring* do negócio, minha face se desfigura como se diretas e swings a atingis-

---

* Em francês: "mandando embora".
** Em francês: "É o Egito! São as cataratas".
*** Em francês, marcado por gírias: "Patoá".
**** Em francês: "Ele fica gagá diante do mar! Fica completamente mole quando toma banho!".

sem. Sangro inutilmente ante o grito histérico dos Piolins bancários, dos Fantomas dos juros.*

Mas um grito augural de Antonieta Marília, diante de uma vitrine de pipocas brancas no crepúsculo ativo da City, me recompõe e restaura.

———

Entanto minha vida está suspensa. Que será? Apenas a cara de cavalo de seu Décio me repete: — Tenho que reexaminar. Não prometo nada. Preciso consultar os diretores.

Eu tinha composto todo um plano de batalha, a fim de primeiro obter recursos, depois jogar para a frente os vencimentos deste mês. Fui otimamente sucedido no golpe inicial. Piolin estertorou e caiu.

O ítalo-sírio, que foi "o primeiro a adquirir Salinas em São Paulo", também. Por ordem da donzela Gladstone.

Mas a segunda parte encontrou um tropeço imbecil em seu Décio. Até meio-dia, minha vida estaca e minhas artérias se encachoeiram. Quando será a libertação?

———

Outro dia, melhor, outra noite, ia escrevendo neste diário — Que bom não ter uma arma!

———

De um "Telefonema" frustrado a meio do Guarujá: "Só as sírias gordas rezam ainda na noite bandeirante. Enquanto os maridos vomitam".

———

De um sírio: — Aqui, Guarujá, é uma família só. Um pode ir na casa do outro.

Mas na casa da Lilly ninguém entra.

———

* Piolin foi um palhaço brasileiro. Fantômas é um personagem do gênero policial francês, um vilão assassino.

A ideia de regularidade e repetição dos fenômenos, a ideia de lei, colhida em Pareto, será possível no plano social? Um equilíbrio que se repete?

10 DE SETEMBRO

Do governador de todos os paulistas: — Você sabe, é fim de semana. Se não, não aguento esse baque. Vou levá-la. É pessoa educada, fina.

Da irmã de Agostinho Rodrigues: — Hoje recebemos um barbeiro, amanhã uma lavadeira!

——

Esse livro de um homem extraordinariamente informado e admiravelmente orientado, W. Deonna — *Du Miracle grec au miracle chrétien* —, vem afirmar mais do que nunca as teses da Antropofagia. Sou tomado de choro porque não posso levar avante a minha pesquisa. Quem tem razão sou eu, cem vezes, um milhão de vezes, mas tenho os braços crucificados nas letras e as pernas pregadas numa cruz de dívidas! Até quando?

30 DE SETEMBRO — MADRUGADA

Apesar de tudo, estou mais calmo. Inicio afinal o regime alimentar que Antonieta reclama para que a minha saúde prossiga. Em face de mim, Luís Coelho, que se tornou o inimigo gratuito que ronda a minha tortura — É duro reformar uma letra de 33 contos! Você precisa vender o Sumaré. No entanto, estou convencido de que é ele quem impede a compra que havia sido combinada com o Marcondes.

——

Que houve nestes vinte dias sem noites? Um sopro dramático sacudiu a casa. Uma madrugada destas, Antonieta levantou-se e veio me dizer que Paulo Marcos estava com febre alta. Passou o dia com 39,5. Chamado o dr. [Mario] Altenfelder, ele viu que o menino estava ameaçado de meningite. Já tinha os primeiros sinais. A penicilina e a sulfa o salvaram em 24 horas.

A noite lá fora roda sem ladrões. Maria Augusta e Lima estiveram aí. Jantamos no Marabá com Piolin, que se retirou logo. Dançamos. Quando estávamos num crêpe Suzette, entrada sensacional de uma meninada de quinze a vinte anos, atrás da elegância desprevenida de Baby Pignatari. Moças de cigarro na boca, autossuficientes e bestas, rapazinhos de tímidos óculos. Como uma espanholita de cara redonda [cantasse] o show, eles se esbaldiram ao fundo numa mesa. Assovios da Turma do Bexiga. Gritos, gestos. Inteiramente surrealistas. É o fim das "classes altas". O que os boêmios faziam antigamente com espírito, eles fazem hoje com estrépito.

———

De Luís para a amante ao telefone: — Você deve estar molhada, só fala [com homem]!

———

Da Comtesse:
— Dize que io sô orgueiósa! A muiér de [Manáus] falou. No é. Que já estou cansada de relações. E a Ana? Esqueci de visitar a Ana Rao. Chegou da Europa e deve ter coisas a contar.

———

Os prenúncios de uma nova guerra estrondam nas notícias. A Rússia acusada. A América acusada. Propaganda de preparação psíquica para o conflito.

———

E o dinheiro seca mais uma vez. […] o aniversário de Rudá com atitudes desagradáveis. Não querendo que fôssemos a casa dele e de Nony "porque o Zé Mauro vai". O Zé Mauro,* neste mundo convulso, é escritor.
Subimos até lá à noite. Aquela reunião de sempre.
Que mais? A experiência síria. Queimei os miolos produzindo no domingo um projeto do Empire Jafet com sua organização jornalística e bancária — *tapis roulant*** e outras mil maravilhas. Não cheguei a apresentar. Fui ao urbanismo com o Nagib. Cara feia diante de ter que comprar três casecas da rua 25

---

* José Mauro de Vasconcelos, autor de *Meu pé de laranja lima* (1968).
** Em francês: "esteira rolante".

de Março para realizar o mais alto plano de consórcio que São Paulo teria. São Paulo está ficando uma cidade tumultuária. A chegada de manhã de trem, as tardes [nacaradas] no viaduto de metrópole.

———

Nony encerrou a exposição de pinturas na Galeria [Domus]. Vendeu três quadros. Bardi comenta comigo e ele: — Não há mercado numa cidade de 2 milhões de habitantes.

———

Passa lá fora a primeira carrocinha de padeiro e me evoca as quatro horas da gravidez de Antonieta, quando nos acordávamos à uma, às duas. Eu ia comprar pão com seu Antônio, o padeiro [tísico] da madrugada. Uma vez, como fosse domingo, desci até uma padaria da Brigadeiro. Havia um sujeito mijando num pátio. E bêbados querendo forçar a reabertura dum bar.

Por falar em bêbados, no Marabá, dois paus-d'água finos conversavam: — Você escolhe amigos para beber. Eu sou seu amigo. [Drama] da bebedeira cristã-catártica — a amizade.

———

O senador Marcondes, que chegou do Rio, pagou um porre ao escritório. Estiveram no Marabá, no Giordano e acabaram no Automóvel Clube. O escritório não funcionou na parte da manhã.

———

Vou levar as minhas *Mil e uma noites* do Empire Jafet ao Ademar. Hoje, jantamos com o Chico na Lilly.

———

Chateau* de ponta comigo, ponta enluvada, me atribuindo uma besteira saída no *Diário de São Paulo*. Que fazer? Complexo ademarista? O governador desatendeu o pedido de Lilly para colocar Nony na chefia do Departamento de Cultura da Universidade.

* O.A. grafa em francês o apelido Chatô, do empresário das comunicações Assis Chateaubriand.

Preparativos para receber a primeira prestação do novo contrato com a Caixa. Mathias engolirá Cr 400 000,00 e recomeçará enfim o Edifício José Oswald, congelado há um ano pelas artes do ventríloquo — arte e manha, trocadilhava Piolin no Marabá. Tem doze anos de idade mental, mas é um bom sujeito. Sociedade em perspectiva com os Maia Lello em Rebouças.

—

Escalado para 1º de outubro o recebimento na Caixa.

Advocacia Preventiva Carneiro Maia. O mundo caminha. Nos taylorizamos. Enfim, só a angústia não se tayloriza. Quem sabe? No Marabá, Paulito Nogueira me [cumprimenta].

—

A infância volta às golfadas. O primeiro sangue de mulher, percebido nos baixos da casa de tia Carlota, que parecia a África deserta.

O Guarujá — seu Andrade comprava vara de pescar.

—

Um galo canta. Vou dormir. Reentrar, como um fantasma de Elsinore, no sono.

30 DE SETEMBRO

Não sei por quê, mas sinto-me diante da morte.

Além de tudo, briga em família.

—

A Antropofagia é que tem razão. Mas que me adianta constatar que acertei? Quando cai na minha própria cabeça a constatação! Entendo o suicídio possível de Santos Dumont. O complexo de culpa de Nobel.

—

Me dá vontade de escrever e mais nada. Talvez porque seja mesmo um pobre velho e mais nada.

Há situações na vida que exigem os grandes estouros irremediáveis e definitivos com toda a coorte de consequências, ou a abstenção, a omissão e a morte. Há coisas diante das quais não é possível agir.

Assim foi com o que fizeram, comigo e com Nonê, dona Kamiá e Sarti Prado em 1919. Encontrei-o uma manhã na rua Quinze. Eu estava armado. Ele tinha passado por mim. Vi num relâmpago a situação. Decidi-me a matá-lo. Voltei, mas ele se tinha perdido, entrado talvez numa porta. Isso salvou-lhe a vida. Desde então, me abstive, me omiti. Não fiz nada. Ficou o crime nu.

O que minha nora Adelaide Guerrini [*de Andrade*] está fazendo contra mim toma, em escala proporcional, esse aspecto que exige uma definição violenta ou a abstenção integral e a ruptura. Pobres anos finais!

1º DE OUTUBRO

Ontem, Rudá jantou aqui. Com uma grande curiosidade intelectual pela Antropofagia. O Rudazinho das fugas e da miséria dos anos 30. Está espigado e ativo.

Perguntou por que a humanidade passou, mesmo muito antes de Cristo, a ter sentimentos cristãos e farisaicos. Expliquei-lhe que isso que se chama de "solidariedade" é apenas uma função do perigo. Os animais, mesmo os mais ferozmente antagônicos, se unem diante do perigo. A humanidade executa o mesmo movimento irracional. Apenas o veste de cores e o fixa.

— Mas, passado o perigo, os animais voltam a se devorar — disse ele.

— De fato. No homem, o bicho retardado, onde as sensações tomam maior fixidez e se tornam reflexológicas, tudo depende de "uma posição tomada numa situação dada", situação esta que corresponde a uma concepção do mundo. Há divergência e progresso ou regresso em qualquer concepção do mundo. As "Idades de Ouro" têm presente e inapelável a devoração, de que a Antropofagia é um símbolo amável. Sente a periculosidade da vida e daí a alteridade em que vivem. Alteridade antropofágica, isto é, o sentimento do outro em si e não o sentimento baudelairiano do isolamento, de ser outro.

Com o sentimento presente e constante de periculosidade da vida (sentido da devoração), o homem se humaniza. Se se traçasse uma história do egoísmo, ela teria o seu ponto de consciencialização em Sócrates, que ancorou o homem fora da terra, fazendo se encaminhar a noção de dever e de sacrifício para o platonismo pré-cristão. Mas, evidentemente, as origens desse sentimento — que produz a falsa segurança na terra, tendo por trás um Deus de balança na mão e um Juízo Final por fim —, as origens são patriarcais. Evidentemente, não houve esse instante clangoroso em que um alto-falante berrou: — Vai começar o patriarcado. É a era da monogamia, da herança, a era da propriedade privada e do Estado de Classes. Mas a passagem das Erínias, citada por Bachofen, exprime esse ponto. Melhor porém do que tudo, o que indica essa transformação é aquela observação sensacional de Engels — o homem deixou de devorar o seu adversário para fazê-lo prisioneiro e escravo. É o início da dialética do senhor e do escravo. O resto é consequência, derivação e contraponto. Veja-se o resultado na arte. Na estética do senhor — a idealização grega da perfeição —, a estética do escravo rebelde, a do escravo reconciliado que trouxe o cristianismo.

Mas pode se afirmar que foi a escravização do homem pelo homem que trouxe a era das falsas seguranças — o direito garantidor, a piedade a juros, as companhias asseguradoras de qualquer risco. Ou, dialeticamente, depois de um longo período — através da técnica e do progresso político —, houve um desmascaramento nietzschiano das seguranças e uma sufocação indizível de ponto crítico em Kierkegaard. O caminho da escravidão tinha sido totalmente percorrido pelos pés em sangue da humanidade. A liberdade é apenas autenticidade. O homem sente que volta a ser autêntico, a aceitar a periculosidade e enfrenta a devoração. A noção do Deus benéfico cai, coincide com o ateísmo [chinês] e com a noção antropofágica do Deus contra (o inimigo mortal de Kierkegaard). Tudo se encaminha para uma ressurreição matriarcal — com a propriedade comum do solo, a poligamia e o Estado Técnico, sem privilégio e sem classe. E uma poesia livre e descristianizada, mecânica e abstrata como nos termos da Idade de Ouro.

———

Nonê e Rudá me falam de um diário de meu velho que encontraram. Nele, há anotações de pobreza como esta: "Emprestei do Marcos 150 000 para matricular o Oswaldinho na Academia". O Oswaldinho sou eu.

O grande fracasso do grupo familiar foi 1911, quando podíamos ter vendido a City a Cerqueira César. Lembrava no outro dia, na Caixa, o hoje industrial Mário de Figueiredo, a proposta [feita]. A metade em dinheiro, a metade em ações da City. Podíamos ter ficado, de repente, a gente mais rica de São Paulo. Não aceito o negócio, veio a guerra de 14 e crise. Mamãe tinha morrido. Haviam começado as hipotecas tímidas. Cem contos na Economizadora, onde tronavam grandes ladrões visíveis. Na liquidação, mais tarde, a Economizadora exigiu ou pediu 5 mil metros, que demos. Essa vontade masoquista que nos caracteriza! Depois da morte de meu pai, tudo se podia reajustar. Mas viera o drama de dona Kamiá e o caso do padre.

Hoje, depois de trinta anos [titânicos], está decidido pela Caixa que o engenheiro Alfredo Mathias recebe a primeira prestação do novo empréstimo, destinado a terminar o prédio José Oswald, na rua Vitória.

Mas sobrenadamos na crise. Não há dinheiro para o mês e talvez eu tenha no fim da tarde, como nos velhos tempos seu Andrade anotava em seu diário: "Emprestei de… para viver e passar este mês". Felizmente as crianças, as que não são pequeninas, estão todas matriculadas. Rudá no colégio e os guris do Nonê numa escolinha.

11 DE OUTUBRO

[*Esta entrada traz caligrafia diferente e foi possivelmente ditada a Maria Antonieta d'Alkmin, mulher do escritor.**]

A história do homem seria a conquista do ócio pela técnica? Por que o homem cria a religião? Em função do ócio.

Narcisismo
Pernosticismo
Sofisticação

11 DE OUTUBRO

Para terminar *Marco zero*. Uma Sinfonia de 48 — Cem anos depois do Manifesto — São Paulo novo — Luíza [Puta e Pintora] — amei um advogado lindíssimo — leio romance de amores — daqui a pouco a polícia fecha a nossa [balsa] — O professor Canabrava — E o Guarujá com Calder […]

---

* A data de 11 de outubro se repete na sequência, provavelmente devido ao fato de que O.A., a exemplo do que ocorre em outros anos do diário, fez as anotações referentes a 1948 em dois cadernos.

Ah, a felicidade era demais!

Escrevo isso na madrugada de 14 de outubro. Seria o primeiro verso de um poema que tentei, com o título "A experiência Passaláqua", e que falava no "Meu barquinho carregadinho de flores". Paulo Marcos, Antonieta Marília. E mais nas "Raízes decepadas donde brota o homem". Este acontecimento poético se ilumina hoje de tragédia, pois senti pela primeira vez nitidamente que não possuo autoridade alguma sobre a família que tão dura e amorosamente criei. Houve grandes cenas no "Meu barquinho carregadinho de flores" onde o ódio entrou em mar revolto. Antonieta, a minha Maria Antonieta d'Alkmin, perdeu o controle diante de mais um assalto da incansável inimiga minha que é Adelaide Guerrini, casada com meu filho, que salvei para ela no desconcerto do ano 44, quando outra já o levara para ternas terras. Hoje ela envolve Nonê e desespera a temperamental que tenho ao meu lado, ocasionando a mais imprópria e inoportuna das tempestades, que seriam ridículas se não atingissem em cheio a minha aorta doente. Tenho a vontade séria de sumir. E por isso, porque sinto que os meus não me escutam, portanto de nada sirvo. Lima deve passar hoje por aqui e tudo farei para ir com ele a Mato Grosso, apesar dos negócios estarem na iminência de rápida e necessária ultimação.

Outros homens não dormem na noite da cidade gulosa. Outras mulheres. Tenho os olhos escancarados para esta realidade que a Antropofagia explica. Os grãos do conflito crescem nas famílias, como nos grupos e nas sociedades.

14 DE OUTUBRO — AINDA DE MADRUGADA

De Fondane, que leio: *Nous pardonnons beaucoup plus de choses au génie — au génie mort et bien enterré, bien entendu — qu'on ne le faisait du temps de Baudelaire, que personne d'autre part ne tenait pour un génie.** Do belo estudo sobre *l'expérience du gouffre*.

—

Estudar na Ética Antropofágica — o gesto e o dever.

---

* Em francês: "Perdoamos muito mais coisas ao gênio — ao gênio morto e enterrado, é claro — do que perdoávamos na época de Baudelaire, que de resto ninguém considerava um gênio". Em seguida: "experiência do abismo".

—

Lendo Fondane: A periculosidade base de toda ética.

"Il est vrai que la société repose sur un certain nombre de principes, dont la transgression — dans son idée — entraînerait la perte" — Essencial do tabu — A luta e a precaução ou melhor a precaução e a luta contra a periculosidade.

— O perigo [fato] de progresso —

—

Já vamos, hoje, longe da [escrupulosa] análise baudelairiana. Já se sabe tudo que somos, crapulosos e idealistas, anjos danados e cães sublimes. E vamos para a rua levando nosso íntimo, insanável e surdo conflito. Pois, antes de tudo, ele [estronda] em nós, onde o social reprime e leva os mais inesperados golpes do animal resistente para quem ele cria a angústia, o remorso e o terror. Inutilmente.

De Fondane sobre Baudelaire:

Le Malheur, suprème loi de son esthétique.**

—

De Fondane, p. 123:

La nostalgie du paradis perdu, est-ce autre chose que celle de l'enfance perdue?***

—

As crianças não enlouquecem.

—

A terapêutica (moral) não cura o problema, que [fica] intacto — Cura o indivíduo?

15 DE OUTUBRO

O gesto ocioso e o gesto prepotente.

* Em francês: "É verdade que a sociedade repousa sobre um certo número de princípios, cuja transgressão — segundo sua ideia — acarretaria a perda".
** Em francês: "A Infelicidade, lei suprema de sua estética".
*** Em francês: "A nostalgia do paraíso perdido seria outra coisa senão aquela da infância perdida?".

A conquista da liberdade é a conquista do ócio.

A luta pelo ócio — o conflito

A dialética do senhor e do escravo

Três fases — α* — Idade de Ouro

O ocioso — O *faber* = O primitivo que escraviza e organiza o trabalho para conservar o ócio — através da classe — O *sapiens*

16 DE OUTUBRO (MADRUGADA)

As novas categorias.

O suicídio — A ocasião — O calhordismo — O Abismo — A chateação — A pedagogia — O Conflito

O Y (O imponderável — A Incógnita)

A tensão — O espasmo — A displicência

[*Anotação na lateral da página:* A medida, a regra e o Tabu]

Crescem as flores do Conflito

Germinam em cada peito

O Y que faz com que [todos] se recolham aos seus quartéis, magoados e sofridos porque não souberam transcender.

(Da Experiência Passaláqua)

Experiência Passaláqua minha vida!

Rebrota a flor confiante

Sou sempre a corda aberta

Mas vem o pisão imundo

Do Rei dos Reis

Confraternizo com o bancário

———

O "mês" de Sidéria.**

---

* Em várias anotações, O.A. utiliza a letra grega α (alfa), porém com significado distinto do que lhe é habitualmente conferido nos campos da física, da química ou da teologia. É verossímil supor que, dado o papel seminal que O.A. confere à Antropofagia, o símbolo α sirva para designá-la (e não apenas o substantivo, mas também o adjetivo "antropofágico").

** Irmã de Patrícia Galvão.

—

A trialética — O ocioso — O senhor e o escravo

—

As técnicas do ócio — A greve — O ócio como arma contra o *faber* aflito.

—

O banqueiro Armando nervoso rima.
Estou cansado, abobalhado, acanalhado, censurado.
Todos riem.

—

Eis-me um personagem de Hiroshima (os *gueules cassées*)* — o nariz colado no calcanhar, a boca no pescoço, a orelha no esfíncter — os olhos no espanto.

—

Somos todos personagens de Hiroshima.
E Floriano fala em mentira comercial.
E o camelô poetisa na rua — A última novidade atômica. Cem toneladas de agulhas por um cruzeiro ([Experiência] Passaláqua)

—

Todas as ampolas doloridas [...] que eu tomei seriam o preparo para o bate-bate de hoje? Sem elas minha aorta inflamada resistiria?

—

O suicídio poético de Rimbaud — A quebra do instrumento

—

O Parasita — O Calhorda — O Parasita

—

Do ocioso ao parasita

—

* Em francês: "mutilados de guerra".

Experiência Passaláqua, minha Stalingrado!

———

Aquele menino da rua Santo Antônio que se esgueirava nervoso pelos corredores dos aniversários festivos e humildes, a boca tapada de pudor mas querendo intervir, aparecer, dizer — agora falará. E falará sem beber. Se a aortite não lhe fizer calar a boca para sempre.

———

A aortite sobe na noite insone (Experiência Passaláqua)

———

Fondane — Baudelaire sobre Shakespeare: "a secreta pressão que pesa sobre as paredes e ameaça de fazê-las rebentar"

———

[...]
As estrelas brilham na noite sem tempestade. (Experiência Passaláqua)

———

O ócio mongol crestado nos trópicos (o Brasil)

———

Valor de tudo que é gesto, presente ([Luiz Lawrie] Reid* M.Z.), graça e dádiva.
Horror de tudo que é extorsão
O dever e o gesto
O jogo

———

E afinal pergunto a Nonê do fundo desta noite de insônia — Por quê, qual o interesse que tem Adelaide em destruir a força viva e benéfica que sou para os meus netos que são os seus próprios filhos? Não é uma cretinice matar-me quando eu tenho guiado a ascensão do grupo familiar não para o presente

---

* Empresário de câmbio e ficcionista amador, amigo de O.A.

imediato que sou eu, mas para o futuro que são eles? Que necessidade tem ela em ser a vigilante inimiga de meus dias? Porque, francamente, Antonieta é vítima das suas meticulosas ofensas. Ambos agem num clima abominável da pequena burguesia e de formalismo social que dá os resultados que dá. [*Na entrelinha, palavras ilegíveis.*] Através de Antonieta, pura e receptiva, ela conseguiu enfim me atingir e abalar a minha modesta felicidade construída. Mas com que fito? Me matando, você, Nonê, terá grandes resultados?

É isso evidentemente o que ela quer. Em suas mãos tenebrosas crescem os grãos do conflito.

Mas ela não está destruindo o [Mário] Donato, o que seria uma limpeza. Está destruindo a mim, a *Marco zero*, e toda a elaboração de uma alta filosofia — a Antropofagia.

Nonê talvez venha a reagir tarde ou mesmo quem sabe se não reagirá. Mas essa caninana conseguiu já me afastar de meus netos e agora vai aos filhos e talvez obtenha o máximo que seria tocar na pequena felicidade conjugal que consegui.

Antonieta tem uma receptividade sensacional e toma-se de um furor islâmico diante das provocações da outra. E eu que sinta as paredes do meu peito estalarem sob a pressão do sangue convulso!

Agora, quero fugir para Mato Grosso, a convite do Lima, porque tenho receio de não resistir. É preciso resistir e viver contra o ponto de vista de Adelaide, que é errado e injusto.

Que mal lhe fiz eu? Sei que a motivação nasceu dum nada natural complexo de inferioridade (a província?), agravada pela minha intervenção no casamento, em separar os bens. Medida necessária sempre, quanto mais num começo de luta pela volta de nós dois, eu e Nony, às garras do capitalismo.

Daí para cá, Julieta a tonta, Clotilda a idiota, Ercília a maldosa — as irmãs parcas do meu destino naquela casa da Martiniano de Carvalho que deixei para eles. Eu sempre apaziguador. Mesmo antes do aparecimento de Antonieta em minha vida, ela berrava como uma fúria e se tornava o aleijão que se tornou na paz da família. Está claro que ela não compreende a minha obra nem de modo algum quer compreender a minha cabeça. Mas você, Nonê, você, Antonieta, e talvez você, Rudá, que tanto foge de mim, vocês deveriam, cada um em seu setor, desatender a calculada ofensiva desse poço de ódio que é minha nora Adelaide.

Enfim, confirma-se a Antropofagia e talvez seja eu a primeira vítima consciente de minhas próprias teorias. Obrigado, destino!

Santos Dumont, dizem, matou-se por causa da aviação. É!

17 DE OUTUBRO

Manhã [tenífuga] de sol.
Da "Experiência Passaláqua"
Eu canto o canto do esfolado
Do esfolado vivo
Não do espantoso esfolado
Da pedagogia, da metafísica e dos [cartões] pintados
Mas do esfolado que jura como Judas
E [urina] nas noites de Espanha
Eu não tive a noite fuzilada
Mas o fuzilamento das paredes vasculares
E da epiderme impassível do filosofante
Este surgir e perecer
Que anda de costas
Nos pezinhos de você? Antonieta Marília!

———

Para a α
Uma tabuística — as categorias
[*Nas entrelinhas:* Uma mitologia do ócio — elaboração totêmica]
Uma totêmica dos contrários
Uma ética da necessidade e uma ética da liberdade
Uma política do *faber*, do *sapiens* e do áureo primitivo (ciência do grupo
e da *pólis*)
Uma exogâmica existencial — o anacoreta, o vagabundo
Uma estética do finito e [uma estética] do infinito
Uma gnose abismal — a poesia
A mitologia (religião como elaboração totêmica)

———

Houve um Brasil que eu chamarei de Brasil de tio Herculano. Nesse Brasil se
inseriu o Brasil do Lulu, o primeiro crápula que conheci. Tio Herculano, que foi o
maior do Inglês de Souza, me contou uma vez, em sua casa faustosa do Rio, que
os caixeirinhos pensavam que as senhoras de Botafogo (as granfas da época) eram
falíveis. Bastaria um piscar de olho. Mas não! Eram cidadelas de honra conjugal.

Meu bom tio, que Deus haja, referia-se sem dúvida ao seu casamento com tia Carlota, descendente, no dizer dum carioca, suspeitíssima de José Bonifácio. Mas em quem fez dez filhos e que se manteve até a longa viuvez e a morte uma intangível matrona. Tia Carlota, por sua vez, me contou, falando das virtudes do marido, que nunca o vira despido.

Como em geral entre os antigos, aquilo se fazia num fingido santuário. E o nojo copular encontrava escoras filosóficas no simples mandamento da lei de Deus e no cumprimento do dever multiplicativo, autorizado pela lei e pelos homens.

[*No alto da página, O.A. anota:* O caráter devorativo e utópico do élan vital/ o esperma]

—

A Antropofagia
Uma tabuística — ontológica? — as categorias — os limites
Uma mitologia do ócio — elaboração totêmica
Uma totêmica dos contrários
Uma ética da necessidade e uma ética da liberdade — o gesto, o dever, a penitência
Uma política — ciência do grupo, da tribo, da pólis
— do *faber*, do *sapiens*, do áureo primitivo
Uma exogâmica existencial — o anacorreta, o vagamundo
Uma taliônica — o direito
Uma estética do finito e do infinito
Uma gnose abismal — a poesia
Uma antropossociopsicologia — os fundamentos duma ciência do homem e da sua história
Uma polêmica *Weltanschauung** — uma posição tomada numa situação dada
[Uma cronológica — Uma doméstica]

—

* Em alemão: "cosmovisão", "visão de mundo".

O carro, a exogamia — o avião melhora o mistério — É preciso satisfazer a exogamia e o talião — O direito é um sistema de compensações, o talião [domesticado]

Uma filosofia perennis

As novas categorias
O humor, a vertigem
O circo — a estética do inacabado,
do imprevisto, do indeterminado
Calder — A temática da Idade de Ouro
A criação pura — o abstrato

——

α A preferência
o apetite
a eleição

——

[*Experiência Passaláqua*]

Arrancara-me tudo
As roupas de Jerusalém
E os dons de Atenas
Que eu guardava num armário materno
Na casa realizada de Job

18 DE OUTUBRO

Dor no peito. Que será? Escrevo para *Marco zero*. Revi os namorados. Ele trabalhando o inconsciente dela — Ela disse que eu sou o melhor marido do mundo — Mentira! [Ele] disse que não vive sem mim dois dias. Olhar piedoso. E cinema e jantar e joia e apartamento e fazenda — Garanto muita virilidade até aos 70 anos… Mas garante!

90

Brigam na dança. — É assim. — É assim! — Não dançam mais. A influência do tico-tico no fubá parece decisiva. Ela confidencia, relembrando o outro:
— Ele ia ao fim do mundo aprender o último passo de dança para me ensinar. Lágrimas. Amuo. Joia. Reconciliação. Tudo isso lembra o Palace Hotel e a gulosa recepção que as mulheres possuem para o perfume, o presente e a entrega da vida mesmo daqueles que não amam.

———

Lima e Maguta contam ainda a ceia no Freddy de Sant'Anna com o velhíssimo Sílvio de Campos mandando abrir champanhe para as outras mesas, ao lado da italiana chibante com quem casou. Os pares dançam e se beijam. Clô no meio. A italiana indaga — Aquele é seu marido? — Não. — É seu irmão? — Não. Acha parecido comigo?

Na volta, perante todos, Clô conta rindo perante a mulher do outro — A italiana pensou que ele era meu irmão porque me beijou.

———

Estamos longe das valsas.

———

Resposta ao inquérito de Alcântara Silveira [*escritor e crítico literário*]:

1) Tive diário na mocidade que depois serviu para alguns dos meus livros. Hoje apresso-me em escrever minhas memórias. Fiz isso depois de grande hesitação. Contar pelo meio, não é de meu caráter. Contar tudo seria talvez desmoralizar o mundo. Este fim de mundo que não passa de um fim apressado da sociedade. Resolvi o caso redigindo, como estou, um *Diário confessional* que será — é o que pretendo — a história das minhas convicções e das minhas ideias, mas onde entra, é verdade, grande lastro de confidências e de queixas. Um diário a gente faz para gritar. É o sentido da velha catarse.

O que me levou ao *Diário confessional* que estou redigindo foi o medo de não poder terminar a filosofia imatura em que trabalho. A Antropofagia como visão do mundo. Pelo menos aí ficará fixada a pesquisa em torno do primitivismo tecnizado que vejo tomar conta de toda a Terra. Entre escrever apressadamente um *Breviário de Antropofagia*, *A Antropofagia como filosofia perene* ou ainda *Uma filosofia do ócio e do conflito*,* três livros que imaginei e anoto, prefiro não perder o que está feito e que há vinte anos elaboro, mesmo através da experiência marxista que fiz.

2) Os críticos literários paulistas são você, o Sérgio Milliet, o Antonio Candido e quem mais? Gosto mais do Antonio Candido do que do Sérgio e de você. Ele também gosta mais de mim do que vocês. Falo gosta no sentido da compreensão e da crítica.

[*Na entrelinha, O.A. escreve sobre Antonio Candido:* Ele tem uma grande qualidade, entre outras, é generosíssimo para comigo.]

3) Você fala de férias a um homem que, com cinquenta e oito anos de idade, trabalha muito e muita vez dez horas por dia? Num trabalho ingratíssimo que é ingressar no Fórum, visitar com toda a calma e distinção advogados, bancos e banqueiros, urbanizar terrenos, hipotecar bens e levantar um arranha-céu fiado. A crise que, segundo o sociólogo Baldus, impressiona muito os índios do Paraná, me colheu de peito. Andei pererecando meses a fio para descongelar a paralisia econômica que me ameaçava. Tenho quatro filhos, dois grandes, dois pequenos. Uma mulher que julgo adorável, com sua lealdade islâmica. Tenho três netos. Meu filho maior, o pintor, que é um braço nesse negócio nosso de recompor uma fortuna que há dez anos estava no chão, já definiu bem a nossa tarefa. Vivemos muito pior que o asmático Proust: *À la recherche de l'argent perdu.*** Você sabe que férias pode ter quem anda nesse tiroteio? Apenas agora, a convite do ilustre escritor e meu amigo Lima Figueiredo, sigo para Mato Grosso numa viagem de inspeção da Noroeste, de que ele é diretor. Sigo para descansar, depois de cinco anos, quando tive férias com abono de lua de mel.

3) [*O.A. repete a numeração da resposta anterior*] O meu primeiro êxito literário, que constituiu aliás o início da minha carreira, foi um plágio cometido aos dez anos. Um primo meu, o Paulo Inglês de Souza, viera do Rio, com a família de seus pais, visitar a nossa. E me contou uma história que ia escrever. Ele tinha doze anos. O conto, era conto, intitulava-se "O fantasma das praias". O caso de uma noiva que tinha morrido em São Vicente e aparecia de noite na praia. Mais nada. Quando ele voltou ao Rio, fui eu que escrevi o conto. E fiquei contentíssimo.

* O.A. projetou escrever diversos livros dos quais não sobraram documentos.
** Em francês: "Em busca do dinheiro perdido".

4) Só escritor.

5) Na minha sempre influiu. Insisti tanto que casei bem. Agora, quanto prazer em [ordenar] os negócios, que são aranhóis onde me divirto e minha pressão se eleva e meu peito estala — vou terminar *Marco zero* e escrever a minha *Antropofagia*. A esperança é a última que morre, não é?

———

A utopia se caracteriza pela imposição. O socialismo dialeticamente utópico, hoje, na URSS. O capitalismo dialeticamente utópico, hoje, nos USA.

14 DE NOVEMBRO

Véspera do terceiro aniversário de Antonieta Marília. Amanhã, 15 de novembro, ela faz três anos. Tem já uma vida espiritual que me assombra. Com ela e Paulo Marcos, ao lado de minha Antonieta, prossegue a Experiência Passaláqua.

Regressei da excursão a Mato Grosso há alguns dias. Foi uma viagem à lua. Um filme intensivo que me fez penetrar de repente nos confins da Bolívia e do Paraguai.

Na volta, encontro aqui agravado o caso Adelaide Guerrini. Ela se opõe a que meus netos venham me visitar. Foi Inês quem me disse pelo telefone três vezes — Mamãe não deixa.

Essa pequena miserável me persegue desde que consenti no casamento dela com Nonê. Agora quer afastar os netos de mim, com certeza me difamando. Sou chamado à defesa desses interesses vitais que me prendem a Inês, ao Timo e ao Marcos. Vou escrever uma "Carta aos meus netos" explicando tudo. Para ser publicada na maioridade de Inês.

15 DE NOVEMBRO

Grande acesso de tosse comprida de Antonieta Marília na noite.

Pela madrugada, manifestação de panelas e presentes e *happy birthday*. Ela feliz e magoada pela doença.

———

Ontem, passo os olhos pelo livro do americano Murdock, da Universidade de Yale — *Nossos contemporâneos primitivos*. Uma dedução precisa para a Antropofagia. O que está fixado no contato branco com o homem primitivo é apenas o residual duma grande *Weltanschauung* anterior, duma autêntica Idade de Ouro que, pelo desenvolvimento autônomo ou pelo hibridismo de ignoradas migrações, que deram a difusão cultural, se separaram, dividiram e chocaram produzindo a afirmação (p. 10) de que não existe uma "cultura primitiva distinta" nem sequer uma série única de tipos culturais.

No entanto, existe ou não uma unidade espiritual do primitivo, mantida na arte, conservada na ideia terrível de Deus contrário, na aceitação estoica da morte, na ética do gesto, enfim, na concepção antropofágica da vida-devoração? Poder-se-á apresentar, pelas condições especiais dos trópicos (clima nudista e natureza farta), o nosso indígena como o protótipo detentor dessa *Weltanschauung*. É a minha tese, apoiada nos missionários e viajantes, nos etnólogos atuais e na própria observação precária que tenho.

———

Lendo a revista de Sartre, n. 36, sobre Política.* Estará dando a URSS um *raccourci*** histórico do que se passou na Idade Média? O marxismo, em trinta anos de prática, se tornou *escolástico* e o que em trezentos anos se produziu, outrora, desemboca hoje numa escolástica da ação, imperialista [...] como a dos jesuítas? Ligar Maquiavel, o teorista da ação, aos bolchevas cretinizantes de hoje?

———

Preciso voltar a Arthur Ramos para reestudar o Brasil.

———

Os "homens-fósseis" de [...]. O homem de Iguape.
Estudar a fossilização do antropófago na degenerescência. Por quê? Miscigenação imemorial? Migrações paleolíticas na difusão cultural.

———

Estudar a luta entre o proporcional e o mítico (Em Deonna, o primitivo e o clássico) — Duas constantes em luta dialética — senhor e escravo.

* Revista *Les Temps Modernes*.
** Em francês: "resumo".

Ver arte rupestre — Em grande movimento e figurativo-geométrico. Ver *grabados* do livro *El hombre prehistorico*, de [*Hugo*] Obermaier e [*Antonio*] García y Bellido (ver p. 65 — lâmina v — na Morávia — mulher esquematizada — estilização evidente no sentido abstracionista).

———

Arte mítica figurativa (do escravo assombrado)
do paleolítico a Policleto
Arte mítico-cristã (do escravo liberado)
o gótico
Arte proporcional abstrata — Da Morávia primitiva
[...]
Arte proporcional — antropomorfa (Senhorial — exaltação da classe) —
Grécia clássica — Renascimento.

———

A categoria do assombro.

———

Uma teodiceia antropofágica — Contra a teodiceia Rig-bíblica* do terror e a saint-sulpiciana do Cristo bonito que hoje renasce — Ver crítica a Kojève em *Temps Modernes* n. 36.

———

O micromundo da criança. Para M.Z., estudado por um novo romancista de primeira ordem — Pontalis — Em *Temps Modernes* 36

———

São Paulo — a monogamia — o progresso — a luta pela autenticidade do maior número

———

Seriam as civilizações endógenas facilmente contamináveis? De caráter imitativo e não criador? (Aristóteles). O Japão em trinta anos de adaptação civilizada. Perdeu a ancestralidade? Não.

* Referência a *Rig*, primeiro e mais importante dos quatro livros dos Vedas, textos sagrados da tradição hinduísta.

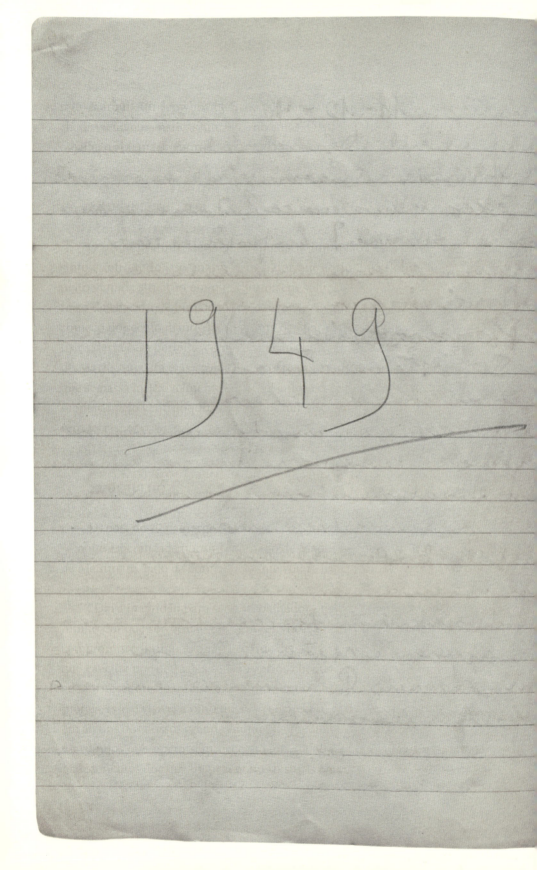

de Fevereiro

O tempo passou. E eu não tive um dia ou hora para deixar aqui o que tanto quero — a minha vida.

Vae mal este carro de carnaval! Pela primeira vez em muitos anos senti a doença perto Trazendo-a grande visinha — a morte. Pela primeira vez um medico fez comigo a curiosa experiencia de me repôr na minha realidade física. Ordenou a cessação de todo o velho arsenal insulínico com que eu defrontava minha velha diabete, afim de proceder a exames definitivos e iniciar um feroz regime que deve me emagrecer 20 kilos!

Pude sentir então o que foram os ultimos anos de mamãe, diabética como eu. Naquele tempo não se havia descoberto a insulina. Ela se tratava com o grande homeopata Mur

1949

7 DE FEVEREIRO

O tempo passou. E eu não tive um dia ou hora para deixar aqui o que tanto quero — a minha vida.

Vai mal este carro de Carnaval! Pela primeira vez em muitos anos senti a doença perto trazendo a sua grande vizinha — a morte. Pela primeira vez um médico fez comigo a curiosa experiência de me repor na minha realidade física. Ordenou a cessação de todo o velho arsenal insulínico com que eu defrontava minha velha diabete, a fim de proceder a exames definitivos e iniciar um feroz regime que deve me emagrecer vinte quilos!

Pude sentir então o que foram os últimos anos de mamãe, diabética como eu. Naquele tempo não se havia descoberto a insulina. Ela se tratava com o grande homeopata Martinho Nobre. Quando cheguei, vindo da Europa, em nossa casa, no dia 13 de setembro de 1912, ela tinha partido sem me rever. E meu pai me disse, numa imaginosa semiconsolação, que a doença dela se agravara tanto que o dr. Martinho viajara para a Europa para não ver o fracasso de seu tratamento. Dava um conto de fadas.

A minha querela com Deus começou nesse dia quando eu pude indagar como o Todo-Poderoso consentira naquele descalabro de duas vidas. A falta de minha mãe, assim, inesperada e fatídica, talvez fosse a íntima razão da minha permanente procura do lar perdido, que penso hoje refazer ao lado de minha grande e tardia companheira Maria Antonieta d'Alkmin, com dois filhos pequeninos, Antonieta Marília e Paulo Marcos.

Os dois outros cresceram e vivem juntos em casa do primeiro, que tem sido meu braço direito. Rudá é o braço esquerdo — o lado do coração insensível que esconde o coração sensível. Admiráveis e gostosos ambos!

Recusaram-se ontem a comparecer a uma missa mandada rezar por intenção de meu pai, na catedral, por iniciativa da própria Cúria Metropolitana, ou seja, da "Comissão da Catedral". O próprio cardeal Motta foi o celebrante.

Lendo um jornal fui surpreendido pela comunicação do ofício religioso "por intenção de José Oswald Nogueira de Andrade", no fim da seção necrológica. Na catedral, pelo cardeal em pessoa, num domingo, à hora grã-fina das dez horas.

Supus com certa razão que a iniciativa do dr. Samuel Ribeiro, tão nosso amigo, dera nisso. E fui submeter-me ao teste de envolvimento, com Antonieta e Antonieta Marília, de azul, cachos loiros, irrequieta pedindo "totó" durante a verborreia ofensiva desse maioral cínico da Igreja que é o cardeal Motta. O sermão foi direto a mim, com a velha chantagem medieval da morte, do último instante, da eternidade perdida. Nunca pensei que eu fosse tão importante! E que tivesse chegado o momento, diante de minha idade, da minha doença e da melhoria relativa dos negócios, deles de novo me pedirem grana. O cardeal tonto desmascarou-se no fim da missa, ao sair do altar, quando o Altino, o velho Altino Arantes, lhe apresentou diante de mim a usineira miliardária do oeste, d. Sinhá Junqueira. Ouvi então este diálogo: — Oh! Dona Sinhá! Eu queria tanto conhecê-la! A senhora precisa contribuir para a catedral! — Sim, senhor arcebispo! E ele com um sorriso malandro na trêmula caveira: — Isto é que se chama uma apresentação a facada!

Eu e minha pequena gente havíamos desaparecido imediatamente diante da excelsa anciã de cabelo violeta, a açucareira que o Chatô explora e adoça, agora enfim com as gorduras nas unhas sacras da Igreja.

A fria indignidade com que agiu comigo, em 1921, o arcebispo d. Duarte Leopoldo, sancionando a minha ruína, promovida pelas letras do padre Melo da Consolação, sob as diretivas de seu próprio irmão, o Arturzinho, me fez pensar que nunca topasse tipo pior na alta escala eclesiástica. Pois bem, havia qualquer coisa de mais decente no sinistro homem de igreja de 21 que bem o coloca alguns metros acima desse palhaço trêmulo, vestido da púrpura cardinalícia que é d. Carlos Carmelo de Vasconcelos Motta.

O resultado do teste foi esse — reavivei minha integral repulsa contra essa corte de sicários que ainda detêm grande parte do poder econômico e social do país do Grande Atraso que é o meu Brasil.

O que fizeram eles comigo e querem agora de novo renovar tem que ser gravado a fogo nas minhas memórias. Ainda ali, na catedral em construção, esse aborto gótico, para o qual meu pai inocentemente contribuiu, ali, na nave descoberta, um padre chamado Higino me lembrava ontem o que ele e mamãe fizeram pela congregação dos passionistas, doando o vasto latifúndio onde eles, na rua Arcoverde, hoje se regalam, em Vila Cerqueira César.

Pois bem, esses santos homens passionistas, que faltaram à condição que eu propus em escritura, de uma singela homenagem a minha mãe — sua grande benfeitora —, esses mesmos santos homens tentaram apoderar-se de uma procuração minha para me roubar um lote de terreno que ficava entre três outros dados, no fim do seu convento. Ladrões que não consumaram o furto porque eu lhes mandei dizer por um indigno magrela chamado d. Eiras que iria lá jogar gasolina e incendiar a sua casa pia. Acovardados, pagaram uma miséria para os assentados dias da minha miséria militante.

Isso tudo, o envolvimento, como a experiência física da doença em que me sinto desagregar na diabete que engole peso e memória — revejo a velha casa onde minha mãe, gorda e indefesa, se desmanchava num sofá cheia de bênçãos e de esperanças de mim, atarantada pelo cerco das freiras esmoleres, da enfermeira irmã Úrsula e dos padres ativos.

E volto à minha querela com Deus.

A pesquisa histórica mais autorizada fez recuar para quarenta séculos antes de Cristo a vida civilizada e cultural de imensas sociedades, com cultos e filosofias. E aí se revela o velho sadismo do irado Senhor de Israel, vestido da pele do Cordeiro de Deus. Ele havia de aparecer no fim da idade dos Impérios para pôr em xeque a vida eterna de milhões de seres inocentes, irremediavelmente fora da graça de sua presença aparatosa. Isso bastaria para invalidar as pretensões a-históricas dessa religião de safardanas que vestiu, no correr dos séculos, a tangência e a liderança consciente da pior Moral de Escravos.

Meus filhos estão bem pensando como pensam.

—

Preciso morrer. Briguei com Antonieta.

—

Preciso viver. Fiz as pazes.

—

Quatro grandes acontecimentos pessoais me desligaram da Igreja do Cristo. Já não falo da minha querela com Deus. Mas do contato com a Igreja terrena, não com a religião, mas com a Igreja.

1º caso. Em 1919...

9 DE FEVEREIRO

Nota para uma psicologia antropofágica —

O pirata sai, a caveira no topo do mastro. Posto em perigo pelo adverso, esvaem-se as suas qualidades de devoração e recobre-o o manto vitimal que estava no fundo de seu ser — as qualidades santas e sacrais do homem para serem devoradas [ou] não no ato de sadomasoquismo que é a luta.

—

Diferenciar bem, distanciar mesmo psicologia de lógica.
Lógica — Husserl — a ciência da ponte de comando.
Psicologia — Freud — campo da devoração —

—

A adulação
técnica da
Moral de Escravo

—

A adulação na
dialética do senhor
e do escravo

10 DE FEVEREIRO

Ontem à noite, numa conferência de Sérgio Milliet sobre "O primitivo, a criança, o louco e o moderno", defini, em debate, a grande ruptura que nunca foi estudada.

O primitivo e o moderno fazem arte abstrata.

O louco e a criança não!

Por quê?

A Antropofagia tem a desenvolver isso.

———

"A liberdade consiste em compreender a necessidade"
Engels cit. por Lênin. *El Capital I*, p. 30

———

A adulação faz de Stálin um esteta — Questão da Arte dirigida.

———

Quem manda entende de tudo.

———

[Modigliani] *chez** Ciccillo — Um veadão

———

A outra fase
A rebelião
Capital I — 41
para a psicologia α [*antropofágica*]

———

Quando o bonzinho se torna vilão.

———

* Em francês: "na casa de", galicismo comum à época.

O vilão aterrado faz vir à tona suas boas qualidades.

———

Exp [*"Experiência Passaláqua"*]
Frota de boa vontade
De boa vizinhança
De muito agrado
E boa-fé
Frota inútil de caridade

28 DE FEVEREIRO — CARNAVAL — DOMINGO[*]

Afinal, por que não enchi este diário? Uma inibição me prende a mão porque me bato em sete frentes, luto nos cinco mares e vigio os desertos do oceano atmosférico, donde pode cair a morte. As imagens guerreiras brotam porque de fato a vida do homem é a vida militante e a minha, a do soldado sem descanso.

———

Rudá ontem me deu um golpe. Perdeu o ano do colégio por uma matéria — francês. Infelizmente, ele sofre de autossuficiência e crê que atravessa todas as portas sem chave. Agora resta-lhe um caminho — a música.

———

Estou com grandes raivas.

———

De novembro para cá, muita coisa. Fui a Mato Grosso. Uma viagem à lua.
Em dezembro, negócio do alemão. Compromisso de venda do terreno do Sumaré. Vendagem da Caixa. Não quer receber. Quer.
Fomos a São Pedro. [Ergastulea] no andar térreo. Na volta, de novo o velho nascimento pela proa. Com [Noé César].

[*] Como ocorre em outras entradas do diário, O.A. erra o dia da semana: em 1949, o domingo de Carnaval foi no dia 27 de fevereiro.

Doença, regime. Doença de Antonieta, que fica imprestável. Mudança para o apartamento 52 da rua Ricardo Batista, 18 — onde escrevo esperando o Jorge barbeiro que vem cortar o cabelinho de Paulo Marcos. Mas nem!

Ontem, aqui, Helena [*Silveira*] e Jamil [*Haddad*]. Leio a peça sobre Paulo de Camargo. Boa, parece. Em planos surrealistas.

———

Agora vamos tratar da Cidade Proletária [...]

———

Recordação

O empréstimo de Cornélio Procópio de Araújo Carvalho. As recusas protelatórias.

— Se eu pudesse achar alguém que me empreste vinte contos!

— Esse alguém existe.

1º DE MARÇO

O fato de nós termos mudado para um apartamento, o nº 52 do prédio 18 da rua Ricardo Batista, me repõe de um certo modo na paisagem urbana do começo do século, quando outra mudança se fez, a da família trinária de seu Andrade para a rua de Santo Antônio, aqui perto. Da janela deste quinto andar novo, que faz esquina, uma cintura de recordações defende como nunca o irredutível da infância. Ninguém estudou ainda, nem mesmo Freud, isso que eu chamo de irredutível da infância e que sempre governa o homem. Há uma reflexologia saudosista e emotiva nesse pequeno rochedo pelo qual talvez o homem se dessemelhe e divida. Para mim, São Paulo é ainda o Aterro. — Mamãe, deixa eu brincar no Aterro? — Não, meu filho, você pode cair! — Mamãe, deixa eu ir de noite ver a lua no Aterro? — Não, meu filho! Está cheio de moleques!

No Aterro, hoje furado pela avenida Nove de Julho, vivia a turma do Bexiga. Eu me envaidecia, nos meus dez anos de 1900, quando me diziam, a mim, apartado da rua por uma couraça de cuidados, quando qualquer italianinho que vinha brincar em minha casa me dizia que eu era da turma do Bexiga. Havia sempre perspectivas de batalhas que me assombravam shakespeareanamente, entre a turma do Bexiga e a da Saracura Grande. A Saracura Grande era o mato, toda essa encosta repleta agora de vivendas, que sobe para a avenida Paulista.

O Morrinho era do outro lado da rua central de minha infância, a rua de Santo Antônio. Era onde hoje se ergue justamente o pequeno arranha-céu onde moro com Antonieta Marília, Paulo Marcos e Maria Antonieta d'Alkmin. Este prédio faz esquina com a rua Major Diogo, onde se ergue ainda na frente o velho solar do dr. Ricardo Batista, que nesse tempo era um ancião de tipo respeitável.

No Morrinho, eu vinha jogar futebol acompanhado da criada, Sia Margarida, uma italiana baixinha. Uma tarde caí e feri a testa. Levaram-me para casa numa [coorte] de meninos.

Havia a casa de tia Carlota, vizinha da nossa com tio Domingos, velho desembargador do Império que recebia, no seu *cabinet des antiques*, Joaquim Nabuco, Teodoro Sampaio, enfim, monarquistas e católicos — amigos de Eduardo Prado. Seu Andrade formava às vezes na roda, sempre calado e modesto.

Nesse gabinete de tio Domingos eu tive a iniciação fotográfica do mundo. Era a Exposição Mundial de Paris, 1900. O velho pregava na parede as figuras da *Illustration,* com os pavilhões, as novidades, as festas e, no céu, a torre Eiffel. Também ali conheci em pesados volumes a vida de Napoleão, suas [sombrias] vitórias e seu funesto destino a bordo de uma corveta inglesa.

Numa manhã clara de Ano-Novo, uma notícia correu. O Aterro desabara. Fomos ver a vasta cratera aberta onde um homem tinha caído de noite. Com certeza um preto.

Voltam, nessa cintura de recordação, a imagem tutelar de minha mãe, e de tia Carlota. Na cidade rasa apontavam a torre de fios da Telefônica e a imagem de braços abertos sobre a torre do Coração de Jesus, junto à qual habitei depois. Vínhamos ao Morrinho correndo ver os incêndios periódicos da Casa [Alencar] nas tardes perladas de azul. Em junho, eu contava os balões. — Venha jantar, seu [Zvardin]! — Já contei vinte e sete! — Dona Inês está chamando.

Seu Andrade calmo, quieto, modesto. Esperando a esperança, a esperança que me transmitiu.

106

2 DE MARÇO

Da "Experiência Passaláqua":

Jangada de mares atravessados
Bilha partida nas batalhas que/onde [*O.A. sobrepõe os dois termos*] toni-
truais
Cinco continentes
Mais sete mares convulsos
E as treze frentes do meu coração
Espadano em obus
Enquanto tonitruais!

Meu peito se inflama num denodo
E alça a comenda da dor
Irei adiante de ti
Humilharei os soberbos da terra
A morte não te atingirá como no psalmo
Cairão cairão cairão
Num denodo cairão
Ficará a esperança sem fim
A denodada esperança

———

Toda vida é sempre vida e mais que vida.
Simmel
Imanência e transcendência da poesia

3 DE MARÇO

Antonieta acorda antes de mim, coisa muito rara. É que ontem à noite
fiquei lendo um ataque cerrado a Goethe de Ortega y Gasset. Tenho injusta-
mente crido que esse apaixonado da curiosidade é um medíocre a mais. Ao

contrário, começo a ter agora a impressão de que, no pensamento peninsular contemporâneo, é ele o primeiro que atinge certa universalidade, como em seu tempo Goethe e Voltaire. Certos problemas ligados à filosofia da existência, foi sem dúvida ele que matinalmente agitou, com Heidegger, muito antes da boçal voga jornalística de Sartre.

Abro a janela de meu quarto, onde agora o sol visita. E damos na cordilheira branca dos arranha-céus de São Paulo.

Antonieta pergunta-me o que era a Casa Roosevelt, cujo parque se estende sob nossos olhos, numa das esquinas da rua de Santo Antônio.

E eu evoco para ela mais uma figura da minha infância. A Casa Roosevelt foi a residência dos Lee, pais desse cretino comercial que anda fazendo conferências por aí e que se chama Fernando, também como o avô, Fernando de Albuquerque. Este era no tempo a figura mitológica do bairro. Morava num outro castelo-chalé entre pesadas árvores, ali onde se abre hoje o viaduto Maria Paula.

Fernando de Albuquerque era o homem que descobrira os Estados Unidos e casara a filha com um americano chamado Lee.

Das poucas festas que pontearam de surpresa a minha infância, uma houve à noite na residência senhorial de Fernando de Albuquerque, que trouxera da América o fonógrafo. Bom ano de 1900!

[*Ao pé da página, O.A. anota:* — Doutra vez eu trago a flauta. Flauta de Orfeu.]*

[*Em página dupla do diário, trazendo rabiscos infantis de sua filha, O.A. anota:* Autógrafo de Antonieta Marília.]

4 DE MARÇO

Os arrebóis. As forjas. Os álgidos no intervalo branco dos arranha-céus e a cozinheira que pega homem e se exibe no terracinho do apartamento. — Patrão educado não chama a gente assim! De modo que antropofagicamente a gente

---

* A expressão aparece no livro de memórias *Um homem sem profissão: Sob as ordens de mamãe* (São Paulo: Companhia das Letras, 2019) e reaparece, neste *Diário confessional*, na entrada referente a 25 de agosto de 1951 (p. 278), quando sua origem e seu contexto se tornam claros.

acaba por uma ditadura do Ademar. A solução — um sacerdócio dirigente para solucionar a crise da dialética do senhor e do escravo. Quando muito dentro do Estado Técnico — *menagerial** — o gerente e o camarada. O homem gosta de sofrer, ser dirigido, se abaixar. Complexos da filosofia paradisíaca em pânico diante do Outro, do Oposto triunfal. De modo que, como já dizia são Domingos, quando não bastam os conselhos, que venham as pancadas! O *Émile* — necessidade histórica do *Émile*. Sua justificação antropofágica.**

Comte não era tão besta!

16 DE MARÇO

Exp [*"Experiência Passaláqua"*]
Como vai a queimada
        que cerca o meu navio?

(CONVERSINHA DO DIA 20 DE MARÇO)

O artista e o compromisso com o absurdo. Para ele a realidade é outra coisa. A paranoia.

(CONVERSINHA DA MANHÃ DE 21 DE MARÇO)

As formas rebarbativas, sofisticadas e pernósticas das crises —
O negro que acorda às dez horas com cólica de fígado. As formas inautênticas.***

---

* A grafia correta em inglês é *managerial*: "gerencial".
** Provável referência a *Emílio ou Da educação*, de Jean-Jacques Rousseau.
*** As duas "Conversinhas" apresentam caligrafia nitidamente diferente da de O.A. Sua filha, Marília de Andrade, recorda que o escritor muitas vezes ditava passagens do diário à mulher, Maria Antonieta. Possivelmente, trata-se aqui de uma dessas ocorrências.

27 DE MARÇO

Tia Alzira morreu. Foi a notícia que me deu o Araújo, com pausas graves, pelo telefone.

Há anos já que visitamos esse último resíduo humano da geração familiar que me precedeu. Irmã de meu pai, a última viva. Vegetava numa cama, sob santos, na sua modesta casa da rua Joaquim Antunes. Sem poder se mover, mas lúcida, lembrando-se de tudo. A última vez que lá estivemos, eu e Antonieta, ela exclamou:

— Raça do diabo de gente que não morre nunca!

Tinha 91 anos de idade.

Tia Alzira me repõe na memória a história da família. Um drama longínquo no meio do século passado. Meu avô, grande fazendeiro, se apaixonara por Sia Águeda. Minha avó, que lia a *Corinne*, de Madame de Staël, donde tirou o nome de Oswald para um filho que foi meu pai, minha avó, Antônia Eugênia, fez a greve da economia doméstica e, consciente e fiel com seu grosso despeito, contribuiu para a queda do velho, enganado pelos irmãos. Ele, de grande senhor de muita terra e muito escravo, foi chorando ser hoteleiro em Caxambu. — Que saudade!, exclamava ainda ultimamente tia Alzira, pensando na fazenda perdida na infância. Meu pai, que fora "tropeiro", isto é, o nobre filho condutor de tropas através da serra do Picu para o Rio, meu pai vegetava pela fazenda de um cunhado em Cachoeira, depois, com uma passagem de presente e 5 mil-réis no bolso, tentou São Paulo. Aí veio hospedar-se na casa de tio Nogueira, marido de tia Alzira. Esse tio Nogueira, guarda-livros, era um bronco original que tinha casado com dor de dente e um lenção amarrado na barba.[*]

A família viera para São Paulo, onde alugava escravos. Meu pai enveredou para a corretagem, casou com a minha mãe, filha de desembargador. Se não me lembro, sei de tia Alzira no casarão da rua Barão de Itapetininga, esquina da Dom José de Barros, onde é farmácia hoje, na mesma casa adaptada. Aí parece que ela namorou tio Marcos, irmão de minha mãe, o último que morreu, há dois anos. Minha mãe parece que pôs a casa abaixo.

---

[*] Esses episódios familiares — a traição do avô, a origem do nome Oswald e a atividade de "tropeiro" do pai — são retomados em *Um homem sem profissão: Sob as ordens de mamãe*, op. cit., pp. 29 e 49-50.

Sei que ela me amamentou, triste e pobre velhinha cor-de-rosa, na sua cama de inválida, com dois trágicos personagens de Cocteau ao lado — a filha, Branca, de olho virado, e o marido, o caça-dotes Araújo, que costura e cozinha. Vou ao enterro às três horas da tarde.

Para M.Z.

Do negócio do café

O senador mandou chamar o Raul e disse: — Eu sei que você é um sujeito honesto... Por isso você vai a São Paulo e vamos fazer essa negociata.

Do filho do funcionário: — Meu pai é uma fera! Escrupuloso em excesso...

— Então talvez ele atrapalhe.

— Ah, isso não!

O corretor, por caso, já se achava lá.

O velho: — Não sei disso, não quero saber, tenho raiva de quem sabe!

[*Entre anotações ilegíveis, O.A. escreve:* De Antonieta Marília, aprendendo a desenhar: — Ensina meu dedo!]

—

O lúdico científico — do *faber* ao *sapiens*.

Sacralidade e poder ligados.

Decadência do poder, decadência da sacralidade.

—

O *Émile*, tese do fim do patriarcado.

A educação antropofágica — matriarcado — a disciplina imediata da tribo.

—

Exp [*"Experiência Passaláqua"*]
Aurora de Major Quedinho

Quedinho
Quedinho
E os cabelos negros desembestados
Do anelado [malgache]

Greve geral dos foguistas
Rompe a greve
Rompe a madrugada
Dona Adversidade
Abre as asas sobre nós
Dona Calamidade
Dona Felicidade

—

Exp [*"Experiência Passaláqua"*]
O pélago sombrio
O arquipélago
O mau jeito entrou
na minha vida como um rato

—

[*Anotação ilegível para Marco zero*]

—

Ano 30
Poesia
a pintura
a música
a escultura
a arquitetura

—

A contribuição lírico-social de Jorge Amado, Graciliano [*Ramos*], Lins do Rego etc.

—

[*No alto da página, O.A. anota:* α Devoração [política] e Autodevoração | Moral e Estética]

Os precursores — o negro Machado de Assis — o caboclo Euclides da Cunha — no pórtico do xx trazendo para o universal o particular — A cidade e o campo do Brasil — O escravo narrando a sociedade branca — A [mística] do homem livre — *Sertões* — Lobato — a prosa nova, o tema novo — saído do fracasso econômico — mau gosto — incompetência crítica — O saci — Anita [*Malfatti*] — Mário futurista —

Descoberta do Brasil em Paris — Paulo Prado [prefacia]

——

Os nacionalismos — Raça — Verde-Amarelo — Anta — Toda a América — Raça — Verde*

"O meu sentimento possivelmente pau-brasil e romântico", Mário [*de Andrade*], Prefácio de *Losango* [*cáqui*]

——

O extremamento — [*Raul*] Bopp — Clima da Antropofagia — Cobra [*Norato*] — Macunaíma — Serafim

——

O manifesto — Cisão — Destino vário do modernismo — Casa grande [*e senzala*] e Raízes [*do Brasil*] — Folclore — Joaquim Ribeiro — Arthur Ramos

——

Exp. [*"Experiência Passaláqua"*]

Badala seco
Na madrugada dos tristes bandos
Que esperavas do infiel

---

* Verde-Amarelo e Anta foram grupos modernistas de cunho nacionalista ligados ao Integralismo, movimento de tendência fascista ao qual se vincularam Cassiano Ricardo e Menotti Del Picchia. *Toda a América* é um livro de poemas de Ronald de Carvalho. As duas ocorrências da palavra "Raça" podem se referir à revista de mesmo nome (da qual participaram Ricardo e Del Picchia, mas também Mário de Andrade), ao livro *Raça*, de Guilherme de Almeida, ou ainda ao livro *Raça de gigantes*, de Alfredo Ellis Junior. "Verde" é provavelmente referência à revista do Grupo Verde, de Cataguases (MG).

Na cruzada sem Deus?
Badalo seco

Tenso aeroporto à vista
Chegarás exânime no leme
Tua boca querendo ainda dizer
O indizível
Gemebundo diante do carrasco
Sobre ele te erguerás
Como um castigo
Antigo

—

Em Santos, os aventais frajolas dos tubarões do café.
Numa calma e organizada atividade, onde o cheiro roda nos mostradores e nas latinhas — Os canudos nas ruas — O cemitério da Bolsa — [...]

27 DE MARÇO [SEGUIDA]*

O agoniado homem que sai dos bancos, penetra nos bancos e segue para Santos debaixo da bandeira do Divino, da bandeira providencialista que lhe arranja negociatas que o salvarão.

—

Viva o Raul!
Viva o Galvão!
Viva o Chico Lorde!

—

Viva Nossa Senhora da Penha Aparecida.
Do penhasco donde
serão jogados os
cascos carrascos diários.

* O.A. parece referir-se ao fato de que dá sequência às anotações de 27 de março iniciadas acima.

—

A Lilly chegou, mais analfabeta do que foi.

2 DE ABRIL

Da "Exp" [*"Experiência Passaláqua"*]

[*O.A. anota à margem*: Serzidor Invisível *e, logo abaixo*: Ruiu *ou* Ruim]

Carrega em ti teus naufrágios
tuas frustrações
teus enormes cansaços
E todos os dissimulados
Roubos de bordo da [amara] vida

De pé!
Reorganize teus assombrados músculos.
Enfaixa-te na disciplina cotidiana
Do escravo
Tropeça e caminha e tropeça e oscila e empenacha
Perdeste o eclipse, o guarda-chuva e o luar
Engoliste o discurso e rejeitaste a catástrofe de carne
Teus olhos de cinema mudo são teus
Como o tango, a [burrada] e a noite sem [rima]
[*na entrelinha*: Acicatado]
Rima rimada rumo a Roma
Rema rimador
[*na entrelinha*: Acicatado]
O cerco, a batalha incansável
Velas acesas na trovoada de espadas quebradas

[*No alto da página seguinte*: Na triste e ensopada manhã que começa.]

—

Entre pânico e euforia —
Vem o negócio, não vem, vem.
Da boca imoral do telefone
Dependem as tuas crianças
Carregas em ti sempre um homicida
E às vezes um pai.

3 DE ABRIL

Exp. [*"Experiência Passaláqua"*]
A cabeça baixa dos que não têm onde ir.

Oração ao arranha-céu
Minha cruz de dez andares
Acredito em ti
Como outrora acreditava no céu
        dos meus quadros baratos de criança.

Poesia

Despojamento

decantação
        depuração
perplexidade
        refúgio

6 DE ABRIL

Não tenho tempo de escrever.

7 DE ABRIL

Poucas vezes em minha vida tenho tido a sensação de cerco e de adversidade financeira como nestes dias que precedem a Semana Santa. Na noite insone vem do quarto vizinho ao meu, neste apartamento novo da rua Ricardo Batista, a tosse das crianças. A entrada de um inverno precoce e duro pôs o céu negro na terra cortada de ventania. São Paulo, depois de um calorão africano, ficou uma pedra de gelo. E vieram as gripes, as febres, as preocupações.

O negócio do café, com que eu contava, esvaiu-se ante as amostras erradas, enviadas pelo Raul do Rio.

O dinheiro acabou de repente, sem que pudéssemos comprar roupa de frio. Os vencimentos batem à minha porta. Tenho tido a sensação física de [acicatamento] e de sufocação. Não sei para onde me voltar. As decepções se acumulam. No entanto, os três grandes negócios que podem nos levantar estão à vista — a desapropriação do Sumaré, a reivindicação de terrenos de Vila Cerqueira César e a *Enciclopédia*.*

Anteontem, almoçamos com Maria Cecília e Aurasil, que abriu champanhe — e eles vieram jantar aqui, também sem dinheiro. Cogitamos até noite longa, como sair para Santos na semana inútil que vem.

Chego muscularmente rebentado de ir, de vir, de andar, de fazer Antonieta, paciente e heroica, ter às vezes um rosário de exigências que acaba em riso.

Sinto-me forte, não me abaterei.

8 DE ABRIL

Manhã ofuscante no apartamento. Negócio à vista. [...]. Prossegue o barco de Santa Inês.

— Dois tipos cinematográficos, me dizia o Aurasil, no escritorinho da praça do Patriarca, onde boiam na cidade o Silva e o Garcia. Este, amargo, enrugado, no terno único azul, dizia da briga que outro teve no elevador com o calista Scipião.

---

* O.A. se refere ao que seria a *Pequena enciclopédia proletária*, projeto editorial não realizado pelo escritor, previsto para cinquenta volumes sobre artes, política e conhecimentos gerais e destinado às classes populares.

— Decerto ele mandou mesmo a fruta estragada pro outro. Sujeito garrucha... Quer ganhar trezentos contos este ano! Pra quê? Não tem um filho da puta pra quem deixar.

— É verdade que ele matou um sujeito e esteve na penitenciária?

— Só se foi com a boca!

— Vai fazer o negócio comigo. Arranjos.

— O dinheiro é dele mesmo... Tá cheio...

———

Elaboração noturna da α:

Duas ideias fecundas em conversa com o Rudá, que me diz que o homem se civiliza para subsistir. Daí: civilização é defesa — cultura é agressão.

Como começou? A ruptura com o ciclo matriarcal, Antropofagia. Deixa de evocar a seu inimigo, para fazê-lo escravo. Por quê? Como? Quando? Quando teve a consciência da sua frustração.

A outra ideia: O homem se diferencia pela prolongada infância. O prolongado período de aprendizagem da infância é que o arma e habilita.

Como começou a civilização? Quando ele sentiu a necessidade de se armar? Estudar a técnica na sociedade antropofágica.

Observação. Se se pudesse prolongar, por hormônios ou vitaminas ou outros processos, a infância rápida dos outros animais, eles se tornariam humanos.

———

Conceito de civilização como defesa.

———

Conceito de cultura como agressão.

———

Marxismo

O proletariado, na sua evolução histórica, perdeu a missão revolucionária. A classe média não tem para substituí-lo páthos suficiente. A classe média deriva e sim se recupera. Dá arte.

Derivação — recuperação.

———

Não releio estes cadernos brutos do meu diário, este e o de capa azul. Para ter mais tarde uma visão de conjunto e assim poder trabalhá-los.

———

M.Z. — Quando Paulo C. ganha a adolescente […] grita para a outra — vai embora, puta velha!

O sonho com a malgache fê-lo desembestar na direção entrevista.

———

Impublicáveis também são os velhos diários que estão com Nonê.

———

Noite de crispação muscular — tensão nervosa, tensão muscular.

———

Exp. ["*Experiência Passaláqua*"]
"Quero a felicidade a qualquer preço.
Quero a songamonga.
Custe a vida de um homem, de dois, de milhões de homens.
Quero a felicidade.
A desgraça cronometrou os meus dias, enervou minhas noites sem estrelas. Perdi o sábado, a segunda-feira.
Quero a felicidade a qualquer preço".

———

A Semana Santa vem aí. Estamos na iminência de fazer o negócio com o Silva. […]

———

Grande expectativa com a *Enciclopédia*.
Superpublicidade
Aurasil trabalha.
Déco muito inteligente, mas desviado.
Nonê, o peludo, deu sorte no negócio da desapropriação — Engenheiro Martins.

———

De Nonê — Que interesse tem ele em trabalhar?

———

Do ócio ideológico

———

M.Z.

Nunca fui comê na Alemanha! Nunca precisei saí do meu país que mata a fome nos país dos otro!

———

O [*chauffeur*] Pepino sobre as putas:
— Essa gente condenada à morte. Ranca até o saco dos home!

———

[*O.A. anota em letras grandes atravessando a página:* Resiste Coração de Bronze! Resiste!]

12 DE ABRIL

Há um especial enervamento no acordar da casa. Desde as quatro e meia Antonieta e eu conversamos na cama. Paulo Marcos teve ontem mais uma crise de febre alta. Antonieta incurável de sinusite e bronquite. Eu, lá fora na alta e catastrófica montanha-russa em que vou e volto. E não tenho para consolo a certeza que o Aurasil exibe de que é o tio de Maria Cecília que está dando azar na família.

O pior de tudo é que não se pode sair do barulho. É continuar, continuar até despencar de alto a baixo.

Ontem, tive um dia tremendo. Primeiro, negócio do reforço hipotecário da Rebouças fechado com o nortista Mariz, um sabidão. Cinquenta contos certos. Depois, caminhada para o Silva, que armara a cilada de uma segunda hipoteca, chorando muito para tirar o dele: — Quero cinco contos! Quero ir ao Rio e quem paga a viagem é o senhor.

Mas o Silva fez uma cena de desespero incrível: — São uns filhos das putas. Viajam todos! O Batah também!

— Solta a gaita, Silva!

Eu inventara um negócio de gorjeta para a desapropriação.

— Tem um cheque aí?

— Para quê?

— Um cheque sem fundo. Só assim é que eu dou. Tenho dinheiro dos outros! Só sai assim. É do Parque.

As mãozinhas para cima, os braços curtos agitados sobre a cabeça branca.

— Predi um decumento! Parece que anda alguém aqui a mexer na minha sacrataria! Ontem tive que viajar no domingo. Os trens cheios! Viajei a pé! Assim! Predi este decumento! Vi uma moça se suicidare na rua Líbero! Antes fosse eu!

Garcia roda como quem vai ser degolado com a família.

— Tá aí o documento!

Depois, grandes risadas de desafogo nervoso.

— Vou vender a minha chácara. Si não vai ela de emburulho! Só porque endosso e me responsabilizo por esses dotores! O Hugo? Um filho da puta! Também viajou. Esses dinheirudos só sabem viajar.

Nova crise.

— Eu viajei de pé. Não tenho saúde. Assine uma letra sem data. Eu já assinei tudo na minha bida!

Saímos com sete contos, eu e Nonê. Vou pagar o aluguel do apartamento. Nonê telefona para o advogado do espanhol credor. E a surpresa vem tremenda. O espanhol não dá mais o reforço. Nem o tio sabido do norte.

— Não é possível!, grito pelo telefone. Eu desmanchei o outro negócio.

Saio gelado com Nonê. Vamos ao escritório dos Mariz. Espero, trágico. Vencimentos à vista. Doenças em casa. Necessidade de sair, mudar de clima e de vida.

Waldemar Mariz, o advogado, aparece. O tio faz. O espanhol depois.

Saímos no ápice da montanha-russa. Mas o carro despenca de novo. Vou ao Urbanismo, saber da desapropriação. O engenheiro Martins, que eu esperava ter controlado, me declara com sua cara de [cigarro] que vai mandar o processo para Urb 2.* Isso significa desgraça. A demora trará [*Carlos Gomes*] Cardim [*Filho*] reassumindo a direção do setor. [*Carlos Brasil*] Lodi, que tem boa vontade e trabalha com [*Gregori*] Warchavchik, não poderá fazer mais nada. Miserável funcionário de merda que, para não trabalhar, passa adiante. Ele me diz impassível.

— Matemática é matemática. Não é contra nem a favor. É o que é!

Telefono a Antonieta.

— Traga depressa penicilina! Paulo Marcos está de novo com 39!

Corro. Vou pagar d. Julia no Bom Retiro.

Depois do jantar, conferência de d. Dulce Salles Cunha, na Biblioteca, sobre a Semana. Fala muito de Mário [*de Andrade*]. Anunciou uma aula sobre o Movimento Antropofágico.

Volto, os músculos rotos de alto a baixo. A imensa tensão que exige whisky. E tenho que fazer uma conferência sobre poesia. As novas dimensões de poesia.**

———

[*No alto da página, O.A. escreve:* O gelado interesse me fita]

Na véspera, Nony me conta uma cena da dupla sadomasoquista (α) Silva-Garcia.

— Garcia, veja se esta lâmpida está [biba]!

— Não entendo nada de lâmpada.

— Só entendes de dinheiro.

— Eu entendo e não tenho. O senhor não entende e tem.

— És um grande vagabundo. Veja se a lâmpada funciona.

— É! Quando a gente qué uma gaita pro futebol, é pra consertá lâmpada! Só o que faltava.

Garcia é aquele avelhentado ser no eterno terno azul riscado, por inverno e verão, que me disse:

---

* Nível de urbanização das regiões menos centrais da cidade, parâmetro então empregado pela prefeitura para calcular o valor venal e a tributação dos imóveis.

** O texto dessa conferência, proferida no Museu de Arte Moderna de São Paulo em 19 maio 1949, foi publicado com o título "Novas dimensões da poesia" em *Estética e política* (São Paulo: Globo, 2011), p. 156.

— Minha filha não sabe quanto custa a gordurinha dela!

———

Exp [*"Experiência Passaláqua"*]
Navio de Pigafetta*
Gloriosa tábua [desancorada]
Na primeira descoberta [*O.A. escreve e em seguida risca:* do mundo]
Tudo sobrou, tudo sossobrou em teu dorso de tigre
A doença, a miséria e a própria
Fome noturna
Mas nada te insensibilizou
Pois tiveste as geladas madrugadas
Marinhas
E as algas que levantam o dorso
Das epifanias

———

Quando esperas a glória
Vem o oficial de justiça

24 DE ABRIL

A vida é uma calamidade a prestações.

———

Não se deve nunca criar mártires. O talião se levanta.

———

Só eu posso ser e sou o mártir impassível. Na infância, eu esquematizava.
Toda infância esquematiza e sonha porque não conhece as cenas vergonhosas,
porque ignora a vida vergonhosa.

* Navegador italiano, cronista da primeira viagem de circum-navegação (1519-22), comandada
pelo português Fernão de Magalhães.

Meu primeiro prazer gráfico era traçar num papel o Brasil ideal. Um país que já tinha o maior rio do mundo. Hoje não sei qual é a vantagem de se ter o maior rio do mundo. Mas naquele momento a minha torcida era para que o Itatiaia subisse acima do Everest. E teríamos então o maior rio do mundo, a maior montanha do mundo e não sei mais o quê maior do mundo.

Ah! Já sei! A vantagem do Amazonas foi ter nascido no século passado, entre lodos e jacarés, uma criança que foi minha mãe. A única vantagem.

Na minha primeira folha de papel, eu sonhava escrever em francês grandes livros que teriam estes títulos: *Pour la Paix, Pour l'Amour*. Nesse instante eu acreditava na ONU.

———

Ontem jantaram americanamente aqui os casais Edgard Braga, Lassala Freire, Brandão Joly e Dulce Salles Cunha. Braga leu seus poemas. Alguns excelentemente estranhos. A figura grisalha que se recupera e tenta o direito de cidade para o sonetão, o triste sonetão.

———

Na manhã de sábado, a baiuca Batah. Jorge gordo, desdentado em cima, conta sua "amizade" com Batah, que, sentado em seu áureo trono de merda, assoa nos óculos pretos um velho constipado. Cospe nos dedos para tirar a página pegajosa dos borderôs.

Jorge gordo recebe gente agitada no balcão. Explica:

— Quer dinhêro! Precisa bom dossánte. Tira formação. Volta despois.

Os dois filhos larvados da usura, famélicos, [gafarinhudos], inseguros ante a tirania presente do pai, falando pelo telefone em estudos: — Custa dez cruzeiros por aula!

Silva chega, o usuário recusa-se a fazer o negócio que tinha fechado já duas vezes.

— Nogócio assi non quero. Precisa divogado. Divogado specializado. Non quero. Aqui só letra que é bão!

Silva urra:

— Não tem palavra.

Sai aos berros. Todos os nomes são poucos. Parece ele o maior lesado.

Sou eu sempre o maior lesado. Mas eu me recuperara psiquicamente no Urb 2. Intervenção de Warchavchik à distância.

Silva, na rua, se deixando bolinar pelos automóveis, faz a apologia de Getúlio.

Chego em casa. Telefono a d. Julia, do Bom Retiro, que havia telefonado. A irmã vendeu o sítio. Está aqui com o dinheiro. Primeiro quinze, depois vinte contos. Dois por cento ao mês.

Antes, na baiuca da praça do Patriarca, prédio da Lilly, Carteira Imobiliária J. Silva, cena com Garcia que, com a voz flácida, tira do bolso do colete o Miranda: — Só se o Miranda fizé. Ele tava aí otro dia com cem conto.

— E por que você não pegou para mim?

— Ele fala muito. Eu não gosto do Miranda. Vô lá depois do almoço.

Silva Anjo Leite* traça em pinceladas fúlguras o quadro da praça. Fala de um corretor: — Foi pra cadeia. Sua voz sai como uma confissão tumular. Dizem que ele é um egresso da penitenciária.

— Seu Juca se deixou corrompêre! Trata-se do milionário Sampaio Moreira, que eu conheci. O tal que ia a pé para o escritório, com a limusine de prata ao lado.

— Se dexou inlamiare. Era o Salso que chigava e dizia-lhe ao ouvido: — Faça o nigócio. O homem lhe dá, além dos juros e comissão, dez contos por fora! Feito. E no casamento da filha, quem estava nos seus salões? O Salso de casaca! Toda gente espiou. Um ladrão conhecido.

Toda a encenação é para me anestesiar contra o golpe que vem do dez por fora.

— O dotoure não conhece a praça? É muito. Quando a gente anda nessa vida de precisar, aceita tudo. Eu também já andei nessa agonia. Agora liquido tudo com o Batah! Só faltam […] contos na minha canção dos [cem].

Eu compreendo o crédito do Silva junto ao turco tremendo do Edifício Palmares. Ele tem lá dentro cem contos na sociedade de usura. Por isso Batah sorri: — Com endosso de Silva Anjo, vai!

— Ó Garcia! Vê se arranjas com esses curretores por aí.

Paro de escrever para olhar Paulo Marcos que vem engatinhando e sorrindo até a biblioteca. Reynalda atrás. A bola.

———

* Referência à personagem Anjo Leite, de *Marco zero*

No Banco Português (o Nacional Ultramarino, onde vou cantar reforma), o Birbosa conta a história do [Caixa] Pinho. Comédia sinistra pelo telefone com o Reid:

— Não dá 50%? Há cinco cartórios de protesto em São Paulo.

Adiam a solução para segunda-feira.

[Por] isso tudo e mais coisas que não conta, minha aorta dói como um cacto de fogo.

———

Viva o voraz Henry Miller.

———

À noitinha, festa de crianças na casa do Domingos. Levo Antonieta Marília (Antonieta doente). Ela tem uma indigestão.

———

E pronto.

———

Aurasil trabalhando.

———

O Martins roubou-me diversas ideias da *Enciclopédia*.

———

Tenho vontade de ir para o Amazonas, onde há jacarés com forma de jacaré, cobras cobras, selvagens selvagens.

———

Discussão sobre autenticidade, freio, conduta, direção, outro dia.

———

Outro dia.

———

Mais outro dia.

———

Tinha planejado um domingo de circo com filhos e netos. Mas Antonieta está doente.

———

"Só se toma consciência da mudança."
Lalô* — *Enciclopédia* — 16-64-12**

———

Da utilidade imediata (prosa) — Josefina, traga os chinelos — à utilidade mediata?
*Un coup de ton doigt sur le tambour décharge tous les sons et commence la nouvelle harmonie.**** (Rimbaud) — *Enciclopédia* 16-50-9

———

Atingido o fim, a palavra expira.
Valéry 16-50-13

O mito da criação nos seduz para fazer do nada alguma coisa.
Valéry — Em 16-51-14

———

A poesia moderna:
O mecânico — o telegráfico — o sincopado — o popular — o folclórico — o prosaico — o instintivo — o [automático] como base — o simultâneo****

* Provável referência a Charles Lalo (1877-1953), teórico francês da estética.
** O.A. cita numerações referentes a seu projeto de enciclopédia para as quais não há explicação.
*** Em francês: "Um toque de teu dedo no tambor libera todos os sons e dá início à nova harmonia", citação de *Iluminações*, de Arthur Rimbaud.
**** Essa passagem do *Diário confessional*, assim como algumas outras ao longo do livro, foi publicada por Décio Pignatari e pelos irmãos Augusto e Haroldo de Campos em *Invenção: Revista de Arte de Vanguarda*, n. 4, dez. 1964, na seção "Em homenagem à memória de Oswald de Andrade", que inclui fragmentos dos anos 1948 e 1949 deste *Diário confessional*. A transcrição

M.Z. — Ela já tomara o seu secreto caminho.

4 DE MAIO

Talvez a utopia nasça da dificuldade. O que embeleza é a distância, o desafio e o potencial de catástrofe. É assim o homem, sempre foi, sempre será. O que se torna cotidiano e vencido é enfadonho e inútil. O homem "vive praticamente sobre a terra". No signo da aventura.

Ontem, em casa de mestre Candido, vasta prosa em que relato a ele e a Gilda [*de Mello e Souza*] o caso do padre Melo, no longínquo São Paulo de 1922. Ele me acha cansado. Estou com a cabeça esburacada, sem memória e sem élan. A vida me mastiga com suas gigantescas obrigações aceitas. Vontade de rebentar tudo. Como um grito longo, desesperadamente detido. O poeta é sempre o culpado.

Digo-lhes que o meu dissídio com Deus data do dia 13 de setembro de 1912, quando pisei a gare da Luz, de volta da minha primeira viagem à Europa. E não encontrei minha mãe, morta seis dias antes.

Antonio Candido, que pensa numa volta a Deus dos de 22 (Mário principalmente), me interroga sobre eu admitir essa realidade, mesmo contrária, Deus. Como Kierkegaard — nosso inimigo mortal — como o primitivo e o grego criador da Górgona. O contrário, o oposto multiplicado. O grande antagônico. O Nada de Heidegger e Sartre. O homem, o poeta, nasceu para dar nome às coisas. Chama a Deus a isso. [...]

---

para a presente edição apresenta pequenas diferenças de interpretação do manuscrito em relação às transcrições publicadas pela *Invenção*.

20 DE MAIO

Para a minha conferência sobre poesia* —

A decomposição erudita da língua. A decomposição do próprio mundo — patriarcado e cristianismo. Mas nesse mundo grotesco dos ___** e dos Barreto

— *dites à la vermine*
Que j'ai gardé l'essence divine
*De mes pauvres amours décomposés.****

Rilke é esse primeiro sinal do reflorescimento em música, que adota Orfeu como símbolo.

———

A língua alemã não sofreu essa violenta análise?
Depois as primeiras formas cubistas —
Depois do esfarelamento a caligrafia — a geometria
De uma prosa impressionista (Proust) a uma prosa caligráfica (Cocteau)

———

Desintegração — nebulosa
poesia sem centro/núcleo solar —
não pode imediatamente achar/encontrar a sua geometria criadora. [Acolhe-se] então às formas cifradas [do poema]
p. 18 *Sense and Sensibility*
A poesia de Pound parece não ter centro — Joyce se guia no caos de um dia de Dublin pelo mito da viagem de Ulisses.

---

* "Novas dimensões da poesia", pronunciada no Masp em 19 maio 1949 e publicada em *Estética e política*.

** A lacuna indicada por grifo é do próprio O.A.

*** Em francês: "— diga ao verme/ Que eu guardei a essência divina/ De meus pobres amores decompostos". O.A. cita aqui, com supressões e um pequeno acréscimo, a última estrofe do poema "Une charogne" ("A carniça"), de *As flores do mal*, de Baudelaire: "*Alors, ô ma beauté! dites à la vermine/ Qui vous mangera de baisers,/ Que j'ai gardé la forme et l'essence divine/ De mes amours décomposés!*", cuja tradução literal é "Então, ó minha beleza! diga ao verme/ Que a roerá de beijos/ Que eu guardei a forma e a essência divina/ De meus amores decompostos!".

p. 32, v. Santayana (*Sense*)
Realismo de Miller e verismo de Puccini

—

Arte Penitencial
        Catártica

—

P. 36 — Lógica discursiva (ciência)
        Imaginação criadora (poesia)
Cassirer — uma atividade inerente ao homem de criar metáforas e símbolos.
imagem + conteúdo = mito

[*O.A. anota no alto da página:* Madrugada de 20-5-49]

Basta a crença e a emoção para receber a corrente magnética — o fio terra
— Blake

—

a geometria nova
        na forma tipográfica
    do poema
        Coup de dés
        Caligramas
            Futurismo*

O isolamento e o hermetismo do poeta são apenas a fuga do caos

—

Temática   —   Mítica   —   Técnica e
Conteúdo   —   imagística   —   expressão
                    símbolo

* Trecho publicado pela revista *Invenção*. "Coup de dés" é referência ao poema *Um lance de dados não abolirá o acaso* (1897), de Stéphane Mallarmé. "Caligramas" se refere ao livro homônimo com poemas gráficos de Guillaume Apollinaire, de 1918.

Tensão e ênfases da poesia — contra ênfase ironia

———

A técnica do contraste do risco e do impacto.
Sense

liberação
sentido de liberdade ante as grandes obras
Pound 144

157 — Ambivalência, polaridade, paradoxos, o bom no mau
O rádio no bário
A descoberta do rádio ainda mergulhado na argila criadora.

———

[*O.A. anota no alto da página:* O elemento de surpresa no corpo gráfico O corpo do poema]

V. *Sense* 158
A física do poema
    feita de conotações.
        v. futurismo

[*O.A. anota à margem, em sentido vertical:* Estrutura do verso]

A poesia moderna
    O problema central
      — a tensão —
    como tudo no mundo
    de hoje que não pode perder tempo

    o comprimido
      simultâneo
        simultaneísmo

[*O.A. anota à margem, em sentido vertical:*

Como na pintura
    na música
      (dodecafonista?)]

a sensibilidade atual / do homem moderno
    repele todas os
      morfeus da
        estética

[*O.A. anota no alto da página, separadamente:*
Morfeu
Drummond]

Os poemas sem proteção

    o humor — pudor do poeta
A ironia — cobertura
    do poeta
contra o transbordamento
    o páthos
    a sentimentalidade

      —

Esses despudoradozinhos

Sense 142

isolamento e hermetismo
ante a "doença da escalada e do recorde"

ingenuidade nem sempre é pureza
recordista da inveja — Morfeu

[*O.A. anota no alto da página:*

Rilke já se coloca além do pecado
Rilke, decantação de Baudelaire
o primeiro reconciliado]

Defesa do moderno

A chocha versalhada que
      eles cagam —
sem mito porque
      sem realidade
    —

    limbo

Atrás do inefável
toda a fraca
      bestética
do passadismo
      que reflui

    —

no obscuro
limpar as janelas
da percepção
Blake
Temps Modernes 26

    —

Indução e síntese — o encanto histórico

Mais do que a angústia, a ansiedade paira sobre o mundo em transformação
comunal e devorativo

    —

A ciência + sisuda nos fala de elétrons fantasmas

O pensamento acaba a experiência, traça o limite, cria o tabu.
A marcha totêmica. O repouso necessário.

O pensamento ávido de totalidade.
As soluções paradigmas.

Dicotomia — o ser é comunal e devorativo

—

Do livro: *Le Nouvel Esprit scientifique** de Gaston Bachelard (vol. de Rudá)

Os sistemas fechados / a matemática indutiva / Fim do mundo de Descartes e Maquiavel / Papel da pedagogia comunal / O marxismo ultrapassado como método / crise da certeza / Destino do marxismo — crise de método / Mundo antropofágico da energia e irradiação / A imobilidade — o tabu

7 DE JULHO**

A madrugada estava mais quente que estas seis horas, em que uma chuva invisível baixa sobre a cidade, a enlaça de cinza e põe nas almas e nas coisas a presença do mar. São Paulo é uma cidade onde pesa a angústia do clima. Sai gente correndo à toa pelas calçadas, os [bondes] se desvairam e correm como sob a ameaça de um impacto. Este vem em garoa, em neurastenia monogâmica. Somos casados com a cidade mais dura e insensível do mundo — a cidade antropofágica.

Vou organizar para Camus, que chega este mês, um álbum de crimes diários — os mais horripilantes que se conhecem — e direi a ele que vivemos na cidade que tem como brasão uma penitenciária e um serpentário. Onde a gente que não é mordida de cobra nem assassinada ganha para o médico e se diverte com a doença.

---

* O novo espírito científico.
** Depois dessa entrada de 7 de julho, O.A. insere anotações referentes ao mês anterior, 11 e 24 de junho; na sequência, retoma a entrada de 7 de julho, assinalando que se trata de uma "Continuação". Não é impossível que tenha escrito junho por engano, querendo referir-se a julho; nesse caso, haveria repetição da data de 11 de julho.

Disse-me isso ontem o chofer português que me levou à Casa Verde, à Casa Verde da Daisy, não atrás de nenhum amor, mas à procura do seu Marques, dessas sólidas fortunas de empório, a fim de arranjar o dinheiro que falta para as despesas do mês e para o serviço de juros das imensas dívidas, enquanto não funciona o prédio quase pronto.

No meio disso tudo, Nelson Mota me propõe construir mais um arranha-céu em Rebouças. O Edifício Inês de Andrade de meus sonhos. Antonieta cai num choro desabalado e fino, porque não acaba essa vida de mercenário a que me votei para reatar a fortuna perdida.

Acabo me convencendo que, se sou poeta, sou da ação. Pois que derrubado de cansaço, enregelado de miosina, renasço das minhas cinzas para lutar, para querer lutar. Quem sabe se toda a minha literatura não passa de um apontamento da ação que me comove e da luta que me tenta.

Talvez tenham razão os que dizem que o importante é a minha vida e não o que escrevo.

Fato que me sinto bem nesse *corps-à-corps*,* mesmo quando resta no chão o meu dorso quase vencido e o esmagamento se avoluma sobre meus trambolhões. Fato é que confraternizo e vibro no fundo teimoso e confiante de minha canseira. E que ontem, perdido no fundo de um bairro popular, no fundo do armazém conversando com o casal português a quem já devo, depois nos bares ativos, nas esquinas rumorosas, nos ônibus pesados, senti o calor humano dessa gente pobre que ergue a cidade enorme nos ombros. Senti-me paulista e igual a todo esse mundo de torcedores de futebol e de mulheres gastas aos vinte anos que tomam no peito a labuta gigantesca de construir a urbe americana. Ao longo das suas presidiárias, onde se entoca a população do trabalho, tive a irmanação de meu completo destino. E não arreio, não largo, não desisto. Construirei ainda dez prédios se puder, com a força de minha paranoia, não transferindo como minha pobre sogra, que dizia outro dia para o drama da Maria do Carmo, vinda com o filhinho — Construiremos um arranha-céu no Senhor.

Não, construirei aqui no solo paulista onde nasci, na [decorrência] da conquista de meu pai e minha mãe, de quem herdei um pedaço da gleba citadina. E depois, roubado e longínquo, como o príncipe Hamlet, acordei para a luta. Levarei avante — se Deus quiser — a minha cruz de dez andares e outras que vierem.

* Em francês: "corpo a corpo".

—

Continuação do truncado (poesia pura)

—

A corda roçando a garganta — Uma sensação desarticulada de sonho em roda-gigante — Minha vida — Minha vida — Agarram-me, suspendem-me no ar — Para quê? É um enforcamento em grande estilo — Um espedaçamento muscular de todo o corpo — Balanço no ar — Para onde me atiram? —

—

Contato com o tabelião Otavio Veiga, século XIX — dos que não permitem as pontes financeiras — examinam as certidões — estudam os papéis — requisitam outros — telefonam aos registros — O pai, aquele bom boêmio que, por causa de jogo, tinha de vez em quando penhora em casa — o tabelião grã-fino — Este, parece que sozinho — o filho morreu na aviação (?) — é a gravura de 48, de Paris de 1848 — que espia receoso na porta diária de saída o cheiro das revoluções liberais.

—

Está aí o salafra Manuel Bandeira, que a nova geração começa a repelir — Hóspede de Sérgio Buarque — Anteontem estiveram aqui, com Paul Silvestre,* os três jovens poetas — os irmãos [*Haroldo e Augusto de*] Campos e [*Décio*] Pignatari — incrível o preconceito contra Hilda Hilst — o *engouement*** do vasco Ciro Pimentel — o formal.

—

A mitologia como [simulação] — a evolução do direito — do julgamento de Orestes (voto de Minerva) ao *Processo* de Kafka.

—

"Toda vida é sempre vida e mais que vida."
Simmel

---

* Então adido cultural do Consulado da França no Rio de Janeiro, acompanhou O.A. na viagem com Albert Camus a Iguape, em 1949.
** Em francês: "entusiasmo".

(Capa *Raíz y destino de la filosofía*)

11 DE JUNHO

Sinto-me profundamente desgraçado. Se há alguma aurora, ela vem das crianças, do acordar das crianças. Mais nada. O sistema nervoso gasto. Oprimido sempre. Domingo último, tive uma neurastenia demolidora, o dia todo na expectativa da semana que se abria com o pelotão de vencimentos apontando meu peito.

O Lima aqui. Os vencimentos vieram, foram. Na angústia da morte econômica, sempre. E ontem apareceu aqui no apartamento um homem alto e firme, com dois saques à vista de Cr 23 000,00 ao todo. Conta do Mappin. Instruções de protesto. Há muito tempo que eu não cheirava de perto essa intimativa ululante do dinheiro devido, não pago, gasto, voando.

Ontem, festinha *chez* Yolanda e Ciccillo. [...] Jantar numa horrenda boîte. Dormi, cabeceei. Detesto tudo. Vomito a gente que me cerca.

24 DE JUNHO

Inominável o que está se passando. O Reid! O eterno Reid! E o eterno Oswald, autor deste verso: "O meu último dia será o meu primeiro dia".

De fato, não há experiência que me arranhe! Tudo é começo, aurora, inefabilidade, como as cinco horas violetas da madrugada solar por detrás dos arranha-céus da minha janela. Continuo a criança, o poeta vitimal.

A gasolina secou no tanque econômico. Adiado o acordo de Gopouva, vendendo Rebouças. Reid gavionou. Tem uma chácara em Santo André. Levou-me à chácara. O espetáculo de Antonieta Marília rolando no gramado, a casa limpa e nova, tudo me inclinava a aceitar a permuta como parte do negócio. Mas no Reid, o momento de dar qualquer concessão, mesmo a mais razoável, é precedido por um movimento de recuo mecânico do ser. Há qualquer coisa que fecha automaticamente. Ele se recusa. E permanece. E um filho da puta desses quer ser escritor! Não há nele um movimento de justiça em face dos homens e das coisas. Tranca-se. E corveja. Resisto. Como nos antigos dias de miséria, evito a casa. Saio cedo, volto tarde. Está claro que é contra a situação. Mas a angústia bancária aperta a gente de todo lado! Como vai acontecer?

7 DE JULHO (CONTINUAÇÃO)

Antonieta e Antonieta Marília me acompanharam ontem na cidade pelo começo do expediente da tarde. Fui buscar uma certidão. Na volta, minha grande companheira chorou. E me disse:

— Você parece um homem que vem da guerra!

11 DE JULHO

A cidade naufraga na bruma. São apenas oito horas da manhã. Antonieta saiu para a lição de francês. As crianças atropelam o apartamento. Espero Nonê. Vamos sair para a guerra que continua.

Ontem, domingo, abordei o Rao no Automóvel Clube, à tarde. Ambiente de outra guerra, a política, contra Ademar de Barros. Rao apresentou-me o deputado Juvenal Sayon. Aquilo é uma cidadela da reação liberal contra o estado de periculosidade poética do imperador Ademar.

Rao exige uma escritura de compromisso de um apartamento no prédio ou equivalência, por legítimos serviços prestados — caso dos terrenos restituídos por Abraão Lincoln Ribeiro. E nos dá cinquenta contos sobre hipoteca de um terreno que destino à casa de Antonieta. Isso fará a corda que roça a minha garganta afrouxar.

Pretendo ainda esta semana obter acordo com a Gopouva, a venda de Rebouças ao Reid, vindo de troca a chácara de Santo André, onde passaremos a morar. Depois de tantos anos, terei casa de novo? Deus queira!

———

Na tarde desafogada e linda, os meus me esperavam num táxi em frente ao Automóvel Clube. Fomos ao parque Shangai levar as crianças. O do Brás estava fechado, subimos então para o da avenida Nove de Julho. Aí, otimista como um rei recém-coroado — sou sempre rei, recém-coroado ou ameaçado de conjura —, comi um pacote de pipoca, instalado sozinho num banco da roda-gigante.

A roda subia mecanicamente, descobrindo para meus olhos felizes o horizonte batido de casas da Vila Cerqueira César. Para lá era o estado de névoa violeta que sitia São Paulo nos dias bons. E aquele parque geométrico, com seus estalidos exatos, seus volteios de pequenos aviões, de pequenos automóveis levando crianças garridas nos carrosséis, sob o comando dançarino e cantor de um alto-falante, por trás de nós a avenida reta e negra com seu organizado mundo bicolor de carros subindo matemáticos para o túnel, descendo para o Jardim América — tudo me deu um grave contraste entre a natureza e a indústria. Lá embaixo, junto à torre da igreja do Calvário, que minha mamãe doou aos passionistas, mal se situava o Cemitério São Paulo. O sol nítido parecia estático, parado, pregado ao céu azul e difuso, não se movia a cada volta gigantesca da roda multicor que me levava. E foi tudo tomando o aspecto duma solenidade monumental, tendo ao fundo o corpo de Paulo Sérgio, baixado à terra naquela mesma tarde maravilhosa e insensível.

Paulo Sérgio, o poetinha filho de Sérgio Milliet, morreu numa sangrenta hemoptise quando o pai chegava da Europa. Ainda conseguiu vê-lo um dia. Ao contrário de mim, que perdi minha mãe com uma semana de diferença do desembarque.

Não é à toa que digo que meu dissídio com Deus começou a 13 de setembro de 1912.

—

Ontem à noite, aqui, poetas e escritores — [*Augusto Frederico*] Schmidt, Di [*Cavalcanti*], Noemia [*Mourão*], Helena [*Silveira*], Jamil [*Haddad*], Tavares de Miranda, Ciro Pimentel e uma jornalista minha colega do *Correio da Manhã*.

Di está escrevendo as suas memórias. O único sujeito que pode ombrear comigo em vida rica e experiente.

—

Nonê chegou. Vai bater à máquina meu "Telefonema" sobre 9 de Julho.

24 DE JULHO

Penso com extremado carinho em Antonieta, que ficou em Santos, na sórdida pensão São João, com Antonieta Marília e Paulo Marcos. A Olga está com eles.

Subi hoje de lá, à tarde, tendo descido ontem. Vim para passar a escritura duma esquina do terreno de Rebouças. Não tive dinheiro suficiente para retirá-los de lá. A conta do português da espelunca era de um conto e trezentos. A gasolina secou. Não há recursos a não ser o acordo com a Gopouva, que o Lauro causidicamente retarda, ou a venda de Rebouças. Entre euforia e pânico, examino a papelada da Vila Cerqueira César que o gato Wilson, da imobiliária, devolveu, graças a Deus. O terreno que vendi. O que vou vender. Sei lá! Tudo confuso e claro. Os vencimentos nos bancos suspensos como a espada de Dâmocles. O Alcântara pela frente no fim do mês.

Pela manhã, a família do burrinho atravessou a balsa e foi de ônibus ao Guarujá, ao velho hotel que substituiu aquele onde eu chupava laranja com minha mãe, numa janela do andar térreo vendo o mar. Devia ter seis anos de idade.

Cansado deste domingo. Vou dormir só.

25 DE JULHO

Deitei-me à meia-noite, desambientado por estar só na casa, com a velha cozinheira Josefa dormindo no quartinho dos fundos. Fiquei como esperando que a situação mudasse, que viesse alguém amigo. Antonieta, Nonê, Rudá, as crianças.

Nonê e Rudá foram a Iguape preparar a viagem de Camus, que pretendemos levar no dia 6 de agosto para assistir à festa do Bom Jesus. Ficará sendo o bom Camus de Iguape.

Como tudo me dói, músculos e nervos, acordei sarcasticamente às três horas ante a situação grave que desafio. O negócio de hoje com o engenheiro Bighetti não pode falhar. Se falhar, não sei! Só tenho o Silva a meu lado, Cireneu*

---

* Ao longo deste diário, O.A. se refere como Cireneu a diferentes pessoas que se associam a ele

a 3%. Três? Lembro-me do assalto à mão armada que foi o avanço do *gentleman* Edison Tavares, no dia da escritura de compromisso do terreno do Sumaré alto com o judeu Jacó. O seu Edison de minha infância: — Hoje ninguém trabalha a menos de 5%!

——

Assisti em Santos, com o nome de *Adúltera*, ao filme francês tirado do *Diable au corps** de Radiguet. Filme cristão e cretino, onde se revela inteira a pedagogia matrimonial do patriarcado e seus desastres, ótimo documentário deste fim de era.

Uma porção de coisas a evocar e a estudar.

Toda a literatura patriarcalista fede essa confusão de setores que desorganiza o homem nesta fase. Assim, o matriarcado e a poligamia resultante estabelecem uma divisão nítida entre o amor e a geração. O amor não é responsável pela geração. Nada tem que ver com ela. Da geração se cogita em termos tribais. Qualquer um pode gerar, qualquer um assume o lugar de pai. E portanto não é preciso fazer a sujeirada do pai e da mãe dos heróis adolescentes da *Adúltera*. Desencaminhá-los um do outro, quando tudo puramente completa o amor de carne que os atrai. Para "salvá-los" socialmente, em termos de classe!

Da mesma maneira, a pedagogia tribal é assumida por todos. A criança é imediatamente determinada pelo ensino e pelo exemplo de todos indistintamente. Enquanto, no patriarcado, o pai individuado retira o filho da disciplina social, o farisaísa e faz dele um monstro.

Pôr isso tudo em *Marco zero*.

O nome de Raymond Radiguet não figura na fita. Conheci pessoalmente essa besta no quarto de Cocteau, que o exaltava por motivos tais e quais. Eu então já tinha escrito *Os condenados*. E eu, como hoje, não era nada. E ele, desde então, um grande escritor.

——

---

nos negócios, numa referência a Simão de Cirene (o "cireneu"), personagem bíblico que ajudou Cristo a carregar a cruz em seu martírio.

* *O diabo no corpo*, de Raymond Radiguet.

Volto da janela, o casarão chirichiano da Ricardo Batista dorme apagado. Lá dentro a *ménagerie*.*

———

Ouro ausente
Das manhãs supliciais
Sol
Exp [*"Experiência Passaláqua"*]

———

Para Camus
Vous n'ètes pas un existant. Étant le plus vivant des écrivains, vous êtes un ami de la mort.
Un technicien de l'absurde.
*Nous, ibériens d'origine, sommes plus proches de vous puisque il y a une erreur de géographie quand on nous place en Amérique. Sommes en plein à travers les sinagogues populaires et les centres spirites, dans le boudhisme qui est l'idéal de l'esclavage.***

———

Vi ontem em Antonieta a primeira recusa em me acompanhar. Talvez isso me tenha deixado triste. Ela não quis subir comigo de Santos. Passei uma noite miserável. Mas agora me refaço para o combate.

———

*Vous contemplerez Don Quichotte qui charge.****

* Do francês, "bestiário", mas também pode designar brinquedos de criança na forma de bichos.
** O.A. esboça aqui o discurso de recepção que fez a Albert Camus em 4 agosto de 1949, quando o escritor francês proferiu a conferência "O tempo dos assassinos" na escola Caetano de Campos, em São Paulo. Não corrigimos o rascunho de O.A., que, francófono, dominava o idioma, mas comete imprecisões ortográficas e sintáticas. A tradução aproximada do texto é: "Você não é um existente. Sendo o mais vivo dos escritores, você é um amigo da morte. Um técnico do absurdo. Nós, ibéricos de origem, estamos mais próximos de você, porque um erro geográfico nos colocou na América. Estamos em meio de sinagogas populares e centros espíritas, do budismo que é o ideal da escravidão".
*** "Contemplareis d. Quixote que ataca". Jean Richepin (1849-1926) é autor de uma versão teatral do *Dom Quixote* de Miguel de Cervantes. A frase será repetida outras vezes ao longo do diário.

Richepin

———

Talvez o meu dissídio com a poesia metrificada date dum cabeça-chata que se hospedou em casa de tio Domingos ou na minha, quando com sete anos eu era aluno de dona Orminda, na escola-modelo Caetano de Campos. Ele era poeta e produziu uma coisa enorme, que foi impressa como minha, para eu ler numa festa. Assinada pelo meu heterônimo, José Oswald de Souza Andrade.

O JOSA das travessuras. Abri a boca, [grevei], não disse um pio. E fiquei o frustrado do soneto.

———

Só, reanimo-me.

———

ses Prométhées et ses serpentes

———

Des sociologues, des géologues, des cardiologues les ont inutilement vus des cantatrices d'opéra

———

Notre blason

———

*Vous avez vu les innocents qui purgent l'état social**

---

* Em francês: "seus Prometeus e suas serpentes"/ "Sociólogos, geólogos, cardiologistas os viram inutilmente – cantoras de ópera"/ "Nosso brasão"/ "O sr. viu os inocentes que purgam o Estado social". As frases em francês dão continuidade ao esboço anterior do discurso de recepção a Camus, fazem referência ao brasão da cidade de São Paulo, ao serpentário do Butantã e à visita que o escritor fez com O.A. à penitenciária paulistana. A versão final da "Saudação a Albert Camus" está publicada em *Estética e política* (São Paulo: Globo, 2011), p. 175.

26 DE JULHO

Para Camus

A primeira missa. *Sous des habits ocidentaux, c'étaient des indiens, des nègres, des portugais qui vous écoutaient au Ministère de l'Éducation. Ici, vous pouvez ajouter des italiens, des libanais et toute sorte de bhoudistes.**

———

Un lent procès de castration a étouffé l'Ocident cretien et il a falu que deux chaties fisiques — Kierkegaard et Nietzsche — vous aient évéilé.**

———

Antonieta em Santos. E eu tenho daqui a pouco que deixar *Le Mythe de Sisyphe**** para ir receber o sinal da esquina de Rebouças vendida ao engenheiro Bighetti. Depois, o calvário dos bancos. Tenho negócios com oito desses estabelecimentos de asfixia e de crédito. São América, Estado, Comércio e Indústria (encontrei sobre a arca portuguesa que está na entrada do apartamento o seguinte recado telefônico escrito pela Teresa de óculos e cara virada: "O Banco Comércio Industrial — *sic* — mandou dizer para ir pagar a letra de Cr 20 000,00 que venceu no dia 18". Inútil dizer que o Comércio e Indústria é o banco *gentleman*), Distrito Federal, Lowndes, Mercantil, Português Ultramarino e Cruzeiro do Sul. Oito bancos. Desses há letras já vencidas, esperando a gaita amortizadora, em cinco: América, Comércio e Indústria, Distrito, Lowndes e Ultramarino. Tenho que, antes de descer para Santos, apaziguá-los.

Encontro com Bighetti e o advogado Venosa, o Venenoso, às nove e meia. Depois, sei lá! Fora as letras com Batah, já vencidas, d. [Vina], irmã de dona Júlia, e o vendeiro português Marques. Só? É do que me lembro.

---

* Em francês: "Com roupas ocidentais, eram índios, negros, portugueses que o ouviam no Ministério da Educação [*no Rio de Janeiro*]. Aqui [*em São Paulo*], você pode acrescentar italianos, libaneses e todos os tipos de budistas". A frase faz parte ainda do esboço em francês do discurso de recepção a Camus.

** Em francês: "Um lento processo de castração sufocou o Ocidente cristão e foi preciso que dois castigos físicos — Kierkegaard e Nietzsche — vos tenham despertado". Mantivemos a grafia de O.A. em francês para termos como *Occident*, *chrétien*, *fallu*, *châtiment* e *physiques*.

*** *O mito de Sísifo*, ensaio de Camus.

Ontem, na visita protocolar em Batah, ele me recebeu assim — Pode ir no banco. Traduzo: — Já manda a sua letra de quarenta contos para o banco e vá lá pagá-la, integralmente. Amansei-o com uma ameaça de dor no coração inesperada. E de repente vi o usurário crescer, humano, aos meus olhos — É o único processo, não há outro!

———

Mas voltemos ao existencialismo.

———

Em Batah, um sujeito esquálido trazendo um título reformado. O velho examina, repele. — Só vale um ano! — Por quê? O aval de dois está junto demais. — Mas pode protestar. — Pode, depois vale só um ano. Já tomei na cabeça. Ele sabia, pôis sinatura junto! Eu sei!

———

Villa-Lobos aí, dizem os jornais.

———

Para meu artigo sobre Camus na *Folha*:

"Albert Camus teve toda a sua formação na África do Norte, onde nasceu em Mondovi/Orã (?).* Isso faz com que ele não seja propriamente um ocidental. Entrevistado no Rio, repeliu o rótulo que lhe dão de "existencialista". No entanto, o seu pensamento e a sua obra se colocam perfeitamente dentro do movimento que vem dando à filosofia existencial a sua proeminência no século. Não será um existencialista de escola. Não escreveu um calhamaço, no pior jargão escolástico, como fez Sartre com *L'Être et le néant*.** Mas como colocá-lo fora da filosofia da existência, onde tão bem cabe Chestov como Gabriel Marcel?

"A sua grande posição no mundo intelectual francês foi-lhe granjeada por um pequeno livro de ensaios, *Le Mythe de Sisyphe*, que é uma das mais profundas e cultas intervenções atuais no campo do espírito."

———

* O.A. hesita entre duas cidades da Argélia natal de Camus, que efetivamente nasceu em Mondovi.
** *O ser e o nada.*

Iguape — *Vous y retrouverez l'"on" heraclien. C'est ou finit le téléphone et où comence le miracle.**

———

Continuo nos vagalhões até as dezesseis horas. Vamos ver se isso para!

29 DE JULHO

São quatro horas da madrugada. Antonieta chegou com Antonieta Marília do parque Balneário, onde as instalei em Santos, depois de uma miserável experiência forçada na pensão São João.

Minha vida é essa gangorra. Pra cima, pra baixo, pra cima. Ontem, a euforia — o sinal da esquina de Pinheiros e Francisco Leitão. Tudo pronto. Mas a besta do escrevente do cartório Armando Salles falou em Tarsila ao cretino brevilíneo que advoga microscopicamente sob o apelido de dr. Venosa. Como? Mais um casamento? E o desquito? Cadê o desquito? Informado por Nonê, corri ao Fórum e lá, no Tribunal, com o Albertino do 1º Ofício, tirei em dez minutos a certidão do desquito com Tarsila. Mas falta a de Bárbara.** — Cadê? Está no Rio? Por quê? Como? O alarma estava lançado na cidadela pequeno-burguesa que avança do Brás para a avenida Rebouças. Sim, senhor! Amantes e casamentos! Vá se fazer negócios com um homem desses que parece o rei Salomão ou o mórmon que esteve antes de Roosevelt na presidência dos Estados Unidos.*** — *Mamma mia! Que sojeto!* O clã familiar em alvoroço. E eu com a minha vida parada diante de mais um porco em pé que estranha a minha fabulosa existência. Foi insônia na certa. Depois de mais uma decepção urbana, deitei-me às oito da noite para acordar à meia-noite e ficar até agora devorando *La Peste* e desajustadamente como sempre ficar espalmando a mão

* Em francês: "Você encontrará lá o 'on' heraclitiano. É onde acaba o telefone e começa o milagre". A frase se refere aos preparativos para a viagem a Iguape (litoral sul de São Paulo) que O.A. fez com Camus.
** Julieta Bárbara Guerrini, ex-mulher de O.A., com quem se casou depois das uniões com Henriette Denise Boufflers (Kamiá), Tarsila do Amaral e Patrícia Galvão (Pagu).
*** O.A. se refere ao presidente norte-americano William McKinley, que era, porém, metodista, e não mórmon.

146

na direção da bochecha flácida do dr. Venoso ou dos olhos loiros do dr. Bighetti. Sou obrigado a comer mais um sapo intanha inteiro para viver, para zelar por Antonieta Marília, que aí está no quarto dela dormindo, por Paulo Marcos — o impossível!, diz a irmã — que ficou com a Olga no parque.

Aurasil me telefonou dando notícias chatas da *Enciclopédia*. E tudo me criou um vômito só contra esses mergulhos a que desgraçadamente me acabo por habituar na merda grossa do capitalismo com suas forças adulonas da politicagem e do achaque. Serei um pestiferado a muque, nunca um instalado no mal. Sou como diz aquele jesuíta da *Peste*: — *Mes frères, il faut être celui qui reste!**

E eu vou ficar, vou vomitar tudo, a *Enciclopédia*, o Martins e o dr. Venosa. Criarei enfim as barreiras sanitárias que meu espírito exige, que minha obra exige, que minha vida exige.

Em mim a balança proustiana da sensibilidade faz com que a pequena ruga se torne ondulação e a catástrofe em efígie me engula e devore os ossos noturnos que remexo entre travesseiros e lençóis. Tudo comparece — dor nos rins, no fígado, na cabeça. Um espetacular sentimento de culpa sobe do fundo da existência viva que vivi. Ponho a cabeça no cepo que o dr. Bighetti armou para o dr. Venosa, baixinho, gordo, de óculos pregados nos autos, nos documentos e na moral da família, dar o golpe seco que tantas vezes ressoou na épica vitimal para que fui feito. Porque, em mim, tudo se torna, de bola de neve, avalanche. Em poucos minutos, a angústia descera as velhas paredes do sofrimento e eu penetro na geladeira das condenações irremissíveis. Mas, chicoteado, me refaço e sai da frente! *Vous contemplerez Don Quichotte qui charge.*

———

Em Camus a mítica, o totemismo e o animismo marcam o primitivo.

———

O Flávio me telefona, está cheio da cantora velha e careca com quem anda noivando. A Maria deu um concerto com a Força Pública, a Maria vai dar um concerto [de] Vilalobos e quer levar o Camus de [presa] para ouvi-la. Papagaio!

* Em francês: "Meus irmãos, é preciso ser aquele que fica!", frase do sermão do padre Paneloux em *A peste*, de Camus.

Vilalobos por aí com uma loira que é a mulher atual. Concordando comigo sobre o Mário. Vem almoçar aqui.

[*No alto da página:* "Para Camus. *Vous avez vu les innocents que les barreaux séparent de la peste urbaine*"]*

2 DE AGOSTO

Villa-Lobos (é assim que se escreve) veio, almoçou, partiu. Pobre e doente como qualquer gênio.

E eu fui buscar minha gentinha em Santos. No parque Balneário, mais uma gravata no meu espírito desprevenido. O Sebastião, o porteiro pau-d'água do Terminus, me roubou na conta, com grandes golpes [...] à última hora. Vou pôr isso em M.Z. e comunicarei ao rato gordo do [*Henrique*] Fracaroli, amigo do Menotti.

Ontem, jornada de Bancos — Estado, América, Distrito. A invasão do [gerenette Sir Sterze — Já foi pro pau a letra. Acho que já foi].

Ao cair da noite, fui buscar as fotos com Nazário para o álbum *des meurtres*** a Camus. Na rua, [Bastidinho] e senhora [*Roger e Jeanne Bastide*] correm humildes atrás de mim. Sei lá por quê? Porque estou bem com o consulado? Será?

Camus — *Le premier crime de cette ville, au 16ème siècle, a été commis par un soldat qui tua un prêtre qui lui demandait. Nous sommes loin d'oracles égorgeurs ou d'assemblées d'Erinyes. On l'a pendu sans jugement. C'est le talion américain.****

---

* Em francês: "Você viu os inocentes que as grades separam da peste urbana". A frase se refere à visita com Camus à Penitenciária de São Paulo, episódio relembrado pelo escritor francês em seu *Diário de viagem* e por O.A. em "Camus e Meneghetti". *Telefonema* (São Paulo: Globo, 2007), p. 503.
** Em francês: "dos assassinatos". Na entrada de 7 de julho à p. 134, O.A. menciona o referido álbum.
*** "O primeiro crime dessa cidade, no século XVI, foi cometido por um soldado que matou um padre que assim lhe pedia. Estamos longe dos oráculos degoladores ou de assembleias de

Vous êtes un méditérranéen plein de mythes primitifs
    l'animisme
    le mythe
    *le totem**

—

Le tabou Étranger el te totem
L'animisme et le mythe
le blason de la ville
*L'apôtre de la loi, entre Promethée et le serpent***

—

*Nous habitons votre Oran, entre le soleil et la boue. Ici vous retrouverez les cris de la radio, les rumeurs du stade, la ferraille du midi dans les rues libres et même cet enfant qui, en plein peste, lançait son coup de pied sportif à une balle de papier traqué sur le trottoir.****

—

Do discurso de Daudt e de Lodi — uma atenuação do capitalismo heroico.****

Erínias. Enforcaram-no sem julgamento. É o talião americano." Esse parágrafo e as quatro passagens em francês seguintes dão continuidade ao esboço do discurso de recepção a Camus. Respeitando a grafia do manuscrito, procuramos aproximar a tradução à versão final da "Saudação a Albert Camus" publicada em *Estética e política*, op. cit. Mais à frente, O.A. se refere a um *Discours à Camus*.

* Em francês: "Você é um mediterrâneo cheio de mitos primitivos/ o animismo/ o mito/ o totem".

** Em francês: "O tabu Estrangeiro e o totem/ O animismo e o mito/ o brasão da cidade/ O apóstolo da lei, entre Prometeu e a serpente". A palavra *Étranger*, em maiúscula, é possivelmente uma referência ao romance *O estrangeiro*, de Camus.

*** Em francês: "Habitamos sua Orã, entre o sol e a lama. Aqui, você vai encontrar os gritos do rádio, os rumores do estádio, a ferragem do meio-dia nas ruas livres e mesmo aquela criança que, em plena peste, chutava esportivamente uma bola de papel perseguida na calçada".

**** Referência ao discurso feito pelos industriais brasileiros João Daudt de Oliveira e Euvaldo Lodi em conferência nos Estados Unidos sobre a ordem econômica mundial do pós-guerra.

—

*Les jesuites nous ont souvent appelés de larrons et bandits. Ce qui n'est abso-lument vrai.**

—

Feijoada americana para Camus
Só homens
2 Flávio — Maria Careca — 2 Sylvestre e [...] Denise — 2 Helena — Jamil — 7 Luiz [Washington] — 8 Lourival — 9 Nazário [*O.A. então risca o nome*] — 10 Braga — 11 Geraldo Vidigal — 12 Cônsul

3 DE AGOSTO

Termino de manhã com Antonieta o *Discours à Camus*.

19 DE AGOSTO

Queima a gente por dentro, [...] seca e mata esse estado em que de mês em mês me atira a situação econômica, sem solução até o prédio estar pronto e novo.

Desta vez é de novo em minha vida o dr. Lauro, com seu cachimbo cínico, pausado, transacionando a propina para fazer o negócio da Gopouva (acordo sobre terreno ocupado) como se estivesse combinando um casamento, uma fiança, um contrato, enfim, um ato legal. Ele, o [Zaza], o espírito de porco do Fiore são hoje as minhas "moscas venenosas".

Quinze dias atrás, eram o dr. Venosa, o comprador Bighetti, o mulato Oswaldo do cartório, todos os Marizes. Tivemos que passar pelas forcas caudinas de uma tremenda humilhação — eu com Nony e Rudá — para não ser fuzilados. Como quem entra na merda para não morrer. Todos os fuzis apontados, falta de gasolina, a fome e o [descrédito] — então passa! Exigiram que o dinheiro do sinal ficasse depositado no cartório até ser registrada a escritura de

---

* Em francês: "Os jesuítas muitas vezes nos chamaram de ladrões e bandidos. Absolutamente não é verdade".

compromisso. Mas o besta do advogado cafajeste [...] não viu coisas mais terríveis, como o protesto do Nascimento etc.

Enfim, passei o Bighetti assim como passarei agora a Gopouva e de "rabo erguido".

———

E volta a suspeitíssima dor no peito, ao lado do coração. Porque o dr. Lauro não fechou o negócio. E o [Zaza] escafedeu na hora. E o Fiore objetou.

No meio disso tudo, o prédio assume um aspecto benfazejo de primeira ordem, sem tapumes já, branco, geométrico e polido, à entrada da rua Vitória, junto à praça Júlio de Mesquita. E o Vicente me telefonou dizendo que o Rintelen me achou muito inteligente. Agora eles vão achar mesmo!

Conversei com o nobre filósofo Joachim von Rintelen no Esplanada, ante copos de gim gelado. Comecei lhe perguntando o que achava daquela coisa de Nietzsche — "A filosofia alemã é uma teologia astuta". Daí engrenou a palestra em altura, com o auxílio de dois simpáticos intérpretes — uma argentina e o jovem dr. Livonius.

———

Nestas horas de pânico, sinto a aorta sofrer, distender-se, rebentar.

———

Me aparece com a sua monumentalidade a Antropofagia.

— Tudo a rever — Volto ao ressentimento na moral de [Max] Scheler.

———

Camus está aí. Fui com ele a Iguape. Ele me disse: — *Vous êtes une exception!** E pediu os originais da Antropofagia.

———

Antonieta e Paulo Marcos foram buscar Antonieta Marília na casa da vovó. Caio na cama exausto. Dói tudo, nervos e músculos, ao longo dos membros aflitos. Ouvi de um banqueiro — seu Décio — Vá roubar! E "Dividir para

* Em francês: "Você é uma exceção!".

receber". Dividir a letra. O desafogo é uma bela virada de tudo. O banqueirão morrendo de inapetência e pelo telefone, [embandeirando] o banco, as companhias, os escritórios — Comeu uma gema de ovo! Outro dia mandou fazer um frango, depois recusou — Não era esse o frango dos meus sonhos!

E o [Lava Vidi] que quebra a cara e [gosta] de passarinho e é [um] bom menino. E levou um pito outro dia. E não volta a Santos para não apanhar da polícia e ser morto — Um bicho! Tem as reações diferentes!

———

Sede, sede, cansaço, dor! A quilha do barco bate o fundo negro e submerso! Quando vireis, euforias?

———

Minha aorta começa a apodrecer antes do meu corpo sumir na terra. Miseráveis! O ressentimento não é nem judeu nem cristão, é patriarcal. Eu bem-no sinto! Eu bem-no sinto, como diria o genial pobre-diabo do Fialho.

———

O Silva do Mappin, pondo em termos homéricos seu drama do Canindé. A filhinha, "uma megera". Ele, um homem culto, de "posição social" — lido com todas as classes, doutor. Lírio de Piratininga, na repartição, diria — Atento a todas as classes, doutor! Eram uma "Trindade", "traçara ideais", "vamos esquecer o passado" — Caluniaram-no!

— Nunca espanquei minha esposa! Nem minha filha! — Eu [dilapidei]?

Agora é tarde! O noivo, elas. Violei a correspondência: soube tudo. [Andei] no ar. Tinham combinado [com a mãe].

———

Tanta coisa a dizer sobre Camus e Rintelen. Não posso. Dói tudo, como dói o pânico! Vou ler!

———

O "funesto privilégio". Sofrer como um cachorro debaixo dum bonde. "Como se…" Como se o adiamento do negócio da Gopouva fosse o desastre mortal. A quebra definitiva da vida e de tudo!

É incurável o meu mal. O mal de imaginar. Mal de poeta, de romancista, de burro. Chamfort, que Camus estuda numa conferência, disse: "*L'homme est un sot personnage, je le sais par moi*".* De outro lado, Nietzsche contesta o darwinismo, com grande razão — não são os mais aptos que vencem — ao contrário, são os sacrificados.

[*No parágrafo abaixo, O.A. quebra as palavras no meio das linhas para preservar desenhos — aos quais se refere no texto — feitos na página do caderno pela filha Marília*]

E fica roendo uma dor de criança contrariada — imprecisa, da gengiva ao dedão do pé. No músculo central — velho sino mudo — no coração cansado. E vem um vômito enorme sem [cura]. Depois, [luta,] a quilha que bateu no fundo renasce. A alegria volta na cabeça dourada de Antonieta Marília, que faz esses autógrafos aí. Volta. Mas acaba. É alegria de pobre, como diz o Jorge barbeiro.

DOMINGO 21 DE AGOSTO

Desaba de novo sobre mim a angústia. Por que sofrer desse modo absurdo? Meus nervos estalam na manhã escaldante.

———

Quando afirmo que o Brasil é apenas um país catequizado, que aqui não penetraram profundamente as aceradas facas morais do cristianismo, vejo tudo isso se confirmar na figura central do sr. Assis Chateaubriand.

Agora, os seus jornais, em ascensão sensacionalista, anunciam simplesmente a defesa do assassino de Euclides da Cunha. Vão publicar a gosma militar do assassino de Euclides e de seu filho. Acredito que isso seria impossível em um país normalmente cristianizado, já não digo civilizado.

Só aqui pode aparecer o teatro do sr. Nelson Rodrigues, a "angústia" de tipo Graciliano Ramos e, enfim, o sr. Assis Chateaubriand.

* A frase exata de Chamfort, citada por Camus, é: "*L'homme, disait M..., est un sot animal, si j'en juge par moi*", cuja tradução é: "O homem, dizia M..., é um animal tolo, a julgar por mim".

Aliás, vi outro dia [no Palácio] o cachorro louco Dilermando de Assis* de grandes abraços com o Chico. E o professor Biral, oficial de gabinete, me contou o desembaraço com que ele fala da tragédia.

E todo mundo aceita e o Gilberto Freyre apoia Nelson Rodrigues e prefacia quem? O tarado imundo Breno Accioly!

Não há tábua de valores, nem velhos nem novos. Quem sabe se for isso mesmo o Brasil é o País do Futuro?

———

Mais Bellergal para aguentar essas 25 horas até o ótimo dr. Lauro dos romances policiais dizer sim no negócio da Gopouva.

———

Como disse ao Luís Coelho outro dia, gordo de tragédia, é a morte a trinta, a sessenta, a noventa dias. Hoje é a morte em saque à vista.

———

Ela sabe que carrega o inferno entre as pernas, disse a Camus duma [...] que levava o estandarte na procissão de Iguape.

———

O grilheta Oswald de Andrade.

———

Uma grilheta nos pés, outra nas mãos, outra no pescoço. E viva!

———

O nervoso físico atinge o paroxismo. Fico trêmulo. Saímos para ver casas.

---

* Militar que teve relacionamento adúltero com a esposa de Euclides da Cunha, e que o matou em 1909, quando o escritor o atacou com uma arma de fogo; em 1916, mataria também o filho de Euclides da Cunha, que tentou se vingar. Foi absolvido por legítima defesa nos dois casos.

22 DE AGOSTO — SEGUNDA-FEIRA

Ontem, eu teria escrito que uma crise epilética de Dostoiévski não era pior que o nervoso gelado da minha angústia em certos dias.

No entanto, tudo amainou. Um simples telefonema ao dr. Lauro em Valinhos. Chegamos a sair para São Roque com Nony e Adelaide, eu, Antonieta e Antonieta Marília.

Diante do casão dos jesuítas, sou obrigado a parar para ver mais de perto essa introdução do Ressentimento em nossas tabas felizes. A criação da técnica. É preciso, para a Antropofagia, reexaminar o jesuíta, São Paulo e o Brasil, o índio, o primeiro branco ibérico, o negro revoltado. O Barroco, enfim! A introdução da técnica moral do ressentimento e da técnica material, da agricultura ao pastoreio e ao arranha-céu. Estudar essa última experiência histórica do escravo que foi a nossa. Casa Grande e Senzala, o Império, a República, a imigração com a civilização burguesa e sua moral até hoje.

27 DE AGOSTO

Uma neurastenia miúda toma conta de minhas horas. Depois dum parto dificílimo, recebemos magros dinheiros da Gopouva e ficou o Fiore à disposição para verificar e pôr em ordem papéis e terrenos, e se ofereceu também o dr. Lauro.

Há dias, crise de Rudá com o espetáculo do suicídio falhado de Pagu — oh mulher para dar trabalho! — No masoquismo, teste de resistência de Rudá, se engasta a família materna, onde ele passa a ser herói vitimal. Diz que a psicanalista Virgínia Bicudo acha que eu também o abandonei. Foi preciso então eu pôr num rápido papel, o que estou fazendo, que isso não é verdade, que a mãe viajou, deixando-o, que a avó se recusou a criá-lo e que eu não fiz nada senão tê-lo ao meu lado até os cinco anos. Primeiro com a Lucia, depois com o Demais, depois com o Torquato, depois com a d. Ema. Aos cinco, a mãe chegada, propôs que o puséssemos no Mackenzie e depois desapareceu outra vez. Daí ele, não se sentindo bem, passou por alguns colégios e se fixou em Piracicaba sob a vigilância de d. Adelaide Guerrini, de que ele não se queixa. E veio depois morar com Nonê.

Farei isso mais detalhadamente para entregar a ele.

———

Hoje, banquete do Maciel e a grande tragédia taciturna de Samuel Ribeiro.

———

O dr. Paulino Longo afirma que me cura. Ontem, Antonieta lembrou estes oito anos de luta pelo ajustamento e pela paz. Eu só tive quarenta dias de férias.

Vejo no *Pirralho* uma fotografia minha dos vinte e seis anos, de barba, na Faculdade, ao lado de Emílio de Meneses. Evidentemente, eu era outro.

———

Scheler! Um homem que passou incólume de Marx e de Freud! A reação em pessoa. A Moral de Escravo à vista.

29 DE AGOSTO

São quatro horas da manhã. Acordei do sono narcótico, pesado, que me produzem os novos remédios do Longo. Repouso e revejo a situação — a mais perigosa possível com três cravos — o prédio, a desapropriação, a *Enciclopédia*. Como sair? Penso na penosa reivindicação dos terrenos de papai. Penso em Nonê — tão apto e tão mal aproveitado. E penso, sobretudo, na miséria em recomeçar procurando fulano, aturando cicrano. Uma náusea me sobe de tudo.

———

Anteontem, no Automóvel Clube, grande almoço do Maciel. Ambiente direto, todos falavam em prédio, terreno, empréstimo. — Você, quanto deve? O prédio, como vai? Toda aquela coorte de famélicos do coquetel, entre os quais eu, estávamos ali em torno do diretor ameaçado da Caixa Econômica Federal. Ele fez um modesto discurso, dizendo que desde a outra guerra homenageia-se o soldado desconhecido ao lado de Napoleão. No fim, avança nos bem-casados. Revejo o *maître d'hotel* José.

E dr. Samuel? Martirizado em casa. Roendo-se, pobre e grande velho!

—

Anteontem à noite, correria em torno de Geraldo Ferraz,* porque Warchavchik, que recebe, denuncia influência deletéria de d. Patrícia sobre Rudá, que concorda com a [morte] etc.

Encontramos Geraldo Ferraz ontem à tarde na porta do Sanatório Esperança. Pelo que nos conta ele, foi mais uma fita da marginal para voltar à pauta, o "suicídio" de Pagu. Não passou de um tiro na bochecha quando a mãe ia descendo a escada. Cinco anos atrás fez isso com gás.

—

Ontem, aqui, com Antonio Candido, Geraldo Vidigal, Nonê, Geraldo Santos lê o seu novo romance. Parece viável, com um belo capítulo. Me deixou aí. Vou ler.

9 DE OUTUBRO

Quantas vezes, neste intervalo, acordei à noite para escrever aqui o meu desespero. Começaria "acordo desesperado" ou "vejo a mira de meu próprio assassínio", "decidi acabar". Mas revém a vida na cabeleira de Antonieta Marília como neste céu lavado da primavera paulista, o sol com panos sujos pelo céu, lâmina e água.

Ontem, aniversário com a garota cinematizada no piano e o "batam palmas" do pai e o "é melhor ficá logo bêbedo" ou a moça esquálida "é hoje aquele [passe] que eu falei". Quando a emancipação atinge a classe média na piteira das mulheres.

—

Tanta coisa. Fui ao Rio fechar o negócio da publicidade. Almocei no Jockey, jantei no Bife de Ouro, dormi no Serrador e voei na Vasp.

—

* Marido de Patrícia Galvão, a Pagu, ex-mulher de O.A.

As antessalas do Palácio. Enfim a *Enciclopédia*. [*Francisco*] Salazar. Ernani, Nony, Aurasil na Propago.*

——

Estudo vagamente para concurso da Filosofia. Hoje, Helena e Jamil vêm almoçar com, talvez, Antonio Candido e Gilda.

DOMINGO, 16 DE OUTUBRO

Estes dias de expectativa, à espera de que tudo rebente ou de que tudo se aprume! Horas contadas. Faltam 33 horas para a solução. Depois 31. Depois 28. Dormindo quatro, que é o que durmo à noite, faltam 24 horas!

Fui ao Rio combinar uma publicidade com o *Correio*. Tudo feito. Eu ia receber a comissão que daria mensalmente para as nossas despesas até o prédio pronto. Sai a primeira, mas por trás, na mesma folha, vem uma torpe catilinária que inutiliza a primeira. Sai a segunda sem nada. Palestra do governador Ademar de Barros. Suspende-se tudo apesar disso. Mas o Mário Alves,** pelo telefone, me pede para deixar sair mais uma que está excelente e já na máquina. Volto ao telefone para avisá-lo de que não pode sair a "punhalada pelas costas". E esta sai terrível. Sou chamado. Banco do Estado. Mota me diz pelo telefone que foi responsabilidade, comigo. É sábado. Não tenho contato. Mas dá-se o pior dos piores. Sábado sai um resto do material por mim remetido e a punhalada de novo. Vou ao telefone e descomponho o Mário Alves. Escrevo uma carta ao Paulo. E espero terrivelmente o dia de amanhã em que tenho que ir ao Palácio liquidar o assunto. O capitão Armando me espera.

---

* Agência de publicidade responsável pela campanha do governador paulista, pré-candidato à Presidência, envolvida no projeto de publicação da *Pequena enciclopédia proletária*.
** Diretor-gerente do *Correio da Manhã*. Paulo Bittencourt, citado em seguida, era o proprietário do jornal.

25 DE OUTUBRO

O medo que eu tenho é que a saúde física se gaste nos cataclismas, antes do barco sobrenadar vistoso como quero. Ontem, novos choques, possivelmente fatais para a hipertensão. O peito dói acima do grande motor móvel que é o coração. Sinto-me tão sensível que, quando ganho a parada, isto é, quando vem a boa, o coração espadana como um sino [alegre].

Repus mais ou menos a situação com o *Correio* — Adhemar. Mas ficou paralisada a desapropriação de que dependia o prédio — pagamento de Mathias. E falta dinheiro para tudo, para o aluguel atrasado do apartamento e para a psicanálise do Rudá. No meio disso, debates sobre desenhos de loucos e sobre poesia. Jantar excelente aqui com Lilly, Helena e Jamil.

Ontem, propus negócios a Reid e a [*Carmelo*] d'Agostino.* Solução para hoje. Humilhação, humilhação, humilhação. À tarde, bom ponto com Caio Monteiro da Silva** e mau com Gastão Vidigal. Está uma caveira de Carnaval. Só tem a vela acesa debaixo da máscara — com a cabeça. Consegui pegá-lo de cilada. Sobre a *Enciclopédia*. Ando de livrão debaixo do braço na cidade inclemente. Nonê [apontava-me] ontem na saída de casa: — Olha o filósofo!

Que pena! Preciso viver.

O esqueleto miliardário — Gastão Vidigal —, quando lhe pedi dinheiro, esbravejou: — Não, senhor! O seu crédito está acima do que eu desejava. Tenho as minhas rubricas! Shylock*** morrendo minuciosamente. E isso me repõe na longínqua aventura de Araxá, para onde fomos em prolongamento da lua de mel e onde foi preciso Antonieta ganhar no jogo para pagarmos a conta, já reduzida, por eu ser quem sou etc. etc. Quando, numa tremenda viagem de trem, fui de Araxá a Petrópolis, onde dormi na Quitandinha e pedi a João Alberto, sempre parcelando para mim, com uma maquininha onde cinematizava sua fabulosa vivenda e seu filhinho com Lia. E ele me prometeu que falaria com o banqueiro Gastão para me abrir o primeiro crédito.

Ontem, Gastonet berrava: — É por isso que não presta negócio com particular. Não querem vender o que têm! Grandes e poderosas razões da agonia!

---

* Diretor do Banco Cruzeiro do Sul e candidato a deputado federal pelo PSP.
** Advogado e diretor da Caixa Econômica de São Paulo.
*** Judeu agiota de *O mercador de Veneza*, de Shakespeare.

Saí supercagado, com medo de ter provocado represália. Estou com um título suspenso no Mercantil. Outro no Lowndes, onde me recebe cavalheirescamente Mr. [Weiss], na ausência do cão de guarda Cramer: — O senhorr não terr palavra!

Vou à Propago, onde Salazar propõe grandes perspectivas. E chego em casa com o boneco da *Enciclopédia*, que pesa meia tonelada na sua capa de camurça, debaixo do braço. Rudá diz que é ótimo como ginástica. Tenho há dias já nessa chegada, de uma sova de pau no corpo inteiro. Felizmente é aqui nesse apartamento inviável e caro da ruela Ricardo Batista que sinto a couraça que me faz resistir a tudo. São os meus três grandes, os três *bigs* da minha recuperação diária: Antonieta Marília, Paulo Marcos e Antonieta, heroína dos complicados arquipélagos da existência. Ela, a loirinha, com seus quatro anos, exprime a imagem da couraça. Antonieta me conta que ela ontem disse que queria uma casa grande com um jardim lindo como a [Isa] Maria.

———

Os jornais vêm gordos de roupa suja. Uma lavada em grande estilo. Góis Monteiro chamou Paulo Bittencourt de asqueroso no Senado. Aqui, na intimidade destas páginas, eu sou obrigado a constatar o lado gângster do *Correio*, que acaba de dar um prejuízo terrível à minha pobre economia. O vento desaba sobre nossa trempinha, grudada no grande mastro — Agarra! Agarra! A tempestade passará? Agarra bem! O diabo é a aortite!

O Paulo foi simplesmente crapuloso comigo nesse negócio da publicidade de Ademar. Crapuloso!

———

Ruptura do acordo interpartidário em torno da sucessão de Dutra — Grandes discursos!

———

São do mesmo barro os grandes jornalistas do meu tempo: Assis Chateaubriand, o "nauseabundo", Paulo Bittencourt, o "asqueroso". Warchavchik me contou que, quando levou ao Rio a arquitetura modernista, faz vinte anos, foi obrigado a fazer duas casas de graça, uma para Assis Chateaubriand, outra para Paulo Bittencourt.

Estou com dificuldades em me levantar.

—

Ontem, num intervalo da Propago, bate-papo filosófico com Nazário. Ele está bem preparado para o concurso.

—

Encontro numa farmácia, onde fui buscar saúde, o simpático casal Cirell Czerna. Aluados, pensando em vitrinas de livros. Renato publicou o seu primeiro volume de estudos filosóficos e namora a estreia.

—

Almoçamos com eles no Jardim Prudência. Como sempre, durmo, durmo, durmo.

—

Grande cena com Reid, o escritor, e Rangel Bandeira, o cavador, na Cipra. Reid mostra um artigo elogioso sobre seu livro de contos, do cretino Afonso Schmidt. E informa que leu o [*Antoine*] Albalat e resolveu então sintetizar a sua obra.

29 DE OUTUBRO

Mais um baque assim como o destes dias e não resistirei por muito tempo. É assim que se vive o fim da vida — de queda em queda. No entanto, eu precisava viver pelas duas cabecinhas loiras que estão nesse quarto aí do lado. Rudá também me preocupa muito. Nonê, coitado, sozinho, não poderá fazer muito. Coitado, está aborrecido com a doença do Timo.* Meu netinho que não tenho tempo de ver.

Ontem, arrastei-me duas vezes, agarrando nas paredes da cidade para não cair, até o Banco Cruzeiro do Sul, onde o bonzo do d'Agostino me prometia solucionar com um empréstimo a crise atual. Terrível como nunca! Não há

* Timo de Andrade, filho de Nonê.

dinheiro. Tudo atrasado, o aluguel do apartamento, a psicanálise do Deco [*apelido do filho Rudá*].

A aproximação do banco, na solidão da rua, desamparado, sabendo que tudo vai se decidir, a louca vontade em chegar. Depois tudo se adia.

Estão suspensas letras, no Mercantil, no Lowndes. Duro, duríssimo este fim. Sobretudo quando a saúde falha.

No meio disso, sou convidado a falar na Árvore da Liberdade, dia 5, por ocasião do aniversário de Ruy Barbosa.

O pior é que sinto perturbações motoras, a língua travada, a letra com que escrevo é horrível.

Que fazer? Levantar-se ainda, lutar, esperar.

———

Hans Staden passou pior.

———

Um profundo desgosto de tudo, eis o que trouxe desta manhã de sábado. O bonzo d'Agostino amarra o negócio, concede uma segunda hipoteca e dá adiantado um desconto de 10 mil cruzeiros. Mas só para segunda-feira.

31 DE OUTUBRO

Termina este mês sob o signo do desespero. As coisas se atropelam. Não tenho nenhuma vontade de agir, de salvar. Estou doente.

Pela primeira vez, deixei de pagar o aluguel do apartamento. Parece que não há recursos de modo algum. Terei que cair com os meus na enxurrada dos que pedem médico grátis e moram na merda. Já me aconteceu isso, mas não tinha a família numerosa de hoje. E acreditava na transformação do mundo pelo bolchevismo. E a minha miséria se alimentava de luta. Tudo podia vir, a prisão e a fome. Eu acreditava. Hoje sei que existe um mundo salafra onde preciso me aprumar. É dentro destas coordenadas que preciso pagar dívidas monstruosas e receber o prédio. A *Enciclopédia* vai bem, parece. Mas a minha porcentagem é pequena. Quando e quanto receberei? Pedi ao Fiore que viesse até cá, eu estava de cama. Ele adiou para hoje. Penso em dezenas de soluções e não encontro o antigo ânimo. Vou tentar com Samuel ver se entrego o terreno grande do Sumaré à Caixa para pagar os suplementos devidos — Mathias e atrasados. E receber assim o prédio. Conto, talvez ingenuamente, com o Caio Monteiro e com o tal de coronel Castelino.

Ontem, inseriu-se na minha a tragédia de Luiza. José investiu, bebido, o olho engazeado, fixo, entrando aqui atrás dela que se refugiava.

— Eu quero saber o que ela quer.

— Mas eu já disse, José. Quero me separar.

A voz suave, muito calma, dela. Ele parecia pronto a tudo.

Disse a mim no quarto.

— Ela é boa e eu gosto dela. Se não gostasse, largava no primeiro dia.

De novo a ela:

— Quero saber, o que você quer?

Não podia compreender a separação. Isso não era possível ela querer.

— Pior para você.

Ela explicava de novo.

— Então assine… Eu te deixo tudo… É melhor eu ficar com Isa Maria.

— Eu só quero ficar com Isa Maria e uma pensão para ela.

— Então foi por dinheiro que você casou. Você, por que casou? Não cumpre o Código Civil. Eu cumpro os meus compromissos. Você não. Mas o que você quer? Piorou muito

[*Em página dupla, O.A. escreve, antes de retomar o texto na página seguinte:*
Tropismo e "compromisso"
O lado confessional, "vincular", "religioso", do homem
Todo esquema é precário
Estudar os esquemas emocionais nas brigas — domésticas, políticas, literárias — e as fontes de conciliação / Vou fazer isto, aquilo]

quando você falou com o advogado. Eu falei com meu primo.

Saiu, voltou, levou as crianças ao parque. Voltou.

— Quero saber o que ela quer.

Luiza, a conselho nosso, pediu três condições. Sair quando precisasse, almoçar sem o esperar, a hora que quisesse. (Ele demora de propósito para fazer ela perder a aula na Alliance Française. Todos os meios que ela frequenta são maus. Inclusive o nosso. Ela jurou pela filha que não tinha dito isso.)

Afinal, uma tragédia ultrapassada e besta. O velho senhor feudal, que o diria? O filho do imigrante "criado assim", o pai prepotente, ele longe da rua. Ela, a secretária de [Sacchetta], na literatura. Outro dia, num diálogo, ele dizia:

— Sua família é uma merda!

Ele [*deu*] de beber

Primeiro ano, bebida. Segundo, [cachos]. Enumeração das desavenças.

[*Em página dupla novamente, O.A. anota:*

Tropismo e "compromisso"

O lado confessional, "vincular", "religioso", do homem

Todo esquema é precário

Estudar os esquemas emocionais nas brigas — domésticas, políticas, literárias — e as fontes de conciliação / Vou fazer isto, aquilo

A *Gestalt* como direção da conduta]

———

São quatro e meia da manhã. Vou fazer café e ler Feuerbach, que é bem bom.

———

Lima me dá pelo telefone o nome dos três japoneses importantes que devem orientar a participação nipônica na *Enciclopédia*. São Fujihara — Casa Bratac-Niawaka — Kyioshi Yamamoto.

———

Só há mesmo a solução da faca — Lênin ou Al Capone, eu já dizia em *Marco zero*.

———

Essa súcia de miseráveis e imbecis não resolve nada.

———

Só a faca!

——

De novo a quilha do banco bate lá embaixo. Sinto o pânico físico, dor no peito, dor na cabeça, o pânico de perder a partida nesse final. O prédio, a desapropriação, o livro inventado. Ao lado, dormem duas crianças loiras, longe dormem outras. O problema da vida numa sociedade como esta desdobra-se infinitamente por filhos e netos. Bate a quilha no fundo abismal. Sinto-me ridiculamente perdido.

5 DE NOVEMBRO

Ano exaustivo. Como acabará? Briguei com minha filha. E passo as piores horas de anseio no apartamento vazio, sem ela e Antonieta, que foram almoçar em casa do Aurasil. Paulo Marcos por aqui, por ali, com as perninhas gordas e inseguras.

Minha filha e minha mulher são duas [bicarudas]. Não podem me ver longe. Porque eu estava tirando fotografia com um grupo de bacharelandos, ela se lançou como um volante em minha direção, caiu, chorou, estragou tudo.

Preciso educá-la. Vive atravessando em frente das pessoas com quem a gente conversa. Vive interrompendo, falando. Enfim, tem que ser a principal personagem.

Falei, como trinta anos atrás, junto à Árvore da Liberdade, no Anhangabaú. E a crise, estronda, terrível. Ontem, depois do trabalho na Propago, me dissimulei, às sete horas da noite que caía, na porta do escritório do Reid. Ele escondera-se lá dentro. Subi com o português Lima. Ele mostrou-se afável, prometeu fazer uma oferta para Rebouças, adiantando alguma coisa.

Não aguentamos mais. O Mappin telefonou dizendo que protestava a minha conta velha, na hora que eu saí para fazer o discurso. Nonê apaziguou, foi lá, falou com o Silva.

A coisa mais difícil que há — estudar para *Marco zero* — é deixar o estado de ócio, esse estado aristocrata que eu tenho longamente defendido, à espera do prédio, como Colombo esperou ver a América.

Sofro e me movimento. Rádio, cinema, jornal. Vamos trabalhar em equipe. Talvez precisemos vender o prédio. É impossível continuar assim. Impossível.

Aos sessenta anos, eu enfrento a vida como aos vinte. Saio da casca. Vou trabalhar. Proletarização. Tenho Antonieta, as suas duas cabecinhas loiras e o Deco. Nonê tem os três e o nascituro.

Não me falta coragem. Quando mais batido e socado, eu reajo. Parece que até a saúde melhorou. Hoje, no almoço dos bacharelandos — súcia de cretinos satisfeitos —, falei com o velho Luiz Silveira sobre a *Gazeta*.

———

A casa deserta me impressiona. Briguei com minha filha. Adorada, Antonieta Marília.

———

Além de tudo, um hiato besta na *Enciclopédia*. Don Carlos* não quis dar *lo primero dinero*!

———

Salazar afirma que isso não é nada. [Mota] estrila que não tem nada com isso, Aurasil telefona, Martins chateia.

———

Há épocas em que um aterro desaba sobre a gente.

———

Dá vontade de ler Dilthey.

———

Com isso tudo, veleidades de concurso de filosofia e de congresso somem. Não tenho nem cabeça, nem memória, nem tempo.

---

* Carlos Reichenbach, diretor da Propago.

7 DE NOVEMBRO

Esta data tem que ser uma data célebre. Eu sempre fui com o 7, no meu fundo supersticioso nunca vencido. A crise atinge o auge. Não há dinheiro para pagar as contas vencidas e a vencer. Nonê corajosamente faz o meu retrato em grande. Uma maravilha começada. Deco, discreto, compreensivo.

13 DE NOVEMBRO

Pela madrugada, sinto as dores do parto. Lembro-me de Antonieta correndo para a maternidade, onde nasceu Antonieta Marília. A mesma coisa. Sinto a cabeça pejada e maduro o fruto de minha vida mental. Vou enfim redigir o que será o meu maior livro — A crise da filosofia messiânica, tese para o concurso de filosofia,* donde sairá A Antropofagia como visão do mundo, que mandarei a Camus.

Já que periga o edifício da rua Vitória, graças à safadagem capitalista, outro se erguerá para ficar ali onde alcançar a memória do homem. Para ficar para os meus, para as dez criaturas que me acompanham e que dependem de mim.

Bati no fundo como um barco náufrago e reajo espetacularmente. Vou começar a escrever de novo.

———

Eu preciso ser assim, machucado, judiado para me refazer e subir.

———

---

* Tese escrita para o concurso da cadeira de Filosofia da Faculdade de Filosofia, Ciências e Letras da USP, que O.A. não chegou a defender. Entre os inscritos, O.A. e os filósofos Vicente Ferreira da Silva e Renato Cirell Czerna tiveram suas candidaturas impugnadas, por não terem diploma de graduação na disciplina. O.A. classificou a manobra regimental como "marmelada" num texto da coluna "Telefonema" intitulado "Ao ministro da Educação", publicado no Correio da Manhã (11 out. 1953) e reproduzido em Telefonema, op. cit., p. 591. O filósofo João Cruz Costa foi o escolhido para ocupar a cátedra.

Dedicarei o livro aos meus, família paternalista que se conserva unida por um só segredo — a liberdade.

———

Epígrafe de Richepin:
Vous contemplerez Don Quichotte qui charge.

12 DE NOVEMBRO — QUATRO HORAS DA MADRUGADA
[*O.A. inverte a cronologia ou confunde as datas, escrevendo sobre dia 12 após dia 13 de novembro*]

Encarniçamento incrível dos limites contra nós. Tudo oposto. Consegui, através de uma luta infernal, hipotecar pela terceira vez o terreno restante de Rebouças. A *Enciclopédia*, que ia tão bem, está ameaçada de parar por falta de dinheiro. Coisas do déspota pouco esclarecido. A churrascaria gorou, a desapropriação marcha lentamente. Meu dia — Hernany Nogueira, pagar a Kity Neve, Mercantil (adular seu Décio), *Folha* levar meu artigo, depois Propago. Eu e creio que comigo Salazar nos iludimos sobre "O que fizemos em 25 anos". Preparamos a investida de [Barrinhos] e [Hênio] Lopes para o interior como se tudo fosse acontecer. Vidigal, que preside a Caixa, revela-se uma fera. É contra o reajustamento com Mathias. Este telefona. Aperta. Vender o prédio? Perder o esforço ciclópico? Em Juquiá, a luta pelo [grilo]. Fui a Manoel da Nóbrega. Fiore desapareceu com a reivindicação dos terrenos. Rudá incrível, sabota pela negativa. Um boêmio. A gente esquece de fazer ele trabalhar. Imposto cobrando — São os árabes! — Referência ao filme *Manon*. Quando a gente está no deserto caindo de cansaço, aparecem os árabes para liquidar.

Ontem, aniversário de Nabantino [*Ramos*].* Fomos jantar frios lá.

———

Procuro com a cabeça rota recompor as minhas notas sobre os agnósticos e os maniqueus e o problema do mal. Vai tudo ruim. Não posso entender. E o concurso? E o congresso?**

———

* José Nabantino Ramos, advogado e professor de direito, presidente da Empresa Folha da Manhã.
** Congresso Brasileiro de Filosofia, realizado em São Paulo, em 1950.

As sarjetas do mundo.

15 DE NOVEMBRO

Antonieta Marília faz quatro anos.

À casa que acabou, à casa de d. Inês e de seu Andrade, substituiu-se a casa nova, a de Antonieta Marília, Paulo Marcos, o lar de Maria Antonieta d'Alkmin.

Sonhei esta noite que a Propago tinha pegado fogo e acabado. *Enciclopédia*, minha grande esperança.

Ao acordar, momento de desespero. Nunca se encarniçaram tanto as coisas contra mim. A *Enciclopédia* que se arrasta, os vencimentos, os títulos [pendevendos], a desapropriação que não caminha, o prédio inacabado, o congresso de filosofia, o concurso. Tudo junto, apertado. Mas ninguém abandona uma batalha começada. Orquestro tudo e sei que hei de vencer.

Amanheça com Happy Birthday, panelas, viva a criança maravilhosa. Bolas coloridas no lustre, doces, champanhe gelando para o dr. Samuel. Caviar. Tudo há de ir.

A persistência do colorido no [oriente] do sol noturno me anima. O aventureiro aguardará Cervantes, [Casanova] e Balzac, *Un feu fantasque.**

———

Masoquismo — de Cristo   de Kierkegaard
                de Zaratustra   de Carlitos
                        a Pirandello e Kafka?

———

Fica o gesto, o ritual.

22 DE NOVEMBRO

Agora acordo às duas e meia da madrugada. Pânico inicial. A desapropriação. O ano termina. A *Enciclopédia* enguiçou. Dizem que don Carlos

---

* Em francês: "um fogo fantasioso", "extraordinário". Não se refere, porém, a nenhuma obra conhecida.

anda com o *bordereau** no bolso, mas não saca porque não há dinheiro no banco sacado.

À tarde, procurei o porco Alfredo Egídio, de quem depende talvez a compra da casa da rua dos Eucaliptos que elegemos, eu e Antonieta, num passeio de domingo. Queixa-se amargamente. Os seus cargos me dão 140 contos por mês, mas vem o fisco e, nháque!, imposto sobre a renda, coitadinho! Faz caridade, a mulher também! Enfim, uns santos!

30 DE NOVEMBRO

O coveiro chega e diz: — Acabou-se! É esse o fim. Não há mais nada.

São quatro horas da manhã. Estou numa crise de pânico que transborda na noite. Me sinto responsável por tudo isso. O prédio à venda. A desapropriação parada. O dinheiro, como sempre, secando. No horizonte próximo, o Batah.

O único é ler Kafka. Escrever a imitação de Kafka. Acabo o ano me entregando à *Gazeta*, às *Folhas*, sei lá! Estou de novo nas portas de Luiz Reid. Se ele não fechar o negócio do terreno restante de Rebouças, não sei o que acontecerá.

Viver num regime onde cabecinhas loiras podem ser podadas! Apelo para todas as energias dos imigrantes que desembarcaram sem nada em terra estranha.

Desembarco sem nada na terra estranha de amanhã. Ouço passos na noite calma, quieta, iluminada. Pela janela da biblioteca entra o Anhangabaú aceso. Passa um estranho bonde. Está tudo estranho. Eu sempre me bati pela liberdade. E acabo escravo.

Além de tudo, uma dor nas costas me dobra e me amarra.

———

E o concurso?

Leio o admirável livro de Lévi-Strauss sobre o parentesco. Poderoso documentário da vida primitiva. Mas creio que ele errou, não dividindo a história em matriarcado, patriarcado. Ou tudo que ele refere já está na li-

---

* Em francês: *borderô*, relação de operações financeiras.

nhagem paternalista que permite distinguir os primos cruzados dos paralelos, lei essencial do parentesco primitivo, segundo ele. Sem a figura do pai, ela não poderia existir. Dividir-se-ia então a história do homem numa paleontologia matriarcal e numa história propriamente dita, que seria o mundo do homem primitivo e o mundo do homem histórico — ambos já na [pauta] do patriarcado, pois a servidão aí aparece na troca de bens, sendo a mulher um bem trocável.

———

O livro de Lévi-Strauss é um prodígio de probidade cultural e de pesquisa.

———

E fica O Funesto Privilégio, minha condecoração ardente.

———

Numa pequena edição italiana de Kafka, devoro a p. 168, *Il Vicino*. É essa extraordinária "Mensagem do Imperador" que nunca chega. Fica a esperança e o balbucio. Fica a certeza de que a mensagem partiu. Como aquele telegrama que enviei […] da Bahia em setembro de 1912 e que colocaram nas mãos da minha mamãe agonizante. Ela dizendo as suas últimas palavras: — Ele não vem! Como esse último momento da criatura que mais amei no mundo dependeu do telegrafista do *Oceania*, do receptor, do entregador, sei lá! Como tudo depende do mensageiro!

———

Estou cheio dos vizinhos.

———

Como é que o homem ancestral do homem vai deixar as superstições, os cagaços, as covardias? Só no papel passado a limpo dos Soviés […].

———

A manhã amanhece em penugem azul.

———

Procuro inutilmente um epitáfio de Kafka.

———

[*Aqui O.A. faz um desenho sinuoso, como se fosse a silhueta de edifícios*]

A sombra da cidade

———

Raiz do masoquismo?
Forse il coltello del macellaio sarebbe una liberazione per questo animale ("Un incrocio")*
O azul estoura pela janela longínqua. Ontem, no Banco do Estado, onde [...] — Me evado pela janela dos bancos.

———

Leio em Kafka (p. 244) (*Messaggio dell'Imperatore*)
"*Quanti insucessi nei tentative commerciali, e bisogna continuare a trascinare il fardello.*"**

———

Bisogna!

———

Vou comprar pão fresco na manhã cor-de-rosa.

———

A desgraça floresce em mim.

———

* De uma tradução italiana de Kafka: "Talvez a faca do açougueiro fosse uma libertação para esse animal" ("Um cruzamento").
** De uma tradução italiana de Kafka: "Quantos insucessos nas tentativas comerciais, e precisa continuar a arrastar o fardo". E abaixo: "Precisa!".

Dá vontade de gritar, de fabular, de contar o que sinto.

4 DE DEZEMBRO

É preciso ser um grande capitão e eu não sou mais esse grande capitão.
De repente desenhou-se integral a borrasca.
O trágico neste diário são as ausências, os claros, os dias sem anotação.
Chegaram as contas da Caixa, as contas do Mathias. O balanço é trágico. Pusemos a venda o prédio, Rebouças, tudo. E o que resultará disso? Com uma ciática espetacular, passei uma noite fazendo contas. Enguiçou a *Enciclopédia*.
Enguiçou a desapropriação.
Se fosse ou se for possível adiar ¾ da flutuante que sobe a quase 2 mil contos. Esperar a desapropriação. A *Enciclopédia*, sei lá. Quanto alcançará o prédio?

———

Queremos todos, eu, Nony, Deco, Antonieta, sair desse enleio onde os juros devoram.

———

A situação política é incerta.

———

Alcântara vai publicar um livro. E no meio disso, filosofia. [*Franco*] Lombardi* aí.

8 DE DEZEMBRO

Quase estalei como uma árvore quebrada. Foi uma manhã desta. Recapitulando com Antonieta a série de mazelas imensas que me atordoam num encarniçamento sem igual, o choro brotou em mim como numa criança. Sacrifiquei anos de minha vida e de minha obra, não viajei, não descansei um dia,

* Filósofo italiano, autor de uma biografia de Kierkegaard.

para ver agora a possibilidade do prédio estar perdido para nós, devorado de juros, nas mãos do cachorro Alfredo Mathias. Rememora a luta gigantesca, mas endividando para viver. Antonieta segue para Bauru ver se o Lima consegue no Rio que se acabe o prédio. A Caixa, com a mudança de diretor, não quer mais financiar. Afinal, o Maciel, que nisso tudo foi um cão danado, que paralisou o prédio por um ano, agora tinha se decidido a fazê-lo terminar. Mas espirrou no fim do mandato. Lembro-me muito bem da cena, no Hotel Glória, do Rio, quando eu tive os primeiros acessos da aortite que agora ameaça de novo. Esse pederasta miserável me recebeu no quarto, de camisa e gravata, com meias e sapatos, sem cueca! O cachorro, como anos antes o gordo Schmidt no Esplanada, talvez fosse na deformação que anda por aí em torno da minha capacidade erótica. Sujos!

Nonê, coitado de Nonê, se destrói também na luta inglória. Rudá força a ida imediata para Paris. Paulo Marcos, ontem, durante uma inesperada visita de Dulce Salles Cunha, teve dor de ouvido. Não conseguia dormir.

Vamos ver hoje se conseguimos que saia o projeto de desapropriação. Imbecilidade essa demora à espera dos estudos de campo, onde gastei rios de dinheiro, para agora sair pela culatra. Tenho medo da precipitação. Não sei fazer nada. Não sei fazer nada.

10 DE DEZEMBRO — MADRUGADA

Hoje compreendo os que ingressaram na política e fazem dela um capital para dar solução à família e à prole.

———

Acordo às quatro e meia. Imediatamente, uma onda de amargura me oprime. Os negócios insolúveis, a *Enciclopédia* parada e a ameaça de ter lutado tanto e feito o prédio para perdê-lo. A sensação de esmagamento sem fim. Vejo Atibaia como a única saída para este fim de vida.

Estivemos à noite em casa de Helena. Festa fraca. Pola Rezende fala das modas [...] de 22.

———

[...]

—

Há uma sombra estendida na calçada. Um bêbado? Um morto? Um espancado? A neblina algodoa o acordar dos arranha-céus.

Um homem de voz grossa discute na esquina com uma preta de voz fina.

— Você toma conta da minha roupa?

Ela recrimina: — Chega às seis horas em casa! Por onde andou?

Ele quer beijá-la, esfrega-se, ela o repele. Ele ameaça:

— Você vai acostumá. Você se desgraça toda. Eu também me desgraço. Você precisa mudá de modos. Eu deixá você aí pra otro vi te buscá?

Seguem discutindo. O morto ou o bêbado ou o doente pede identificação e auxílio na manhã que começa.

—

Leio *L'Être et le travail** dum professor chamado [*Jules*] Vuillemin.

—

O homem
    animal alérgico
        optativo
        conflitual
        utópico
        retributivo — político
                talião
                comunhão

—

O pluralismo de James

—

A metafísica está nas coisas. Elas transbordam o nosso conhecimento. É a inversão interessada (pilar do sacerdócio) que transpõe para nós o universo múltiplo e uniforme.

* "O ser e o trabalho", sem tradução no Brasil.

V. uma fisiologia/uma psicologia do conhecimento
uma sociologia do conhecimento

—

O mundo pluralista de James.
Bruno — Spinoza

—

[*Em letras grandes, na diagonal*: Eu sou o "culpado"]

—

Em tudo é necessário haver um culpado.
O julgamento como condição social — O sadismo — O talião.
Sei lá! Sei lá!

—

Leio Arthur Ramos

14 DE DEZEMBRO

Termina o ano? Como estaremos no início de 1950?

Ontem, comprei um caderno para escrever a minha tese e o perdi no caminho do Banco Nacional Ultramarino. Chamo Raiz do Vexame, isso onde eu diariamente mergulho. Fui ao banco reformar a letra do Reid, incluindo juros e selos, para 15 de abril. Foi o máximo de concessão que alcancei desse palhaço que enriqueceu no câmbio negro e na exploração e a quem Cásper Líbero me mandou em 1933.

Barbosa, que foi o primeiro homem de banco que enfrentei, quando Marcondes Filho mandou me executar em 1933 também, um pouco antes. Foi ele quem protestou o meu endosso de favor num título do Osvaldo Costa. E assim eu perdi uma casa na avenida Brigadeiro Luís Antonio, esquina da alameda Jaú. Barbosa foi elegante, passando por cima da dificuldade que eu tenho em pagar juros, mesmo pequenos. Mas eu saio varado pela ira, ao lado de Nonê, sentindo-me desmoralizado. E perco tudo, não enxergo. Talvez tivesse deixado no banco o meu cadernão. Talvez no táxi que me trouxe.

Antonieta está em Bauru. Foi pleitear a intervenção do Lima junto aos poderes federais, para que terminem o prédio, como tinha combinado o Maciel da Caixa.

———

Conferência do Campos, conservador do Vaticano. Intervim na confusão, tendo ele dado como subjetiva toda arte abstrata.

———

Casa do Hernani Seabra, que fez anos ontem. Uma simpatia.

———

Vi três fantasmas, aí em frente, na rua Major Diogo, na porta de uma casa. A cidade negra, recortada, na noite sem luzes. São cinco e meia da madrugada. Sinto o coração sensibilizado. Talvez a primeira mordida de um enfarto. Que se salve a obra, a tese, o *Diário confessional*.

———

Antonieta Marília e Paulo Marcos dormem no quarto vizinho. É o que me resta de aurora.

———

Uma observação de Durval Marcondes, ontem na conferência, me conduz ao seguinte: a arte é sempre infância, sinal de infância. Até onde a teria deformado o patriarcalismo?

Como no campo do direito, há sempre uma constante jusnaturalista ao lado dos espasmos do Direito Nu, despido de qualquer emoção, equidade ou consideração humana. O Direito Seco, em Maquiavel (que tratava a política como ciência, como Galileu tratava a física), Hegel, Kelsen — a teoria pura.

E Aristóteles?

———

Faço contas e refaço. Estamos economicamente perdidos? Que vai sobrar de tanta luta, de tanta esperança no sangue?

Seu Fiore por aí. O Fiorelo antigo.

—

Autoflagelação. — Põe essa meia suja. Para que luxo? Tudo decai. A vida se decompõe na bocarra dos juros a pagar. Antonieta, que trará de Bauru? Põe essa meia mesmo! Anda! E escreve! Sobretudo escreve!

—

No azul ferrete das seis horas!

15 DE DEZEMBRO

Estou sendo devorado vivo. Enquanto as cabecinhas loiras dormem tranquilas, de Antonieta Marília e Paulo Marcos, eu me consumo, eu me agonizo, me mato. Estou envolvido numa cilada tremenda e sem saída visível. O corretor Caiuby fez os estudos para a venda do prédio e nos declarou que só alcança — no máximo! — 12 mil contos. O nosso passivo é maior do que isso. Que fazer? Sinto uma imensa responsabilidade no desastre previsto. Onde irão parar as cabecinhas queridas? Elas e os netos? E o artista Rudá que precisa ir para a Europa? Não sei o que dizer. São quatro horas da manhã. Ao meu lado dorme tranquila Maria Antonieta d'Alkmin.

[*No alto da página, O.A. anota:* "publicar o *Diário/ As Memórias!/* publicar já parte nos jornais!"]

Como eu compreendo as saídas ilegais! Esse turco imundo que se chama Alfredo Mathias quis me arruinar desde o primeiro dia. Sinto-me na obrigação de lutar como uma fera acuada. Ao meu lado, Nony é um gigante. Que flor de paciência, de razão, de boa vontade. Que madrugadas tenho tido! Que noites! Que dias! Batendo a cabeça nas paredes duma prisão invisível! Desesperado! Desesperado! Desesperado! A *Enciclopédia* parou. A desapropriação vai depender sei lá de quê? Jogada no tablado. Faço as contas, refaço, estamos presos, perdidos! Vêm por aí, para o Baile dos Artistas — no meio do inferno, o Baile dos Artistas —, Lima e Maria Augusta, uma saída possível. Outro dia, com uma carta dele, procurei [*Luiz Gonzaga*] Novelli [*Júnior*] para ver se acabava o prédio com a Caixa. Disse que providenciaria, mas fomos a Alcides Vidigal e este nos desiludiu. Que fazer? Como sair da imensa e trágica gaiola? Houve um momento na minha vida em que aceitei a miséria. Mas era relativamente moço, tinha quarenta anos, tinha ao meu lado Nony adolescente e Rudá pequeno. A não ser este, que comia na casa do Torquato de Lorenzi, no Jabaquara, arrastamos eu e Nony miséria e fome. Mas estávamos ligados ao Partido, íamos mudar o mundo. Hoje, depois da desilusão dramática de 45, somos céticos. A situação se apresenta terrível, sem saída. Nunca pensei que 1950 se anunciasse assim. Temos que nos retirar para Atibaia, viver aí, fazer, com os Carneiro e [Cezinha], um Centro de Cultura, cultivar a terra, trabalhar. Ou entrar para a *Gazeta* em equipe, viver de salário com gente retrógrada, mas amiga. Tenho procurado todos os diretores da Fundação Cásper Líbero. Só o carcamaninho [*Pedro*] Monteleone me recebeu com frieza. Temos que ir a muque para o rádio e para o jornal, eu, Antonieta, Nony, para poder vestir e alimentar crianças, que não têm culpa nenhuma. Me autoflagelo, num desespero de responsabilidades. Estou caindo de um quinto andar. O Fiore, que era a esperança da reivindicação dos terrenos, deu o pira. O perito Jorge do Amaral Silva acha que o grilo da rua Capote Valente é mínimo. Uma honestidade de pobre-diabo, seco, disentérico, doente. Que responder? Fico quieto.

No meio desse pandemônio, o concurso para a cadeira de filosofia. Preciso como nunca de minha cabeça, de minha cabeça. Estou escrevendo caoticamente, nervosamente. Não adianta o Hernani Seabra dizer a uma visita — uma velhota que declama Martins Fontes — que sou o "maior escritor do Brasil". Não adiantam os trotes de mulher pelo telefone. Brincadeiras, elogios, tudo se esvai diante da terrível realidade. Diante de mim, todos estão bem colocados, estão bem, têm orçamento e pacífico fim de mês. Eu estou enlouquecendo de aflição. Podem vir a sofrer os que não têm culpa nenhuma, Nony, Rudá, os dele, os meus, Maria Antonieta d'Alkmin. Daqui para diante, se se consumar o desastre, minha vida será insuportável. Como ficarei diante deles? Toda a compaixão pelo escritor infeliz, que imaginou criar duas casas no pandemônio capitalista, não medindo esforço de aorta, de pernas, dias e noites, longamente, toda a compaixão dos meus entes queridos serão a morte para meus últimos dias. Tenho que lutar, recuperar, brigar como uma fera, inventar mil recursos, mil saídas.

Anteontem, no almoço de confraternização do 30º aniversário da turma, tomei uma terrível intoxicação. Proibido de beber pelo médico, um homeopata novo, Arthur Rezende Filho (estou com quinze de pressão!), me encharquei de tudo. Fiz um papelão! Catarse da desgraça imensa que carrego no fim de meus dias. A última coisa de que tive consciência foi o rótulo de uma garrafa de champanhe. Depois acordei aqui, na cama, com Nony e um médico chamado por Antonieta, que diz que eu perdi o pulso.

———

[*Antes do parágrafo abaixo, anota na entrelinha:* "A cegonha que traz os gênios. p. 291"]

Leio estas grandes palavras de Nietzsche na *Origem da tragédia*: "Amigos, necessitais de uma lição. Necessitais saber que todos esses nobres espíritos de que vos orgulhais viveram afogados, consumidos, esgotados prematuramente. Como podeis pensar sem vos envergonhardes em Lessing, que sucumbiu sem poder despregar asas, graças a vosso embotamento, em luta com vossa ridícula idolatria, sob a incompreensão de vosso teatro, em luta com vossa ridícula idolatria, sob a incompreensão de vossos súditos, de vossos teólogos?" etc. etc.

———

O sangue borbulha em mim na noite silenciosa. Como custa chegar o dia!

25 DE DEZEMBRO

Não posso deixar de fixar o Natal angustiado deste ano. Sinto o desastre de tudo que se acumula sobre nossas cabeças. Sou o responsável. Que acontecerá?

Ontem, Helena e Jamil vieram para a ceia, hoje vamos lá. Almoçamos em dona Minica.* Passamos pela casa de Nony.

Tudo isso perdeu o sentido. O sentido da infância do Natal. Hoje são meus netos e meus filhinhos menores, Antonieta Marília e Paulo Marcos, que

* Apelido de Maria Marques d'Alkmin, mãe de Antonieta, sogra de O.A.

recebem presentes de Papai Noel. Mas eu pressinto a possível desgraça que os espera, com os pobres recursos que me restam num mundo implacável e sádico. E por isso sofro.

———

Escrevo dificultosamente a minha tese do concurso. Não estou o mesmo. A preocupação me consome.

as flore de negativo
de emilia

Escrevo dificultosamente a minha Vere
de Concurso. Não estou o mesmo. A preocupação me consome.

1950

4 de Janeiro

Estou transbordante de fel.

Aniversario de Nora. Ele faz 36
anos e é negado. Com tanta qualidade.
Talvez porque tem a culpa de ser
meu filho. Cabeça de Burró e agora
à noite espero intolerante que se
complete uma ligação para Santa Rita.
Ontem Paulo Marcos caiu duma rede

vergou.

Agora começam as soluções. Mata
úmas, telefonou dizendo que está à
disposição o dinheiro da Enciclopédia.
Silgano mandou avaliar o prédio vou
ser comprado pelo K.P.
O que me mata é o ressentimento.
Ressentimento de ter perdido cinco
anos atrás do prédio para não quer
dá-lo. Ressentimento de ter abandonado Minas. Fora por esses misera-
veis negócios! Tudo desabando sobre
a minha idade, a minha saúde.
Antonieta, pobre e confusa
creatura!

Preciso de um chiste imenso!
Preciso de um jornal. Sinão sufoco.
Preciso contar o que se passa no apartamento de Paulo Bittencourt. Preciso
contar que o Luiz Rosil fala em

1950

4 DE JANEIRO

Estou transbordante de fel.

———

Aniversário de Nonê. Ele faz 36 anos e é negado. Com tanta qualidade! Talvez porque tem a culpa de ser meu filho. Chego de Bauru e agora à noite espero inutilmente que se complete uma ligação para Antonieta. Ontem, Paulo Marcos caiu duma rede e sangrou.

———

Agora começam as soluções. Mota, o irmão, telefonou dizendo que está à disposição o dinheiro da *Enciclopédia*. [Erlindo] Salzano* mandou avaliar o prédio para ser comprado pelo I.P.

O que me mata é o ressentimento. Ressentimento de ter perdido cinco anos atrás do prédio para não guardá-lo. Ressentimento de ter abandonado

---

* Médico e político, seria eleito vice-governador de São Paulo nesse ano, nas eleições que o próprio O.A. disputou como candidato a deputado.

Marco zero por esses miseráveis negócios! Tudo desabando sobre a minha idade, a minha saúde.

Antonieta, grande e compreensiva criatura!

———

Preciso de um chicote imenso! Preciso de um jornal. Se não, sufoco. Preciso contar o que se passou no apartamento do Paulo Bittencourt. Preciso contar que o Luiz Reid fala na "sopeira". A "sopeira" do hotel. Esse dromedário além de tudo é precioso!

———

A que estou reduzido! A dar pedaços do meu cérebro para escrever a entrevista do palhaço Alcântara para a *Enciclopédia*.

———

Ademar, me dá um jornal! Com meu nome em cima! Depressa!

———

Serei o vingador de
        Oswald de Andrade
e de suas crianças.

———

Não pode ser assim! Não será assim! Enquanto eu tiver um alento de vida — os d'Agostino! Os Jafet! Contra Fernando Pessoa.

5 DE JANEIRO (MADRUGADA)

Rondam as dores mais estúpidas pelo meu corpo de velho. Só o cérebro resiste.

———

Pensar na inocência com que eu vim para este apartamento. Coloquei os quadros, os guarda-costas folclóricos!

Pensar que tudo isso e o prédio, garantia de tudo, podiam esvanecer-se.

Proletas e *underdogs*, eis o que temos mesmo que ser neste mundo imundo.

Isso, essa conquista necessária do dinheiro, dá bem a ideia da conquista do ócio que é um dos pontos centrais de minha tese.

Por falar nisso, tomei um nojo dela!

———

Reconforto animal no café, na ida à padaria, no engano do troco.

O ódio, o ódio enorme se atenua.

Escrevo: "Origens da metafísica leninista".

6 DE JANEIRO — NOITE

O imprevisto. Se me perguntarem por que eu me meti nesse negócio da *Enciclopédia*, eu contarei que, se eu não arranjasse os cem contos do Zé Carlos, no começo, não teria para pagar o açougue e dar comida aos meus filhos. Fui eu que inventei a *Enciclopédia*, para comer enquanto o turco maldito não construía esse prédio das arábias que agora temos que vender. Estava tudo parado e bem parado quando Nony me avisou que o dinheiro estava arranjado — o célebre dinheiro do Banco do Estado que o Alcântara não quis dar e que era compromisso do João Mota. Mas vai que a caguira intervém e o Salazar briga e sai da Propago e agora parece que o Carlos, com o dinheiro na mão, não quer mais fazer nada. Bonito!

———

Horário de amanhã, sábado 7: d. Vina — 8h30. Nony — visita ao Timo, que está doente. Sarampo. O Marcos esteve mal, [talvez] broncopneumonia com necessidade de [máscara] de oxigênio.

9h — Barba — Salzano — notícia da ligação com o d'Agostino.

9h30 Bestado — letra a reformar

10 passagem para Bauru

10h30 — Julio Rodrigues — prédio I.P. — Banco — dinheiro — Nony precisa endossar

Tarde — Nabantino — dinheiro — Samuel Ribeiro — aniversário

Estou estourando de pressão. Dor de cabeça.

Estiveram aqui em casa, discutindo o Ser e a autonomia do pensamento, o Vicente [*Ferreira da Silva*], o [*Francisco Luís de*] Almeida Salles e um mulato cheiroso do Rio, chamado Napoleão.

7 DE JANEIRO — MADRUGADA

Há talvez quem possa, com a idade que eu tenho, acreditar na vida. Eu acreditei até os 22 anos. Ninguém acreditou mais do que eu. Aí tive a primeira grande traição, a de um amigo, Oswaldo Pinheiro, o Pintor. Depois, a 12 de setembro de 1912,* a chegada em casa, com a notícia de minha mãe morta no dia 7.

Depois, depois...

Não, não há compensação possível para dissídios tamanhos!

Agora, o Carlos da *Enciclopédia*. Como vai o Lima receber o meu pedido de cem contos, para salvar? Como? Já fui a Bauru buscar dinheiro emprestado e voltei de mãos abanando. Ninguém é meu pai, está claro. Vivemos numa sociedade de órfãos.

Não tenho nenhum receio de contar que inventei a *Enciclopédia* para pagar o açougue e o aluguel. Nestes últimos anos, temos vivido de golpes, para esperar o prédio. O prédio está aí, roído de juros, não valendo o que esperávamos. Estou tomado de um ressentimento enorme. É isso que me mata. Vou fazer sessenta anos, devendo tudo, com a responsabilidade conjunta de Nony. Neste momento, o Deco quer ir para a Europa, exige!

* Equívoco de O.A. Como diz em outras ocasiões, ele chegou a São Paulo em 13 de setembro de 1912.

Depois, houve o caso da Carmen Lydia.* Com o final moralizado, abafado. Depois, o casamento com a Daisy** e a morte dela no hospital. Depois, as letras do padre Melo. Depois, a Europa, onde me refiz com Nony. Depois, depois. Restou-me, disso tudo, filhos e netos. E Maria Antonieta d'Alkmin.

É um patrimônio, uma maravilha de patrimônio! Mas eu sou o responsável por eles todos. A minha finalidade é escrever. E isso não rende.

Estou com sessenta anos. Preciso liquidar num mundo sem liquidez.

Talvez seja forçado a entrar em política para poder pagar a casa que estou comprando.

———

Depois de vacilações, tomei um caminho. Não é possível sermos esmagados. Outros foram, por honestidade. [*Giordano*] Bruno, Savonarola. Mas não tinham a cabecinha loira de Antonieta Marília e o risinho de Paulo Marcos.

———

Não vejo uma diferença essencial entre a fórmula da Idade Média que fazia o servo dizer: "Ajoelho diante de ti e beijo o teu polegar" e a minha corrida de boneco de engonço pelos bancos de hoje, agrada aqui, sorri ali. Sou escravo para me libertar, é verdade. Mas poderei me libertar? Quando? Como?

20 DE JANEIRO (PRIMEIRA HORA)

Continuo tomado de uma imensa inquietação. Assim não é possível viver.

---

* Carmen Lydia era o nome artístico de Landa Kosbach, que O.A. conheceu a caminho da Europa em 1912. À época, tinha treze anos e fazia apresentações de dança a bordo do navio em que o escritor viajava. O.A. a batizou no Duomo de Milão, emancipando-a no retorno ao Brasil. Nos anos 1950, com o nome Carmem Brandão, torna-se professora de balé de sua filha Marília de Andrade. A ligação de O.A. com Carmen Lydia/Landa Kosbach/Carmem Brandão é relatada no livro de memórias *Um homem sem profissão: Sob as ordens de mamãe*.

** Daisy ou Miss Cyclone era Maria de Lourdes Castro Pontes, normalista de dezessete anos por quem O.A. se apaixonou em 1917. O namoro, fartamente documentado em *O perfeito cozinheiro das almas deste mundo*, durou até a morte dela, em 1919. A descrição do casamento in extremis de O.A. com Daisy se dá nas entradas referentes a 1918 e 1919 da "Cronologia" ao final deste volume.

Os negócios enguiçam. Desgraça à vista. E as cabeças de minhas crianças que preciso salvar!

Estou chegando de *A Gazeta*. Conferência de Menotti no Centro de Debates. Boa. Menotti marxista! E esta? A máquina precisa ser de todos. A educação das massas. Cheio de Ortega [*y Gasset*]!

Os chicharros* habituais ouviram e acharam bom. Disseram que acharam. Mas eu me acho num fundo de mar com vagas que me engolem. Que esforço louco para sair. E tudo enrosca e nada progride. Lâminas ameaçam de todo lado. Vencimentos. Vencimentos. Vencimentos.

11 DE MARÇO — MADRUGADA

Talvez eu morra afogado no meu rio interior. De baque em baque, senti ontem a crise. Fui ver o Silvestre [...], meu médico e meu amigo. Colega do ginásio do Carmo. Vinte de pressão. É curioso como, nesse estado que atingi com os acontecimentos, me sinto como levantado do chão, vagando pelas ruas. Um ponto dolorido na garganta. Antonieta me dá penicilina e me põe de cama. À noite, sai numa pose sincera de George Sand, o cigarro na boca, bonita, um ar de reivindicação satisfeita. Vai ver o primeiro ensaio do *Poço*.** É que Helena a lançou pela *Folha da Noite*, anunciando *O naufrágio do Espada de Prata*, a sua primeira peça infantil, que vai ser dada na Cultura Artística, pela companhia Maria Della Costa.

E os negócios? E a vida?

Parece que conseguimos ficar com o prédio, modificando a loja para teatro de bolso e boîte, uma boîte que se chamará Nega Maluca, com um afresco de Nony.

Mas que houve? Tudo! Luta, *corps à corps* com o turco Mathias, que ainda não terminou. Apoio secreto de Rao. Antes, no fim de janeiro, salvação do momento terrível, pela mão generosa de Carmelo d'Agostino, que fez Ricardo Jafet assinar um compromisso de compra de Rebouças, que nos trouxe a vida em numerário. Mas o numerário não chega.

---

* "Alma de chicharro", segundo Caldas Aulete, significa "pessoa sem energia, caráter frouxo, brando".

** *O poço* (1950), peça teatral de Helena Silveira.

Conhecemos Altimar [*de Lima*] por causa da desapropriação. E ele nos aconselha a largar esse projeto, a vender os terrenos. Negociações com o corretor Rubens Closet, que afinal, ontem, nos desilude de uma projetada venda em bloco para o Lar Brasileiro. E nos propõe retalhar, lotear, vender.

De outro lado, nos anima a ideia de explorar o teatro, a loja, a boîte. Tive uma madrugada criadora de comerciante. Sonhei o que está se compondo com a Caixa, onde Vidigal se mostra magnânimo. Fazer com Nony — cerâmica, tapetes. Sermos os primeiros *marchands de tableaux** de São Paulo. Andrade e Andrade. Ficamos com o prédio.

Nesse ínterim, quanta coisa. Escrevi e entreguei a minha tese para o concurso de filosofia: *A crise da filosofia messiânica*, que o Luiz Washington [*Vita*] não entendeu. Talvez mesmo ninguém esteja maduro para entendê-la.

Ontem, fui à Secretaria do Trabalho para convidar [*José João*] Abdala para um almoço aqui.

E esta mais! Homenagens enormes inesperadas. Almoço no Automóvel Clube, dia 25. Carinhos que nunca tive pelos sessenta anos de lutador! Ontem, o *Estado* deu a lista de adesões. Perto de 150! Paulo Mendes, do Partido Comunista, Antonio Candido, do Partido Socialista, Helena, da UDN, César Vergueiro e Abdala, do governo. E Washington Luiz e Gastão e Alcides Vidigal. E os poetas José Paulo Paes e Décio Pignatari. Enfim, uma recuperação inédita. Vê-se que estou no fim.

———

O Deco foi para a Europa. Deve ter desembarcado ontem em Gênova. Vai tentar o cinema em Paris. Eu o compreendo. Fiz a mesma coisa com meus pais em 1912.

25 DE MARÇO — MADRUGADA

Redijo penosamente meu discurso para o almoço que me oferecem no Automóvel Clube.

———

* Negociante de arte, que comercializa quadros.

Ontem, ligeiro incidente com [*Euryalo*] Cannabrava. Vicente se desmascara no Congresso, atacando a Antropofagia. Eu me defendo mal na surpresa.

———

Recuperação. Vou tomar café. Não sai mesmo nada.

3 DE ABRIL

Saiu. Saiu o discurso, saiu a festa.

No Automóvel Clube. Um festão. Com números folclóricos, bandeirolas, cardápio antropofágico. Cento e oito pessoas das duzentas que aderiram. Um inesperado fim de vida para a minha íntima humildade.

Isso tudo diluiu e adiou o meu desespero, que hoje de novo desaba.

São duas horas da manhã. Acordei. Minha saúde vacila. Tive uma tontura na cidade, quando subia ao escritório [Tabyra] para ver se vendo os terrenos do Sumaré, que não podem mais ser desapropriados.

Passo uma noite desesperada. Temos gasto rios de dinheiro, sem comprar nada!

———

O prédio não acaba. O Mathias promete sempre e não executa. Agora, disse-me ontem, no anoitecer garoento da praça Antônio Prado, que é o Caio Monteiro da Silva quem prometeu fazer a Caixa pagar tudo. Mas isso com certeza se prendia à esperada demissão do Ademar, que, ao contrário do que se dizia, ficou no governo.

Eu me sinto fisicamente aflito, como se estivesse fazendo um colosso de trabalho manual, enchendo o poço do Paulo de Camargo.* É tanta coisa. Tanto vencimento. Nem nesta Semana Santa podemos fugir, sair para São Pedro. Isso estava marcado para sábado passado. Mas um negócio de caução no Banco

---

* Em 1948, o químico e professor de biologia Paulo de Camargo foi protagonista de um caso policial (assassinou a mãe e duas irmãs, cujos corpos jogou num poço no jardim de sua casa, suicidando-se ao ser descoberto o crime) que deu origem à peça *O poço*, de Helena Silveira, citada anteriormente por O.A.

Central só ontem foi concretizado. Fui duas vezes mostrar os terrenos do Sumaré. Relativo insucesso. Penso em Salzano. Quem sabe? E o prédio não se acaba e não tenho ainda o meu ganha-pão, que seria o teatro, a boîte e a loja. Tudo difícil, infindável.

O congresso de filosofia veio e foi. Agora, avulta no horizonte de meus dias o concurso. Que cabeça me sobra para estudar!

O almoço me fez esquecer a posição insustentável em que estou.

Agora tudo volta. Milhares de compromissos. A dívida crescendo. A propriedade acabando. Dentro desse drama capitalista, me sinto enjaulado. Sem poder escrever, entender, nem agir. Que noite!

———

Jorge Lacerda, pela *Manhã — Suplemento*, reconsiderou todas as safadagens e restrições feitas a mim. Deu um número quase que a meu respeito, com o discurso, retrato etc. Para alguma coisa vale ser velho!

———

Tenho tanta coisa excelente na cabeça sobre a Antropofagia. O mundo, ou melhor, o submundo social entre a ofelimidade* e a alteridade. Estudar a alteridade cristã no Medievo.

Fico semidoido, entre pânico e euforia. Esta merda de cidade chove merda! Voltam as dores nas costas. Ameaças de ficar de novo emperrado como uma porta sob este dilúvio de água.

———

Remeti 100 mil cruzeiros no dia 30 para o Rudá. Não pude mandar menos, o câmbio negro não aceitou. Ele, felizmente, fez uma volta pela Itália. Esteve em Florença e Veneza.

———

Veio um bom livro de [Erich] Fromm, *O medo da liberdade*. Mas a preocupação invade a leitura. Sinto-me engaiolado, inquieto, como naquela sensação de preso em que me encontrei diversas vezes.

* Conceito criado pelo economista francês Vilfredo Pareto (1848-1923) para descrever o grau de satisfação ou prazer proporcionado por um bem, para além de seu caráter utilitário.

Sinto gelo no corpo. O medo da ruína. Nesta idade!

———

Só tenho valor de uso. Sou, como o Poeta na *Morta*, um valor sem mercados.*

———

Onde o livre-arbítrio de Joseph K.**

27 DE ABRIL — MADRUGADA

Estamos preparando a festa do segundo aniversário de Paulo Marcos.

Eu esperava estar tranquilo neste momento. Mas a luta impiedosa recrudesce.

Por não ter encontrado este caderno, deixei de anotar grandes e tristes madrugadas, sobretudo uma em que pensei em L. no seu drama conjugal, atada sem amor àquele bruto bêbado que saiu de um lorde equívoco e ruivo.*** Imaginei, para *Marco zero*, ela escapando cautelosamente do leito para não acordá-lo, saindo para a cozinha, sentindo a revolta e o asco do casamento. Por que aquilo [*se*] passava, o amor fugira, desencantara-se a casa e a vida. E ela amarrada, sem saída, morrendo aos poucos. Sem poder quebrar a escravidão.

———

Além de tudo, voltam os males físicos, a ameaça da região lombar que me inutilizou em novembro, a gengiva dolorida — gripe ou diabete.

———

Tudo em torno da gente continua como se nada se tivesse passando, como

---

* O.A. se refere à fala "Eu sou um valor sem mercados. Criaram o sentimento e o tornaram um valor excluído da troca", dita pelo Poeta, personagem de sua peça *A morta*.

** Protagonista do romance *O processo*, de Franz Kafka.

*** O.A. provavelmente se refere a Luiza, personagem da briga conjugal descrita na entrada de 31 de outubro do ano 1949 deste *Diário confessional*.

se a ameaça de um desabamento total da vida não espreitasse meus cabelos que embranquecem.

O Gastãozinho para na rua para me cumprimentar. As crianças me olham sem saber.

Ontem, pela primeira vez, senti nos olhos de Antonieta uma reprovação. Ela ficou abismada com a situação. As dívidas crescem, os juros amontoam-se, os vencimentos chovem. E não temos casa.

E só ontem o Alcides Vidigal decidiu fazer acabar o prédio. Mas tudo é difícil. É preciso aprovação de dois conselhos, daqui e do Rio. E é preciso vender os terrenos, [...] coisa aflitiva. Ter que dar esta fase áurea da minha vida intelectual a uma súcia de miseráveis mosquitos que me sugam. Não fiz bestamente o negócio da casa porque Waldemar não aprovou, por não se poder registrar o compromisso. E o dinheiro do Jafet foi embora.

Descontos e mais descontos para atender, para salvar, para pagar, a venda, o carro, o aluguel.

Tenho grandes momentos *down* em que sinto que a literatura, como a vida, não é feita de meias medidas.

No meio disso, cai uma gota de orvalho, o "Boi Blau" de Cassiano Ricardo e eu grito — Ninguém te detém no país da poesia!

———

Antonieta é mulher, é diferente! Não tem as nossas espáduas, as minhas e as de Nonê!

———

E as crianças me olham.

3 DE MAIO (MADRUGADA)

Poucas vezes tenho tido uma depressão tamanha como ontem. Vejo tudo perdido. Acordo com a Caixa e com o Mathias para a transformação do prédio terminado. Mas, de outro lado, fracassou a esperada venda dos terrenos do

Sumaré em lotes. O corretor amável Water Closet,* de luto, não dá nada. Ninguém compra aquelas aparas de abismo da rua Galeno. Embaixo, pior. O sonho da desapropriação esborracha nas mãos amáveis do dr. Altimar de Lima. E ficamos com essa grosseira terrenada nas mãos. E as dívidas subindo. E eu desmoralizado porque, segundo o dr. Waldemar, não fiz o negócio da casa de Santo Amaro. E fica de pé o problema de minha filhinha se educar. Hesito em pô-la na praça da República** porque preciso me mudar. Ela está com quatro anos e meio e precisa se alfabetizar.

—

Minha vida é mostrar terreno e trotar pela rua. Deixei estudos, leituras, tenho medo de desabar morto deixando tudo assim.

No meio disso tudo, boa carta de Rudá.

—

Vejo uma saída — Lício [*Marcondes do Amaral*] abriu escritório com o Ferrazinho horrível.

19 DE MAIO — MADRUGADA

Um dia em cima, outro bem baixo! Ontem, otimismo. Compra e direção de jornal, proposta de terrenos etc. Hoje, a proposta minguou, o jornal adiou. Tudo emaranhado como sempre!

Cristiano Machado candidato à presidência da República. Telefonei duas vezes ao Aníbal. Grandes esperanças.

Ontem, com Jamil e Helena (que me deu uma carteira), fomos visitar o Braga no sanatório Santa Catarina. Está com a mulher muito mal. Opinião dele sobre Cassiano. Histórias de 22 militar etc. etc.

---

* O.A. faz um trocadilho com o nome do corretor Rubens Closet, anteriormente citado, e a expressão *water closet* (W.C., banheiro).
** Onde fica a Escola Estadual Caetano de Campos.

31 DE MAIO

Quando os olhos lacrimejam sem querer. Quando não se é o mesmo diante do espelho. Quando se sente os cabelos embranquecerem porque é como se se ouvisse o murmúrio dos cabelos embranquecendo.

Estamos no último dia de maio e ainda não vendemos os terrenos. Tudo, no entanto, caminha. A Caixa reavaliou o prédio. Quanto? Sei lá! O Banco Imobiliário, seguindo o dr. Finck, planejou o famoso jardim que é o oposto do Jardim Suspenso da história, porque é fundo lá embaixo, onde o córrego do Rio Verde ainda murmura e mora a mãe da vaquinha costureira que se casou etc. etc.

Ontem, voltei ao rádio. *Repto aos Enciclopédicos*. Conduzindo dentro de mim toda essa longa mágoa e fazendo piada para o grande público anônimo da Tupi.*

Estamos "pindurados" de todo lado, de todo jeito, devendo tudo, venda, aluguel, títulos "em carteira".

O Rudá não escreve. Me mandou duas bofetadas porque eu lhe recomendei que fosse visar o passaporte no consulado de Espanha, para caso de guerra. E agora não escreve. Faz a greve da carta.

A vida é assim-assim.

———

Ontem, o turco Ibraim [Mitroun] para as reivindicações. Lício acha difícil o apoio oficial. Num tempo em que os filhotes da política recebem a notícia de que "depositaram em sua conta no Banco 1 milhão de cruzeiros", tudo é difícil para quem não pode fazer o mesmo.

———

O simpático Guimarães quer comprar o terreno, mas não tem gaita. Só lábia. Esteve na penitenciária, viu os assassinos tocarem música. Somos como as crianças que dão pontapé na fila do colégio. Por fora uma casca. Boa prosa!

———

Hoje, o [Manuel] promete solução geral com um tal de Bey.

---

* *Repto aos Enciclopédicos* era um programa cultural da rádio Tupi, de São Paulo.

Às vezes me encontro feliz, ligado à natureza, ante as tardes maravilhosas da cidade, as madrugadas sanguíneas.

Às vezes, volta a [pobreza] e a dor. Os primeiros frios que faziam seu Andrade ir para São Vicente.

———

Este diário precisa ser completamente remanipulado, reescrito. Senão, não tem sentido nenhum. Relendo-o, vi isso. Faltam grandes fatos, como as duas negativas de Lima em me ajudar. Para depois, a "filosofia" e a "sociologia". D. Maria Augusta vir arrotar aqui que "se não se conta com os amigos, com quem se há de contar?". Cínicos personagens de um dramalhão de caftinagem que não ficou dostoievskiano porque se passou no Rio, na calma beleza do Rio.

———

Pretendo juntar a este caderno tudo que tenho de "memórias".

———

D'Agostino estorvava de importância — Os amigos querem que eu seja deputado federal!

———

O Aurasil levou uma surra daqueles cachorros da faculdade.

———

Em A., que encontrei na rua, estudar para M.Z. o lado homicida do amor contrariado.

26 DE JUNHO — MADRUGADA

Dormi seis horas — [Rutina]? Talvez.

A situação desenha-se febril, nesta época em que não temos pajem e a Thereza, entre bailes e saídas, sustenta com a Josefa o batente da casa. Ontem à tarde fui à casa de Nony, onde expus o caso dos comitês para deputados.

Por coisa nenhuma eu queria deixar a minha pequena paz. Fazer o meu concurso. Ir para o eixo Atibaia-Paris completar a minha obra.

Fora o Banco do Estado e o Banco Central, com quem podemos arranjar saída e prazo, vou fazer um levantamento das piranhas que me comem.

*[O.A. traça então uma relação de suas dívidas]**

Vejo os cartazes assim com o Baixinho:

Oswald de Andrade
    revolução de base
Com Borghi —
    Oswald de Andrade
        o Brasil em marcha**

———

[Seppe] me disse que o Ademar, consultado por ele sobre o assunto, exclamou: — Você sabe que tem duzentos candidatos! (Eu não mereço ser o 201.) Deixa ele dando recepção aos artistas franceses!

É que a Pompadour tropical inventou de eu dar uma recepção em casa dela ao Barrault.*** Ciumeira besta!

———

O velho Samuel me perguntou, sabendo que, atendida uma sugestão do Salazar, o Borghi (através da simpatia do Sylvio Pereira) podia me levar à Câ-

---

* Excluímos da edição do *Diário confessional* as páginas manuscritas em que O.A. utiliza seus cadernos para relacionar dívidas, bens, credores, situação bancária etc., por terem teor meramente contábil, mantendo, porém, as passagens — muitas vezes dramáticas — em que o escritor reflete sobre sua condição financeira. Quando ocorrem, tais supressões e o conteúdo omitido são indicados.
** O.A. menciona palavras de ordem que deveriam constar da propaganda eleitoral de sua candidatura a deputado federal pelo Partido Republicano Trabalhista (PRT), na chapa de Hugo Borghi, candidato ao governo de São Paulo. Ambos foram derrotados.
*** Jeanne-Antoinette Poisson, marquesa de Pompadour, foi amante de Luís XV e influente personagem da corte francesa no século XVIII. Jean-Louis Barrault foi um ator e diretor teatral francês que esteve no Brasil em 1950 para temporada da companhia Renaud-Barrault.

mara, perguntou, referindo-se às possibilidades com o PTB — O senhor quer? Eu organizo.

Hesitei. Trabalhar com o Baixinho! Mas creio que não há dúvida, pois ele é que vem aos meus caminhos. Revolução de base. Discurso de 1º de janeiro.

Disse-me Samuel que o problema deles (PTB) é justamente o do intelectual.

[*O.A. relaciona bens e dívidas e especula sobre alternativas para saldá-las*]

Em todo caso, o balanço é otimista. Como um nadador que atravessa a Mancha, vejo o primeiro farol.

Soldado anônimo de Stalingrado ou de Waterloo, como é difícil sair da *melée!**

———

Os problemas candentes de casa e educação das crianças voltam furiosamente. Que fazer? É preciso entrar numa rápida combinação com o Banco Imobiliário.

———

Às vezes, o pânico me derruba, outras é a euforia que me levanta. O encarniçamento de Deus contra mim tem sido pessoal e infame. Tenho lutado e lutarei até o fim. Tenho minhas cabecinhas louras. Tenho o Rudá se preparando em Paris. Tenho o gigante seu Nonê e tenho a minha Maria Antonieta d'Alkmin.

Falta reajustar o dinheiro e a sanha.

Verifiquei há pouco que o que de fato me empolga e atira à luta é a vontade de brigar.

Fazendo as contas, vejo que nossa situação não é tão má. Terminado o prédio (teatro, boîte e lojas) e feita a pequenina e sonhada fábrica de tapete e cerâmica, sairíamos. Mas é preciso agir publicamente. Não posso fugir. Estou resolvido a aceitar as possibilidades e os riscos do pleito. Não sei me furtar.

———

* Em francês: "confusão".

A vontade de fazer justiça, o teatro justo de Barrault que dá o *oubli** e castiga ao mesmo tempo.

[*O.A. escreve em letras grandes, atravessando na diagonal páginas duplas do caderno:*

Resiste
Coração de Bronze.
Resiste!
26-6-50]

[*No alto da página, escreve:* Ademar]

Me afirmou o S. que s. Excia. o Potro Velho ia ainda "meditar", como Hitler na véspera das grandes resoluções em Berchtesgaden. Essa besta não resolveu ainda quem vai ser o seu candidato à governança de São Paulo. Que terá que se bater contra o Borghi, o [*Miguel*] Reale, o Caio e os outros.

O tirano fracassado está [pirando] muito. Vamos afinal enfrentá-lo, se tivermos câmara e jornal.

———

O ríspido clima de São Paulo forja temperamentos como os do Potro Velho e como o meu.

———

Programa — Apelo aos intelectuais de todos os partidos, de todas as tendências, de todas as cores, melhorar o nível político.
Apelo a Gilberto? Amando Fontes?
A quem mais:
Aníbal? Sim
Bopp e [Queirós]. Sim.

———

* Em francês: "esquecimento".

Aqui.

Equipe Oswald de Andrade

José Geraldo Vieira — Maria de Lourdes — Jamil (Helena, creio que está perdida) — Domingos Miranda, Mário da Silva Brito, Mário Donato — Hernani de Campos Seabra — Cassiano

Futuro com Nony e Antonieta.

Estudar. Osvaldo Mariano, Pagu e Geraldo Ferraz — Cid Franco — Maria Eugênia [*Franco*] — Sérgio Milliet — Sérgio Buarque

———

Talvez dê em nada.

[*Anotação no pé da página:* Entente com todas as esquerdas aliança com S. e outros. Real o perigo?]

30 DE JUNHO — MADRUGADA

Quem sou eu senão um velho que se levanta cedo? Hoje, acordei às três horas. E levantei-me às quatro.

Venho fazer o meu café, preparar o leite para as crianças, ler, fumar, pensar e escrever.

Afasto do caminho das caneladas uma cadeirinha de criança. Minhas crianças dormem. Estou no grande living do apartamento cujo aluguel não pago há três meses. Nonê foi anteontem levar à imobiliária Itaoca a soma de 3500 cruzeiros e recusaram-se a receber. É preciso pagar no mínimo três meses. Cena matinal com grandes choros ontem, porque Antonieta Marília não quer pôr uma meia velha comprida. Antonieta me explica entre lágrimas que minha filha está sem meias e ela também. Eis a situação. No entanto, continuamos a nos endividar. Este mês fizemos dois descontos. Consegui esse dinheiro com o d'Agostino (vinte) e com o Abdala (cinquenta). Mais setenta contos no monstruoso acervo de dívidas que mantemos na esperança de ver o edifício construído com teatro, boîte e loja. Mas tudo é contra. O poeta Geraldo Vidigal encontra-se comigo na rua da Quitanda e procura justificar a atitude paterna.

— Ele diz que é para seu bem.

Para nosso bem tirar o prédio, por que lutamos cinco demorados e dramáticos anos.

Minha vida, agora no desfecho, deve ser parecida com uma grande batalha. Os problemas se acumulam. E, não fosse a resistência irracional que eu oponho, auxiliado pela dureza e pela calma de Nonê, teria tudo já desabado.

Tirei do bolso e mostrei a Geraldo Vidigal uma carta da firma Leno (Viana e Guimarães, arranjada pelo Manoel, do cartório Menotti), dizendo que se interessa pela compra de todo o Sumaré Grande, na base próxima de Cr 250,00 por metro quadrado. Evidentemente, é essa uma das pontas do esquema que tracei. Expliquei ao poeta Geraldo, comovido aliás como uma criança, que todo o monstruoso acúmulo de juros que teremos que pagar será compensado pelo preço do terreno, que fizemos tudo para sustentar e melhorar. Durante a depressão e o abandono urbanístico dessa zona (hoje está melhor) não alcançaríamos mais do que cento e poucos cruzeiros por metro.

Hoje, tudo depende duma assessoria amável da Caixa. Consentirá o Alcides nós consolidarmos toda a nossa dívida sobre os terrenos em tabela Price? Se for assim, a parte que entra em dinheiro dá perfeitamente, uma vez o negócio feito, para fazermos a nossa frente econômica com teatro e fabricazinhas iniciais de tapete e cerâmica. Estamos organizando tudo para isso.

O desenvolvimento de uma grande batalha junta tantos problemas que é preciso ter uma capacidade paranoica de enfrentar cada um por si e por vez, como se fosse o único. Sem isso, seria o enlouquecimento e a derrocada física.

———

O meu desejo é me afastar. É Atibaia, ou melhor, o eixo Atibaia-Paris. No entanto, a correnteza dos acontecimentos me arrasta. Preciso de um grande chicote purificador. Jornal? Sacchetta e Sylvio Pereira me convidam para o *Tempo*. No mesmo instante, oferecem-se oportunidades de entrar para legendas que me levem à Câmara Federal. Sou obrigado a examinar todas as oportunidades, para sair deste buraco onde me apedrejam o Alcides, o padre Arnaldo e esse fariseu que não aprovou ainda a planta de nosso teatrinho, deixando o prédio parado.

———

Os comunistas parecem tender a uma fase Duma, a uma kerenskada.*

—

Na casa de Helena, reunião dada ao poeta vermelho [Medawar]. Conversa com Rossini [*Camargo Guarnieri*], José Geraldo, Domingos.

—

Mário da Silva Brito encontrou afinal o "Manifesto da Poesia Pau-Brasil" num número do *Correio da Manhã*, do ano 24. Veio aqui carinhosamente me ler. É um bom documento.

—

Leio um jesuíta notável. Os diálogos de [*Jean*] Daniélou. São ótimos, mas não convencem.

—

Resiste coração de bronze! Ou a vida despedaçará o teu grupo!

—

Entre pânico e euforia, vou levar avante o combate intérmino. É difícil sair da batalha de Stalingrado.

—

Chego ao terraço lateral do apartamento. Fazendo fundo aos recortes de edifício, um céu azul sujo a lápis de criança, na madrugada de inverno. Na rua, um homem e uma criança, um padre, uma mulher. Um bonde de 1912 passa rascando o silêncio.

---

* Duma foi a assembleia legislativa criada na Rússia tsarista em resposta a apelos por democratização. *Kerenskada* é um neologismo que se refere ao político social-democrata russo Alexander Kerensky, um dos líderes da Revolução de Fevereiro de 1917, que derrubou o tsar; Kerensky se exilou na França e depois nos Estados Unidos após a tomada do poder pelos bolcheviques na Revolução de Outubro, no mesmo ano.

2 DE JULHO — MANHÃ DE DOMINGO

Acalmou muito. Inesperada carta da Caixa. Alcides unificou a nossa dívida — prédio e terrenos — em quinze anos, 5%. Melhoram as perspectivas.

———

Início da Guerra da Coreia.

———

Ontem, jantar com Helena, Jamil e Edgard Braga. Recontei minha vida ilegal no Partido. Jamil grita:
— Por que você não escreve as suas memórias?
Estou escrevendo. Este *Diário confessional*, no entanto, é vivido demais. Torna-se episódico. Não tive ainda distância para *panoramar* a minha vida inconclusa.
Precisarei, quando estiver em Atibaia (Atebaida em grego, segundo um trocadilhista), juntar os velhos diários, os papéis e correspondências que estão em mãos de Nony.
Em todo caso, seria excelente, traçar um roteiro das *Memórias*.
Vejamos:

1ª parte — Sob as ordens de mamãe
2ª parte — Nas fileiras de Marx
3ª parte — Retorno aos fundamentos ou Antropofagia?

———

Minha vida abraça a época de maior e mais violenta transformação do mundo — Torci, criança ainda, pelos japoneses [inéditos] na Guerra com a Rússia — Vi nascer o cinema e a aviação. O bolchevismo de 17 me encontrou católico. Contemporâneo de Júlio Prestes, de Getúlio Vargas e do mago Salzano. Amigo de Antenor [Herling],* de Pedro Pomar e de Pedro Rodrigues de Almeida.
Contemporâneo de Engels, de Fialho de Almeida. Tendo chegado a Paris no ano de morte de Proust. Tendo privado com Isadora Duncan, Picasso, Max Jacob, Samuel Putnam, Cendrars, Camus e Jean-Louis Barrault.

* Dublê de médium e feiticeiro, íntimo de Tarsila e O.A. no final dos anos 1920.

6 DE JULHO — OITO E MEIA DA MANHÃ

Tenho ânsia de jogar toneladas de fel neste caderno. A batalha continua desigual. Estou sentado em meu quarto, na cama. De fora vem o choro das crianças e com ele o problema vivo da casa. Não consigo mudar. E no apartamento não há solução para os dois. Brigam, choram. O frio estúpido, o dia velado. A negrinha de treze anos que parece um ídolo de dois metros de Dahomey, e à qual eles não se adaptam. Antonieta brava porque perdeu a hora da penicilina.

Todos estes dias eu tenho sentido a vacilação da derrota, o pânico. Resistirei? A solução da compra de Sumaré adiada pelo Rao. Mas o que me traumatizou foi a casa bancária que tem o sinistro rótulo de Nova Era. Profecia? Continuamos no mundo dos 4% e 5% ao mês.

Eu tinha arranjado, através do construtor judeu Miron [*Resnik*], um empréstimo de trinta contos que serviria para as contas do mês e para ir ao Rio fazer votar o crédito micha concedido pela Caixa para o Mathias acabar o prédio. Fomos fazer o desconto, eu com Nonê. Estava tudo pronto, era só assinar. Mas eles (um tal de Figueiredo tinha negociado a 3%) [...] seu Claudio, um sujeito atencioso e magro, esperava. Eu pedi 35 contos para cobrir os três contos de juros. Ele não podia decidir na consulta. Saímos. Fui ver a inauguração do Museu de Arte. A televisão me encantou mais que o cinema, a longínqua fotografia animada que criança fui ver pela primeira vez numa sala da velha rua Quinze de Novembro, com seu Andrade e dona Inês. Era gente tomando banho. A água espirrava na fotografia. Hoje, a televisão me tornou criança. É um maravilhoso brinquedo. Na sala, Murilo Mendes e [Maria da] Saudade [Cortesão], vindos do Rio. Chateau fez uma cabaretagem, dizendo à burguesia rica do Rio e de São Paulo, com Nelson Rockefeller e o general Dutra — os patrões — à frente, que precisavam abrir a bolsa mesma, para dar aos menos favorecidos as alegrias da arte. Para ele, evidentemente, o mundo não pode mudar.

E eu? Salazar me telefona dizendo que está assentada a minha candidatura para o partido do Borghi, com o galã Emilio Carlos [*Kyrillos*], chefe do Partido. Tenho um imenso cansaço, uma vontade de vomitar tudo. Perdi minha vida esperando liquidar uma situação capitalista que se adia indefinidamente

entre os botes das piranhas e as ameaças de fazer ruir a vidinha do meu onze.*
Nony preocupado com a estreia de um balé no Municipal, de que fez os cenários e a roupa.

À tarde, depois do Museu, voltei à Casa Bancária. Esperei pacientemente seu Figueiredo, ou melhor, o dr. Figueiredo, que estava no Fórum, promovendo um despejo. A secretária moça e engordada de óculos pretos e cabelos soltos. Tive a impressão que qualquer coisa mancava. Seu Claudio evasivo. Chega Figueiredo. Nada feito. Querem endossante e ficha. Fico com seu Claudio, não querendo abandonar o lugar donde podia ter tirado a soma miserável e necessária. Telefono a seu Celso da Austin, pedindo para transmitir hoje, ao outro, a minha ficha de informação, que ele tem.

Saio desesperado.

À noite, vou ao Rao, fechar de qualquer maneira o negócio do terreno do Sumaré, de que, por detrás do "Banco", da "Companhia", ele é comprador. Rao foi jantar fora com aquele primor de analfabetismo que é a puta pública com que ele se casou, dona Ana. O meu desânimo cresce. Os capitães militares, no meio da ação, têm sempre a hora [preferencial] do abandono. Por cima de tudo, a idade, as doenças.

Esqueci-me do vencimento de outra casa bancária. Elas têm todas um nome escarnecedor. Esta é a Aliança, dum sujeito ruivo chamado Arruda, a quem o Lauro Muniz Barreto me apresentou, o ano passado, por ocasião daquela liquidação de um triângulo de terreno na avenida Rebouças, com a Gopouva. Quando seu Fiore, transfigurado de velho tigre do Matoso num pacífico espírita, por causa de uma tragédia pavorosa, a filha única esmagada por um caminhão, vinha aqui tratar das reivindicações. Rudá tinindo para dar o grande salto que deu — Paris. Nonê, prestativo, heroico.

Seu Armando telefonou bravo. Antonieta e eu estávamos cansados de tomar nota de vencimentos. As piranhas avisam.

De Rao, vou levar um cartão a [Joaquim] Pinto Nazário, que se casou em Campinas. Não chegou ainda. Telefono a Murilo: saiu. Não tenho ânimo. Fica tudo suspenso. Onze vidas esperando.

Encontro Sérgio Milliet na rua São Luís. Me avisa que há uma conferência de Clouzot no Museu de Arte. Volto. Procuro Sérgio. Fico no museu. Exibem

---

* O.A. usa "onze" para se referir aos familiares que dele dependem.

o filme célebre de Clouzot, *Le Corbeau*.* Eu, que cabeceava de sono, acordo. É toda a Comédia Humana: uma maravilha! Diante da obra-prima, e da exposição-debate que Clouzot em pessoa promove, sinto-me desgastado, incapaz de expor também o que sei e o que sinto. Meu cérebro, meu grande cérebro, esburacado. Outro dia senti isso diante de um assunto — a lavadeira que morreu por pegar o chapéu do marido — que a Helena desenvolveu bem. Senti que não sei mais nem escrever. Devo estar no fim. Poderia escrever tanto, criar, estar com Clouzot e os existencialistas em Paris. Mas a vida me agarra, me torce e me suga. Refugio-me na Antropofagia. As crianças voltaram. Faz frio na rua. A Teresa passa a enceradeira. Pela janela, a bruma. Há uma nesga de céu azul.

—

Antonieta não tem *sense of humour*.** Ficou zangada porque eu achei graça no que aconteceu. Ela perdeu a hora da picada da penicilina. Uma penicilina [séria] que o dr. Samuel me deu, de Londres, do Fleming. Ela começara uma ofensiva com fé contra a eterna otite que a desmantela em crises.

Como eu saí, ela dormiu vestida. A Teresa diz que a acordou na hora exata. E ela dormiu de novo sem tomar a injeção. Teresa, evidentemente, não insistiu em chamá-la. É a Teresa do *Malentendu**** de Camus.

—

Fiquei traumatizado com o aspecto da Casa Nova Era. *Vade retro*. Prefiro os soviés. Lembrei-me da miséria passada, entre agiotas e tiras.

Que grande vida eu poderia escrever, se meu cérebro furado funcionasse ainda!

—

Adeus, Atibaia de meus sonhos! Entro forçado para a política. Preciso de um chicotão para viver.

* O corvo.
** Em inglês: "senso de humor".
*** *O mal-entendido*, peça teatral de Albert Camus.

—

Um charuto, a cegueira crescente e uma dor de cabeça [fina].

—

Está tudo imensamente errado!

—

Continuo nesse enleio cerebral, até o meio-dia, hora em que o seu Claudio dará o dinheiro urgentíssimo. Monólogo. Justiço-me como sempre. Levei o endossante. Quero pagar. Mas por detrás da operação está o olho mecânico do agiota. Um sujeito que por sinal também se chama Mario Mariani. O Closet também ficou de arranjar.

Ficou de arranjar, eis um signo de vida!

12 DE JULHO — MADRUGADA

Vai! Resiste coração de bronze! O desgaste te atingiu a medula, mas tens a cabeça altiva. Morrerás de cabeça erguida!

O meu itinerário de ontem foi: Cipola — fazer um terno de uma peça de fazenda comprada a um italiano moço, contrabandista, caído aqui. Depois, uma cena do Calvário, a reforma do tributo do Luís Coelho, com o Bribosa, aquele mesmo Bribosa de 1931, com os mesmos 45 dentes de fera amável. (Cenas com Marcondes, Serafim e o *raté* gerente que estudava filosofia no São Bento — cenas de miséria acuada pela intelligentsia, que voltam como um arroto de vômito.)

Mas a grande coisa é que está aí Katherine Dunham. Caiu o K de Isadora [*Duncan*] e veio o H. Uma substituição de letra, a cor talvez. "Carvão nas coxas peladas de Eduleia".*

---

* Ao falar da coreógrafa e bailarina negra norte-americana Katherine Dunham, O.A. se refere à semelhança fonética de seu sobrenome com o de Isadora Duncan. O verso citado entre aspas ao final do parágrafo é uma variante dos versos "Carvão no sangue/ Cor de coxa nua// O cavaleiro são Jorge empina a/ lança na caixa de fósforo do/ quarto de Eduleia", de "O santeiro do mangue", poema dramático ao qual O.A. dava versão definitiva à época e que seria publicado postumamente.

Por sinal que estou trabalhando, trabalho final do *Santeiro do Mangue*.

Está aí a grande Katarina, uma reivindicação que eu esperava, a do mundo imenso das multidões dançantes onde naufraga enfim a civilização cristã e ocidental. Reações ainda. O Esplanada racista não quis recebê-la.* Depois do apartamento tomado há dois meses. A única coisa que justificaria o esmagamento da América pela URSS seria a liquidação do preconceito de raça, fazendo colocar um preto na Casa Branca. A guerra começou na Coreia. Quem sabe? Mário da Silva Brito, efusivo, compreendeu essa mestra do *ballet* que lembra Isadora e a face amargurada da [Eleonora] Duse, tudo coroado de carvão. Nony, a princípio espírito de porco, mas depois aderiu diante duma batucada diluviana.

O argumento dele é contra o argumento desusado. Diz ele que é o lado branco que estraga. Eu creio que não, que é justamente o lado bobo, primitivo, o lado crente ante as injunções do patriarcado. Apenas acho que isso não está sempre bem definido. Mas um grupo de cantores pretos, dois homens de casaca e cartola e duas "senhoras" de chapelão, me fez dar urros interiores. O que há de *Pau-Brasil* (prefácio e manifesto) nesse sarcasmo culto e sentimental, onde a história humana se debate em canto e dança! Todo *Marco zero* foi justificado naquele baile campônio, onde, lembrando a lição de Picasso, certa vez, em Paris, na Rue La Boétie, "se frisou o mau gosto".

Com que cara receberíamos esta avalanche de ouro próprio, arrancado às nossas entranhas espetaculares, se não tivéssemos tido 22. Como justificaríamos a nossa existência para com a lição de Catarina, Nau Catarineta, sem *Macunaíma*, *Cobra Norato* e *Serafim Ponte Grande*?

———

Antonieta me aflige com súbitos medos de morrer. A velha otite, a ameaça da mastoide. Quer voltar ao ladrão [*Edmur de Aguiar*] Whitaker. Eu compreendo como a falta de dinheiro pode conduzir à aceitação das piores desgraças. Não que tome 100% os pânicos que ela tem. Estou arranjando penicilina autêntica do Fleming com o dr. Samuel e esperando decidir Abacaxópolis com o Rao ou o Leno. Ontem, por sinal, lambada na cara. O carioca Viana desan-

---

* O.A. se refere a episódio de racismo envolvendo a bailarina, que foi proibida de se hospedar no Hotel Esplanada de São Paulo.

dou ante a minha aflita insistência. Eu devia dizer pelos olhos: — Preciso de dinheiro, não posso mandar para o colégio a minha filha que fez cinco anos, não posso viver de empréstimos a juros monstruosos, preciso tratar de Antonieta, não posso mais esperar!

Como todo mundo, porque eu falava que havia outro comprador (que aliás existe e é o Rao) — Não se prenda! O senhor não tem nenhum compromisso conosco. Pode vender.

———

O nervoso se enrosca nas minhas noites. Resiste até estalar, coração de bronze!

———

O mendigo amador. É!

———

Ontem, pela manhã, conversei com Reale matinal.

Como ficar quieto, sem usar o meu tremendo chicote? Como?

Tenho que fazer política. Só há um meio de sair do centro de uma batalha. É tomar um carro de assalto. Mas a planta do nosso teatrinho não foi ainda aprovada. Enroscou no dr. [Luís Carlos] Berrini [Júnior] que, por sinal, topa com o Fiore, a reivindicação de terrenos da Vila Cerqueira César. Afinal!

Nony ainda não foi nomeado para o cargo de diretor do Teatro.

———

Prossigo nas démarches lentamente. Agora o Menuano [minuano], o Vento Sul. Cassiano, Paulo Marzagão. O problema do intelectual. Rossini e o Partido Libertador. Ele me comunica que o PCB não acredita nas eleições. Mais uma mancada de Prestes?

———

O Castilho desembocou por aqui. Contando maravilhas do Deco. Uma inglesa fabulosa, além das outras

Escrevo afinal uma carta a esse sacaninha. Adoro-o. Está no fundo da minha história, o Didecão.

Castilho e [*José Arthur*] Gianotti seguem para o Paraná.

[*O.A. elenca cálculos de negócios imobiliários*]

Hoje, às duas e meia entrevistei Katherine Dunham no velho Municipal.

———

Amanhece. Silêncio nos quartos. Vou buscar a *Folha da Manhã*, que o jornaleiro enfia sob a porta. A Guerra da Coreia se aprofunda. Começou a terceira conflagração mundial, a que assisto. Deco em Paris.

14 DE JULHO

Vencimento da letra do Reid. Mais um adiamento que tenho que pedir ao Banco Português Ultramarino, ao Bribosa, com quem estreei a minha pobre luta capitalista em 33, quando fui executado e perdi a minha casa da avenida Brigadeiro Luís Antônio, por causa de um endosso de favor que dei a uma letra de dez contos, por sinal, do Osvaldo Costa, bom filho da puta que, depois, saído do comunismo e bem de vida, nunca me perguntou quanto me devia.

Continua o encarniçamento, a caguira que impede e demora tudo. Na Caixa, o cínico Lellis me diz que o papel para o Rio (empréstimo suplementar) só ficará pronto no fim do mês. A aprovação da planta do teatrinho enguiçou na prefeitura. O Bighetti quer fazer um cinema em Rebouças.

———

Hoje virão almoçar aqui Miguel Reale e a mulher e Emilio Carlos, para selar a minha entrada na política, como provável candidato a deputação federal. Sou obrigado. Para sair da batalha, tenho que tomar um carro de combate. Pela primeira vez, senti a euforia política. Entrar na luta.

No entanto, este ano, perdi a minha saúde.

———

Vou à biblioteca inutilmente procurar o Cuvillier. Tudo uma confusão enorme. Olho com tristeza os livros que terei que abandonar.

22 DE JULHO

O homem esquece tudo. Obnubila. E atira-se sem pensar. O Viaduto dos Condenados: Há uma soma psíquica que determina a conduta.

———

Ontem, castiguei-me andando, andando. É que há uma caguira no ar. A planta para o teatro enroscou, sumiu nos arcanos da prefeitura. Nony, mesmo nomeado diretor do Municipal, não descobre. E vem a hora da definição política. Como reagirá o prefeito[?] A barroca não se vende. Mais inúteis idas e vindas. Os corretores fazem "oh!" terríveis ante o abismo que a prefeitura [me] devolveu. Ninguém compra. Rao deu o fora jogando Adalberto Neto, que adiou. Guimarães deu um golpe. Pagariam 250 por 5 mil metros. O resto, 120 ou 150.

———

Volto a fazer contas. Venderei de qualquer modo. E de cabeça baixa na política. Talvez seja essa a minha verdadeira e única vocação.

[*O.A. descreve uma relação de hipotecas*]

Dá para fazer a qualquer preço. Com Abdala e o Rao eu me arranjo. Alcântara também. Preciso ser eleito custe o que custar.

Ontem à noite, com Antonieta, televisão e Museu de Arte. Visita a [Mario Cravo], o maior escultor do Brasil, no Hotel Amalia.

———

Amanhece enfarruscado. Foram-se embora os dias lindos. Vou à casa do Flávio em Valinhos. Preciso me passear, como uma criança [magoada]. É demais o escarnecimento da vida contra nós. Cheguei a perguntar ontem à noite: será que Deus existe? Esse inimigo mortal do primitivo que Kierke-gaard identificou?

———

Reorganizo minhas forças. Vou lutar. A política será o caminho exato, o caminho da redenção.

Estamos numa encruzilhada crucial, eu e o Brasil. Talvez o otimismo de Borghi salvará.

[*O.A. traça uma nova relação de dívidas*]

Isso tudo no meio do *Teeteto* de Platão e dum belo livro de Burckhardt.

7 DE AGOSTO — MANHÃ

Ontem, domingo, passei um dos dias mais perplexos da minha vida. Fe-lizmente, tinha comprado por acaso um livro bom, produto anônimo do oti-mismo americano. Chama-se bestamente *Como vencer a fadiga e gozar a vida de novo*. É de Marie Beynon Ray. Cheio de anedotas e já entranhado de psico-logia profunda. Um produto Freud-Ford. Nada me ensinou, mas reavivou mui-ta coisa que tenho no temperamento e na experiência. Porque eu sei como re-tirar *las energías* e donde — de *los cojones*. Porque não existe mais a casa antiga, nem o tempo antigo. Não posso contar com papai e mamãe. Há trinta anos carrego a responsabilidade de mim, e de meus "onze" há dez. Tenho, é verdade, Nony ao leme. Deco desrecalcou, assumiu. Mandou uma boa carta do Tirol. Está "focalizado", esplêndido. Porque a gente precisa ser o que é. Eu nasci evi-dentemente deputado. Mas para me eleger agora com Borghi, preciso de di-nheiro. Urgente. As piranhas bocam. Minha cabeça estóra (não estoura).

Sábado, expediente até o meio-dia, fiz prodígios de corrida. Para equili-brar o crédito. Personagens — Seu Arruda (da Casa Bancária Aliança, um rui-vo campônio que diz como se falasse de horticultura: "— Não reformo mais. Vai pro cartório". Consegui mais onze dias, para ver se arranca da Caixa a mi-nuta celebrando negócio do Leno), Batata (reverente para o futuro deputado) e filhos (guardar as figuras para M.Z.), o Silva, o eterno Silva. dr. Adalberto, rotariano, conversando com um "filósofo" que dizia estarem espalhando que o Rotary é maçonaria, o dr. Whitaker, que não estava e que à tarde decidiu-se de novo a tratar de Antonieta em crise. E toca a comprar, porque nas crises dá o delírio de grandeza, boneca para Antonieta Marília, tambôro para Paulo Marcos, o meu gigantinho matinal para quem preparo depressa o leite e o bico do pão. Ela, a bela malcriada que "cospe no candidato" (somos irmãos de nossos filhos, segundo a nova genética), a que espanca as criadas, aparece depois penteada e linda. Foi afinal para o colégio, onde não se ajeita muito. Natural, mal educada como a educo.

Quem achacar?, pergunto do fundo da minha angústia capitalista.

Planos para hoje — Abdala, Arnaldo, Borghi, Alcântara, Caixa, Whitaker às duas e meia, às quatro o Sylvio Pereira, que ameaça me deixar na mão com as diretorias que adotarão outro deputado federal. *Assi és la bida*. Vou antes de mais nada telefonar a Salazar sobre a *Enciclopédia* — uma saída? E telegrafar a Juscelino Kubitschek, indicado para governar Minas.

Ana Rao outra noite — Povo é sempre povo em toda parte.

———

Vou escrever "A esquina do pecado".

11 DE AGOSTO

Há muitos anos, numa madrugada desta, cor de chumbo fresco, morreu a Daisy, num hospital. E eu, a estas horas, seis da manhã, fui apanhar flores, as primeiras flores, no parque.

Depois, escrevi *Os condenados*.

———

Está começando a descongelar a minha vida parada, presa a passantes e irremovíveis icebergs. Dois deles, o cachorro Lellis Vieira, o da Caixa, que inventa milhares de nugas para sabotar a escritura do prédio, e o meu velho amigo Carmelo d'Agostino, que afinal deu um adiantamento sobre o fim do negócio do terreno de Rebouças, mas se negou a me entregar a primeira parcela antes de uma curta viagem ao Rio. Volta amanhã.

Ontem, com Arnaldo Borghi, fui mostrar mais uma vez os terrenos de Sumaré, esse terremoto que arranquei da prefeitura para me salvar.

—

Acordo à uma e meia. A cabeça pesada e doendo. Tomo um Veramon. Percorro a casa silenciosa e noturna. Foi ontem dia dos anos da Luiza. Antonieta tomou conta dela. Fez uma festa íntima de aniversário, com bolo *Birthday* e champanhe. Ela chorou perante as meninas — Isa Maria e Antonieta Marília, únicas convivas. Ela conta que o José está enlouquecendo. Não quer deixá-la entrar em casa, quando volta tarde. — Vá dormir onde esteve!

Luiza não se separa por causa da filha. Diz que no dia seguinte ele está uma luva. Perdeu completamente o *entrain* ou *train*.*

Enfim, cada um com suas tragédias. Eu tenho vontade de escrever uma *Introdução à vida mendiga*. Durante uma semana, inutilmente, supliquei por obter um sinal da venda parcial de Sumaré do Leno. Tapeação e negativa. Depois, fui com o d'Agostino para um desconto sobre as sobras de Rebouças. Nada até hoje. O Vidigal exige, para a Caixa, 60% da avaliação de cada lote. Felizmente, eu tinha almoçado um bife antes de sair. Pude esperá-lo na Caixa para não delongar correspondência trocada. Mas, no meio disso tudo, o carão balofo e glabro do Hélio Vieira, que de modo algum me dá a célebre minuta da consolidação. Preciso ir ao Rio. E ele não se mexe. Alegou primeiro o contrato do dr. Jacó. Agora, nem alega mais nada.

Vejo perigar a minha candidatura. Ontem à noite, Emilio Carlos, que encontrei quando fui buscar o meu clichê de [trapeiro] na tipografia da rua Chavantes, me aconselhou a me candidatar pelo PRT — Partido Republicano Trabalhista. Diz ele que nessa legenda é mais fácil eu me eleger, pois o coeficiente é menor.

Fui lá! Pode ser cilada para me excluir do PTN. No entanto, não me sinto mal nesse partidinho do pastor Guaracy Silveira. É simpático e desconhecido. E, entrando nele, eu me afasto do Reale, do [*José Carlos de*] Ataliba [*Nogueira*], do Renato Egydio [*de Sousa Aranha*], enfim, da catolicada integralista que envolve o Borghi.

---

* Trocadilho em francês com os termos *entrain* ("humor", "entusiasmo") e *train* (literalmente, "trem", aqui no sentido figurado de "perder o fio das ideias").

Mas o importante é me eleger. Preciso sair pela porta da política desse "processo" que me enleia sem fim. Não sei mais o que suplicar, pedir, implorar. Ontem, gastei 140 cruzeiros de táxi à noite. Fui mostrar o terreno ao primo do Arnaldo Borghi em Pinheiros. Daí ao *Tempo*, onde não encontrei nem Sacchetta, nem Sylvio Pereira. Daí à tipografia.

—

É uma luta desigual a deste ano. Por cima flores — o almoço dos sessenta anos, a candidatura etc. Mas nunca, ou poucas vezes, a minha vida escorregou nesse teimoso *Finca o pé na pampolinha** que [era] o meu teimoso brinquedo de criança, mas de que depende o colégio de minha filha, o Rudá na Europa quase conflagrada, e os olhinhos de meu Paulo Marcos.

—

Drama íntimo. Nervoso como ando, bati na mãozinha do meu Paulinho que tem a mania de fazer o pinico de cartola.

— É preciso educar.

— Ele vai sofrer tanto na vida, como todo mundo!

É o diálogo íntimo que me tortura, entre o argumento da Carmem [d'Alkmin Telles], que educa pessimamente o filho único, e o desejo de disciplinar o meu garotinho terrível, a mais encantadora criança peralta que conheço.

—

E o meu concurso? Periga como a candidatura e tudo mais. Prisão sem saída. Processo!

—

No meio disso tudo *Die deutsche Tragödie*.**

—

* Verso de cantiga popular associada à brincadeira infantil.

** Em alemão: "a tragédia alemã". Não fica claro se O.A. apenas utiliza a expressão ou se está se referindo a uma obra com esse título ou com atributos trágicos. É possível que se trate do livro *Die deutsche Tragödie von Lessing bis Hebbel* (1948), de Benno von Wiese.

De qualquer modo, sou um velho duro. Cairei com a mão no leme.

—

Três menos um quarto. Mais um Veramon.

—

Mas por que toda essa batalha tremenda? Você não tem pena dos seus pés que andam? De sua cabeça que trabalha? De seu sexo que morre?

É que eu quero sair do outro lado. Mergulhei no mundo inumano, ainda complexado de comunismo. Ficaram os sintomas, de beber na garrafa, comer em qualquer canto. O da campainha já desapareceu. Muito tempo que me sobressaltava a qualquer som de campainha. A polícia podia vir.

—

Explicarei um dia.

—

Pela primeira vez, depois de muito tempo, tenho uma noite agitada e insone. O ritmo da marcha diurna invade meu repouso frustrado.

Vêm até o leito o carão do Lellis, o lépido Vidigal, o seu Borges, que quer comprar Rebouças, e a política — o Arnaldo Borghi, o Emilio Carlos.

Como era melhor aquele tempo em que eu ia de bonde com Pompeu de Souza Queiroz à Vila Cerqueira César, ao lado de mamãe.

[No meio] da "Grande Luta" [o que] eu quero é confirmação.

Me confirmar.

Sentido de sacramento.

—

O ser é o que parece.
Grande formulação
de lógica formal

—

Eu assumo este ou aquele papel
e passo a ser isso e aquilo.

[*Nas entrelinhas:* lógica objetiva e lógica subjetiva]

—

Cinco horas — Depois de um excelente café, minhas forças se reorganizam. Tomo a direção indicada ontem à noite por Emilio Carlos — o PRT. É pelo menos um partido sem mácula. Nasceu ontem. Minha imaginação quer ver na figura do pastor Guaracy Silveira um Brand nacional? Será mais uma decepção?

Em todo caso, vejo a saída. Até o fim do mês, espero passar as duas famosas escrituras — Prédio consolidado, depois de uma viagem ao Rio, onde preciso fazer aprovar a minuta pelo Conselho Superior das Caixas, e [termo] parcial, a venda do Guimarães. Visando também o Banco do Brasil para eventualidades [alcantarinas] e outras. Possível também vender uma área grande, a Arnaldo Borghi e o primo dele, de Pinheiros.

—

Vou telefonar a Juscelino Kubitschek e Benedito Valadares, felicitando-os pela escolha do primeiro para governar Minas.

—

Minha gente na África e no Amazonas lutou a pé e a cavalo. Pena é a minha idade cronológica.

[*O.A. escreve em letras grandes, na diagonal da última página antes de iniciar o ano de 1951:*
Resiste
coração de bronze!]

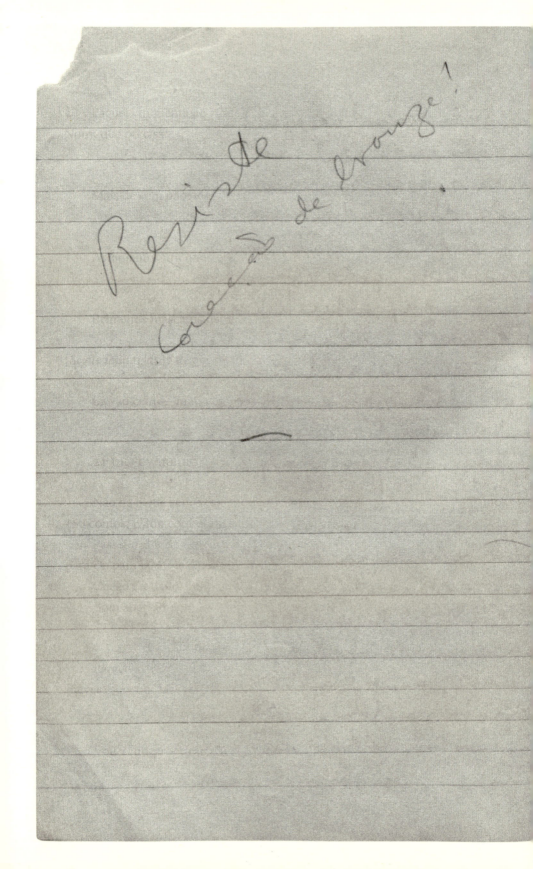

1951

1 de Fevereiro

1 de Fevereiro

só dez dias depois de ter encontrado de novo este caderno, reató as minhas notas.

Este ano começou bem. Uma escreta a final do terreno de Relonções com Adhemar e uma compania J. Silva grandes exibições. Nony. Os advogados Ibahet Ribeiro com velha pavira. Vigia is, etc, etc

Tres acontecimentos nestes ultimos dias — Nony partiu para a Europa no Lavoisier. Cassiano me vi tou hontem de manhã, de volta de uma semana de Rio. Guardou a

1951

11 DE FEVEREIRO

.   .   .   .

21 DE FEVEREIRO

Só dez dias depois de ter encontrado de novo este caderno, reabro minhas notas.

Este ano começou bem. Uma escritura final do terreno de Rebouças, com o Ademar e uma confraria. J. Silva. Grandes exibições. Nony. Os advogados Abrahão Ribeiro, com velha raiva, Vigiani etc. etc.

Três acontecimentos nesses últimos dias — Nony partiu para a Europa no *Lavoisier*. Cassiano me visitou ontem de manhã, de volta de uma semana de Rio. Ganhou a terrível pancada. Estava-lhe reservado o acervo da Noite, mas um *complot* palaciano fez ser nomeado [*André*] Carrazzoni. Ele estivera longamente doente. Pneumonia. Pleuris. Foi ao Rio já depois do fato consumado. Mas voltou com duas coisas que decidirão talvez do futuro do Brasil. Ficou com ele a editora da Noite. E vai ser o diretor do Departamento Nacional de Cultura.

Enquanto ele permanecia no Rio, eu fiquei completamente desanimado e entregue. Decidido a me refugiar na cultura porque só a cultura não trai.

—

Anteontem vim a saber no escritório do Marcondes que aquele sinistro projeto do padre Arnaldo, mandando anular a volta dos meus terrenos, continuava no Jurídico a fogo lento. Sobressalto. Descubro o endereço do padre. Telefono. Encontro. Cara de cínico. Tudo combinado em cinco minutos. Vê-lo-ei amanhã em casa. Quer uma perna de pau para um doente.

—

Paul Silvestre traduzindo a tese sobre Antropofagia, para enviar ao Sartre.

4 DE MARÇO

Reflexão sobre o idealismo. O escamoteamento do mal e do diverso. Para a apresentação de uma classe dominante detentora do uno e do bem. Platão.

Dessa miserável torção da vida e do homem têm vivido o patriarcado, a Igreja, as classes ricas e, agora, a elite soviética.

—

Diferença entre a Rússia e o Brasil. Aquela é o sentimento de culpa, produto da ortodoxia. No Brasil, absolve-se. E o assassino frustrado declara: Meu sentimento é aquela bala ter engasgado no cano!

—

Leio *O problema do mal* (vol. i) de Sertillanges. É um teste de virtuosismo literário e filosófico da maior cabeça atual do mundo cristão. Abordar um tema desses para defender Deus! Cúmulo!

—

Estou cansado desta penitenciária da rua Ricardo Batista. Cacos de lua, muralhas de nuvens sobre a ramela de vermelhão do sol nascente. E a cidade, a cidade onde eu morro cada dia dá trabalho.

Amanhã, prometida decisão do negócio do Leno. Leno, [...]?

—

Cassiano segue para o Rio, onde me espera para o trabalho de recuperação da cultura aborígene.

6 DE MARÇO

O adiamento do negócio do Leno me deixa simplesmente desesperado. Não aguento mais. É incrível a ressonância pessimista. Passo um dia de cão em casa. Não quero ver nada nem fazer nada, suspenso na alienação do negócio.

—

Por aí Murilo Mendes.

1º DE ABRIL

Num jantar organizado para Murilo e Saudade, na Gruta Real, exponho o seguinte: — O povo no Brasil não tem sentimento de culpa (matriarcado). Na Rússia, *só* tem sentimento de culpa (ortodoxia patriarcal). Conto do assassino Crisógono dizendo: — Só sinto a terceira bala ter engasgado no cano. Isso com o juiz, coitado! Ituverava.*

—

Estou num desses momentos de suspensão de que depende toda a vida do grupo. José Leno na terça-feira da Semana Santa, quando vim de São Pedro buscar um dinheiro combinado e falhado com a lombriga bancária seu Claudio, da Nova Era (Figueiredo, usurário ciclotímico — *horresco referens*),** fechou o negócio com o esquema de dois anos — sessenta contos (em títulos) no 1º e oitenta no 2º. Volta a São Pedro agradável. Joguei futebol.

* O.A. retoma uma frase já citada e nomeia seu autor: o capitão e farmacêutico Crisógono de Castro Correa, que cometeu uma série de crimes na região de Ituverava (SP) nos anos 1950.
** O.A. cita em latim a expressão "horrorizo-me ao referir".

Na volta, tentei o desconto com Pacheco Fernandes, que está à frente do Banco do Estado com seu Morandi. Pagaria metade da minha dívida ali que vai a novecentos contos! Hesitação. [Prometo]. Afinal, fechado. Mas tenho que pagar o total de seiscentos contos. Corro a Leno. Fazendo a barba, nervoso, está com nevralgia. Encontro Guimarães, o corretor dinâmico que lê *Kim*. Faço com ele o esquema. Volto a Leno. Fui ao médico e para casa. — A estrela acordou, afirma Aurasil.

Precipito a liquidação de todos os negócios. Futebol com Mathias e Geraldo Imobiliário. Querem forçar ainda a venda do prédio! Nesta altura! Quando tudo sobe em vertigem.

Contato com Silvio do Cognac. Cidinha, a outra. Aurasil me emprestara dois contos para voltar a São Pedro buscar minha gente. Ziembinski e o teatro Oswald de Andrade.

Leio o dr. Klug. Ponto de vista católico ante a psicanálise.

———

Ontem, sábado, o velho Bartolo me conduz cheio de embrulhos ao meio-dia. Trago um duplo litro [*de vinho*] Antinori.

———

Nony escreveu duas belas cartas, de Paris e de Roma. Alta recuperação intelectual. Agora, ele e Deco devem estar deixando o Egito, de volta de um rápido cruzeiro ao pequeno Oriente. Estou ansioso por impressões de ambos. Sinto-me só com a correspondência, pago e repago pelo pouco que fiz por ambos.

———

O Celso [d'Alckmin] chega de Araçatuba, médico de sertão, ganhando. A anestesia que sobe em vez de descer. Raquidiana.

Estive no Rio, com Niomar [*Muniz Sodré*] e Paulo. Grande vida!

———

Cassiano me surpreende com um telefonema. Chegou. Quer falar comigo. Virá depois de amanhã cedo. Não conto mais com coisa alguma das *rêveries**

* Em francês: "devaneios".

do Rio, do cargo, da oportunidade com João Neves [*da Fontoura*]. Pretendo recomeçar "Telefonema" no *Correio*.

"O trabalho humano, Estrelas, O Criminoso Volante etc."

Esteve reunido aqui o núcleo inicial da UNO. Padre Arnaldo, amigo depois do aterrante projeto de anular na Câmara o ato do Abraão Ribeiro que me deu a salvação dos terrenos (pela primeira vez, nesta intérmina batalha, meu coração pareceu partir), esteve aqui pela segunda vez com Paulo Marzagão, já ministerial, e Álvaro.

———

Padre Arnaldo me telefona para me recomendar uma artista.

Aparece à noite Marina Caram. Esguia, bom corpo, dentadura postiça, cabelo pintado furta-cor, sandálias rasgadas. É um mimo! Refaz a confiança na vocacional deliberação do artista que não trai e não se entrega. Admirável produto desta tentacular taba onde cheirou a mesma gasolina queimada na rabeira do ônibus o Wallace Simonsen, preocupado com o imposto sobre a renda (97% nos Estados Unidos, diz Rao de regresso da ONU), e o Anthonio Botho. Piloto-suicida!

———

No Municipal, [*a soprano*] Maria Kareska e Dulce Salles Cunha.

———

Tanta coisa tem escapado destas notas *impublicáveis* para o *Diário confessional*. Fico inibido, alienado no negócio, incapaz de procurar este caderno, muitas vezes perdido no montão de livros que costumo deslocar da biblioteca para o estudo.

———

Os planos são estes, feito o negócio do Leno. Sobram, se a Caixa deixar, 2 mil contos. Duzentos e cinquenta, juros. Seiscentos, Banco do Estado. Cem, comissão. Sobram cerca de mil contos. Abdala, duzentos. Lowndes, vinte. Ultramarino, 65. Outros, cem. Penso poder mudar a família para o Rio com o líquido de quatrocentos contos, se Monções fizer negócio com o remanescente dos terrenos. (Estou em contato através de Pacheco Fernandes.) Teremos talvez mais mil contos e o resto — Caixa e área construída. Comissão do número especial do *Correio da Manhã*, cinquentenário. Conto também com a *Enciclopédia*. E, conseguido o suplemento já reavaliado da Caixa, a anticrese* e a ultimação do teatro e bar com Mathias, Ziembinski e Silvio do Cognac, teremos renda.

Tento com Leão o arrendamento do prédio para o governo.

———

No Pullman para São Pedro, outro dia, Passos perdidos, passos achados, conselheiro do general na Caixa. Está ajudando muito. Cireneu vocacional.

———

Em São Pedro, [Paulo] Coty e família, Edgard Pereira Barreto, que conta história do [*José*] Barone [*Mercadante*] querendo ser governador, graças à inconsciência do Ademar — *Sei que sô inhorante, mas o Hermeso da Funseca non foi na presidência da República?***

Foi preciso o [Lucas Nogueira] Garcez*** demitir o secretariado todo para tirá-lo da pasta do Trabalho.

———

Reale, o pomo da discórdia. Ademar inventou o Barone para contrabalançar no partido (PSP). Estive em casa de Reale para tentar o desconto do Leno no Imobiliário. Nada!, me disse pelo telefone no dia seguinte. Ofereceu [*licor*] Strega com d. Nuce.

———

O Bimbo, entrando, confirma a anticrese. Prazo curto, dois anos.

———

No meio disso, chama o Silva. Apareceu aqui outra noite.

— Depois do jantar, leio. — O quê? — O *Diário Popular*.

Intriga-me com Antonieta, que cai nos seus imaginosos contos e acredita que ele é um grande corretor.

---

* Contrato em que o devedor entrega ao credor, em garantia da dívida, um imóvel cujos proventos são abatidos do valor devido.

** O.A. parodia o "italiano macarrônico" de António de Alcântara Machado e Juó Bananère.

*** Governador de São Paulo entre 1951 e 1955, casado com Carmelita Garcez.

Pelo que ele diz ter feito, só em comissões, devia estar milionário. Penso que ele gasta tudo que ganha, não com mulheres nem conforto. Em anúncio: Imobiliária J. Silva. Filiado ao Sindicato dos Corretores de Imóveis.

Caso da Vera [Fabin] Azevedo.

———

A descrição saudosista do jardim de [interior] por Granato (?). No meio, ficava a ralé. Ralé!

———

O liberal Otavio [...] para *Marco zero*.

———

Tenho pensado na psicologia antropofágica — Jean Rostand.

[Edgar] Dacqué — Duplicidade do ser.

Reflexos primários de Defesa — Amor — Homicídio — Asco

Religião, ou melhor, Religião — Asco — Arte Angústia — Ascese Narcisismo. Só? Reflexos condicionados de Defesa — Covardia e traição — Inibição — Escândalo

E assim é o homem.

———

Uma teoria nova de Dacqué *Cf.* O homem volta à mentalidade pré-diluviana. O homem volta à mentalidade pré-diluviana. Causa, o regresso à mentalidade mágica devido à técnica. A infância prossegue na mentalidade matriarcal.

———

A URSS — Outra Roma

Baixo Império

———

Tempo amoral. Por que você não põe o seu no meu?

———

Aqui, outra noite, na reunião da UNO em formação, Paulo Marzagão afirma, perante Álvaro e padre Arnaldo, que nas vésperas da eleição passada quis vir aqui me convidar de novo para a chapa do PTB.

A propósito, entrada de [Madonet] num clube de poetas. Despiquei:

— Acha-se entre nós o candidato Ubirajara [Kuethegen].

— Não é esse! acorrem.

— Quem é o de hoje?

———

Olho para trás — Profunda melancolia. Sei tudo e pouco posso.

Visito o velho espanhol Ribas, que conheci em São Pedro, exclamando enfático: — *Moro en la rua Coronel Lisboa 709.* Fornece-me para a diabete chá da Amazônia e conta-me ressentido que nunca mais voltará ao Grande Hotel porque lhe cobraram extra uma gema de *uevo — Desconsideración! Voy a Araxá!*

———

Os terríveis momentos de expectativa. Amanhã às nove horas, se José Leno estiver bom da nevralgia da estrela, poderá terminar o grande negócio dos terrenos do Sumaré, em que recebo pela primeira vez cerca de 2 mil contos, pagando oitocentos à Caixa. Tudo está preso a esse momento, que me aliena.

———

A sala que anteontem viu o padre Arnaldo, Paulo Marzagão e Álvaro, da UNO, vê hoje Helena, Jamil, Maria Cecília e Aurasil Brandão Joly. Helena conta das grã-finas que lhe telefonam: — Você não ponha o nome daquela puta no jornal. É uma prostituta. — Mas se eu tirar os nomes das prostitutas da alta sociedade, quem é que eu ponho? Outra: — Você não fala mais naquela miserável. Ela me convidou para jantar e não convidou fulano, que é meu amante oficial. Trata-se de d. Bia Coutinho, de cinquenta anos. Para M.Z. me refere o desquite do Catarina e a espanhola Dana. Ele surge no advogado, sofrendo do coração, a cara inchada de bofetões e unhadas.

— Mas você deixa ela te bater assim?

— Quando eu dou um soco, ela cai na cama. É preciso chamar médico, pagar.

230

2 DE ABRIL

Meia-noite e vinte. Não conseguimos dormir, nem eu nem Antonieta. Ela foi levar o pessoal de Constellation,* o Fiat cinza que compramos no fiado.

———

Conversando com Helena, tenho uma grande ideia para a Antropofagia — O que a psicotécnica e o sistema americano de trabalho defendem é afinal a concepção do Único de [Max] Stirner. Cada um deixa de ser o operário da era marxista para ser o Único na era antropofágica — quando a sociedade deixa de ser opressora e totalitária para ser orgânica.

———

Cinco horas. Chove a cântaros. Todos dormem.

Seis [horas] — Levanto-me para preparar o café de Paulinho ou Baíla,** um dos dois já chamou do quarto vizinho. Antonieta acorda.

———

Oito horas — A tensão aumenta. Guimarães saiu cedo sem me dar notícias da saúde de Leno. Jogado na cama, sem saber o que vai acontecer, o que pode acontecer. Sinto, paranoicamente, que está tudo preso a esse fio suspenso sobre o abismo financeiro. Vou me vestir. Bartolo, da Feira das Nações, ficou de vir às oito e meia para ver os terrenos. Eventual comprador.

Os filhinhos saíram com a Maria para a Escola de Ballet da Carmen. Os outros saíram de Alexandria para Nápoles. Antonieta, na falta de empregada, arruma a casa.

———

[Anotação no alto da página: α — De Descartes a Comte. Do racionalismo ao positivismo.]

---

* O Constellation era um avião bimotor de passageiros fabricado pela norte-americana Lockheed. O.A. assim apelidou o automóvel Fiat que comprou para Antonieta e que apenas ela conduzia.
** Apelido da filha Antonieta Marília.

Além de tudo, um calo horrível.

———

Curioso como, através da técnica, os Estados Unidos resolveram a questão social pelo Único.

———

Procuro inutilmente *O único* [*e sua propriedade*], de Stirner, na biblioteca desordenada.

———

Dois livros a ligar, um respondendo ao outro: *Où va le travail humain?** ao *Único*.

———

Não gosto de reler este caderno porque choro.

———

Creio que completei a construção sociológica da Antropofagia com a ideia solar de que a técnica leva ao Único. Solução.

———

Olho pela janela do apartamento. São Paulo — agreste entreposto entre o mar e o sertão. Esfriou de repente, depois de chuvarada e sol. Visto-me reanimado para a luta.

———

[Rutina C.]
23 horas — Passou o dia H. Tudo bem. Leno restabelecido, frio e ocupado. Atinjo o assunto: — Precisamos ver o terreno. Não sei quem disse aqui que o terreno é uma buraqueira.
Sigo com o grandalhudo Rafael, irmão do [cujo], para o Sumaré. Vou gastar a penúltima nota de duzentos que me sobra de um vale de um conto

* *Aonde vai o trabalho humano?*, de Georges Friedmann.

do Silva. Percorremos o terreno com o [Belisti], engenheiro [...] que [constrói] 23 casas no terreno já comprado. O olho desconfiado de Rafael pesquisa passo a passo. O táxi espera. Afinal, com a opinião de [Belisti] (está industriado, afirma Guimarães), o homem calvo, velho e forte acha "viável" o negócio. Conduzo-o até a casa do moreno José — Precisamos tratar da parte financeira.

À tarde, vou ao bar Cognac, ver o baixinho Silvio, que propõe sociedade para exploração da [boate] Nega Maluca no prédio. [...]

Antes, frase ouvida no barbeiro — Moro de caridade! Robertinha Paiva Meira e uma velhotinha tomam chá — Bacuris fortes — Casais — Moças. Falamos em fé no projeto. Casa — o paraíso borbulhante dos dois filhos — Antonieta — cansaço feliz. Almoço com pequeno champanhe aniversário do Dirceu [d'Alkmin Telles]. Minha filha foi ao cinema com ele, ver *O gordo e o magro*.

———

Já deitado, conto a Antonieta uma das melhores ideias que tive até hoje para a Antropofagia. A técnica leva ao Único e à economia do ser. Conclusão e cúpula sociológica. Como? As classes possuidoras (psicologicamente laissez-faire, laissez-passer) já realizaram o Único.

Depois de Proudhon e Marx, trata-se de realizar o Único na massa. A psicotécnica leva a isso. Conseguida a humanidade filadélfica, orgânica e tribal, porque em que parcela humana realiza-se o ideal de Max Stirner.

3 DE ABRIL

Oito horas — As crianças brincam. Baíla atira-se chorando sobre o leito onde eu estou deitado lendo Lukács — o deformador. — Mamãe disse bem feito porque eu me machuquei. Os dois brincam de escola de *ballet*. Antonieta limpa a casa na ausência da empregada. Esperamos Cassiano, que chegou do Rio. — Um bailarino não chora! diz Antonieta Marília. Você machucou o dedinho?

Lukács mudou as parcelas de uma soma preestabelecida. Tudo em função do capitalismo, do imperialismo. Ambos mudam. A burguesia, pelas proteiformes formas de crédito (a inflação, a prestação, o financiamento, o banco, enfim), faz face às crises periódicas. Mas o marxista empedernido continua a somar errado.

—

23 horas — dia cheio de sucessos (acontecimentos). Saí de manhã para o Leno (com o Cassiano, que veio me buscar de carro e me propôs fazer uma Pequena Biblioteca do Trabalhador, conjuntamente para a editora A Noite e o Ministério do Trabalho). Leno chora que o negócio é de muito dinheiro, mas parece que o negócio está fechado. O gigante Rafael pede um orçamento de movimento de terra ao Finck, da Suzano.

—

Antes eu estivera no lamentoso Silva, que promete um descontinho.

Aurasil arranja-me um conto, diz ele que de uma tela que Nony vendeu. Já é o terceiro conto que ele arranja. Venho almoçar com ele. [...].

Durmo com um [vinho] Pontet-Canet porque o general da Caixa não chegou do Rio e o Passos só irá amanhã comigo levar a carta pedindo a anticrese para terminar o prédio.

Vou ao barbeiro, a Monções, que inesperadamente me propõe corretagem de um prédio do velho Samuel. Vou a Samuel. Me dará áreas para negociar. E me diz que só há uma solução (a única solução socialista) para o aumento do custo de vida. O governo pagar o excesso!!!!!!!!!!!!!!!!!!!!!!!!!!!!!!!

Encontro o Aurasil, vou ao Finck, depois à casa do Cassiano.

Sessão de d. Jacy que conta que o Biriba [Biriboy] Junior (vira-lata peludo) foi vítima de um acidente na praia de Copacabana. O chofer quis exibi-lo. Quebrado e agonizante, é posto no auto que vem para São Paulo (dia de viagem). Iam a Resende procurar um veterinário, mas ela se lembrou que tinha esquecido uma joia. Voltaram. O Biriba está bom, mas torto.

—

Depois do jantar, rebenta aqui o Juca — Estou louco!

Mostra uma carta de Noemia pedindo que ela peça os quinze contos que quer à [...], à tia Candinha, mãe dele.

— [Estourei]!

Corta a cena — Ela vendeu a casa da rua Treze de Maio — Não tenho dinheiro. [A neta] intervém.

— Sua cachorra, para você, ele sempre deu. Encheu você!

— Mentira!

— Você, [mamãe], que falou para mim e para a [Maria]. — A [...] é uma cachorra, uma sem-vergonha, uma ladra.

Eles fecham-se nos quartos.

— Covardes! Ladrões!

Fui contar para a cozinheira.

4 DE ABRIL — QUATRO HORAS

É preciso empurrar a noite.

Devo ir urgentemente ao Banco do Brasil e ao Abdala, por causa dos vencimentos. Farei isso hoje.

———

O Juca, ontem, saindo:

— Nunca me deixaram ver esse inventário!

———

Antonieta Marília, ontem, teve um de seus acessos de desaforo contra mim. Não provocado. O Único se revela.

———

Mandarei hoje uma carta telegráfica para a Europa.

"Rudá Andrade — 7 Via Voghera — Interno 1 — Scala F — Roma

Mandarei breve gaita ambos. Dizer Nonê escreverei consulado Paris. Pai"

— 25 palavras.

———

Está tudo errado:

A solução é cada um ser o Único, organicamente ligado à sua tribo técnica.

———

É preciso atender à realidade. *Todos* (Marx à frente e Lênin) tendem ao autoritarismo, ao exclusivo, ao Único. Todos querem, na atualidade histórica, realizar a Economia do Ser (postulado do Único) através da Economia do Haver. Como a natureza é, por natureza, estatística e malthusiana, e a sociedade a acompanha, estabeleceu-se na marcha técnica um tremendo desequilíbrio que hoje, através da vitória técnica, vai-se apaziguando. O homem natural, tendo as liberdades essenciais asseguradas no matriarcado (trepar e comer), se organiza na tribo, realizando-se como Único. Tem psicologicamente razão, o fascismo como o mais sujo capitalismo e a avarice mais sórdida. No debate, é o Único que se deforma e defende. As conquistas atuais do que eu penso em chamar de *Humanismo Trabalhista* parecem, sem querer nem pensar, chegar ao ponto nevrálgico — realizar *por baixo*, nas classes exploradas em ascensão, as condições do Único, do Ocioso, do *ludens*.* Pura Antropofagia. É a solução, a cúpula.

———

São quase seis horas, Antonieta dorme, as crianças também, com a Maria. Teresa chegou do interior. Antonieta a despediu definitivamente.

———

Ontem, ante a cabeça calva e velha do Juca, que me lembrou a efígie do Inglês de Souza, pensei no que sucederia se mamãe, viva, ou tia Carlota assistissem ao drama da família de tio Chico. Antonieta justifica a morte porque ficariam inadaptáveis os ultrapassados. E como seria se vivessem os santos e os ingênuos, ante as calamidades transformadoras de uma família, de um grupo?

———

Leio o excelente Baroli sobre Marx.

10 DE ABRIL — NOITE

Hoje, tive um dia standard da minha grande agitação. Manhã, encontro com Tibiriçá, de Monções, que não falou ainda com João Pacheco para deci-

* Em latim: "jogador".

dir a compra do Sumaré. Procuro o Lício nos Campos Elíseos. Ele me apresenta a um gordo horrível do Banco do Vale do Paraíba que precisa [das] fichas, fazer ficha. Saio horrificado. Não há mais dinheiro depois que o Leno falhou. Não há dinheiro para o colégio de Antonieta Marília, não há para mandar a Nony e Deco.

À uma e meia, volto a Tibiriçá, que não falou ainda. Ontem, até oito horas da noite, esperei-o em Monções, Barão de Itapetininga. A limpeza dos salões desertos. À tarde, o ectoplasma Figueiredo: Olhe, Oswald, eles não fazem o negócio. (Eu propusera não só reforma dos 25 pacotes que devo, mas novo dinheiro.) — "Eles" é ele próprio. Ao telefone — Minha senhora, pague alguma coisa para evitar o vexame. O vexame! Esse cachorro gordo explora a 3% e 4% o pequeno funcionário, a dona de casa e eu.

———

De manhã, o chofer gordo, o evangélico Pepino, me fala dos pilares da crença para salvar deste mundo de horror.

———

À tarde, foi drama e surpresa. Silva pessimista: — Vai tudo ruim. O Batah dia 12. Eu esperava isto. Telefono a seu Lídio. Antes, com D'Agostino, vaidoso da sua estreia na Câmara Federal, nega desconto com Lício, que já fez outro com novo endossante, o irmão. Vago desespero. Vou encontrar seu Lídio na praça Júlio Mesquita, 51, onde vai abrir um novo Papai (um dia almoçamos no Papai — Ernst). — Mostro-lhe o prédio. Seu Lídio é comprador dos três metros que o Leno quer comer. (Incidente com Viana — Luís Coelho.)

Jantar de Pacheco, almoço de Alcântara. Ínterim.

Seu Lídio é comprador — desafoga. Volto a Palácio — Osmar com um cartão de Nony, de Creta, dizendo que ficou no porre por causa de um licor de rosa.

———

Lício não está. Lício chega [...] papagaio adequado.

———

Volto a Monções de ônibus. Fui a pé à praça Júlio Mesquita. Não há *cum quibus*.* Gastei os "recursos protelatórios", no dizer de seu Andrade, o bom do meu pai.

———

Espero duas horas. Tibiriçá telefona à uma. Não sairá do Banco do Estado sem falar com Pacheco sobre o meu negócio.

[...] — Casa — Marina [*Caram*] telefona. Levei-a ao Bardi e Lina. Bardi, que a fará expor no Museu de Arte, exclama diante de seus desenhos:

— Se há três pintoras no Brasil, você é uma.

12 DE ABRIL — MADRUGADA — TRÊS E MEIA

Fico até fisicamente torcido no leito. Aceito e cultivo a posição incômoda como um castigo merecido. A crise não desamarra. Lício recorreu ao Calandrielo e não arranjou o dinheiro.

———

Hoje, vencimento de 55 contos no Batah, com o Silva. Vou enfrentar o turco na primeira hora. Os "moles" Figueiredos suspenderam o título por dias e esperam. O turquinho Antonio Abdala me espera, a mão no protesto.

No entanto, o Tibiriçá foi também ao Samuel, onde confirmou o negócio grande com Monções. Mas demora. Gaita mesmo não se vê. Nony e Deco esperam na Europa.

———

Tentarei hoje um plano ligado às disposições da Caixa de dar dinheiro sobre a Casa Própria.

O Banco do Estado me paga 2 mil contos e eles assumem em prestações de quinze anos a soma de mil, que é o que eu mais ou menos devo na Caixa sobre os terrenos. O resto seria negociado na "nova" carteira da Casa Própria e por ela absorvido. Aliás, uma grande operação de crédito absorverá o serviço

---

* Em latim: "com os quais", expressão para "não ter dinheiro".

238

de mil e dará para pagar o Banco do Estado. Vou propor a Tibiriçá. Sim, mas creio que preciso baixar o preço do terreno, pois, nessa modalidade, a Caixa só consentirá casas até duzentos contos. E a "velha" carteira da "Casa Própria"?

Admitamos, porém, que só se possa vender até duzentos. Baixarei o terreno.

———

Se as casas forem vendidas a 250, o lucro deve ser da metade. Então creio que dê.

———

Ontem, o Sylviano, aqui, berrava contra certas monstruosidades do capitalismo. Anda no séc. XIX, em Marx e Lênin, e é católico.

— A média da duração de uma casa deve ser de 180 anos. As casas construídas por Monções duram seis anos.

———

Reatamento com Lilly para vender a casa dela. Ulpianinho no meio.

[*Nova relação de contas, bens e dívidas*]

São quatro e meia. Não durmo mais. O Bellergal sumiu da gaveta do criado--mudo. Teço um plano, mais um! Tornar de manhã ao judeu Resnik, engenheiro construtor que me levou à botica de usura do Figueiredo (Nova Era!). Levá-lo aos terrenos, planejar com ele sessenta casas baratas, apresentá-lo a Monções, onde ele se certificará do negócio, podendo influir sobre o Figueiredo para me dar mais dinheiro. Se não…

———

Releio páginas desse caderno. Um ano atrás, pensava em mudar-me para Atibaia — Atibaida!*

Hoje estou mais do que nunca preso ao chão do negócio.

---

* Trocadilho com o nome das cidades de Atibaia (no interior de São Paulo) e Tebas (Grécia). O.A. já usara esse jogo de palavras na entrada de 2 de julho de 1949, utilizando a grafia "Atebaida".

13 DE ABRIL — DUAS HORAS DA MADRUGADA

Turista no país da aflição. Tenho o corpo roto de mexer, andar. Às vinte horas, dormimos depois de uma visita de Marina Caram, Maria Cecília e Aurasil.

———

Visita e reatamento com Lilly Penteado, que vende a casa, mas não dá opção grande. Limonada.

———

Tibiriçá não aparece, não decide. Volto hoje aterrado a Pacheco Fernandes. É uma tempestade de grandes vencimentos que se acumula.

———

Ricardo Jafet* em São Paulo.

———

Marina Caram deixa aqui desenhos lindos de tecidos, que vou procurar vender.

———

A turcada boçal em festa.

———

D'Agostino queixoso, porque o *Correio* disse que ele tem voz de trombone.

———

O Silva, pessimista, exclamou: — Estamos os dois niquelados!
Fez enormes anúncios de terrenos em Santana e só vendeu um lote.
O vencimento de Batah é para 20.
O do Banco do Estado (970 contos), para 21. A primeira letra do carro, 21.
O Banco do Brasil (250 contos), para 25. Mas o que mais me aterra é o turqui-

* Presidente do Banco do Brasil à época.

nho Abdala (Antonio) com os títulos (quinhentos contos) suspensos desde janeiro. É preciso equilibrar tudo isso na cabeça. E agir.

———

Visita com o engenheiro Resnik aos terrenos. Casou de raiva. O mole Claudio.

———

O refrão da idade calamitosamente pergunta: — Quantos anos viverei mais?

———

Enquanto leio um livro inglês bestíssimo sobre o socialismo, que o Samuel me emprestou, volta gelada a lembrança da visita ao cartório do 4º Tabelião de protestos (Brasílio Machado Neto).

O Pedrinho, antigo gordo, próspero e amável, em vez da escanzelada figura que nos protestou em 35. O "vexame" do Figueiredo funcionou. Tive que pôr o "ciente" em grossos avisos. Ache-se em meu cartório...

———

Como outrora eu desfiava certos nomes de mulheres, hoje, na noite insone, grito: Abdala, Abdala, Abdala, Abdala.

———

A situação é miserável. Do pedaço de dinheiro que o Lício me comunicou ter arranjado, mandara apenas três contos ao Deco, recompondo a mesada. E Nony?

———

Mergulho no grande Nietzsche de Jaspers. O "Niétski"* do Alcântara.

———

* Nietszche, na ortografia que repete a já mencionada forma errada com que o amigo Alcântara pronunciava o nome do filósofo.

Lacrimejo lendo. Coisa de velho.

E o terror me assalta da [vidência] possível de Abdala jogando por terra toda a minha penosa construção de vida. Turcada de merda!

———

Penso em todos os apaziguamentos mágicos — entrevistado para o *Correio*.

———

[*Anotação na entrelinha:* Conjurar!]

Psicologia antropofágica. Pródromos —
Instinto — Intuição — Razão — Cálculo.
Cálculo é a especulação sobre o Exato.

———

Conjurar!
Antropofagia

———

Palpo meus membros moles, meus ossos doloridos, tudo isso que vai para a cova.

E dizer que eu já tive um ideal priápico e já fui um esportivo!

———

Mocidade te fueste!

———

Na noite insone, quatro horas.
Mergulho em Nietzsche como num abismo necessário.

———

Nossa Senhora do Horror!

———

Pesado, descompassado lenho na noite insone, com dores nevrálgicas...
Mocidade te fueste!

—

Dores obscuras, opressão no peito. E o coração não para. Na massa de males. Pios de asma.

—

Compensação: os filhinhos aqui. Paulinho dança de onça com guinchos finos. Baíla é uma magia. Nony e Deco em Roma, aprendendo.

—

Um grande capitão não desamina. Mas não... Mergulho em Niétski.

—

É preciso tomar Atofan neste frio. Quando seu Andrade partia para São Vicente.

14 DE ABRIL — SÁBADO — MANHÃ

Os cavalos desembestados pararam à beira do abismo.

—

Na São Paulo reumática, chuvosa, revejo a composição última do negócio do Sumaré.
Sylviano empolgou com um grupo de moageiros rio-grandenses do Sul. Vamos fazer oitenta casas financiadas pela Caixa. Passos perdidos no meio.

—

De Gênova, os meus eus me mandam um cartão da trattoria Carlota. Sinto-me lá.

—

O cigarrinho do Tibiriçá, a altura do oficial de Marinha Alfredo Brasil Junior. Lilly.

17 DE ABRIL

Estou passando das horas terríveis da minha vida. Pulei alto demais e não sei onde cairei.

Os vencimentos apertam o cerco dramático. O que sobretudo me aterra é a cara séria do turquinho Antonio Abdala, que já mandou para o cartório de protestos meus quinhentos contos de títulos. Foi uma corrida. Consegui aparar o golpe com a chegada de Abdala, que fez esperar.

Como solução — a venda imediata dos 15 mil metros do Sumaré. Optei pelo negócio do Sylviano, com os corretores Fogaça e Camargo e um gordo Plínio, que decidiu fechar ou abrir hoje, oferecendo um mal que salvaria tudo. Acordo Sylviano pelo telefone às 7h40. Ele não tem notícias, pois os homens que tinham ido ao Plínio não voltaram ao escritório.

A pressão sobe, afoba.

Estou só em casa. Deixei Antonieta e as crilas* na pensão da mulher do jogador — Minha vida é as cartas! O carro quase se espatifou na Praia Grande, tumultuosa de mar. Tínhamos ido para o fim de semana, sumindo desta São Paulo reumática, álgida e solar-chuvisqueira.

Ontem, atrás de descontos com Lício-Calandriello e Passos.

Está armado o grande negócio desta fase — primeiro com Monções, Tibiriçá e cigarrinho, depois com os homens de Sylviano. Vou telefonar para o Esplanada, onde está o Gabriel Pedro Moacyr,** também pretendente.

Se sair desta enrascada, posso bancar o MacArthur. Mas tenho [...] expectativa de recorrer às compensações físicas — [marrão], café com leite, grandes cafés com leite, efusivos [marrões] me gastando!

Tenho notícias ótimas dos crilas da Europa. Nony, inteiramente recuperado em cultura e arte, escreve ótimas cartas e telegrafa de Florença lembrando a gaita.

Como é horroroso esperar, ansiar.

———

Deco está de novo em Roma, estudando.

---

* Forma carinhosa com a qual O.A. se refere aos filhos.
** Presidente do Instituto de Aposentadorias e Pensões dos Industriários (IAPI).

———

Fico inibido à espera que batam dez horas para telefonar a Sylviano pedindo novas. Boas novas!

———

O Silva [agoureiro] promete execução do prédio etc. etc. etc.

———

Não procurei mais a Lilly. Não tenho coragem para nada, antes de tirar o pé deste galho que me segura e paralisa.

———

Antonieta e os crilas voltam hoje com seu Mário.

———

Afinal, tentei tudo, o cinema, o café, a política.

———

Vou fazer a barba.

———

O Tristão [de Athayde], atrás do [Jacques] Maritain, está ficando completamente gagá. Parece o garçom da Lilly — o Eliot — na praia.

Num último artigo para a horrorosa Folha da Manhã, afirma com seu patrono francelho que não existe soberano. Soberano é Deus, frase que está histórica e psicologicamente superada [e] é o âmago de sua filosofia. A existência de Deus na boca de uma criança de cinco anos — minha filha, por exemplo — é coisa sagrada. Mas na de um marmanjo, torna-se coisa ridícula e torpe.

———

Não fiz a barba. Antonieta levou a gilete e apetrechos para Santos. Vou tomar mais um calicinho de Porto (bom e necessário com o frio) e ver se durmo para passar essa hora tremenda. São nove e meia e só depois de dez poderei telefonar ao Sylviano em 32-45-72.

—

Esqueci do seu Lídio. Pensei no Rao. Imobiliária.

—

Nove e meia.

—

9h35. Espero como quem espera um indulto.

—

Chega, estrela má!

—

9h38

—

Afundo em Nietzsche — Jaspers Moral.

—

São 10h23. Vou telefonar para provocar a resposta do negócio. Vou cercar a surpresa dentro de um círculo fechado de hipóteses. Vejamos:

1) O telefone está ocupado
2) O telefone está com defeito
3) Sylviano não está
4) Qualquer outro também não está
5) Sylviano está e nada sabe
6) Sylviano não está, está um outro (ou Fogaça ou Camarguinho), mas nada sabe ou nada se decidiu
7) Sylviano está, mas o Plínio não topa
8) Sylviano está e o homem topa!

Vamos ver. Creio que, dessas hipóteses normais, a solução não escapa. São 10h27.

—

Telefonei. Primeiro, o telefone estava ocupado. Depois, Sylviano. Mas os outros dois não tinham chegado. Ele ficou de esperá-los e me telefonar imediatamente.

———

Nietzsche é de fato o grande profeta da Antropofagia — O eterno retorno. A vontade de domínio. As concepções de luta e sistema humano-sadomasoquista. Outro gigante é Stirner — *O Único.*

———

A única solução verídica e autêntica para um mundo melhor seria, através da psicotécnica, colher o mais baixo ser humano e fazê-lo lúdico nas obrigações. É o que, sem saber, quer esse grande e atualíssimo Georges Friedmann.

———

Infelizmente, vivo na alienação do negócio, a alienação da fome, minha e dos meus. Com minha capacidade de perigo, me enleio até o pescoço. Vamos ver no que dá.

———

Não tenho um amigo, uma amiga a quem telefonar ou falar numa hora destas. Só Antonieta em Santos, na pensão da Clorinda com os crilas e a Maria. E os meus dois únicos amigos, meus dois filhos maiores, na Europa.

———

10h40. Telefone. Corro. Sylviano. Os outros não chegaram ainda. É obrigado a sair. Telefonarei depois. É a hipótese imprevista. Digo à Maria que vou almoçar.

———

Almocei. Sylviano telefonou. Perdeu o contato com o Flávio. Só às duas e meia. Telefono ao Calandrielo para consumar o descontinho combinado com o Lício. Um irmão de Lício, Pérsio, foi encontrado morto na rua, junto a uma casa suspeita. Combinamos encontro em Palácio às três horas. Mas não se sabe se Lício irá. Surpreendente vida!

—

Salazar telefona. Quer pôr cinema no prédio. Insiste.

—

Vou sair. Ao Almeidinha, providenciar o título vencido de Nony com a mercearia.

18 DE ABRIL — MANHÃ

O Almeidinha, seco, quase hierático — São varas de ferro! — reformou a letra. Me remexi diante dele cheio de desculpas infantis, mostrando cartas de Monções etc., mas consegui.

—

Plínio, o gordo, depois de muita demora, comunica pelo telefone de Sylviano que não tem tempo para fazer a negociação, mas a passa à sua imobiliária, dependendo pois, agora, do gerente.

—

Ontem à tarde, voltei a pé dos Campos Elíseos, onde Lício não pisou, enojado pela morte do irmão, encontrado morto. Passeei pela tarde paulista. Na praça da República, o parque infantil balança crianças. Nos bancos, boêmios passadores de toco-mocho,* meninas infelizes do Paraná com unhas do pé saindo em unhas vermelhas pelas sandálias gastas. Banco. Depois, Cigarrinho Tibiriçá (Monções), que topa o negócio, decidirá hoje.

Ana e outra, Rao sempre amável e indisposto. Casa a pé. A cozinheira abre a porta e conta que o Ultramarino (Barbosa) me protestou, o Luís Coelho (Luís Canalha de M.Z.) telefonou.

O Constellation na porta. A goiabada chegou. Hoje, telefone com defeito. Estou cansado, mas firme. Leio um livro de biologia. Vou sair nove e meia — Lício, para o desconto. Seu Lídio compra os três metros de terreno.

* Bilhetes falsos de loteria.

19 DE ABRIL

Perplexidade. Monções. [Mandar] dinheiro para Nony, que pede.
O porco seu Lídio, Pacheco.
Manoel Bandeira, artista.

—

Ontem noitada com Aurasil e o casal [Portinho].

10 DE ABRIL

Acordo pondo o coração pela boca. Resto emocional do dia feroz de ontem, com debates protestatórios com Barbosa e a turma mole e sinistra do Figueiredo. Seu Lídio — morte de Pinocchio, [cachorralmente] demora e compra salvadora dos três metros com que eu contava. Tive que telegrafar a Nony pedindo a exata situação dele. Pois não tenho senão trocado para mandar. Estafado e desiludido no fim do dia (Tibiriçá desapareceu sem me dar a minuta do contrato com Monções), vou esperar o Finck e durmo numa cadeira do escritório do Robertinho Braga. Finck aparece quase às sete horas. Combinamos ida ao terreno segunda de manhã. Tento novamente Monções. A estrela, cansada do corpo a corpo tremendo, dormiu. Tibiriçá, à minha procura, me dá afinal as bases do contrato, que levo à noite, estafado mas feliz, ao Luís Coelho e ao Rao. [Don'Ana.]

—

Vou a Monções agora, onze horas, ver o resultado final da visita que Tibiriçá deve ter feito a João Pacheco Fernandes, pra primeira gaita.

—

Dormi seis horas sem urinar.

21 DE ABRIL — NOITE

Uma hora de ralação dramática. Solilóquio do desabamento. Hoje, 21, vence-se o título de novecentos contos do Banco do Estado, o de 250 contos do Banco do Brasil, fora as tataranas menores — Nova Era, Batah, Barbosa etc. E o Silva?

E para segurar tudo isso, o negócio de Monções, que ficou suspenso porque Tibiriçá não encontrou Fernandes Pacheco, em reunião no Banco.

———

Nunca talvez em toda a minha vida estive à beirada de uma catástrofe completa ou de uma salvação definitiva. E há prazo.

Tem que ser segunda-feira, porque hoje é feriado e amanhã, domingo.

———

Nony respondeu pela manhã o telegrama dizendo que espera infalível gaita semana próxima: *Senza denaro, niente pastasciutta.**

———

Passei o dia todo de cama. O fígado bombardeando, estômago e intestino revirados, artritismo, dor de cabeça. Enfermagem de Antonieta. Melhorei agora.

———

Que irá acontecer depois de amanhã?

———

Tenho a impressão da esquiva desastrosa de Monções. Se ela endossar a operação com o Banco do Estado, está tudo salvo. E se não quiser?

———

Esperemos.

———

* Em italiano: "Sem dinheiro, nada de pasta".

"Viver perigosamente", lema de Nietzsche, foi sempre o meu.

———

Os existencialistas, depois de Nietzsche e Stirner, ensinaram a dizer SIM ao homem.

———

Depressão instantânea, vontade ignóbil de gritar, telefonar, pedir. Mergulho em Nietzsche — Jaspers.

———

O cristianismo de MacArthur, de bota, esporas e *cravache*,* tem uma velha grandiosidade. O seu aspecto antropofágico. Estudar o passado.

———

Necroton.

23 DE ABRIL

Uma hora — Leio Stirner — *O Único*

———

Quatro horas — Dói o fígado. Acordo e penso nos "álcoois fortes" de que necessitei, nos indigestos cafés com leite compensadores, nos excessos de mesa que me derrubaram.

———

Bellergal

———

Ontem à noite, aqui, o Eduardo, filho de Helena — *"la madre heroica"*. Não consegui meter nada na cabeça desse pequeno trineto da besteira marxis-

---

* Em francês: "chicote".

ta. Cada um tem a sua verdade α (Interpretação da realidade) e por ela morre. MacArthur não presta porque casou rico!

———

Giannotti chegou depois com [Nazim], magro, lutuoso e distinto. Este está fazendo cinema.

———

Plano de batalha:
Telefonar a Luís Coelho. Levei uma garrafinha de Old Parr a Dinah. Finck às 8h45. Terrenos. Escritório Coelho. Monções. Já sonhei tudo que era possível sonhar, acordado e dormindo.

———

Terrenos, Nietzsche, vencimentos e Stirner, pai do século XIX.

———

Apelo a todos os augúrios. A paulada que Marcos Paulo me deu estupidamente na canela. O mago Sana Khan me disse um dia, na redação do *Globo*, no Rio, que eu ficaria riquíssimo depois de uma machucadura na perna.

———

Penso em fazer Luís Coelho ir a Monções. Que tal?

———

São cinco e meia, não durmo. Paulo Marcos fala no escuro do quarto pegado. O vulto de Antonieta Marília passa para o banheiro. É essa família argamassada no barro cotidiano que vaga.

———

Os olhos lacrimejaram na noite sem fim. O coração saltou. Por um buraco da meia escocesa, verde e amarela, surge um pedaço caloso do meu pé velho que tanto andou.

———

Piora o diabete — chuveiro nas extremidades, sobretudo do lado esquerdo.
São 23 horas. Não foi um dia inútil. Caminhou-se, Luís Coelho, Tibiriçá da piteira, João Pacheco Fernandes. Para amanhã, às onze horas, a conferência de ambos. Enquanto isso, o dr. Soledade redige o contrato.

—

— Vida infame! Vida cachorra! Vida injusta! Eu gritei, entrando às sete horas da noite. — Morte, como te desejo!
Antonieta faz uma cena idiota no Fasano por causa de Lilly.

—

Aurasil tem que pagar uma multa brava porque deu num soldado em Santos.

—

Hora de ralação. Medo de precisar suplicar.

—

Vim almoçar às quatro horas da tarde. Antes, os homens da reforma — Tavares (Comércio e Indústria), Adão (Banco do Brasil). Aí precisei telefonar para o Rio, três dias de tolerância — Batah com Silva também. Cena de Silva com um desenhista que reclamava gaita.
— O dinheiro está perto, está aqui, está te ouvindo!
Batia no bolso:
— Mas hás de modificar a pulanta!

—

Figueiredo babando por Cláudio, seco, sinistro.
Até quinta-feira! Mais três dias.

—

Aqui, seu [Dalescio] com a folha cobrando. E o elevador parado.

—

Mais um dia de expectativa terrível.

24 DE ABRIL — SEIS HORAS

Dormi bem. O estado de ansiedade volta às vezes com uma vaga confiança que me diz não ser possível a catástrofe.

———

Espero Sylviano com a planta do Sumaré. Ele, coitado, tem sempre um comprador.

— É o Syl-viano. Em dois tempos.

Encontrei o Belegarde na rua. Como tantos, me contou, já confessou à mulher — Não temos mais nada a nos dizer! O "mês" da Sidéria.

No Banco do Brasil, figura mongoloide do Adão, comentando o *Diário secreto* de Humberto de Campos: — Essa curiosidade mórbida que todos temos, esses *penchants** maus. [Uma lenda] na engrenagem da burguesia, seus élans, ideias, fiel cumpridor da Moral de Escravos. Não é, no entanto, nenhum monstro. Gostaria de saber dos filhos, filhas.

———

Notei no volume de *O Único*, de Stirner, uma coisa sobre os alemães, donos de uma reserva de primitivismo que a outra Europa não conhece, "os povos sem mar". Deram Stirner, Nietzsche, Klages, Dacqué, Jaspers. Que gente admirável! Hoje, a mentalidade mágica, pré-diluviana, voltou com o animismo. O Silva: "— O dinheiro está te ouvindo!"

———

Com a vida de Cristo, o patriarcado e, portanto, a servidão acharam a sua iluminura e a sua legitimidade. O lenho da vida nas costas de um pobre-diabo, condenado tão absurdamente como Joseph K à tortura, à infamação e à morte.

Nestes dias bravos, sinto também o peso do lenho. Apenas sei que se trata do resultado de uma conjuntura histórica que tem que passar.

De [modo] que foi a *Vida de Jesus* de [*David Friedrich*] Strauss que quebrou a magia historiográfica [cristã], abrindo o caminho a Feuerbach, a Stirner e a Nietzsche.

---

* Em francês: "más inclinações".

254

26 DE ABRIL — MADRUGADA

Mandei ontem afinal vinte contos a Nony, via Genebra, e os três do Deco, para Roma.

Isso me custou um trabalho e uma [expectativa] como pouca coisa tenho tido. Primeiro, pedido seco a Alfredo d'Agostino, que atendeu. Depois, a venda dos três metros de terreno [pegados] ao Leno, feito ao cão Pinocchio chamado seu Lídio do Papai, manhoso, distraído, safardana completo enfim. E dizendo para mim: — O senhor não dorme de botina!

———

Tibiriçá, anteontem, doente, Pacheco à espera no banco. Ontem, já bonzinho de uma gripe súbita que o deitou por 24 horas, foi enfim ao banco. Pacheco tinha viajado.

———

Hoje, vou ver se acalmo Batah e Nova Figa Era.

———

Nagib Jafet prometeu-me intervir junto ao Ricardo sobre meu título de 25 contos vencido no Banco do Brasil.

———

Surpresa besta na Caixa.

Ao contrário do telefonema alvissareiro do Passos (Passinhos), o general recalcitra em não dar os 60% para a terminação do prédio. A conta feita concede mais de 3 mil contos. Seria a grande salvação. Vou lutar. A fera Luciano está de licença. Substitui-o um tal seu Osvaldo, de melhor aparência.

———

Almocei com Inojosa no Mappin, chegado do Rio de Janeiro. Fundou a Mundial Turismo. Quer achacar a Lilly, de quem obteve há dois anos a difícil naturalização. Puta não tem pátria! Vou ver se coloca na sucursal daqui Maria Cecília e Aurasil. Tinha pensado em Dulce de Tarsila, Inojosa precisa de uma datilógrafa que fale línguas. Mas tenho medo da Mundial Turismo dar com os burros n'água e eu vir a ser acusado de ter "deslocado para aventuras" uma pessoa empregada. O casal Aurasil está na mão mesmo. Pode se argentar.

———

Grandes preparativos para o terceiro aniversário de Paulo Marcos, dia 28, sábado. Também para o batizado de Junior na chácara de Flávio, que é o padrinho. Dia 29, churrasco na chácara da Maria pajem. Dia 3, aniversário do Timo. [Sala e Nesa], lindos e esplêndidos, estiveram aqui outra noite.

———

Uma agulhada interroga: — E o prédio?

———

Morandi, com Aristides secretariando, na mesma sala do Alcântara, examina o contrato de Monções.

———

Vamos ver hoje que faz a [Estrela]. Ontem ela me deu uma [tacapada] com os 50% da Caixa. Mas não viu que calculou mal.

28 DE ABRIL — MADRUGADA

Hoje, meu filho Paulo Marcos faz três anos.

E ontem, 27, mais uma grande virada em nossa vida. Duas já neste começo de ano.

Em janeiro, sob a palavra de Samuel Ribeiro e Cassiano Ricardo — dois íntimos do Getúlio —, eu estava certo de ir para o Rio, onde dirigiria o Serviço da Proteção aos Índios, transformando-o em Serviço de Cultura Aborígene.

Mas Cassiano, que estava indicado até para ministro, começou o ano com uma vasta pneumonia que se transformou em pleuris. E em fevereiro, quando se pôs de pé, foi ao Rio e encontrou todos os cargos ocupados, inclusive o patrimônio da Noite — que lhe fora prometido e que a besta do Carrazzoni lhe furtou. O dr. Samuel, de seu lado, não se moveu. E eu fiquei sem nada. Mas foi bom porque os negócios se puseram em marcha e conseguimos tirar da Caixa a verba final para a terminação do prédio, teatro e Mathias. Aliás, foi ontem que o novo presidente, o general Castelino Borges Fortes, assinou em minha presença os 60% da reavaliação que parecem dar 3500 contos. Arranjada a anticrese com o Banco Nacional Imobiliário, está enfim feita a finança do prédio da rua Vitória. Cena patética com o João Passos como advogado. O general cedeu.

E ontem, quando Tibiriçá cigarrinho me despistava (o negócio de Monções era de desesperar), vou ao Banco do Estado e a simpatia de João Pacheco Fernandes aparece numa porta e me chama. Não quer nada com Monções, gente demorada. Arranjará minha vida de outra maneira. E à tarde, depois de pesada batalha com seu Morandi, faço um papagaio de 1600 contos, donde tiro para pagar o velho título de 970 e juros. Imediatamente, penso em ir ao Rio, negociar os terrenos com Gabriel Pedro [*Moacyr*]. Falei com Ernesto Serpa pelo telefone. Fui à Casa Nova Era, com a lesma [branca] do seu Claudio, dizendo que o título depende, já está na direção. E o filho, que "o caso é duro". Estrilei lá com o mole usurário do Figueiredo, que me dissera outro dia: "Eles não dão". Eles, a direção, é só ele que se explica: "— Você sabe, eu sou um advogado culto. Mas meu sócio é um cafajeste etc. etc.".

Enfim, gaita! Noite agitada de preparativos para os anos de Paulinho. Comprei um cavalo para ele, de [lona] e papelão, enorme.

29 DE ABRIL

Saquei do Banco do Estado Cr 150 000,00.

[*segue uma relação de credores*]

Ontem, grande aniversário do Paulinho. Zerbini, oficial literato, com Hernani, Tavares, Vera, trupe Helena, [Boboca] Vermelho, Edgard Braga etc.

—

Ontem, aqui, mestre Antonio Candido, Gilda e Ana Luísa. A filhinha da Luiza cabeça, menina triste, a gorda da dona Fany, a pequenada, o *happy birthday* que eu já digeri. Antonio Candido também se horrorizava, mas hoje aceita. As crianças mandam e as crianças são "americanas". Mentalidade mágica. Paulinho aperta um botão e a luz acende. Mentalidade pré-diluviana, afirma Dacqué.

———

Fomos a um churrasco oferecido pela família da pajem Maria. Poucas cadeiras e menos talheres. Comida excelente. Água. O marido estava trabalhando na casa própria, pois isso é dos domingos. Ontem, tomou uma cachaça que lhe deram e estatelou lá de cima do andaime.

Com a minha efusão natural, ao chegarmos no Oldsmobile que vou comprar, vendo um grupo de negros estáticos junto à cerca, ia abraçá-los, mas notei que faziam cara feia. Eram os vizinhos com inveja da visita. No *dessert* — queijo com mel —, a mãe da Maria confirma: "— Enfim a gente pode mostrar aos outros que, de vez em quando, recebe uma pessoa distinta!"

Quem tem razão é o Único. O Único que quer ser o tal. O gostosão, o sabonetão. No crime, como na virtude. Antropofagia.

———

A casa está silenciosa e gelada. Volto aos meus brinquedos intelectuais. Antonieta e Paulo Marcos foram à casa da vó. Antonieta Marília ficou na casa de Maria. Voltam todos à noite. Estou só como a estas mesmas horas nos domingos da rua Santo Antônio, quando fixava o segredo da minha solidão, enquanto mamãe dormia no quarto, papai tinha [*ido*] visitar alguém e as criadas saíam como hoje.

———

Nony, nas cartas da Europa e do Oriente, tem se revelado um escritor. Um crítico de primeira. Culto e novo. O Brasil precisa dele.

———

A estas mesmas horas, nos domingos sós, tão sós, tão estranhos e percucientes, da rua Santo Antônio. Sinto Nietzsche e o Eterno Retorno.

O meu plano (os meus planos!) para o *Diário confessional*.

1) Sob as ordens de mamãe   1890 — 1920
2) O modernista   1920 — 1950
3) Nas fileiras de Marx   1930 — 1945
4) Antropofagia   1945 — …

—

Personagens do 1º volume:

Mamãe — Papai — Tio Luiz — Manoel — Dona Herminda — Seu Carvalho — Catita Figueiredo — Seu Figueiredo — Tia Carlota — Sara — o preto Lázaro — Tio Chico. Depois, [rua] Santo Antônio: Seu Paulo — Tia Carlotinha — Marina — Yayá — Guiomar.

Episódios: Vinda do Rio — família de tio Domingos — com a Rosa cozinheira — A primeira escola — A poesia — O dedo machucado — D. Izabel — Complexo de justiça.*

—

Os artistas (estavam outro dia com o belo índio e excelente pintor Manuel Bandeira)** no Museu de Arte Moderna — estão sempre aéreos porque vivem da Economia do Ser.

—

Quero tomar chá com torradas, mel e insulina — hoje não há jantar — mas ninguém chega e eu não encontro o chá.

—

[AB automática] roda sinistra pela cidade. A manicura de circo, as criadas de servir.

30 DE ABRIL — QUATRO HORAS

Não consigo mais dormir. Termina hoje um dos meses mais agitados, sensacionais e decisivos de toda a minha vida. Não podendo adiar mandar dinheiro nenhum a Nonê, que reclamava de Florença, hoje posso organizar com calma a venda salvadora do Sumaré e o final do prédio. Graças a João Pacheco Fernandes.

* O.A. relaciona aqui personagens e episódios que deveriam entrar no primeiro volume de suas memórias, porém nem todos aparecem no livro, publicado em 1954 (ano de sua morte) com o título *Um homem sem profissão: Memórias e confissões. I. 1890-1919. Sob as ordens de mamãe.*
** É provável que O.A. tenha, num lapso, escrito "Manuel Bandeira" em vez de "Antonio Bandeira", pintor citado mais à frente na p. 269.

———

Leio o excelente pequeno livro de Challaye sobre as religiões.*

———

O mundo se dividirá sempre nos que têm a dar e nos que têm a exigir.

———

MZ — Teve filho. A barriga cresceu. Tirou. — Você gostou dele? Não. Foi para divertir! (na rua).

1º DE MAIO — À NOITE

Meu querido Timo faz sete anos. O tipo do sucessor de seu Andrade, voltamos agora da casa de Nony, que por sinal mandou um rádio de Veneza. Já está com a gaita.

———

Ontem, pagando o Silva do Mappin:
— O Agripino me procurou
(lê uma página)
Enfatuado, impossível.
— O Agripino veio ler uma coisa minha aqui. Naturalmente, o Agripino e o Salomão Jorge.
Que espera essa dupla arrancar do Silva, correntista do Mappin[?]

———

Antonieta pôs pra fora o [Corvo]. Encontrou no quarto injeções contra gonorreia. Ela disse à Maria que era delicioso sair com homem de noite.
Ontem paguei, paguei.

———

* Provavelmente, O.A. se refere ao livro *Petite Histoire des grandes religions* (1947), de Félicien Challaye.

Fomos à tarde à chácara do padre Arnaldo, que almoçou aqui, em Arujá, na saída para o Rio.

[*Segue outra relação de credores e dívidas*]

Ontem, eu bancava o gostosão, comprando livros, na Franco Brasileiro,* quando o Passinhos me telefonou.

— Encrencou a anticrese.

Corrida à Caixa. Fernando, Coty, Adalberto, Epaminondas.

Afinal, de pé de novo o barco.

———

Passinhos, que tem sua paralisia infantil histórica, me conta da mulher do amigo que o levou para a casa da tia, deserta. E da menina de treze anos que foi pedir cinco contos dum amigo da casa:

— Você está louca?

— Como? Você não é o amante da mamãe?

———

Resolvi, no sítio do padre Arnaldo, jurar por uma composição de vida física e intelectual. Não mais política. Cassiano Ricardo está aí. Faço com Antonieta o primeiro plano da Biblioteca do Trabalhador.

3 DE MAIO

Feriado, manhã gloriosa, as crianças em casa de Nony. Virão todas almoçar aqui. Antonieta foi ver a família no Constellation. A Lucia arrumando por aí.

———

Esteve aqui, há pouco, o Cassiano com o genro, que quer que se faça o elogio da Mercação.

* Possível referência à Livraria Francesa, cujo nome comercial completo é Livraria Francesa Sociedade de Intercâmbio Franco Brasileiro.

Eu tinha preparado um vasto plano de Biblioteca do Trabalhador Brasileiro, com cem volumes de cem páginas cada um. Pensava em contratar com A Noite, editora que o grande poeta dirige. Mas toda a atitude dele foi de quem foge a uma perigosa cilada. Cessamos todo o trabalho, eu e Antonieta, que já batia a lista de livros à máquina. Vasta e última decepção. Meu refúgio intelectual será o *Correio*.

—

Ontem, Caixa e primeiro contrato com Cavalcanti Junqueira.

—

Ninguém quer saber de mim, nem mesmo o velho Cassiano Ricardo, que generosamente impus como o primeiro poeta do Brasil.

—

Renuncio gostosamente às minhas tendências a servir, a cooperar, a ajudar a "pôr o mundo em ordem".

Não serei nem deputado, nem diretor do Serviço de Cultura Aborígene, nem mesmo o organizador dessa coleção.

Gostosamente, mando tudo à merda. Minha obra me espera. Com ela tenho sido ingrato!

—

Nem mesmo pude figurar no Congresso de Jornalistas que se abre amanhã em Recife.

—

Existe, em toda grande época, um sentimento de deformação que dá o caráter. É o que vejo nas reproduções da grande pintura holandesa, no livro de [*Johan*] Huizinga, *O declínio da Idade Média.**

—

Eu quero ser o Mestre Desconhecido.

---

* Também traduzido como *O outono da Idade Média*.

—

Uma liberação imensa me vem depois de ter deixado cair as ilusões criadas por dom Cassiano e, com elas, a sujeira do pescoço de dona Candoca.

—

O pudor intelectual com que o padrinho do Beco me disse na rua da Quitanda "— *Ad majora natus*"— para os momentos de depressão. "— Eu digo maióra..."*

4 DE MAIO

Cheguei! Cheguei naquela caravela sinistrada!

—

Toda vez que se faz "síntese", se procede a uma operação idealista. Por baixo, a vida continua. Contra Hegel — Marx — Proudhon — Husserl.

—

Noite

Sinto-me galvanizado pela Antropofagia. É a única solução, restituir pública e privadamente o homem à sua realidade.

O homem é perjuro, traidor, cáften e coisas piores porque nada disso tem sentido fora das convenções patriarcais. Foram elas que colocaram o homem nas catacumbas do ser. E vimos o resultado. Penitenciárias, hospícios, revoluções, assassinatos coletivos. E Freud, o chaveiro da libertação.

O que o homem quer é ser o Único. A única recuperação possível é a da psicotécnica. O resto será polícia social — os dois tetos. Ninguém pode ter mais do que X, menos do que X.

Pois que a negação nos segue como a sombra, temos que adotar uma filosofia afirmativa, com direito à eliminação da doença e de todas as corveias morais e físicas. Já que existe a morte e a negação, sejamos lúdicos, exigente-

---

* Do latim: "nascido para coisas maiores"; O.A. se refere à pronúncia da palavra em latim *majora*.

mente lúdicos, quebremos todas as barreiras da sinistra religião do escravo que é o cristianismo.

Isso tudo me engrena numa filosofia de luta, de prazer e de realidade. Pois que a vida é por si sinistra, com os Bribosas e suas "ondas de ternura" ("Te dou uma semana para pagar o título") e as Maria Cecílias, cuja ferocidade mal se disfarça no batom e no *rouge* e que acaba de dar um pontapé em Antonieta, porque esta se recusou a carregar como ama o grande Junior para São Vicente — falso convite para o batizado no feudo do Flávio —, pois que a estrela má nos espreita e quando o desgraçado médico ficou estatelado sob o caminho houve quem escutasse do céu uma estrídula gargalhada e a frase — O desastre não avisa! —, pois que tudo é assim, só o hedonismo natural do homem deve ser extremado, sob todas as suas formas da carne e do espírito, sexuais, perversas, morais.

———

Leio o *Espinosa** de Chartier, que o compadre Candido me emprestou há muito tempo.

Deus existe pelo menos para ser xingado, negado. É uma ideia-força. Existe uma Minerva.

5 DE MAIO

Bricoleur de cultura, leio páginas doces de Ruth Benedict, o Espinosa de Chartier, um artigo inédito de Lênin publicado pela [*editora francesa*] Nef, onde também sai um trecho do livro reacionário de Jaspers sobre a modernidade.

———

A goiabada doméstica prepara-se para descer para São Vicente. Como, antigamente, seu Andrade no começo do inverno.

———

Depois, seu Andrade teve um desfecho tão trágico com o miserável Sarti Prado insinuando-lhe na agonia que eu era louco, para se apossar de Kamiá e

———

* *Spinoza*, em francês. Não havia tradução do livro de Émile Chartier em português.

264

do usufruto de Nonê. Depois querem que eu acredite em Deus. Em nome de um superior princípio de justiça, acredito para amaldiçoá-lo.

———

No barbeiro, o dentista Campos de Oliveira defende — monstros. [Tens] um filho paralítico e bobo de nascença. — Não merecemos, declara.

7 DE MAIO

Espero o Pascoal para me levar de Constellation a São Vicente, onde está a goiabada. Coisas espantosas. A Caixa e o Imobiliário completam enfim o pagamento do Mathias, por ele fixado em Cr 5 000 000,00.

Cena com Passos — o tudo arranja. Boa camaradagem. Apaziguamento. Dantas, Correia, Aurasil, Lucia.

———

Estou convencido de que só a Antropofagia tem razão. Leio um lindo livro de [Angelo] Hesnard, que foi quem introduziu Freud em França. Ele chega às portas da Antropofagia. Mas tropeça no marxismo e para.

9 DE MAIO

Leio o jornal* de Kierkegaard — o tipo de cristão podre!

———

Ontem, conferência de Vicente [Ferreira da Silva] sobre o último Heidegger. Está completamente gagá. Pior que Heidegger.

———

Penso no mundo gigantesco da infância. O Maneco da Fruta para Paulo Marcos.

* O.A. parece utilizar um falso cognato, traduzindo do francês *journal* ("diário") como "jornal".

—

Tudo corre bem. Caixa. Passos. Mathias.

—

Às vezes, uma tristeza vinda de não sei donde, vinda do mar.

10 DE JUNHO — MADRUGADA

Compreende-se o horror que é para mim São Paulo. No curto prazo de uma noite, tomei *nux vomica* de homeopatia, dois comprimidos de Bellergal, um de aminofilina e não esvaziei alguns envelopes de aspirina porque não encontrei um só na casa deserta e vazia.

Estamos em São Vicente há mais de um mês. Vim no Fiat com seu Alkmin* e o chofer Pedro. Para ver se fechava o negócio do Sumaré. G., que quer comprar, não veio.

Nony chega dia 15.

—

Recebo carta excelente de Lisboa. Traz cerâmica de Picasso.

—

Dores nevrálgicas — insônia. Que noite miserável.

—

Visitei Nazário, ainda com [três] marxistas. — Pareto! Como ideólogo da burguesia.

Não sabe como Pareto transcende desse mistifório calunioso.

—

O marxismo é o catolicismo ateu. Tem dízimos, papas, hereges e paraíso prometido.

* José Lino d'Alkmin, pai de Antonieta, sogro de O.A.

19 DE JUNHO

Dia ansioso.

É o oitavo aniversário de meu grande casamento.

Expectativa. O arcanjo Gabriel vai comprar os terrenos encantados.

——

Ontem, cheguei quebrado de São Vicente.

9 DE JULHO

Noite gelada em Boa Sorte. Negócio armado por Noemia. Vendemos o Sumaré. Preço e papéis em estudo para breve final.

——

Comprei, com entrada de cinquenta e vinte contos, a granja de um inglês em Ribeirão Pires e a casa de São Vicente.

——

Aqui me restauro. Com os canecões de leite da "Dora", vou aos noventa.

——

Preciso ir aos noventa!

18 DE JULHO

Depois de uma ansiedade intermitente, com sensação de entrega, vem a euforia, ainda cautelosa.

É que prossegue interminável a venda ao IAPI [*Instituto de Aposentadoria e Pensões dos Industriários*] dos terrenos do Sumaré.

Noemia, de óculos escuros e riso para dentro, [escreve] para o Plaza Hotel de Buenos Aires, onde os telegramas não a encontram. E essa? O papel no Rio lerdeia. Aurasil foi, voltou, não falou. Vou telefonar esta manhã.

Enquanto se esgota o prazo para a compra da casa de Antonieta em São Vicente e da Boa Sorte, procuro ansiosamente hipotecas para consolidar a situação.

E, ontem à noite, invadem a casa Vera e o poeta Tavares de Miranda, Maria Cecília, [...] Helena e Cassiano Nunes.

[Briga] de Tavares e Helena, sobre a acusação que fazem a ela de ganhar como cronista.

———

O importante é que o poeta Tavares de Miranda traz um original que acaba intitulando *Tampa de canastra*.

José Tavares de Miranda*

Como você assume e ganha a batalha da palavra! Você está numa ascensão que o coloca atrás de Cassiano Ricardo e Fernando Pessoa. Enfim, 22 deu isto. Depois do deserto, vem a Terra de Promissão. Nós, que mandamos para a África Tomás Antônio Gonzaga, recebemos de lá um trabalho que, com uma [...] tentou [...] a vida lírica de Carlos Drummond de Andrade.

Orfeu passou e não deixou resto. Esses pequenos facínoras e grandes imbecis da Capital Federal, com seus trevos e ledos de duas folhas, nunca souberam que *Orfeu* é a praça Onze e que a praça Onze somos nós, geração do Deserto. A do jejum poético e a do maná que dá orvalho. A Bíblia serve para essas elucidações. Para que há a pobrezinha de servir? É para aterrar o nosso Carlos Pinto Alves** e seus dominicanos?

Mas voltemos à poesia. Poesia, eu já disse, é Descoberta ([Acaso] no sentido cabralino) ou Repetição (no sentido kierkegaardiano). É também Comunicação ou Ruptura, Imanência e Transcendência.

Na fase que agora você cristaliza, a poesia nacional passa a ser tudo isso, Pesquisa e Certeza, Maestria, Luta e Dominação.

Você, Tavares de Miranda, me deu um grande prazer. Há tantos anos que eu leio quase só bobagem, em português. E você me [traz] agora essa *Tampa de canastra* [em que] se espelha todo o Brasil, um Brasil íntimo e digno, sem cos-

---

* O.A. esboça aqui uma carta a Tavares de Miranda, concluída com sua assinatura.

** Jornalista e crítico de arte.

morama nem saudade. [Olhe], aproxime-se do René Char, que é o Grande do momento. Para sintetizar e não tornar isso muito espaçoso, sou obrigado a recorrer a um abecedário de maiúsculas. [*Palavras ilegíveis nas entrelinhas.*]

Você realiza em poesia o que Clarice Lispector fez com a prosa — completa e dá a última ressonância ao teclado vitorioso de 22. [*Mais palavras ilegíveis nas entrelinhas.*]

Porque Mário de Andrade disse que "poesia é safadeza", muito safado se pensou poeta. Mário era muitas vezes caxinguelê e portanto inteligível aos jornalistas.

A pintura já nos oferece Marina Caram e Antonio Bandeira, o crítico Antonio Candido. A esses, você e Cassiano Ricardo juntam as vozes [raras] da poesia.

Quando nossa geração penetrou no Deserto, para quebrar o velho ritmário, falava assim.

———

Depois, passou às primeiras ondulações e, agora, pela sua [*crisostomia*], atinge o solário aberto na nossa lírica por esse Fernando Pessoa que os professores em vida chamavam de ["esquisitado"], mas que sabia (ele sabia) ser irmão de Camões.

Tampa de canastra justifica e premeia trinta anos de touradas.

Seu

Oswald de Andrade

Vou mandar ao Tavares em carta.

27 DE JULHO

Sob o signo da espera. Esperar, esperar mais, esperar ainda…

O negócio do [IAPI]* deu um pulo na segunda-feira. O delegado de São Paulo, o Silveira, me colocou no telefone para falar com o Gabriel. E este orde-

---

* O.A. parece escrever Ipei, mas trata-se do IAPI. Na página seguinte, parece grafar Iapei, mas trata-se do mesmo instituto, com o qual negociava a venda de alguns terrenos.

nou imediatamente a avaliação do terreno — fase definitiva e final. Mas, quando fomos avaliar, o dr. Pais Barreto estava no Rio. E até hoje no Rio se conserva. De outro lado, o próprio Luís Carlos Silveira sumiu. No Rio também! E eu que me rale com os Abdala, mandando quinhentos contos de títulos para o cartório, com os Batah que o Silva aplacou reformando e arranjando mais dívida.

———

Nony deu um pulo de cem metros em pintura. Veremos na Bienale.*
[Porei] a minha candidatura a *membre du jury* da Bienale. Vamos ver.

———

Dei uma entrevista ao [Aurasil] denunciando a *"sudamericanización"* da Europa.

———

Estou tomando um remédio horroroso para o diabete.

———

Com Otávio de Carvalho no poder.

———

Antonieta e a [pontada].

4 DE AGOSTO

Inicia-se a fase espetacular da venda dos terrenos ao [IAPI]. Intervenção feliz de Raquel Moacyr, nomeada oficial de gabinete do arcanjo Gabriel.

Será a paranoia coroada de rosas. Maturação do preço. O avaliador Pais Barreto demora. Entrega do caso ao Luís Coelho, íntimo de Raquel. Irão almoçar na Boa Sorte amanhã com Dinah.

* O.A. escreve "Bienale", grafia que não corresponde nem ao português nem ao italiano ou ao francês ("Biennale"). Provavelmente se refere à Bienal Internacional de Arte de São Paulo, cuja primeira edição aconteceria entre outubro e dezembro de 1951.

Às vezes, esmoreço, vou ao chão. Tenho vontade de morrer.

Hoje, terminava o prazo da casa de São Vicente. Mas a mãe de seu Guilherme morreu. E nós o citamos, com Passos de gripe na [cama]. Para estender o prazo até legalização do inventário.

Faltam vinte dias para ganhar ou perder a Boa Sorte.

Fila terrível.

———

Nony e a intervenção.

Museu de Arte Moderna.

Sergio […] segue para o Acre.

7 DE AGOSTO

A mais ansiosa das expectativas me oprime. Um triz para a realização completa do negócio com o IAPI.

Domingo, grande almoço em Boa Sorte com Raquel Moacyr e o casal Coelho-Dinah.

Chegaram tarde, mas foi ótimo.

Ontem, dia do Bom Jesus-Iguape-Pirapora — e da chance de dona [Minica], consegui enfim laçar o avaliador espoleta, mosquito elétrico Pais Barreto. Levei-lhe cartas do Silva e de Monções e informação de Itaoca, pedindo em carta Cr 650 por metro quadrado.

Não entendo esse salafra. Quererá dinheiro? Diz logo!

O delegado Luiz Carlos Silveira — bom sujeito — me promete levar quinta, depois de amanhã, a avaliação feita e trazer do Rio a ordem de fechamento. Então, estaria tudo logo realizado.

Assisto à posse do gordinho [Lima] Neto, no setor Imobiliário. É um [ganzado] que nada tem com o fresco do mesmo nome.

À tarde, no museu, com Raquel, Yolanda, Tavares etc.

———

Noites atrás, *chez* Cavalcanti em São Bernardo do Campo.

A casa é alugada e evidentemente não vale a Boa Sorte. […].

———

Estou oprimido, obcecado. Tudo pode depender desta semana. A sorte de Paulinho e de Baíla, a de Antonieta e a minha velha e cansada sorte.

———

Ontem, atrás de dinheiro, como sempre com Nony. O gordo usurário Figueiredo, que prometera, sumiu doente. A mulher suja, cabeluda e desagradável que é a sua esteno-cobra,* informa.

Recorremos ao simpático Pupo, que deu um pouco.

———

A letra de câmbio sobe. Vai quase a 3 mil contos.

———

Passos, doente, interrompe o final do prédio, que ia tão bem com Mathias e o Imobiliário.

———

O dr. Jacó, a nova pajem, a menina Amelia, a do Carmo. O seu Guilherme, magro, grande e desajeitado, aparece à noite. A casa de São Vicente será nossa.

———

Essa estranha intuição da vidente minha sogra! Disse que não precisávamos ir a São Vicente, cavar a boa vontade do seu Guilherme e de sua cafajestíssima senhora. A casa de São Vicente seria nossa.

———

9h. Olhando penosamente [sobre] o dia nesta cinza [fosca] que recobre a cidade gelada.

———

Esperar, esperar, esperar — é o inferno!

---

* Possível trocadilho com a palavras "estenógrafa".

8 DE AGOSTO — NOITE

Acabo de me oferecer um suntuoso café com leite, na cozinha, onde fui prepará-lo. Não é ainda meia-noite, mas passa a ser meia-noite.

Escrevo com a lapiseira de ouro que me deu, no passado aniversário, Samuel Ribeiro. E fumo um charuto amigo.

Por que tudo isso? Insônia? Talvez, mas insônia benéfica, numa longa conversa comigo mesmo. Festejo-me afinal.

Quanto eu tenho de autopunitivo, de autoflagelador, tenho de compensante e festeiro nos grandes momentos.

O avaliador do IAPI chegou, me disse, quase aos seiscentos cruzeiros por metro quadrado, na venda resolvida dos terrenos do Sumaré. Isso restabelece o meu velho e insanável sentimento de império. Levanto-me no mundo do dinheiro, que é o que existe e onde vivo. Que se passou comigo dentro do PCB? Fui tratado como um réprobo pelo pecado de origem. Esse pavoroso e deformado marxismo não passa a um cristianismo vermelho. Restabelece o dogma da culpa original e outros inúmeros mais.

O *challenge** sempre me excitou e respondi alto ao desafio da vida.

Aqui estou rico outra vez, como qualquer sírio, qualquer italiano.

Uma dezena de anos atrás, quando, apesar de comunista, vi que eu preciso tomar a tradição do negócio que meu pai honradamente deixara, encontrei-me na rua da Quitanda com essa besta integralista que é o Roland Corbisier. E lhe disse que me consideraria inferior se, nesta miserável São Paulo afarista,** não enriquecesse também "como qualquer sírio, qualquer italiano".

Tudo, hoje, prenuncia a rápida e favorável terminação do negócio com o IAPI. O engenheiro Pais Barreto mostra-se fidalgo. Não mandará a avaliação pelo delegado Silveira, que parte amanhã. Mandará sábado.

Recebo um telegrama, em resposta paga, de Buenos Aires. Noemia assegura que trabalha o arcanjo Gabriel.

A dupla Coelho-Raquel enferma. Raquel assumirá segunda-feira no Rio o cargo de oficial de gabinete do Gabri. Agirá, promete.

* Em inglês: "desafio".
** Neologismo a partir do francês *affaire*, no sentido de "afazer", "negócio", "trabalho".

Hoje, amargurada enquanto a reconduzo do Museu de Arte Moderna ao Teatro de Cultura Artística, na noite começada, conta a amargura do rompimento que acaba de ter com o cavalo educado do Almeida Salles.

— Não é veado, como dizem, nem um macho comum. Educado? Disse-me que ia se casar com a neta do barão de Vassouras.

A essa, ela apõe outro título. É sobrinha do conde não sei de quê. Ele nunca a levou a uma casa de família. É um cafajeste entupido de preconceitos.

———

Yolanda Matarazzo me falou da Índia, onde esteve.

— A Índia está acabando. O marajá que nos hospedou foi deposto quinze dias depois. Matou duzentos tigres, tem uma boîte em casa. Tratou a champanhe, no seu aniversário, cinquenta convidados internacionais. Estava com um colar de dezoito pérolas-ouro. Mas caiu na asneira de casar com uma mulher de outra religião. (Sempre o sacerdócio.) O Neruh agora taxa em 80% para o Estado a fortuna dos marajás. Ele, aliás, lastimou que o visitássemos tão tarde, quando já estava pobre!

———

No Museu, [Adhemir] e um outro sujeito falam simpaticamente da minha obra. Nony traduz *A morta* (*La défunte?*). E o Hélio e o Floriano, esses dois *pastasciutta*! Que dará?

Rudá escreve. Vai comprar um carro, se guardar o dinheiro que remeto continuamente.

———

O Marcondes Filho, ontem, me fez um sermão catequista.

— Guarde esta data, [7]. Inscreva-se no PTB e morra em beleza, fazendo culminar a sua carreira na política!

Por um momento perpassou por mim a velha ideia de xingar os outros no Parlamento. Volto ao escritório hoje, onde faço uma letra com o Luís e discuto paranoia.

Entram suados, nervosos, dois políticos — o Zé Leonel e o Chico Neves. O PTB se estraçalha na competição das candidaturas para as eleições de outubro. Já há vinte gaviões por cada cadeira. Voltarei amanhã [a] falar com o Marcondes. Lembrarei outra coisa para mim. O terreno cultural. A onu? O serviço do índio? Ou o colégio de São Vicente, que o Mário Pacheco e o pai tanto prometeram levar ao Garcez[?]

O Getúlio namora os intelectuais. Falou em discurso na Semana de Arte de 22. Por sinal que o Cassiano esteve aqui em casa. Decerto foi ele quem escreveu o discurso. Segredo de Polichinelo.

———

Preciso viver muito. Pôr em ordem minha atabalhoada cultura. Leio largamente Daniel-Rops, talvez o maior historiador contemporâneo. Apesar da cristã-cretinização, como conta a história da Europa medieval, a história humana da Igreja. A toda hora, esquece o Espírito Santo e a missão sobrenatural da Igreja, para narrar essa caminhada antropofágica do cristianismo em cujo bojo romanizado caiu a viva barbárie das invasões.

———

Almocei com Passos, um ótimo almoço de cozinheira preta de cem anos. Sarou. Cuidará afinal do fim do prédio. Mathias, Bimbo etc. etc.

———

Antonieta dorme calma. Bendita seja que me salvou!

Os picuchos ganharam presente e ficaram impossíveis antes de dormir. Foi preciso a simbólica chinelada materna.

———

Vou dormir na visão de minha filha linda, matinal, subindo às sete horas para o ônibus azul enorme que a conduz ao colégio Dante Alighieri.

———

E a Boa Sorte? É preciso começar a plantar.

———

Meia-noite.

12 DE AGOSTO (MANHÃ)

Acordo espirrando na inacreditável São Paulo.

Ontem dei um jeito de irmos à festa do Kubitschek na "casa de Chidide".

Kubitschek estava lá com Benedito Valadares, dona Carmelita, o bronco Garcez e *tutti quanti*.

A turcada esbaldou-se no champanhe. Terminou com uma boa canja e peru.

Antonieta levou o Constellation abarrotado. Raquel, Maria Cecília, Helena, Jamil.

Antes, tínhamos tomado champanhe com Dinah e Luís Coelho no apartamento deles no Trianon.

—

Amanhã trataremos enfim da escritura da Boa Sorte.

Mas que houve?

Ricardo Jafet mandou o Adão me dar mil contos contra uma promissora promissória. Fê-lo elegante, discreto, me recebendo ao meio-dia na Mineração. O mongol Adão me ajudou a completar o papagaio.

—

Juca seco para brigar com o Batista.

—

A casa dos turcos é uma merda copiada do palácio de Potsdam (dos reis! explicava a senhora superenfeitada) e de Versailles.

—

— Tenho muito gosto! Dizia ainda a senhora Chidide, ante a onda admirativa dos convidados.

—

Os turcos são mais simpáticos que os italianos. Mais amigos.

———

Hoje, domingo, estamos no apartamento da Ricardo Batista. Ainda! Não subimos a Boa Sorte por uma série de coisas. Inclusive vamos almoçar com a Climene. Climene e outras pega-rapaz. R. me confidenciava no museu sobre a ruptura com o Salles. Como mudou tudo. Elas falam de seus amores como nós homens falávamos no tempo antigo. Vamos ver a Climene.

———

Estou com fome. Antonieta e as crianças dormem. Vou comprar pão na esquina.

17 DE AGOSTO

Está marcada para hoje, às cinco horas, a escritura da Boa Sorte. Começo a comprar.

———

Ontem fui buscar as placas luminosas da chácara.

———

À tarde, Rolim Telles, na Rural, me desilude sobre empregados e mesmo sobre a agricultura em geral.

— Ser fazendeiro é empobrecer suavemente. Põe-se cem, tira-se oitenta. Não é como no tempo antigo. Derrubava o mato, queimava, plantava o café. Havia homens e não havia [depenadores].

Lembro-me de Rolim nas garras usurárias do gordo [Agnelo Martuscelli]:

— Te [tiro] o café do [tirrêro]!

Anos trágicos. Depois, foi candidato à presidência da República, teve treze votos. Hoje é presidente da Rural. Dá-me uma indicação — o [vigário do Cambuci], que me indica uma família refugiada da Ucrânia. O operário Vitor.

À noite, com Antonieta, visita ao quarto da família, em Vila Bela, rua das Margaridas 45, São Caetano do Sul.

22 DE AGOSTO

De novo, o sobe e desce bancário — [Bribosa], seu Pupo, [...] etc...
E esta merda de vida parada!
O porco do Gabriel doente no Sul.
Deu de ter gripe em Porto Alegre. A porca da Noemia também não volta.
A outra puta velha, a Raquel, a quem telefonamos eu e o Luís Coelho, grita no
telefone: — Não se afobe, Oswald!

Até hoje, depois de dez dias de Rio e de oficialato de gabinete, não localizou o processo de venda dos terrenos do Sumaré.

Não sou eu que me afobo, são os meus queridos credores. O Silva ameaça:
— Vai pra cadeia! [Rebento] tudo! Vai ver!

À noite, [sairei] [...] com [Marceau e os *frères* Jacques] *chez* Nony. Fala-se
em pôr em filme *Serafim Ponte Grande*.

———

— Doutra vez eu trago a flauta!

25 DE AGOSTO

A estrela acorda, entra de repente como o Leônidas e esbodega tudo.

———

Estávamos no melhor dos mundos esperando que Noemia chegasse de
Buenos Aires e que a Raquel, no Rio, localizasse o papel e fizesse o conselho
aprová-lo.

Mas telefonamos do escritório do Marcondes e a puta velha grita:
— Não se afobe, Oswald! O Gabriel está com 39 de febre, no Sul.

———

Tudo parado. O Coelho, mentiroso como sempre, diz que telefonou de
novo a Raquel ontem e anteontem para ver se o Porco em Pé chegou, orientou,
despachou.

—

De outro lado, a doença, gripe, tosse convulsa. O dr. Fonseca me cura. Mas os intestinos se ressecam com a idade e eu me lembro daquele velho que foi amigo de meus pais, em estações de água, e quando me encontra fala em farelinho:

— As fezes saem ótimas, doutor!

Vou ver o tal de farelinho.

—

Doutra vez eu trago a flauta! Essa frase, que um desconhecido gravou no primeiro disco de gramofone vindo a São Paulo, em casa do Fernando de Albuquerque, exprime a frustração em que me encontrei agora.* Deixei de mandar ao Congresso de Folclore uma mensagem que carinhosamente tinha meditado sobre as origens nobres da macumba, ritos órficos etc. De outro lado, a impossibilidade de ter escrachado com a besta reacionária do Gabriel Marcel, que aqui esteve, festejado pela filosofia fascista.

—

Antonieta Marília está ensinando Paulinho a rezar.

—

O mau tempo envenena tudo. De repente, São Paulo amanhece dentro duma minuciosa tromba-d'água.

—

Juca aparece, vem buscar Antonieta para trazer milho híbrido do parque Antártica.

* No livro de memórias *Um homem sem profissão: Sob as ordens de mamãe*, O.A. dá mais detalhes sobre a origem da frase, que remonta à infância: após a exibição de um dos primeiros gramofones trazidos ao Brasil, em casa do amigo da família Fernando de Albuquerque, "passou-se a gravar um disco virgem. Meu pai, discretamente, escusou-se de dizer qualquer coisa, eu nem fui chamado. Fez grande sucesso de hilaridade um senhor que aproximando-se do disco prometeu: — Doutra vez eu trago a flauta! Essa frase ficou cantando no fundo de minha memória. Não achei nela nenhuma graça. E através de sua filosofia do malogro, senti que a vida oferecia inúmeras ocasiões como essa em que alguém, na hora de brilhar, notava que não tinha trazido o instrumento do êxito" (op. cit., p. 44).

—

Procuro falar com a Raquel no Hotel Paysandú, Rio.

— Não está mais hospedada aqui, foi para Copacabana.

—

Telefono ao Passos (parece que ele abandonou completamente o negócio da Caixa, mentindo diariamente que estava cuidando, resolvendo, como com o Banco Imobiliário). A mentira vem pela boca da criada.

— Foi para Santo André.

2 DE SETEMBRO — DOMINGO

Afinal? Afinal Noemia embarca de Buenos Aires e chega aqui na terça-feira. Foi o que me disse a telefonista internacional.

A semana correu assim. Segunda, certos de que o Gabriel chegara do Sul, procuramos pelo telefone Raquel. E ela disse ao Luís Coelho que o tal lhe dissera haver suspendido todas as transações com São Paulo. *Tableau!**

Procurei Noemia dois dias. A consegui no segundo. Me perguntou: — Por que você pôs nisso uma terceira pessoa?

Fiz ver que nada disso se passara. Apenas os meus advogados tinham querido localizar o processo.

Ela me garantiu que estava tudo de pé. Falara com o homem sobre isso dias antes. Esperasse a vinda dela hoje, domingo. E tudo se consumaria. Agora vem terça-feira.

—

Entreguei ao Marcondes uma memória confidencial. Algumas ideias para o Getúlio.

—

Estivemos na Boa Sorte. Paraíso incompleto sem a escritura dos terrenos.

—

* Em francês: "Que situação!".

Esperar, esperar.

———

Agitação em torno do projeto Nelson Carneiro: divórcio.

O Rao andou dizendo besteira grossa na Academia com Don [Carmelo] ao lado.

———

Estou lendo o *Esperidião*, de Benedito Valadares. Bom.

17 DE SETEMBRO

Grande hesitação em agir com o Passos, que está prendendo dois negócios nossos — o da vistoria de um terreno, necessário à venda ao IAPI, e o do dr. Jacó. Esse, marcado. Tapeia há um mês. Eu tinha decidido mandar uma carta rompendo, pelo Luca. Mas penso que ele tem na gaveta dele trezentos contos de impostos do prédio. Recorro a Nony pelo telefone. Resolvemos fazer uma démarche diplomática. Nony vem aí, na manhã impressionista. São Paulo amanhece dentro d'água.

Minha filhinha já foi no ônibus para o colégio. Paulo Marcos, com catapora, pinta o bode.

Noemia viajou para *chez elle*. Comunicou-me ontem, espontaneamente, que o Arcanjo me mandará um recado. Telefono hoje, das cinco às sete, para o hotel, a fim de saber o resultado do papel no Conselho, que entrou [ralado]. Parece que o negócio vai. Ontem, pacificação com Antonieta e Nony, à noite. Boa pacificação.

———

Vou telefonar ao seu Belmiro, pedindo cozinheira boa. Ele responde — Hoje é dia das negras aparecerem depois das dez horas. Está chovendo e é segunda-feira.

———

Vamos escrever uma longa carta ao Rudá. A carta da maioridade.

29 DE SETEMBRO

Acordar mais ou menos tempestuoso de toda casa de família. Antonieta emburrada. Com razão. Saia da menina para a festa da escola. Paulinho não quer tomar café etc. etc.

Dois dias atrás, tive uma tarde terrível. Enfrentei o Abdala para obter reforma dos 420 contos. Houve um momento, ante o distratamento dele, que senti as orelhas queimarem.

Nonê perguntou: — Você acreditava no Abdala?

Em quem eu não acredito? Reforma do Batah, com o Silva. Depois, Distrito Federal que chamou por carta. O Carnicelli foi para a Penha. O Graboardi para a Itália. Felizmente, dirige o banco um italianão simpático que me entregou a dona Neide.

———

Ontem, doença. O dr. Mattar me condena a quinze dias de cama. Horário, eletrocardiograma. E a ideia de se fazer um compromisso de venda do Sumaré, já que N. nada decide.

O aventureiro Olavo Ferreira Lima, admirador do Mathias. O Binho etc.

———

A vida é uma cavalada. Ontem, o [Cramer], alemão […]:

— *Este negócia seu foi tan mal que nau faço nenhum negócia, nenhum com senor. Vou executar.*

———

Entre as ameaças e as realidades, três etapas: Pacheco Fernandes, compromisso de venda e Marcondes liquidando o caso. Só assim.

———

Maciel decidiu aprovar o plano de acabamento do prédio a 15 de outubro. Vai para 52!

———

Cheguei ao máximo da depressão. Cago mal e compreendo o suicídio. Bellergal. Só me resta o cérebro.

30 DE SETEMBRO

Tenho a impressão certa de que vou acabar: o "exame de fundo de olho" a que me submeteu hoje Moacyr Álvaro revela uma esclerose avançada, que eu estava longe de supor.

Sou forçado a mudar imediatamente de vida. A última corrida que dei, hoje, sábado, no fim do expediente da manhã, foi ir buscar um corretor para tentar o negócio do compromisso de venda com o milionário Paulo Suplicy, que anteontem estava na Caixa, repelido diplomaticamente pelo Maciel.

———

E com este cérebro eu queria derrubar o Ocidente!

4 DE OUTUBRO

Foi um grande dia trabalhoso. Quando? Anteontem? Sei que Pacheco Fernandes, que prometera, mandou que, da portaria do Banco do Estado, eu chegasse ao telefone. E disse que ia submeter o meu caso à diretoria! Eu, com as ameaças diretas do alemão Cramer, esse miserável do Banco Lowndes e daquele [fuína] da Casa Aliança, quase perdi a fala, ao lado de Nony, sempre corajoso e esplêndido. Até as duas horas, fiquei suspenso. A essa hora já estava no banco, fuçando a presidência. O contínuo Jafre me faz entrar às três (15). Pacheco reticente. Mas eu, trágico, falo nos protestos, na venda. E ele manda buscar um cheque verde e me dá mais cem contos.

O quente-frio não termina. Vou à Casa Aliança e, antes de ir ao Lowndes, passo displicentemente pelo escritório de Paulo Suplicy. O *gentleman* me atende. Achou quem faça o negócio de compromisso de venda que eu inventei.

Do outro lado, Nony recebe um esquisito recado. Se houver [groja], o delegado de São Paulo entra no jogo do IAPI e termina tudo em quinze dias!

Ontem, pela manhã, fomos à vivenda monumental do milionário Suplicy, uma espécie de Samuel magro e distinto. Ele nos mostra os salões, a piscina.

Depois vai com o compromissário comprador e o técnico [Julio] até o Sumaré. Darão resposta amanhã.

———

Telefonei a Raquel. Mesma galinhagem.

Hoje, estou de cama, fazendo uma prova de concentração de urina. Chatíssimo. Não posso beber água. Leio o *Averroes*, de Renan.

11 DE OUTUBRO — BOA SORTE

A expressão "ralado" é a que serve melhor para conceituar o meu estado. Vim para a Boa Sorte por ordem médica. O dr. Emílio Mattar me ordenou quinze dias de cama e um regime feroz, sem sal e sem açúcar.

Vim para cá sábado passado, dia 6, e obedeci. Os resultados têm sido impressionantes. Hoje, o médico de província que vem ver a mulher do caseiro, que deu à luz um bebê numa destas madrugadas — fazendo Antonieta e eu irmos buscar a parteira em Ribeirão Pires, às duas e meia —, tomou a minha pressão. Em cinco dias, baixou de 20 para 16. A mínima é 9. Apesar de eu viver ralado nesta paisagem de sonho. Ralado porque sobretudo não me aproveitei do quase oferecimento do Marcondes de fazer intervir o Getúlio no negócio do IAPI, quando lhe entreguei um "certo relatório" para servir o presidente. Acreditei que só com Noemia levaria avante o caso. Mas houve uma defecção de Noemia, ou melhor, uma derrota. Ela nos diz pelo telefone que não tem mais falado com o Gabriel. Suponho que este resolveu dar-lhe o fora e assim ficamos sem intermediário! É verdade que surgiu uma possibilidade com o Luiz Carlos, delegado do IAPI aqui, via um tal Oscar. Nony deve me trazer notícias positivas hoje. Ele vem jantar aqui com o Afonso e o Sergio, noivo de Celina, e liga do tal Oscar. O fato é que os dias passam. As eleições municipais de 14 atrapalharam tudo, inclusive a boa vontade do Maciel, na Caixa, para a terminação do prédio. Aí, na Caixa, conheci outro dia o milionário Paulo Suplicy, genro de um Matarazzo. Ele foi ver os terrenos para um compromisso de venda com adiantamento, que nos daria folga para esperar. Mas o sujeito balsâmico que ele arranjou roeu a corda por causa, diz, da situação bancária. — Se eu fosse peitudo, fazia. O Reid também arranjou o Almeida, do Banco Nacional do

Comércio, mas tem adiado, "por causa da situação". Eu arranjei miraculosamente mais um cheque de 100 mil cruzeiros com o Pacheco Fernandes, o que conteve o alemão doido e selvagem do Banco Lowndes e a Casa Aliança. Reformamos um título com o Luís Coelho na Casa Patriarca do Marquinhos. E assim vou vivendo completamente ralado. Vejo a desmoralização de meu esquema. A casa de São Vicente, o fim do ano que está aí e sobretudo os vencimentos inadiáveis — Banco do Brasil etc.

Tenho lido o sábio Guignebert e o Sérgio Buarque. Comecei um trecho de *O antropófago*, sobre o Toynbee. Esse capítulo se chamará "A reação culta — [Karl] Jaspers e Mister Toynbee".

[À margem do manuscrito, O.A. anota: "ou A Inteligência Reacionária"]

Antonieta, uma santa. Nony, admirável como sempre. A Amélia, atrás do Paulinho correndo. Uma boa cozinheira, [...] mulatinha, o caseiro novo, Raul, que viajou para Minas, o Geraldo, que virá tomar conta de tudo até o dia 20, os cachorros que passaram a me interessar e a paisagem de sonho da minha varanda.

—

E afinal a ralação, o nervoso *s'effrite,** como diria excelentemente um galicipanta. Por esgotamento.

13 DE OUTUBRO

Nony chegou ontem com o Afonso para jantar, às dez da noite. O mesmo incorrigível. Nos deu um trabalhão dos diabos. Eu desci com Antonieta para telefonar de Ribeirão Pires etc.

—

Grande notícia mandada pelo Marcondes — Getúlio leu a minha comunicação. Gostou muito. Quer me conhecer. Estamos salvos!

---

* Em francês: "se esfarela".

Mas o nervoso continua físico, indeterminado.

14 DE OUTUBRO — B. S. [BOA SORTE]

Às vezes, paro para engolir, para digerir. É tal o volume de cultura que absorvo. O que mais me emociona é ver que tenho razão. Tudo valida a Antropofagia. Que grande coisa!

Hoje, depois de ter ido tomar leite no estábulo, deitei-me no terraço lateral para terminar o *Cristo*, de Guignebert, me deleitando com o velho apóstolo Paulo, como de fato foi. E tive um esplêndido choque, sabendo da polêmica entre Loisy e o padre Lagrange sobre o livro daquele, intitulado *Les Mystères païens et le mystère chrétien*,* que preciso urgentemente mandar vir. Isso tudo confirma a minha ideia de que o homem tem e terá sempre *uma dimensão órfica*, transparência possível do sexo. (O amor daria nas suas formas coletivas de comunicação — a política, a religião, a poesia e a arte.)

Essa dimensão órfica é sabiamente explorada pelo sacerdócio de todos os tempos. Freud não tem razão no *Fim de uma ilusão*.**

Ontem, comecei a ditar a *Antropofagia* a Antonieta, fazendo voltar os belos tempos.

O Raul chega, comprou três cabritos, trouxe manteiga maravilhosa, queijo e marmelada branca.

24 DE OUTUBRO (MADRUGADA)

Ah! A penosa e infinda caminhada — A pressão subindo de novo — Os dedos trêmulos de novo — A incerteza e o medo.

* Os mistérios pagãos e o mistério cristão.
** O.A. se refere-se a *O futuro de uma ilusão*.

—

Nota para *O antropófago*. Sempre o mesmo instinto antropofágico — doador da vida e da morte — o individual. Sempre o mesmo sentimento órfico e didascálico — o social. Se quiserem, religioso e pedagogo — [eis o homem].

—

Mas que houve?

—

Mas, afinal, que houve?

Deu o pânico e viemos de Boa Sorte — O tal Oscar, dali — careca loiro de óculos —, entrou em entendimentos e trouxe a pretensão de seu grupo — 20% do negócio. Baixou para 1500 contos, depois para 1400. Diz que vão quatrocentos para o próprio Gabriel, para o Luiz Carlos, outros quatrocentos, para o Carlos Maciel, mais quatrocentos! Ele não ganha nada.

Um verdadeiro assalto à mão armada. Sem isso, nada feito — a miséria, a ruína, a morte talvez, crianças sem pão.

Nunca em minha vida tive achacamento como esse. E que fazer? Noemia abandonou o negócio. Oscar explica que o processo parou porque o Luiz Carlos — protegido do Getúlio — estrilou porque o Gabriel está se enchendo sozinho. (De fato estranho é que um sujeito que não pode ganhar mais que o presidente da República — Cr 30 000,00 por mês? — esteja mandando Noemia — sua noiva trepada — para o melhor hotel de Buenos Aires passar sessenta dias e fazer lá um álbum de papel caríssimo etc. etc.)

Fato é que fechei com Oscar, mas logo depois percebi que, na soma de compromissos nossos, tinha posto de menos o imposto de lucro, que sobe a cerca de setecentos contos. Berrei pelo Oscar. Nony o mandou. Expus. Combinamos aumentar um pouco o preço e pôr um [ex-trecho] impraticável da rua Alves Guimarães. O homenzão tomou todas as notas e saiu. Voltaria depois de cinco horas. Seis, sete, nove, dez e nada! No dia seguinte, era sábado. *Sumitus est.** Nony, sempre confiante, animando que ele era assim, de repente ia para Campinas, para o Rio. Esta última hipótese se agarrou à minha invencível credulidade. Ele, de acordo com Luiz Carlos, teria voado para o Rio buscar o

---

* Em latim macarrônico: "Sumiu".

processo, que enfim seria aprovado pelo conselho e o traria para se minutar a escritura. Segunda, Nony [o] laçou, em casa da noiva trepada que é irmã do Sérgio, um menino que guia a perua comprada e não paga de Nony e que é noivo da não trepada Celina, mulatinha filha da [Ercilia] e do Tonico, essa, irmã de Adelaide.

Nony volta dizendo que, segundo o Oscar, o Luiz Carlos era cabaço, não queria mexer no negócio, principalmente na avaliação. Estava com muito medo, recuando. Enfim, perguntava Oscar quanto daríamos em definitivo. Fechou no dia seguinte, aceitando a avaliação de oito [miro] por Cr 1 200 000,00. Tudo isso entre desespero, ansiedade e nova confiança. Minha pressão em montanha-russa. Agora, precisava saber se Luiz Carlos aceitava e iria buscar ao Rio o processo para minutar a escritura e acabar. De novo, um bolo. Oscar marcou com Nony aparecer às cinco horas numa casa de negócio da rua Conselheiro Crispiniano e não foi. Nony bateu à noite de perua para Santo Amaro, onde o gângster noiva. De novo, trágica expectativa na sala grande do apartamento, enquanto os meus dormem. Telefone. Não sei mais quem. O Juca, talvez, para perguntar se queria manteiga. Enfim, às dez horas, Nony fala. Tudo feito e certo. O Oscar não dera bolo. Mandara o Fernando, vendedor da perua e [irmão] do Sérgio e da noiva, e este não vira Nony, que, cansado, se sentara numa poltrona do estabelecimento. O Luiz Carlos iria no dia seguinte ao Rio buscar o processo. Dormi bem, tinha ido ao médico, que gostou das minhas condições. Mas a minha estrela safada está acordadíssima. De modo que ontem, terça, leio nos jornais que o Gabriel chegou e ia ser homenageado às dezenove horas naquele terraço do prédio enorme da avenida Paulista pertencente ao IAPI, onde a Dulce Salles Cunha (que agora sentiu o chamado da pátria, andou "encantada", soltando fogos Caramuru em carro aberto pelo viaduto, passando cédulas como candidata pela UDN a vereadora e foi derrotadíssima) festejou um vasto aniversário com brotos e galãs, onde eu estive e o Rudá se negou a dançar com ela.

Eu, que passara o dia de molho recolhendo material (urina) para exame, levantei-me, vesti-me fraco e incerto e esperei infindavelmente Nony (que, como sempre, chegou depois da hora) e com ele lá fui para dar o meu abraço no Gabriel e filar qualquer coisa do negócio, depois da chantagem do Oscar. Chegamos, subimos com [...] funcionários e um fotógrafo. Lá em cima, não era *cocktail*, era solenidade, mesa posta, discurso e nada de Gabriel (o táxi embaixo esperando). Em vez de Gabriel, a irmã, seu oficial de gabinete, velhota impudente que, antes de se mudar para o Rio, chorara num táxi me contando o fora que lhe dera o Almeida Salles (— Dizem que ele é veado. Não é, um macho normal). Assim vai o mundo!

Ao lado da Raquel, de pé, um funcionário baixinho, de topete, fala em dever, missão de Gabriel, programa social (sei disso!). Acaba, outro responde. Gabriel não está presente, porque teve um chamado e foi ao Rio Grande do Sul!

Aproveito o tumulto dos comes e bebes para me aproximar do Luiz Carlos. E aquele inocente Silveira, primo da Helena, cinicamente confirma a situação. Fala no Oscar e me diz — Agora vai tudo depressa, eu quis arrumar o seu caso com o Gabriel, mas ele teve que voar, na volta consertaremos. — Quando ele volta? — Dia 1º.

A noite é serena afinal. Só que penso em arrancar do Luiz Carlos um desconto (ele já deu um, mas fraco) para fazer dinheiro, quem sabe ainda se com o Pacheco Fernandes.

No meio disso tudo, eu tinha escrito uma carta ao Marcondes, pedindo a intervenção do Gegê, tive que cancelar, senão a camorra sabotaria. Eu fiquei sem saber se o senador foi para o Rio, sem ter falado com Maciel a respeito do prédio. Nova demora. Pedirei também ao Luiz Carlos para fazer minutar a escritura. Que diabo! Alguma coisa, ele tem que fazer!

———

Estiveram por aqui, para a inauguração da Bienal que o [arquiteto Luís] Saia ergueu no local do velho Trianon, os irmãos Condé, José e João, e o Alcântara Silveira. Me levaram retratos e uma entrevista. O Murilo Mendes telefonou.

———

A abertura da Bienal foi um escândalo, com o primeiro prêmio a um tal Del Prata [Danilo Di Prete], italiano, quer dizer, cartazista dos Matarazzo e Pignatari e uma nulidade. Acima do Di, do Flávio, da Tarsila, Anita, Nony, Guignard etc. etc. Mas Antonieta foi ver e gostou dos quadros dele.

———

Agora, quatro e meia da manhã, urino em garrafa e não tenho mais vontade de dormir. Leio [A origem do] Cristianismo, do Kautsky, uma interpretação marxista documentada, boa e curiosa. Não vale os grandes livros de Guig-nebert — *Jesus* e *Le Christ*.

———

Estou trabalhando no *Antropófago* com Antonieta.

———

O Guimarães, que vendeu o pedaço do Sumaré ao José Leno (engoliu uma aspirina sem água, ficou com ela grudada no estômago, teve uma síncope e passou dez dias de cama, mas já está restabelecido), virá hoje de manhã me buscar para ver se arranjamos dinheiro com retrovenda.

———

Ele diz que o homem não pode beber nem fumar, mas bebe e fuma. Outro aspecto da α — o homem animal contraventor e rebelde.

———

Cinco horas. Fecho o livro de Kautsky e procuro dormir. Inutilmente.

———

Hoje, tem Guimarães, Luiz Carlos, Reid, Bienal e *cocktail* da Pola Rezen-de. E que mais?

27 DE OUTUBRO

Vem às vezes aquela golfada de *amertume** (galicismo) e a trêmula dor da tormentosa, infinda jornada. Tudo tão escuro ainda! A promessa do gângster Oscar, de que segunda-feira estará aqui o processo do IAPI. Fui ao Banco do Estado, sondar Pacheco Fernandes, sempre simpático, acolhedor. O dinheiro está no fim. Mal chega para as despesas da Boa Sorte.

O Luiz Reid ficou de arranjar aquela coisa. O Guimarães, de comprar um terreno. O Tibiriçá, de fazer qualquer negócio com Monções. Mas o Maciel nos

———

* Em francês: "amargura".

declarou encabulado que o Lopes fechou qualquer auxílio mesmo para a terminação da obra. Assim, permanece o prédio parado.

E Noemia? Sumiu. Felizmente, porque agora é ceder ao assalto à mão armada que o grupo do gângster do delegado do IAPI em São Paulo, Luiz Carlos de Silveira, organizou com Oscar como intermediário.

Viemos para a Boa Sorte. Antonieta Marília amorosinha. Paulinho levado.

—

O Lineu Prestes* aconselhou Nony a procurarmos o Ademar para resolver o caso da Caixa.

—

Anotei atrás para a α — de Descartes a Comte — do racionalismo ao positivismo — um curioso e inútil esforço para libertar o homem de sua dimensão órfica.

—

Afinal, eu estava gravemente doente e não sabia. Antonieta me conta, horrorizada, o dia em que rocei o colapso de volta daquela cretiníssima comemoração do trigésimo aniversário da minha formatura na Faculdade de Direito, no Hotel Lorde.

—

Antonieta Marília aparece de pijaminha para me beijar e desejar boa-noite.

28 DE OUTUBRO

Para estudar a constante dialético-masoquista — A CRIADA DE MARX.

---

* Ex-prefeito de São Paulo e membro do conselho superior da Caixa Econômica Federal.

10 DE NOVEMBRO

Tenho a intenção de escrever um capítulo do *Antropófago*, intitulado "Biografia da divindade" e dividido em quatro partes: 1) A natureza dos deuses — Cícero; 2) O Jesus fabricado e sua repercussão medieval; 3) Lutero; 4) Espinosa esvazia o conteúdo de Deus; 5) Deus morreu — Nietzsche.

Para isso, leio esse ansioso e utilíssimo livro que é *De natura deorum*, de Cícero.

———

A base do que eu chamei (posso vir a modificar) de constante dialético--masoquista, dando como exemplo "A criada de Marx", é a vontade de perder para quem, de qualquer maneira, se ama. Tenho um encantamento em ver Paulo Marcos pegar um livro meu, mesmo para estragar.

———

Afinal, depois de uma insônia ativa, resolvi vender o edifício José Oswald, na rua Vitória. Apareceu no horizonte dos negócios uma oferta do garoto usurário Waldemar Figueiredo — 25 mil contos. Dez para a Caixa. Cinco ou seis para o Mathias. Três no mínimo para bancos e hipotequinhas. Sobra pouco. Mas, abandonando a ilusão do IAPI (Oscar aparece, desaparece, promete, tapeia. Jurou que segunda-feira o processo estaria de volta do Rio — apesar do Gabriel estar nas eleições do Rio Grande do Sul — pela mão do cafajeste Otavio Maria, assistente do delegado em São Paulo. Mas o processo não chegou nem ele arranjou a carta também prometida do Luiz Carlos, com que eu contava dar uma última facada bancária no Pacheco Fernandes, grande presidente do Banco do Estado) — mas, como dizia, eu abandonaria a ilusão do IAPI e não pagaria o assalto à mão armada, chamaria ali o Miron Resnik e, com os cobres que restassem, levantaria apartamentos pequenos (três andares) nos terrenos do Sumaré. Porque não há mais saída. Teremos que vender mal aos compradores do Guimarães (Viana e Roger Cheramy). De outro lado, grandes horizontes se abrem para a *Enciclopédia* (enfim!) com Nony no Quarto Centenário* e o [Érico], que também quer tratar, como advogado, da reivindicação

---

* Aniversário de quatrocentos anos da cidade de São Paulo, em 1954.

dos terrenos. Assim, sossego, compro a casa de São Vicente que a Lina [*Bo*] Bardi reformará e viajo, vejo os índios e enfim escrevo o *Antropófago*, termino *Marco zero* e faço as minhas memórias. Se não, não vai!

———

Outra noite, domingo, grande cena aqui com o caseiro. Hoje é quinta. [*No dia de*] Todos os Santos, tivemos o primeiro churrasco da Boa Sorte com o velho Capelli, do Moinho Central dos antigos emigrados, que dona Miquelina chama de "velho rampero". "— Briguei co'ela por causa de neta que qué casá com um que nem posso vê. Mas agora posso fazer uma amizade com dona Miquelina e trazer ela aqui e ela fazê uma macarronada. O médico, um impiastro, é meu genro! Me tirou a macarronada. Passo pior que quando não tinha dinheiro nem de pôr sapato no pé." O Geraldo veio substituir o caseiro, um mineiro, Raul, com o ríctus branco dos jagunços matadores, como eu dizia, fez no domingo um Carnaval aqui, quis levar a anja sem sal Maria do Carmo para ser examinada no médico, apostando que ela não era virgem. — Aposto dois contos, vamos! Isso na charrete com a mulatinha Chica, a Amélia e as crianças. Na volta, de porre, quis ficar com a criança de vinte dias e pôr a mulher, que saiu do parto, na noite e na lama. Chamaram os cunhados e no dia seguinte tive que pô-lo na rua. Estavam no churrasco. Seu Vito, que quer vender as instalações da granja aqui em frente, o calceteiro Greco, amigo gordo do Capelli, Mario Neto, o corretor, e sua senhora, um par de neocivilizados. Foi uma delícia. O Capelli contou que o padre que passou o diabo na Itália diz que aqui no Brasil é sempre Natal e Páscoa. É verdade! O cauim antropofágico. O que o homem quer é o sexo, o cauim e a vingança, enfim, o vício. São forças psíquicas imutáveis que precisam ser socialmente canalizadas e satisfeitas.

———

Estou tranquilo. De qualquer maneira, temos que liquidar a situação. Não há mais dinheiro nem crédito, nem saúde.

———

Melhorei. Minha pressão baixou cinco pontos. O açúcar na urina diminuiu de 50%. Mas o inflexível carrasco loiro — o dr. Mattar — exige mais.

—

Um dos motivos da venda do prédio — o teatro (principalmente agora com as ocupações de Nony no Centenário), o teatro que nós íamos fazer com o Ziembinski seria um abacaxi.

3 DE NOVEMBRO

Saio daqui, Boa Sorte, amanhã ou depois, como um cavalo sôfrego, para vender o prédio, realizar o mesmo lucro e enfim viver, se há tempo ainda.

Li agora de manhã os capítulos finais de [*Diós*] — a teologia de Platão etc. etc.

Basta isso para se ver como Cristo foi uma necessidade histórica. De Sócrates a Fílon de Alexandria e a Cícero, o cristianismo se fixa integralmente. O Deus fabricado não precisa ser desmascarado pela crítica magnífica de Guignebert. Está todo no clima social do séc. I, que já tinha conhecido Espártaco e Tibério Graco.

—

Do Geraldo sobre os Trajano:

— Ocê acaba na enxada — pro Dito, que gastou 5 mil contos para trazer um diploma de médico do Rio e lá passou jogando nos cassinos seis anos. Quando ia comprar o diploma, o velho chegou e disse — Não quero isso não! Era o caçula.

—

Sobre ele, antes de encontrar a Idinha [*Ida d'Alkmin*] (que está sendo esperada): — Eu era um maluco no mundo.

—

Episódio de barracão. Uma jararaca debaixo duma cama. Saiu espavorido: — Tenho medo disso. O Zé Mineiro pegou a cobra e jogou nos pés dele. Sacou a garrucha e atirou errado. O Zé Mineiro pegou de novo a cobra atordoada, que raspou nele. Outro tiro. Quase acertou. Chegou o velho, os outros. Deram conta do Zé Mineiro. A cobra tinha sido morta.

Quatro horas da tarde. Domingo na roça.

—

Trabalhar, chega!

Chega de correr, pedir, suplicar, a valorização atingiu possivelmente o máximo. Vender! Liquidar. Sob o signo da vitória. E viajar, amar Antonieta, cuidar dos filhos e enfim escrever a minha obra. Terei tempo ainda?

—

Me esqueci do caju que dona [Minica] mandou de Mato Grosso.

—

O caseiro bêbado não voltou ainda. Deixou os "trens" aí.

4 DE NOVEMBRO — DOMINGO

Desespero. Desespero. Construímos o túnel do Sete Dedos,* mas como sair sem sermos atirados pelas costas[?] Esperar, esperar para amanhã, na segunda-feira ativa de São Paulo, dar início ao tranco final. Liquidaremos de qualquer maneira, prédio ou terreno de Sumaré.

Enervamento na bela varanda da Boa Sorte, a paisagem enfumaçada do vale sobre rio Ribeirão Pires. Acordamos às quatro horas, café, leite na cocheira. Fomos levar o Geraldo até Santo André de carro. Volta. Eterna espera de Idinha.

—

Leio a magistral página de crítica histórica materialista de Kautsky sobre o povo judeu, no seu *Cristianismo*.

É a imagem que faz o deus, os povos sem indústria, artesanato e plástica são monoteístas.

Poucas vezes a aflição tem tomado conta de mim como hoje.

—

Insulina. Almoço. Parafimose?

* Apelido do lendário ladrão Meneghetti.

—

Para um "Telefonema":

"No meu tempo de moço (Sete Dedos, Semana de Arte Moderna, o Para--Todos do Álvaro etc. etc.), só havia no Brasil uma declamadora — Eugênia Álvaro Moreyra. Depois, apareceram diversos elefantes de palco, recitando toda a versalhada romântica e paquidérmica dos nossos românticos, de Álvares de Azevedo a Guilherme de Almeida. Seguia a escola da minha horrorosa amiga Berta Singerman, sem ter nem o seu corpo nem as suas *écharpes*. Agora, abro os jornais e vejo que também na história fantástica do Sete Dedos anda uma declamadora. Nunca tinha ouvido o seu nome, que, aliás, é espanhol, nem sabido de seus recitais. Mas como essa deve haver muitas. É a ascensão das massas declamadoras.

Nessa curiosa fuga do Sete Dedos e de seus comparsas, entra agora uma rica colaboração imaginativa e popular. Já me disseram que o famoso bandoleiro fora visto vestido de padre, querendo embarcar num transatlântico para a Itália. Disseram-me também que o pacato paredro que, sempre velho, careca e silencioso, dirige a penitenciária era cúmplice do Sete Dedos. Outra, que ele tinha sido contratado para fazer uma fita de bandido em Hollywood. Aliás, ele fará o mocinho e o vilão é a polícia.

Fato é que o terrível matador fugiu mesmo e as campainhas do Carandiru não soaram nenhum alarme (cumplicidade da Light?), nem as sentinelas atiraram.

Quem é que viu o Sete Dedos?"

Oswald*

—

Idinha chegou à Boa Sorte, sob palmas e vivas. Trazia no colo Maria Claudia, japonesinha de seis meses, filha de um drama, que adotou.

---

* O.A. não transformou esse esboço em texto da coluna "Telefonema", que escrevia para o jornal *Correio da Manhã*, do Rio de Janeiro, mas no ano seguinte publicou a coluna "Camus e Meneghetti" (26 jan. 1952), em que relembra a visita que fez com o escritor Albert Camus ao criminoso, na penitenciária de São Paulo, em 1949.

5 DE NOVEMBRO

Estou só no apartamento. Cheguei às oito horas, deixando todos na Boa Sorte. Viajei com o inglês Walton, da Mestiça, que trabalha na Light e é metodista.

Há muito que não recebo uma boa notícia, mas encontro uma carta de Rudá, ótima, falando em comprar carro. Completamente na Lua, o que muito me anima. Fora deste mundo onde as tenazes da Dívida se apertam sobre o clã dos Andrade.

Espero a hora de telefonar para o José Carlos de Macedo Soares.* Vou tentar alguma coisa com a São Paulo. Nony chegará do sítio de Piracicaba ao meio-dia. Antes, irei ao Zé Carlos, se estiver aí, e ao Pacheco Fernandes. Resnik, para exame da aplicação do dinheiro que sobrar e W. Figueiredo, no mesmo prédio, só à tarde. Antes, de treze a catorze horas, iremos ver o gângster Oscar para saber da carta, do processo do IAPI e dos cinquenta contos que prometeu.

Encontro na "correspondência" uma conta de telefone de oitocentos cruzeiros que não posso pagar e um aviso de vencimento, dia 2, da Casa Bancária Aliança.

———

O telefone informa que o Zé Carlos embarcou ontem para o Rio. Só voltará no fim do mês. Tentarei com o porco João Mendes Neto.** Que fazer?

———

Ontem, o "jagunço" Raul, ex-caseiro, apareceu, tímido, para tirar os "trens" com um caminhão e a sogra.

— Não dexo rabo atrais, doutor. Pagou o dinheiro dos trabalhadores e prometeu liquidar a dívida de seu Juca.

---

* Ex-interventor federal em São Paulo e diretor da São Paulo Companhia Nacional de Seguros de Vida.
** Advogado e jurista, sócio da São Paulo Companhia Nacional de Seguros de Vida.

11 DE NOVEMBRO (PRIMEIRAS HORAS)

A Antropofagia rejeita todas as alienações sociais — Wall Street, São Paulo ou Joanesburgo —, todas as alienações religiosas — Roma, Meca, Benares —, todas as alienações políticas — Moscou, Peiping [*Beijing*].

Negócio. O Zé Carlos não tinha embarcado para o Rio. Embarcou, depois de me ter recebido desinteressadamente e recusado a venda do prédio à São Paulo. Mas o João Mendes, o crápula de 39, a quem levara o negócio, organizou a compra com o aristocrata Firmininho (neto de porteiro de banco, me disse ele) pela Santa Casa na busca de 25 [miro] "no estado". Pediu oferta por carta e estão os dois trabalhando.

Mathias, o gelado vômito [fenício], procura engolir-me.

A prefeitura, o governo, enfim, os que não [pagam crise] são também candidatos.

Mas a espera me enerva e minha pressão sobe a 18.

Hoje, tomei-a no consultório do dr. Ferreira Filho, que examina Antonieta (que anda anormal, preguiçosa, dolorida) e denuncia um pequeno fibroma no útero. Braga, interpelado, rejeita o diagnóstico, pelo telefone. A examinará segunda, às dezesseis horas.

—

Conheci o engenheiro Lomonaco, da prefeitura — [11º] andar do edifício Marabá — que se vendeu a seu Lídio para fazer um trecho da rua Capote Valente, em frente às casas do mesmo.

Aceitou a ideia de arranjar os terrenos do Sumaré. Iremos lá terça-feira de manhã.

—

Por falar em vômito, o Oscar desapareceu. Nem carta, nem dinheiro, nem processo. Puta que pariu para o IAPI.

—

Sonho com Antonieta, depois da venda do prédio, irmos para Paris, comprar um apartamento e escrever. Programa *O antropófago* para 54, fim do ano. Antes, preciso viajar muito. Conhecer o Brasil, o México e o Peru. Benares, rever o Egito e a Grécia.

—

De decepção em decepção, o meu ser se encolhe e recria. Nony me anuncia que Rudá virá para as férias de Natal. Evidentemente, foi ele — o bom filho — que avisou o Deco do meu estado de saúde. Deve ser grave para fazer o Deco viajar para cá. Eles não querem que aconteça com eles o que aconteceu comigo, um grande dissídio, em 12, quando encontrei minha mãe morta.

——

Juca está com coqueluche. A crise dá depois do almoço. Ele então senta-se numa cadeira com um balde perto. Tosse e vomita o almoço.

—

Geraldo transforma a Boa Sorte. Não fomos hoje por causa do estado de Antonieta.

—

Tavares de Miranda trouxe-me aqui uma jornalista suíça, amiga do [Ernesto] Grassi, que vem agora.

—

Os filósofos coloniais vão com [Luigi] [Bagolini] a Curitiba inaugurar a filosofia do Paraná.

—

São duas horas e eu não durmo.

—

Nem com Bellergal.

——

A escamoteação do problema do mal. De Platão e Agostinho ao padreco Lebret, tudo tem que ser bom, feito pelo filho da puta de Deus. A servidão é compensada pela "outra vida".

—

Programa de volta às letras e às artes.

1954 — *O antropófago.*

Depois, terminar *Marco zero*, fazer direito o meu *Diário confessional* e publicar talvez o *Livro dos Telefonemas e outros recados*, minha colaboração que pretendo recomeçar no *Correio* e mais artigos etc.

———

Conto à Antonieta da minha [angelicidade], indo procurar remédio para uma letra protestada, junto ao Brasílio Machado Neto,* irmão do Antoninho

— Que que eu posso fazer?

Ele tinha razão.

———

Ontem, ao meio-dia, aparecem aqui dois corretores bisonhos, para o prédio. Seu Décio Ferraz do Amaral, com 45 anos avelhantados e humildes, e seu Cacimiro, gordo, risonho, de bigode.

— Estou começando a ser diabético (serviço de confraternização).

———

O padre de Ribeirão Pires, me contou o velho Capelli no churrasco (*me tiraro a mêquerronada!*) que fez a guerra na Itália, diz que aqui no Brasil é sempre Natal e Páscoa. É mesmo!

O calceteiro Greco me perguntou: "— Má que ideia essa di sê comunista?!".

———

A vozinha de Antonieta Marília, do outro quarto, pede para apagar a luz, que a incomoda.

———

O Rudá vem! Que bom!

———

* Presidente da Federação do Comércio de São Paulo.

27 DE NOVEMBRO

Esperar! Esperar ainda! Até quando?

Ontem, quase caí na rua. Fora procurar o milionário Suplicy. A telefonista me avisa inadvertidamente que ele me mandara chamar. Mas o cachorro bancou o durão. Não há negócio. Está tudo ruim! Para me fazer entregar por nada o que eu tenho.

—

Esta vinda da Boa Sorte para São Paulo tem sido uma horrível provação. Vim para liquidar, para acabar. Mas tudo enrosca, para. A Santa Casa não decidiu ainda nada sobre o prédio. O Guimarães negocia eternamente uma área do Sumaré com o Viana, o IAPI manda os mesmos recados. Por sinal, Noemia reapareceu sequiosa. O [*Gabriel*] Moacyr, cão imundo, ficou em Porto Alegre até agora. Assuntos pessoais!

—

O barbeiro seu Gino, contando uma tramoia da companhia que quer tomar o terreninho que ele comprou. Tererê, tererê! Já atrasou treis meis!

— Eu não respondi por educação! Sou um sujêto culto e viajado. Eles qué o tirreno porque valorisô!

—

Seu Capelli contando o noivado da neta, que o amargura. Viu-a com um estranho, passeando de carro. Conta a dona Miquelina:

— Vi ela com um, vistido de sordado!

— Ma quê! Ma quê!

[Cede.]

— Má é um jogadô! Non trabalha!

—

O Geraldo foi e veio de Ituverava. A Maria Claudia doente.

—

Ontem, almoço com [*Roger*] Bastide e [*Tullio*] Ascarelli *chez* Yolanda e Ciccillo no apartamento da rua Albuquerque Lins. Estavam lá celebridades estrangeiras, Maria Martins e Teresa d'Amico, que está de novo no Brasil.

———

De cá pra lá, Batah, letra reformada de cem contos, Silva, na Beneficência Portuguesa, de prostatite. Vai ser operado hoje. Febre alta. Felizmente melhorou.

———

O impassível canalha Flaviano de Toledo, que fala mal da Bienal e desvia a bola dos negócios. A Investimentos não pode cogitar de nada até fevereiro. Vai tudo mal!

———

Samuel, que diz que me telefonou inutilmente chamando.

Perdi um negócio. Esse mesmo negócio que estava tentando com o cachorro João Mendes Neto e o Firmininho.

———

Dona Maria (quanta Maria) conta que o pai (grande cargo) fará a compra do prédio (Ela leva oitocentos contos!). Só que precisa esperar porque ele já tinha negociado dois outros e a avaliação foi baixa. Ele precisa mudar os avaliadores e depois comprar o terceiro, o nosso. Fala em 28 mil!

———

Hoje pela manhã, vou ao escritório do Viana, com o incrível Guimarães, ver se fecho o negócio do terreno. Depois, comissão do Centenário. Ciccillo quer que eu indique a comissão organizadora dos primeiros Encontros Intelectuais de São Paulo, para 54. Penso em Antonio Candido, Sérgio Buarque, Lourival (obrigatório), Bastide, [*Alfred*] Métraux, Ascarelli e eu.

Por sinal que esteve aí Métraux, inteligente, melhor que o dos livros. Boa sessão noturna na universidade, com uma negrada sabida que fala em marginal e complexo. Dr. Santana, Geraldo Campos Oliveira, orador.

Na mesa, também o Florestan.

———

Houve o aniversário de Antonieta Marília, seis anos! Ficamos estafados. Resolvemos não dar mais festa em casa. No Mappin é melhor.

———

Dirceu continua contando piadas bandalhas às crianças, o santarrão!

———

Ontem, Antonieta Marília perde os meus óculos. Tinha ido ao ensaio de balé. Volta graciosíssima.

— Os óculo do pai está no outro bolso! Tinha ido buscar os cruzeiros.

———

Paulo Marcos sarou, mas vomita o remédio. Antonieta faz tubagem. E eu retenho no bolso o resto do dinheiro que o Pacheco Fernandes me deu, como outrora o Alcântara.

Quando terminará tudo isso?

25 DE NOVEMBRO

Se há um inferno é esperar. A demora me mata, me acaba, me liquida. Os imbecis teologais, que dizem que o eterno suplício é a ausência de Deus, erram. O que é terrível é esperar, é a demora, o adiamento, o inacabado. A Santa Casa não quis o prédio. Estamos tratando de vendê-lo à prefeitura, através da grã-fina dona Maria e do Bossi. Será?

Visitei o Herculano, do Banco da América, no apartamento, com a "definitiva", aliás simpática. Prometeu me ajudar a transpor o espigão deste fim de ano miserável de crise.

O filho da puta do Gabriel continua no Rio Grande. Noemia informa.

———

Hoje, Antonieta Marília estreou no balé de dona Carmen, no Municipal. Se ela soubesse quem foi essa dona Carmen!

Como Antonieta a levasse à *toilette* para tirar a roupa de pintainho com que dançou, ela demorou-se e perdeu o número que queria ver e que pretende dançar — *A morte do cisne*, de Saint-Saëns. O porteiro não deixou entrar. Crise de choro. Primeira decepção na vida!

—

Ela dançou com muito jeito.

—

Camus me mandou o seu último livro, que me parece a sua melhor coisa. *L'Homme revolte.* * Uma maravilha!

—

Anteontem, batalha do Batah.
— Banqueiro não tem nada com isso!
Silva, operado, utilizou o dinheiro que eu dera para os juros. Dez contos.

—

Silva melhora.

—

Saí da batalha do Batah como se tivesse sofrido um trauma mecânico — cavalo disparado, bonde.

—

Deu-me prazo até quinta-feira. Veremos.

—

São três e meia da madrugada. Acordo repousado. Poucas vezes tenho tido um cansaço como este último. Precisei dormir três dias para me refazer. Que será de mim?

—

Ouço lá fora o barulho do elevador do apartamento. Gente que chega da farra do domingo. É cedo para me levantar.

* *O homem revoltado.*

27 DE NOVEMBRO

Às dezenove horas, na Secretaria das Finanças da Prefeitura, fechei praticamente a venda do prédio por 28 milhões de cruzeiros, com o secretário [*José*] Scaciota e o engenheiro Bossi.

———

Nony conta da Luiza, chegando da Europa, com a mãe e a filha no cais. Deu uma [facada] para pagar as despesas de bordo.
— Você é uma vagabunda. Você non ter vergonha na cara!
— Eu me suicido!
— Você devia de fazer esso mismo, se soecedare!
O Afonso, amoroso.
— Que coisa desagradável...

———

Fui à casa de Vicente agora à noite. O Grassi não pôde descer em Cumbica* por causa do tempo. Foi ao Rio, vem amanhã, se Deus quiser.

———

Conversa boa com o Vargas também. O totemismo e o culto aos antepassados (pavão, sapo, vaca etc.)
Nós estivemos (nós homens) no batráquio de Dacqué, no peixe. Hoje, eles estão em nós e o que regula é a lei marxista e nietzschiana da *jungle*.**

11 DE DEZEMBRO

Tive vontade de escrever um conto em que um sujeito morre na rua sem sentir que morreu. E é tal a sua vontade e tal a sua tensão muscular que seu corpo continua andando por todos os lugares onde tinha que ir. X9.***

---

* O bairro de Cumbica, em Guarulhos, é onde fica hoje o Aeroporto Internacional de São Paulo. O aeroporto foi inaugurado em 1985, mas desde 1945 havia no local uma base da Aeronáutica.
** Em inglês: "selva"; a lei da selva.
*** Usada até hoje para "delator", a expressão surgiu com as histórias em quadrinhos do Agente X-9, criadas nos anos 1930, nos Estados Unidos.

É que desabei de um desses cansaços enormes que me atingem nas crises graves, quando tenho que andar de cá para lá, segurando a bola desencadeada da adversidade. Primeiramente, é que o Deco chega por estes dias, parte de Roma domingo próximo, 16. E eu não tenho até agora o dinheiro para pagar a passagem reservada na Panair. Falei com o Álvares, da Exprinter. Ele mandou encher a ficha e disse que faria tomar a passagem. Deverei pagar hoje ou amanhã.

Para isso, pretendo arrancar o dinheiro do Arlindo Maia Lello, que agora tem um banquinho na rua da Quitanda. O Pacheco Fernandes, pela primeira vez, me negou pão e água, e o seu Pupo também! Mas o Pacheco me prometeu, hoje às duas horas da tarde, me ajudar junto ao Arlindo, que vai visitar. E seu Pupo, entre outros, diz que topa um negócio de usura, que eu tenho que fazer o compromisso de venda de todo o terreno do Sumaré por Cr 150,00 o metro, a 5% ao mês, em seis ou oito meses. Isto é, traduzindo, receber hoje quinhentos contos e dar daqui a pouco setecentos. Mas, mesmo isso, o seu Julio, da imobiliária Suplicy, não conseguira de um freguês. Diz que conseguirá de outro.

———

E o prédio? Tive uma semana agitadíssima de venda decidida. Para sair do barulho. Mas foi impossível. Ofertas, primeiro de 18 mil contos, o que, paga a Caixa, não dá nada. Enfim, conheço mais uma das decepções maiores. Estava tudo combinado para vender o bicho à prefeitura. A filha do prefeito Armando de Arruda Pereira, de acordo com ele, receberia para o seu grupo Cr 1 500 000,00. D. Maria, que trabalha na Comissão do Quarto Centenário, onde Nony está afinal fazendo dez contos mensais, nos disse que o pai queria o prédio, o que foi confirmado fácil e efusivamente pelo outro lado, o lado técnico (Scaciota, secretário das Finanças da Municipalidade, Bossi, velho amigo etc.). O Scaciota, com uma leviandade natural, me pergunta se eu só queria 15% de sinal. Fui uma manhã ao Centenário contar tudo a d. Maria e perguntar-lhe se ela não queria [ser] Papai Noel (pedaço do sinal). Ela se dispôs a obter, mas voltou logo com uma resposta torta. Que era difícil. Depois, que "nada feito". Ao contrário, o Scaciota continuava firme, mandando formar o processo e fazer a proposta por 28 mil contos. Cheguei a ir ao escritório do

Mathias. Estava desesperado de não poder arranjar o dinheiro necessário e urgente, quando, na saída do Banco do Estado, encontrei com o João [Motta]. Agarrei-me a ele (Ademar) para que ficasse com tudo, prédio e terrenos. Ele então me disse:

— Vá procurar o Maciel na Caixa e diga a ele que você pensou em entregar tudo ao Arlindo Maia Lello (grande firma), o Arlindo assume tudo e te põe dinheiro no bolso. Resisti pensando que era um absurdo. Mas ele insistiu.

— Não, não vá primeiro ao Maia Lello, vá consultar o Maciel. Ele tira o telefone do gancho, fala com o Arlindo e você faz o negócio. Já falei demais, eles são cupinchas, vá!

Bom jogador não perde bola. Apesar de desiludido e estafado, num desses verões incertos de São Paulo que queimam e gelam, fui. O Maciel, ouvindo o nome de Maia Lello, engrolou, tossiu, tomou o fone e procurou-o. Não estava. Deixou recado. E me disse que passa (são de fato sócios).

Antes, me garantira que a Caixa dá o dinheiro para acabar o prédio. Mas quando?

Assim, com o Lello de permeio, sim! Fui a ele, que já havia se comunicado com o Maciel. Aceitou o negócio. Põe o Mathias para fora e recebe da Caixa. Termina o prédio. Compra os meus terrenos — todos do Sumaré. Faz à Caixa uma proposta de construção de casas populares e passa adiante.

———

Tive que descansar dois dias seguidos para me refazer. Por precaução, estou em contato com a dupla Giglio-Palma, donos do Expresso Luxo, e com [...] Viana-Lafayette do Roger Cheramy falido, através do Guimarães.

Hoje, tenho que enfrentar o vencimento do Cruzeiro do Sul (o d'Agostino, que não está mais lá, deu uma trombada de automóvel na estrada Rio-São Paulo e está internado com a senhora na Santa Casa de Pindamonhangaba).

Também o Batah, Banco do Brasil etc. etc. Tenho a impressão de que, feito o negócio de usura, amortizo e passo adiante.

———

Importantíssimo ficar com o prédio.

———

Sábado, almoçaram aqui Helena, Jamil e o poeta [*Edgard*] Braga, Carmen etc.

———

Ontem, fomos assistir a *Morte do caixeiro-viajante*. Muito bom. Chamado neorrealismo, uma "purga" da realidade caótica e terrível com que a humanidade se autoflagela desde a Bovary. Como Shakespeare.

———

Na Boa Sorte, que ficou de novo sem água e sem luz, o Geraldo conta do velho Trajano — *Pague em rabo de porlco, chêre merda de porlco, mas seu borlso tá cheio de dinheiro!*

———

Numa dessas idas e vindas, fui procurar quem? *El* Ademar. O Chico, agora, lá dentro da colossal organização da avenida Ipiranga (dois andares), é o "chefe".

Eu tinha ido ao Roger Cheramy, depois fui buscar o guarda-chuva que tinha esquecido na casa do Ciccillo, onde deveria almoçar com o Grassi, por aqui, e intelectuais. Em frente, vi a casa do Ademar cheia de carros ricos e de gente. Mandei me anunciar, ele estava de saída, indicou-me o tal escritório. Cheio de gente. Pior que os Campos Elíseos. O homem está com uma força danada. *El Ademar vai!*

Lá, uma bela, tipo antiga Bárbara, numa intimidade cínica com os funcionários, se encosta, bate na bunda, sorrisos etc. etc.

Esperei à toa conversando com o médico Levy-Sodré, que, como se vê, não quer saber de ser parente do Zé Carlos: Tá doido! O Sodrezinho é oficial de [gabinete] do Garcez.

———

Tivemos uma semana Grassi, com um magnífico churrasco na Boa Sorte. Sucesso de Antonieta e Geraldo, conferências fracas, a não ser a primeira em que ele fez um apelo e um ataque à filosofia colonizante dos Reale-Vicente. Intervenção minha, contra ele ficar em Petrarca num assunto — Humanismo. Direito — o que daria uma visão do direito que se bipartiu, dando a *Liberté*

Proprieté* da Revolução Francesa e, do outro lado, no déspota ilustrado, sr. Ademar de Barros.

Pouquíssimo também sobre Leopardi. Pediu para passar uns dias na Boa Sorte.

—

Tullio Ascarelli, no almoço do Ciccillo, dá duas dentro. — É preciso que alguém escreva para dez pessoas, [na] hora H, a gente vai atrás. É preciso que quando se diga — o café em Santos subiu, desceu —, haja quem diga: Menefrego!**

Só assim se cria uma cultura no meio do pandemônio moderno.

—

No escritório do "chefe" Chico, contam histórias de um militar terrível, enfrentado por um médico.

— Coronel, o senhor é responsável pela vida deste povo.

— Sargento, prenda esse homem.

— Alto lá. Só vou preso por oficial. Mato o sargento.

Outra dum gaúcho investigador — Vá gritá com sua negra! (Estava acuado)

—

De Paulo Marcos:

— Quer ficar de bem com papai?

— Não!

— Por quê?

— Porque você me deu um tapa.

— Eu te dei um tapa porque você é um teimoso, um cabeça-dura. Eu te mandei descer para ver um casamento no [Babin] aí em frente e você berrou e saiu do elevador!

— Eu primeiro vim dar um beijo em mamãe, depois fui!

— Então desculpe.

(Derretimento)

---

* Em francês: "liberdade" e "propriedade".
** Do italiano *me ne frego*: "não estou nem aí".

Na Boa Sorte.

— Titia Idinha vem aí, te dá um raspe de chinelo, eu conto o que você faz.

— Papai, você tem coragem?

———

Num desentendimento burro com Antonieta (pensando que ela não me amava mais — Vou morar com o Rudá em Roma) e ela, o mesmo, brigamos. Antonieta Marília num chorão grosso, parecia a Duse (*La figlia di Iorio*).* E ele [*ao*] puxar a saia de Antonieta: — Mamãe, você já chamou a radiopatrulha?

———

São seis e meia, vou tomar o café que a Amélia já deve ter preparado e comprado o pão.

———

Antonieta dorme ao meu lado. As crianças no quarto. Vou [depois] fixar aqui um episódio da História de Deus para *O antropófago*: a transformação do tabu em totem. Javé-Jeová — O Deus arbitrário que o primeiro cristianismo comunista derroga pelo Deus justo e Agostinho, com a graça, retoma e, depois da Idade Média matriarcal, passa a bola a Lutero!

———

Ontem à noite, visitamos Luís Coelho e Dinah no apartamento. Anteontem, vieram aqui Victor Azevedo e Cristina com a Mônica, de dois meses. Recordações da casa dos mortos** (O comunismo heroico).

10 DE DEZEMBRO (NOITE)

Meu relógio não anda. Onze e meia, onze e trinta e cinco, onze e trinta e sete… Estou à espera de meia-noite para telefonar outra vez ao Palma, a fim de saber se ele faz o negócio do compromisso de venda.

* A atriz Eleonora Duse na tragédia *A filha de Iorio*, de Gabriele D'Annunzio.
** Referência ao livro homônimo de Dostoiévski.

Hoje, graves decepções.

Pego o Palma no escritório do Expresso Luxo. Não tem dinheiro. Ninguém tem dinheiro. Mas um médico capitalista seu amigo poderia fazer.

Antes, boa entrevista com Maia Lello. Scaciota, com que vou buscar a planta, diz com a mesma cara ademarisada com que perguntou se eu queria só 15% de sinal, me diz agora que o negócio é demorado e talvez não se faça.

O Giglio, cínico carcamão da Sicília!

Depois do almoço, espera do João Pacheco Fernandes no barquinho do Arlindo. Chove muito lá fora. Pacheco não vem. Abro-me com Arlindo. Impossível. Ademar sacou hoje 2 mil contos. Enfim, se o Pacheco intervier... Mas ele também quer que o Pacheco abra para o seu banco uma conta no do Estado!

Vamos a Pacheco. Cena intensa. Ele telefona a Arlindo, que não está.

João [Acioli], visitando, promete falar com o gerente do Banco Nacional do Comércio, o Almeida. Telefona, não está. Separo-me de Nony, que andou o dia inteiro comigo. Telefonou ao Saia. Nada! Ele vai ao Álvares, ver se seguiu a passagem do Deco, e ao Silva, na Beneficência. Irá à noite ao Luís Coelho. Reforma.

Vou à Casa Aliança, lembrada pelo Pupo, que negou também. Vou ao Abdala. Vagamente interessado porque assim resgataria os seus papagaios. Giglio [desfeiteia-me]. Consigo entrar, depois do expediente. O contínuo severo me faz sentar na saleta de espera. Enquanto Giglio sai pela outra porta. Tudo falhou. É triste voltar derrotado para casa. Procuro ainda, *chez* Ademar, o Chico e o Motta. Ninguém.

Trago ricota e biscoito sem sal. Recomecei o regime. Se não, caio na rua.

———

Um telefonema ao Pedro. Meia-noite — 34-31-32.

———

No meio disso tudo, seu Julio e Amadei não arrumam nada, *chez* Suplicy.

———

Meu relógio não anda. Cinco para meia-noite!

Esplêndida cena de chegada em casa com Paulo Marcos pulando e Antonieta Marília dançando.

—

Vêm vozes de crianças da rua. Meia-noite.

—

Telefono. Seu Palma já saiu.

11 DE DEZEMBRO

Resolvo embarcar inteirinho no carro carnavalesco de Ademar. É a solução do desespero.

—

Mas, antes de embarcar, tive um tão confuso e agitado dia que não sei mais se foi hoje ou se foi ontem que me avistei com o gerente Botelho, do Banco Nacional do Comércio, a mandado do poeta Acioli. Sempre na conta incansável do dinheiro necessário para a passagem do espigão do fim do ano.

Samuel Ribeiro me negou cinquenta contos e a passagem do Rudá. Estará "sem disponibilidade", por mais ridículo que isso pareça. Eu soube que anteontem ele subscreveu 1 milhão de cruzeiros para os "Grandes Hotéis".

Enfim, ainda é ele que, [parece], vai nos salvar. Nos indicou duas fontes: d. Gilda Salles Gomes, mãe do Paulo Emílio, e meu primo, o maluco usureiro Otávio Augusto Inglês de Souza, morando com a mulher gorda num quarto desarrumado de pensão da rua Veridiana.

D. Gilda, simpática, mostra-se inclinada, dependendo, diz ela, de uma consulta — a quem? Ao próprio Samuel. Tem setenta contos, que combinamos a 3% ao mês.

À tarde, depois do dia estafante de calor e de chuva, telefonei e ela me contou a [farsa] do velho judeu. Não a quis receber no começo, depois chegou até a porta, estava cheio de gente — O Oswald? Ele não tem urgência nenhuma. Tem muita garantia (de raspão). Venha amanhã, hoje estou muito ocupado. E eu no telefone: — Você precisa desse velho chato para me emprestar setenta contos? — Ah, é ele que aplica...

———

Mas tudo continua incerto. Paulo Suplicy, com seus grandes ares católicos, também negou a passagem do Rudá. Pensamos no Afonso, no Salazar, no Rao, e agora eu estou pensando na Luiza.

Eu comuniquei ao Rao, pelo telefone, que o prédio ficava nosso, com exclusão do Mathias. Ele está louquinho para engolir um apartamento. Quem sabe se me serve. Não estão esgotados todos os cartuchos. No meio disso tudo — Carmem pede a Lina, que gastou o que tinha na pintura da casa, à colega Beatriz, que conhece usurários...

E eu vou, mandado pelo Wili Batah, ao Paraíso, na casa de um sírio baixote, de cabelos brancos, que estava festejando o Natal, com duas enormes mesas redondas de pife-pafe, em torno das quais sentavam-se fumando uns trinta [...] sírios, fumando e jogando. Dia útil! O tal, de nome Assaly, não tinha, até precisava de dinheiro. [Banco] estava fazendo luxo, mas ia dar 2 mil contos. [Conhece] um amigo de Jaú que tinha quatrocentos contos para empregar a juros altos.

12 DE DEZEMBRO

Ontem, amanheci no Silva, que teve nova reboldosa no sábado, e me ademarisei atrás do Chico barbeiro, no escritório imenso do Ademar.

O tenente Dirceu (pelo telefone) ao mulato Nascimento — Quais são as suas ordens?

———

Penso em escrever na *Época*, que está com o Osmar Pimentel.

———

Anteontem, o seu Julio, da imobiliária Suplicy, ameaçou uma lágrima quando falei na passagem do Rudá. Mas não arranjou nada. Mas, há meses, até o Barbosa, do Ultramarino, ensopou os olhos cínicos quando lhe disse que queria deixar aos meus o que meus pais tinham me deixado.

—

Cenas desagradáveis com o Coelho, como sempre, por causa de reforma da letra, juros etc.

Berra pelo telefone, exige, ameaça!

Vida filha da puta!

—

Enfim, o Rudá está por aí. Pensamos no mecânico Pascoal para ir buscá-lo no Rio.

—

O barulho do elevador balança a madrugada silenciosa.

—

As vacas sírias jogando em grande toalete e o Luís Coelho, Lírio de Piratininga, engordando com a Dinah, na cerveja, me fazem pensar em terminar *Marco zero*. Quando? Quando se afastar a perspectiva de naufrágio. E o casco perdido do "São Paulo" em que vivemos encontrar porto e guarida.

—

Se Deus quiser!

—

Antonieta Marília diz que comprou um sapato de dançar — Mais bonito, mais barato e forgado! O contrário do outro.

—

Penso no Rudá aflito em Roma sem ter notícias da passagem. Que fazer?

Nony com todos esses trancos da inconsciência que o leva ao sítio do Pascoal, em Piracicaba, no meio da tormenta. Coitado!

—

Penso em xingar o Luís, mas ele me tem na mão através do Ultramarino.

—

Noite

Os ares de galã do filho do Batah me arrebatam para o tablado político. O pai mandou pôr no pau o título. De outro lado, o Silva piora, melhora, não sai, não vai. E eu posso ser esmagado de um instante para outro. Ora essa! Tiro imediatamente uma clarinada para as forças ainda vivas que possuo. Telefono ao Osmar. Vou amanhã combinar minha atuação na *Época*.

———

Pela manhã, angústia e incapacidade de sair. Banho longo. — Dona Gilda telefonou. Ligo. Diz que só tem cinquenta! Faz com Samuel. O velho é que determinou tudo.

———

O Juca por aí, intoxicou-se com coalhada.

———

Primeiro, o título no Samuel. Tudo correu bem. Depois, o pagamento da passagem do Deco, no Álvares, da Exprinter. Telegrama a ele, aguarde o final da greve aeronáutica.

Visita rápida ao Rao. Em conferência. Vem logo. Um esqueleto branco. Faço minha fita. Depois, visita ao Alfredo d'Agostino. A trombada. Depois a Batah. Telefone ao Silva. Atende

[*Nesse ponto, o fluxo é interrompido por uma página contendo uma espécie de diálogo entre O.A. e Nonê. No alto da página, está assinalada a data de 10/2/49 (quando, provavelmente, Nonê utilizou página em branco do caderno do pai). Nonê escreve:*]

Abstração é uma manifestação isenta de qualquer elemento que tenha forma ligada ao anedótico ou que se assemelhe a qualquer objeto, humano ou não. É a procura da forma que não seja ligada à natureza.

[*Logo abaixo, O.A. comenta a anotação do filho:*]

Muito bem, seu Nonê!

Mas, se você quiser acertar mais ainda, se possível, vá à etimologia. *Abstraere*, em latim, quer dizer tirar, retirar. Você, retirando de qualquer coisa os elementos, como você chama, anedóticos ou realistas, isto é, ligados a *la natureza*, aé! então você tem uma abstração.

Depois da conferência do Sergio.]

a irmã. Depois, Banco Cruzeiro do Sul. Lamounier. Conversa longa com Nagib Jafet. Táxi. Casa. Longa combinação com Antonieta para a luta!

———

[Uno tê que se smerdá, dizia a Miguelona].

———

O Emilio Carlos casou com a Esther Chamma, o Chateaubriand vai ser senador pela Paraíba.

14 DE DEZEMBRO (MADRUGADA)

Diante da ameaça grave do jovem usurário William Batah, que tivera ordem do pai para protestar meus títulos com o Silva, que continua gemendo e urinando sangue na Beneficência Portuguesa, mudei de rumo e optei rápido pela ademarização. Estive à tarde com Osmar Pimentel, que me convidou para dirigir a *Plateia*, que eles vão lançar. Na madrugada insone, crio logo um negócio fabuloso. Comprar a *Plateia*. [De contratar a campanha]. De acordo com Ademar, instalar as oficinas da *Época* no prédio, fazer a redação em cima, estação de rádio no alto. Vou levar pela manhã o negócio, para dar forma, ao velho Samuel, que vai se regalar. É só o Abdala me dar uma mãozinha.

———

Ontem, Banco do Brasil com seu Amado. Casamento do Mário Pacheco Fernandes. Exprinter para a viagem do Deco.

No meio disso tudo, passo a conhecer o italiano [*Curzio*] Malaparte, que me parece, com os primeiros capítulos de *Kaputt*, uma personalidade da altura de Camus, de Sartre, de Miller. Seria a primeira grande obra produzida pela Segunda Guerra Mundial. Me parece um colosso. Não é à toa que o jurista burguês Tullio Ascarelli diz que é um cínico, um reles etc. etc.

Enfim, o século XX já vai dando gente.

15 DE DEZEMBRO (MADRUGADA)

A depressão caminha na noite inflexível, que para no meio. São apenas duas horas da madrugada. Eu acordo matematicamente. E vejo na tragédia do velho Silva (o Silva piorou, terceira hemorragia, não pode receber visitas) a ameaça do destino que pode de repente derrubar todo o penoso castelo que construí para os meus. O Silva, sem tanta dívida, afunda devagar diante da intransigência do turco Batah (— Non tenho consideraçon, mando pra bau! Quando stô abertado!)

Se eu me inutilizo, adoeço gravemente ou morro, onde vão parar os meus?

O Lorena, interessado em localizar um terreninho que o Leardi lhe vendeu, conseguiu uma oferta de cinquenta cruza por metro quadrado para o compromisso de venda do Sumaré. Mas o sujeito foi para o Rio! O Abdala sacode a cabeça. O Samuel, já sabemos.

Deverão entregar a quem a solução inadiável da vida desesperada, se eu desaparecer? Ao Zé Maria Alkmin?* Ao Rao? Ao Luís Coelho, cínico mulato, Geraldo Ferraz de luxo?

Inda passarei por desavisado, cabeça louca, leviano, besta! Jogarão, em vez de flores, merda na minha cabeça! (Ando com o realismo de Malaparte na boca.)

O mais que ofereceram pelo prédio (o Firmino Whitaker) foi 18 milhões. Devemos 16. Agora, chegou ontem a ir a Samuel um corretor do Banco Imobiliário, Bittencourt (34-33-36). Será? Que crê elevar o negócio que propõe de condomínio a 28 milhões. Será? Mas tudo fica para amanhã, só "amanhã" o bom do Osmar falará com o mau do Ademar sobre a *Plateia*.

Mas eu preciso viver, furar a crosta de gelo que me prende como os cavalos mortos do [lago] Ládoga de *Kaputt*!

O terreno teve uma oferta à vista (não para tudo) de 250 cruzeiros por metro! (O Viana!)

Fico encolhido na cama onde Antonieta respira. As crianças no outro quarto. O Rudá embarcando amanhã de avião em Roma para me ver. E a vida cruel, insensível, ameaçadora.

Preciso viver, preciso viver!

* Secretário de Finanças de Minas Gerais.

Contanto que eu viva! Que atravesse essa "dança sobre espadas", no dizer amargo de Antonieta. Essa lama que nos envolve e nos quer engolir vivos, as crianças também! Vejo Carmem dizendo para Antonieta viúva: — Não sobrou nada! Agora você precisa trabalhar, começar, educar as crianças.

O que aconteceu ao Silva, de repente jogado no leito de um hospital que o detém, me escancara os olhos na noite donde fugiu o sono.

———

Samuel, ontem, marcou meio-dia e meia, chegou às catorze. Estava comprando uma passagem para o hindu Ali Khan.

———

Quando eu vinha me deitar, às oito e meia da noite, morto de fadiga, apareceu o mocho Eduardo, da Helena, para me trazer um livreco do Plínio Salgado, e levou um de Trótski, sobre literatura.

———

A crise rebenta tudo. Deus nos acuda!

20 DE DEZEMBRO (MADRUGADA)

Rudá chegou. Lindo, magnífico. Grandes e pequenos pânicos no Rio, para onde fomos de ônibus com Antonieta Marília. O avião atrasou oito horas. Nós, eu e minha Antonieta, no Serrador. De outro lado, atraso incrível de Nony, que foi de perua com Adelaide e Afonso.

Afinal, às dez horas da noite, quando íamos tomar um táxi para chegar ao campo da Ponta do Galeão, surge a trupe automobilística. Tinham ficado quatro horas parados à entrada do Rio. Chovia, tomamos apressadamente a perua. E, na avenida Vargas, ela encrenca de novo, para. Sob a chuva, certos já de perder a chegada do avião, eu e Nony procuramos inutilmente um táxi. Nony vai de ônibus procurar um carro na estação Pedro II.* Volta. Corre-

---

* Nome da estação Central do Brasil durante o Império.

mos. Atingimos os galpões iluminados do campo. O avião acaba de pousar. Entrevejo meu filho maravilha, através de uma porta, entre os passageiros descidos. Antonieta estoura num choro de emoção que me impede de chorar. Nas dificuldades alfandegárias, abraçamo-lo. É ele! Meu Rudazinho da maternidade, da rua dos Ingleses, onde esqueci um vidro de perfume no dia do parto de Pagu. O meu Rudazinho do campo deserto do Bosque da Saúde, da [Lucia], da casa do Torquato, de dona Ema, da rua Martiniano de Carvalho, enfim, de Roma.

Está ali, sorridente e firme diante deste pobre pai destruído pela cruz do negócio.

Desembaraçado, vamos todos para o Serrador, onde conseguimos quartos. Nony e Afonso, às duas da manhã, tentam rebocar a perua, salvá-la. Não há um mecânico acordado no Rio.

Dia seguinte, espera cabulosa da perua. Vamos almoçar no Albamar. Nony e Afonso chegam. Iniciamos a volta a São Paulo às três e meia da tarde. Afonso vem voando. Chegamos às onze da noite.

Ontem, Rudá almoça aqui com Giannotti. Discutimos Leibniz, o lacaio de Hanover.

Contrastando com a paixão da chegada do meu filho, os negócios cambaleiam. Todas as portas do fim de ano fechadas! Espera imortal do Lorena, do corretor Alvaro, do Salim Baracat. Passo a tarde em casa, doente, telefonando. Sinto-me encarcerado nas malhas apertadas do vencimento. É o Banco do Brasil, o Abdala, o Cruzeiro do Sul, a Casa Aliança. Geraldo some na Boa Sorte, sem me arranjar o dinheiro do eucalipto. Idinha deve chegar.

Depois de horas aterradas sem saída, só vejo Abdala e Ademar. Embarafusto. Telefono para Pacheco Fernandes, que me atende e espera às onze horas. Amanhecer na casa do Chico barbeiro. Sei lá.

Leio Malaparte.

———

Não encontro *Kaputt*. Leio o *Cristianismo*, de Kautsky.

———

Ontem, senti fisicamente as hemorragias de fundo de olho, em forma de chama de vela, que me denunciou Moacyr Álvaro.

———

No Rio, canastra *chez* Paulo Bittencourt. Jantar. Com o casal Pongetti e Lourival Fontes.* […]

———

Dinheiro!
Dinheiro!
Dinheiro!

———

A família espera o Natal.

———

Pega a velha carroça, atrela-a na velha carcaça e marcha! Na chuva e no sol das ruas. Na mendicância, na trágica picaretagem do dia a dia!

———

As desfeitas voltam como cusparadas na cara. O dr. Giglio. O Luís Coelho.

———

Como é que eu fiz a besteira monumental de não passar diretamente para Paulo Marcos a Boa Sorte? Se morresse, eles teriam pelo menos pão, teto e estudo.
O primeiro dinheiro que vier servirá para isso.

———

Meia-noite
Termina um dos dias mais cortados de contrastes em minha vida.
Saio antes de oito horas para ir apanhar Chico barbeiro em casa. Conversa cretina com madame Chico enquanto ele caga e lava os dentes em cima.
— Vamos ao escritório do dr. Ademar?
— Falo com ele?
Eu pressentira em Ademar a salvação.

---

* Ministro-chefe do Gabinete Civil da Presidência da República.

— Ele dá-se com o Abdala.

— Não! O Abdala quer tudo para ele. Ficou com o Perus!

No escritório, Chico some. Depois me avisa que o "chefe" está gripado, não vem. Vá às onze ao Partido. É dia dos anos de Barone. Tem um *cocktail*. Vou levar meus ridículos óculos partidos à ótica Paulista. Depois voo para o Salim Baracat, velho tigre que presidiu a execução da minha casa de avenida Luís Antônio em 1931. O Salim tem um turco que faz o negócio — Só quer vê babelada!

O turco chama-se Casimiro, é baixinho e queixa-se. Vai voltar para a Síria. Está doente. Tira da bolsa três vidros de remédio. Depois mostra fotografia da família, crianças lorpas e gordas. Depois, tira o papel com outro "negócio". Prometo trazer dossiê, planta etc. Voo para o Banco do Estado. O dr. Pacheco está em reunião hoje, não fala com ninguém nem ao telefone. Corro ao Partido atrás de Chico. Vejo Paulo Lauro, Diógenes, aquele tabelião espírita. Banda de música. Cumprimento Barone, que parece sua *girl*. Só lhe falta um leque. Não espero. Vou longe, à casa de Alfredo d'Agostino (antes telefonara ao Carmelo, que está engessado, um tropicão na estrada Dutra). Casa cafajeste e rica. Gim nacional, crianças intrometidas como as minhas. Senhora amável, sorridente, quase bonita. Exponho o caso ao Alfredo. Começo com o IAPI e acabo pedindo um desconto de trinta contos. [Nides!] O táxi que me espera leva-me à casa de Pacheco Fernandes. Está almoçando, ouço a prosa, o barulho dos talheres por meia-hora. Um garçom aparece com café. Acabou o almoço. Pacheco. — Você me perdoa essa cafajestada, mas eu soube que você não recebia ninguém hoje no Banco. E preciso enfrentar o Abdala. Quais são as suas relações com ele? — Fracas.

Ante o meu anseio, ele promete falar com o Abdala. Que eu o localize. Venho almoçar às duas e meia. Pago cem cruzeiros de táxi do último conto de reis que me resta. Antonieta Marília troca os dentes. Paulinho pula pela casa. Teresa telefonou que está na lavanderia Okei. Baíla vem dizer. Chega a "Malia". Descanso. Vou ao telefone. Antonieta banca a telefonista da *Gazeta* para saber de Abdala. Está no Rio. Volta amanhã. Ligo para Lorena arrumar um negócio. Com compromisso de venda não do terreno, mas do prédio. Corro até o escritório do Leardi. Confirmado. Quinhentos contos, 1%, seis meses, 16 milhões.

Vou buscar meus óculos consertados. Compro frutas, palitos.

Chego em casa num fim de batalha. Antonieta completamente indiferente e distante. Dou o estrilo. Tomo um vasto banho. No telefone, Nony. Hesita. Uma noite para pensar. Que bestinhas! Eu me matando e eles não entendendo que os salvo!

———

Rudá está com sarampinho.

———

Lorena confirma o negócio pelo telefone.

———

Noite dentro, leio Malaparte.

21 DE DEZEMBRO

Num país inculto como o nosso, é na incultura que se devem buscar as energias do lirismo e os valores da sabedoria.

———

Vontade de fazer uma "semana do índio" *chez* Augusto, em Mato Grosso, depois do negócio feito.

———

Ontem, não saía da correnteza brava. Mas uma fé inquebrantável me guiou sempre. A gente entra na floresta para pegar o javali ou ser morto por ele. Hoje, nado no meu tormentoso rio interior. O sangue. A pressão.

22 DE DEZEMBRO

Diário confessional
1890 — 11 de janeiro — Chega o Obispo José
1891

1892 Encilhamento

1893 Morte de Inglezinho

1894 Minha mãe entrevada em Caxambu

1895 Jardim da casa da rua Barão de Itapetininga. O canguru no teto do sobrado. A escola Caetano de Campos — pai — mãe — chegada de tia Carlota e família [*anotação ilegível nas entrelinhas*] do Rio — O Rio.

O limitado*

—

Minhas carnes doem de cansaço. Ontem dominante e [abscesso] de fixação — Lorena, Lorena, Lorena. Quem faz o negócio é o dr. Pedro Leardi. Longa expectativa no escritório da praça da Sé. Ficou "para amanhã", "Amanhã", "Amanhã", "Amanhã".

Antes, terrível crise de ouvidos de Antonieta. Estado vertiginoso. Professor Paula Santos. Cura.

—

São cinco horas da madrugada. Leio *Kaputt*, de Malaparte. Que livro!

23 DE DEZEMBRO (QUATRO HORAS)

Me desmancho em urina diabética na noite sem fim. Resultado de um café com leite "compensador". Não sei fazer regime quando vejo o barco virar. O Lorena tinha fechado o compromisso de venda do Sumaré. Quinhentos contos. Prepara a minuta da escritura. Mas o [pretendente], diz o filho do Leardi, falha à última hora. Ficamos sem um níquel na véspera de Natal. Os Alkmin fornecem. As crianças partem para a Boa Sorte com Idinha, que chegou afinal com a japonezinha doente.

O Geraldo banca o esconde-esconde comigo, sem que eu possa determinar o recebimento rápido do dinheiro dos eucaliptos. Pressão no peito. Falta de ar.

* O.A. relaciona anos e acontecimentos históricos sob o título "Diário confessional", mas o período compreendido por essas anotações (1890-95) corresponde ao do primeiro volume de suas memórias, *Um homem sem profissão*, e não ao presente diário.

Na cama da Beneficência, o Silva, melhor, diz: — Me mijo todo quando tusso. Eu também me mijo literalmente. Abdala, Rao, João Pacheco Fernandes. Planos de correr ao Rio — Lourival — Lafer através de Paulo Bittencourt. Preparo-me para fazer "Telefonemas". Vamos para a Boa Sorte. Mas Antonieta, com os nervos de fora, perde a chave do farol do carro.

———

Rudá, doente ainda, com sarampinho, não vai à Boa Sorte.

———

Um asco me abre o estômago. Formigamento no braço. Sintomas de enfarte? Merda!

———

Quase seis horas. A cidade escura, sem lazer. Até o verão está torto.

———

Na minha infame vigília, via a cara de tigre do Abdala, e eu: — Minha vida está em suas mãos.
Merda! Mais dignidade!

24 DE DEZEMBRO

Dormi na Boa Sorte. De duas às quatro da madrugada, que são agora, senti o Natal. O parto depois da crise, a direção, a saída, as crianças. Sinto-me desafogado como uma parturiente na maternidade, depois do primeiro caldo. Ontem à noite, senti fechar-se a ronda dos fantasmas da doença — pressão no peito, caroços no cérebro. O enfarte, o derrame, a angina apertaram-me de perto. Mas, na sala da lareira, ouvi contar casos de "fogo selvagem". Há cura, contava Idinha.

E resolvi reagir. Hoje, às duas horas, comecei a pôr em ordem os batalhões de credores, a organizar o meu plano de batalha final. E vejo que chego às portas de 1952 como Serafim Ponte Grande [que], no meio das desgraças que o comprimiam, resolveu mandar fazer um fraque e alargar o círculo das suas relações. Mando. Devo 5 mil contos, fora o Mathias e a Caixa. Hoje mesmo invisto contra o Maciel, para fazer passar a dívida dos terrenos para o prédio. Irei ao Rio. Com Paulo-Lafer, conto fazer terminar o encartamento do edifício José Oswald. Com Paulo-Lourival Fontes, tentarei de novo a venda do Sumaré ao IAPI.

1952

Diario

Confesional.

3º vol. de anotaciós
(inpublicad som
está)

11 - 1 - 52

1 de Janeiro

Mais um escorregão para a
morte. É esse o sentido que
vem agora cada aniversário.

Um som de lata me acorda
manifestações. Antonieta Mar-
lia junta à freira com Augusto e as duas empregadas
Maria do Carmo e Amélia.

Ficou na Boa Sorte meu
castinho branco, o claim?
raspado. Paulo Moreno deve
ter vindo hontem comigo. Mas
já mandei um recado tele-
phonico chamando o Geraldo. Vou
trazel-o.

———

Deixei de tomar apontamentos
no fim do ano de 51. Ano
filho da puta! Ano do ovo no
ju da galinha. IAPI. Leoridi,

1952

11 DE JANEIRO

Mais um escorregão para a morte. É esse o sentido que tem agora cada aniversário.

Um som de lata me acorda. Manifestação. Antonieta Marília puxa a fieira com Antonieta e as duas empregadas, Maria do Carmo e Amélia.

Ficou na Boa Sorte meu ratinho branco, o alemão raspado. Paulo Marcos devia ter vindo ontem comigo. Mas já mandei um recado telefônico chamando o Geraldo para trazê-lo.

———

Deixei de tomar apontamentos no fim do ano de 51. Ano filho da puta! Ano do ovo no cu da galinha. IAPI-Leardi.

Este 52 está com melhor cara. No último dia de dezembro, andei catando resto de saldo nos bancos para me locomover.

Dia 10, o [Herbert] Levy me concedeu, com o Herculano, dez contos que voaram. Ontem, arranquei, da venda de eucaliptos, vinte.

———

No dia 20, tanto andei, mexi, me comovi, que tive no barbeiro uma dor enorme no braço esquerdo e vim sufocado para casa. Ameaça de angina do peito? No barbeiro.

———

Agora apareceu um negócio do Reid. Logo de quem?

Samuel tem comprador para o prédio. Abdala tem comprador. Todos têm comprador, mas ninguém compra.

16 DE JANEIRO (MANHÃ)

Estamos de novo na Boa Sorte. A região toda ferve numa [manga] de chuvisco. Mas agora melhorou. E o churrasco a Ademar, que será servido às treze horas, talvez possa se consumar fora de casa. Agora estiou.

———

E estiou também na vida. Depois dum desencontro humilhante com Maia Lello e duma visita pressaga do Silva, no apartamento [...] do viaduto Santa Efigênia, chego em casa quase às duas horas da tarde. E encontro uma farra armada pelo Rudá, com *whisky sour* e os corretores do Banco Nacional Imobiliário — o efusivo Bittencourt e o mudo e gordo Freitas.

Vêm eles nos trazer, depois de ter levado ao Samuel Ribeiro uma oferta firme de 25 milhões pelo prédio para condomínio. — Vende! Vende!, gritam Antonieta e Rudá. Chamo Nony, que comparece. Claro que vendo. Vinte e cinco milhões significam o fim do jogo, o apito, e a parada ganha.

Posso respirar, pois dois anos atrás, pelo idiota Caiuby, corretor máximo, o mesmo banco me oferecia... 12 milhões!

Resisti até a vitória. Agora, Samuel com o general, Luís Coelho e Rao com o Mathias "darão forma" ao negócio, pois fundos há. Enfim!

Uma grande paz inicial desce sobre a chuvosa Boa Sorte. Enfim! Enfim!

Passo a manhã combinando, com minha Antonieta reconciliada, o Carnaval no Recife. Será?

———

Vou fazer a barba. Nony trará Ademar.

22 DE JANEIRO

Ademar não foi. Fracasso. Mandou um bom cafajeste representá-lo. Maciel foi com Maia Lello. Também o prefeito [*Fioravante*] Zampol, o Zing, uma [súcia] da imprensa. Fracasso? Êxito? Maciel me trata como uma luva. Fará terminar o prédio. O corretor Bittencourt se enganou nos cálculos e o prédio em condomínio só daria no máximo 22 milhões. Quem me disse, no 3º andar do Banco Nacional Imobiliário, funereamente, foi o chefe Nilo.

——

Agora, o *match* terminal tem sido com o Reid, entrando de vilão o casca-grossa Walter Moreira Costa, que exigiu o consentimento da Caixa para um compromisso de venda.

Hoje, às treze e meia, lá foi de novo mostrar o terreno ao Reid e ao Walter. Ontem, espera de duas horas no Banco da América, onde diz que o Reid substituiu o Herculano, em férias.

——

Em férias também está Roberto Rodrigues, secretário do Banco do Estado, que é o conselheiro do Marcionílio Trajano, comprador de uma parte do terreno do Sumaré.

E por isso o Marcionílio não concretiza níquel e foi para Ituverava com a família, que estava em Santos. O Geraldo, que me veio trazer os últimos três contos dos eucaliptos de Boa Sorte, me disse hoje de manhã.

——

A luta é entre o meu masoquismo funcional e o sadismo ritual do Reid, que afinal escreveu um livro de guerra, melhor que os outros.

25 de janeiro (madrugada)

O Reid, afinal, depois de dezenas de [fintas], fechou o negócio salvador. Dá já 150 contos (sinal com todas as amarrações), empurrando uma letra de duzentos contos do comunista comerciante Arthur Neves, sócio do Caio Prado.

———

Há males que vêm para bem, diz o besta do ditado.

Não fosse a cena dilacerante [...] com o usurário Batah, eu não teria armado um negócio, que este vai se fazer. O Luís Coelho consegue vender os terrenos ao Barbosa, do Ultramarino, dividindo com ele 750 contos — o que pôs [...] de Cr 500,00 por m².

Batah na rua, indo para o médico, vacilante, pequeno e gordo, incapaz de reagir fisicamente, me fez compreender Raskólnikov.

———

— Inton largo meus negócio, si vô iscuitá choradera de cada um. Meus descontos. Meu trabalho. Já foi bra brotesto. Não quer por bem, vai por mal!

———

Não creio que tivesse ido ainda. Volto sábado de manhã da Boa Sorte, para ver e pagar o negócio ao Luís.

———

O cínico do Mathias [denuncia-se] comprador do prédio por 18 [miro].

———

Niemeyer. [Sanduíche], turma no [Fermamus].

———

Boa palestra anteontem com Rudá, que parte. Afinal!

———

Amanheceu. Dormi depois de enorme insônia.

———

Antonieta vem correndo me mostrar uma espécie de parafimose no pipi de Paulo Marcos. Iremos imediatamente levá-lo ao médico, o dr. Mário. Ele será diabético? A primeira manifestação que eu tive, há cerca de vinte anos, foi uma parafimose. Como ignorasse tudo de tudo, me entreguei a um médico de pele e quase deixei gangrenar a história.

E agora? Paulo Marcos é uma criança. Não tem quatro anos. É forte, sadio, alegre.

31 DE JANEIRO

Rudá embarcou em Congonhas às catorze horas, de avião, para o Rio. Viajará à meia-noite para Recife. Atravessará o mar de dia. Chegará à Itália sábado de manhã.

Emoções. Canto na perua.

———

Rompemos o negócio com o Reid. O Luís Coelho descobriu que a letra que ele nos queria impingir era papel sujo. O Neves deu um desfalque de 1200 contos na Brasiliense, donde foi expulso.

2 DE FEVEREIRO

São duas horas da madrugada. Rudá deve estar voando a etapa final da sua viagem. Chegará à Itália esta madrugada. Gostaria de ter um telegrama dele na chegada. Mas sei que não virá.

———

Ontem à noite, duas discussões com Antonieta que, primeiro, não quer que Paulo Marcos fique aqui na Boa Sorte, onde estamos, para iniciar sua vidinha escolar com a Idinha, que vai ser professora no grupo de Ribeirão Pires. Eu não quero que o garoto fique naquele horror de apartamento da rua Ricardo Batista, sem ar nem espaço, e se crie na porta do prédio. Depois, minha mulher toma-se de pânico, ante o passivo que cresce e os bens que não se negociam. Acalmo-a, dizendo que a valorização cobre tudo e que em caso de um possível desastre precipitado, o Luís Coelho, com sua fabulosa advocacia, salvará. Salvará?

——

Ontem pela manhã, vim trazer no carro do Luizinho o perito engenheiro avaliador do Banco do Estado, dr. Otaviano Silva. Feudalão, patriarca com dez filhos que acredita no "você não é digno de seus antepassados", é genealogista e vem do norte de São Paulo. É do tempo da chibata.

Almoçamos aqui. Ele veio avaliar a Boa Sorte, por determinação do Pacheco Fernandes. Sou forçado a hipotecar a Boa Sorte. Não há outra providência para salvar a situação, enquanto não se vendem os terrenos e se termina o prédio.

——

O Reid de fato escreveu um bom conto — "Licantropia". É autobiográfico. Um homem lobo.

Nunca pensei que ele fosse o doente mental que é. Ama furiosamente a nota. E estrangula. Duas fases do "negócio", onde ele acabou propondo que eu lhe pagasse a comissão de 5% ao mês sobre o montante de 3 mil contos, por seis meses, recebendo apenas a entrada de 150 contos. Queria antes me passar a letra de duzentos contos do Neves, aceita pelo Barão de Itararé* e avalizada pelo Rivadávia Mendonça! O Luís Coelho repeliu e salvou. Graças a Deus — o Deus inimigo dele. Tínhamos conseguido, para aliviar o caso Batah, um cheque sem fundos de 25 contos contra o Banco Nacional Ultramarino, que foi depois transformado em letra com aval do Luís.

Primeiro a expectativa doentia, aqui na Boa Sorte, pelo dia do negócio. O dia 25, São Paulo, eu passara quase todo em casa do Batah, que por sinal tinha ido ver o Silva, o cachorro do Silva, que agora, melhor, em casa, exige uma comissão por serviços prestados de noventa contos!

E vim para cá esperar o momento em que tudo rebentava (a letra do Batah estava no protesto e ele me dissera na rua — Não quer ir por bem, vai por mal!) se o Reid falhasse. A expectativa dramática, imaginosa e terrível, duma perigosa descida de avião. Tinha tudo que ser preciso, exato, matemático. O medo de que o sádico judeu clownesco sumisse, não me recebesse etc. etc.

* Pseudônimo do escritor e humorista Aparício Torelly.

336

Afinal, o cheque com adiantamento salvou tudo.

Outra coisa horrorosa foi quando, na [...], ele me declarou que eu seria forçado, dentro de 45 dias, a passar-lhe a escritura do Sumaré por duzentos cruzeiros o metro, ainda recebendo uns cacarecos de créditos hipotecários. Fiquei fisicamente diminuído, aterrado, tendo que aceitar, num canto, como diante de uma arma que detonasse.

Depois, quando o Luís Coelho desmandou o negócio, eu fui levar a notícia. (O Luís é um doente da mentira, atribui aos outros os sentimentos que tem.)

Ele, com grandes ares sarcástico-piedosos a me dizer — Você teve medo! Escondeu-se de mim o dia todo! Aí pulei, ameacei-o, que o enfrentava em qualquer terreno. E ele submisso, pusilânime: — Você é meu amigo! Acalme-se! Sente aqui!

É um dos maiores [miseráveis] que encontrei na vida. Obrigando por chantagem a gente a ler seus contos intragáveis. — Com você não se pode fazer negócio! Assim você acaba mal! Etc. etc.

———

Afinal, escafedemo-nos da forca do Reid, graças ao Coelho, que agora, com mais calma, procurará vender o terreno ao *próprio* Barbosa. Será?

[*O.A. detalha nova relação de dívidas*]

Não pagando, mas amortizando o Banco do Estado e o do Brasil: 1500 por 3 mil, isto é, a metade, precisaremos só de 3 mil para as dívidas.

Será preciso que o Sumaré alcance no mínimo o preço de quatrocentos cruzeiros por metro, que daria seiscentos contos.

———

Tomei Filinasma para a tosse e vou ler Gustavo Corção para ver se durmo.

3 DE FEVEREIRO

Domingo. Domingo do campo. Levanto-me e exploro o lado matinal da casa, onde durmo, na Boa Sorte. Um sonho! E lá em São Paulo? As coisas têm a força da inércia, minha situação penosa, aflitiva, se decidiria por esmagamento ou triunfo. Mas preciso entrar nela com a coragem de um gângster, de um Chateaubriand, para salvar o cromo, o cromo que realizei precariamente com a compra de Boa Sorte.

———

Rudá já estaria comendo *spaghetti* na Itália.

———

Acabei de ler as *Lições de abismo*, de Gustavo Corção. Com este livro, ele se coloca como o maior romancista brasileiro de nosso tempo. Nada de catolicismo, do catolicismo irado que lhe atribuíram. Nenhuma chantagem até o final. Grande sujeito, grande anarquista, que apenas não se desvencilhou do Botafogo cristão onde se criou.

Um passo e ele compreendeu a Antropofagia.

———

No momento em que o tigre Reid me disse como era o negócio que me forçou a aceitar, me senti [aterrado].

7 DE FEVEREIRO

São duas horas da madrugada. Não consegui dormir ainda. Antonieta comigo, entreacordada até há pouco. Excitados, tristes, às vezes subitamente confiantes. Decidimos hipotecar a casa de Antonieta para sair do buraco. Ela já tinha oferecido isso, antes de pensarmos em hipotecar a Boa Sorte.

Levei o perito, dr. Otaviano, até a chácara e ele avaliou menos que o [fiasco], por 1310 contos. Mas hoje, quando eu estava certo em obter 70% da avaliação com o Pacheco Fernandes, que ordenara a peritagem, ele me negou tudo.

Caí do quinto andar do Banco do Estado. Procurei Nony no Quarto Centenário. Fiquei esperando o Maciel, o velhaco do Maciel, que recebeu de presente o apartamento onde mora no prédio do Arnaldo Maia Lello. Ele chegou. Quer que eu a venda a minha posição no prédio ao Mathias e ao Maia Lello. Para eles acaba, para mim não.

338

Antes, procurei o Lorena de novo, o Marquinhos, e andei pela chuva até tarde não querendo encontrar as crianças acordadas. Mas elas me esperavam nos seus pijaminhas modestos.

———

Noite. São vinte horas. Como passou esse dia! Pela manhã, Pacheco Fernandes, depois de me ter feito passar as 24 horas mais amargas e desiludidas deste começo de ano, aparece no corredor do Banco, onde eu espero, e diz — Para as suas dificuldades pessoais, eu te arranjo vinte contos.

———

À tarde, vamos buscar o dinheirinho, eu e Nony. Longa espera, cheque, longa espera. Promessa de mais para segunda-feira.

Antes, o jesuíta Lorena, seu [Ênio] que não se faz ver.

———

Vou penosamente falar sobre a reforma do título que fizemos com o Luís Coelho, ao agiota José Mendonça, cunhado do Marquinhos, na Casa Patriarca, Casa Bancária Patriarca, não se perca pelo nome! É um sujeito magro, lutuoso, desagradável. Não sei como um chupado daqueles teve um drama de amor! Foi o que me contou o Juca. Quando falo do título, responde ríspido, mole jacaré minhoca, lêmure escuso: — Não pode deixar de pagar. Precisamos receber para o giro. Os grandes bancos podem guardar títulos. Nós, os pequenos, não!

Tudo isso automático e decisivo.

———

Esse pústula é casado com uma filha de meu primo [Marcos].

A crapulagem pegou na família inteira. Fez uma garota suicidar-se.

———

Pela manhã, me barbeio de gilete como um moço e saio na direção da luta. Vou à *Plateia* me engajar na equipe do Ademar. A minha relutância em voltar à luta jornalística é enorme. Não queria por coisa alguma sacrificar um minuto de minha vida, destinada à minha obra, para dar pancada, mas não há meio! É impossível viver pacificamente, ser bom rapaz. Vou de novo sair de tacape em punho.

Ambiente de redação comum. Pagu, aquele sobrinho de d. [Ema] e o eterno Giovanini.

À tarde, telefono ao Osmar, que combina encontro amanhã. D. Edith, a diretora, está de férias.

———

Bom fim de tarde no escritório do corretor Waldemar Mesquita. O preposto Campos diz que tem comprador para o Sumaré e dinheiro para a hipoteca da casa de Antonieta. Cento e cinquenta pacotes.

———

Compro um disco para os picochos que me esperam. Chá com torradas e catupiri. Como toda a noite.

8 DE FEVEREIRO (MADRUGADA)

Tudo isso tem sido extremamente cruel. Fomos apanhados pela crise no fim do ano e até agora dura a luta desigual. O dia todo, como ontem, os pés na lama, a cabeça no chuvisco, evitando os bondes lerdos, os automóveis estabanados, cai aqui, levanta ali, para salvar a família querida.

Os palhaços trágicos aparecem para iludir, o corretor do Banco Imobiliário, Bittencourt (quem é um João Bittencourt diante dum Samuel Ribeiro?), o Leardi, o Reid.

O próprio João Pacheco Fernandes, que tem sido um amigo, negando a hipoteca da Boa Sorte, depois de mandar avaliar. É verdade que outros com a minha idade têm sofrido guerras, pilhagens, desaparecimento dos seus.

Pelo menos, aqui o barco continua arrido e de pé. Bendito seja!

———

Até o Samuel Ribeiro falhou, mandando buscar o dinheiro que precisávamos para a vinda do Deco com a Gilda Salles Gomes. Exclamava de cabeça baixa, mentindo:

— Por mais que pareça ridículo, não tenho disponibilidades!

Por isso, ontem mesmo me engajei na equipe de Ademar.

—

São três e meia. Não tenho mais sono. Leio *Sex & Repression*,* esse grande livro de Malinowski que a Pioneira me mandou. O Ernesto, o outro Ernesto.

—

Ontem encontramos o Czerna no elevador do Banco do Estado. Inveja do Vicente [*Ferreira da Silva*], que pensa que Banco é só o guichê onde ele recebe os cheques. Ignora o contencioso, o jurídico, a contabilidade.

—

Fui ao cinema outra tarde ver filme francês, *O direito de matar*. Medíocre. Antonieta gostou por causa das situações "modernas", dos tipos.

—

Parece que há alguém chorando na noite. Fico aterrado. Uma criança?

—

Penso no Arrudão.

—

Meus "Telefonemas" têm saído no Rio. Paulo e Niomar não chegam de Nova York. Merda!

—

Pobre obra minha. Pobre e querida *Antropofagia*. É preciso recomeçar depois de ter esquecido tudo na tempestade dos negócios.

Releio o grande Malinowski. É custoso recompor. Eu tinha feito um quadro de grandes percussores. Quem? Stirner, Nietzsche, Dostoiévski, Marx, Malinowski, Camus, Miller, Friedmann?

—

---

* *Sexo e repressão na sociedade selvagem.*

Que espaço mental me sobra, entre cachações do [lívido] Mendonça, sorrisos do falsário Lorena e trágicas clownices do Reid, para compor minha grande, minha imensa obra?

———

Comemorações da Semana [*de 22*]. Hoje, reunião às dez no Quarto Centenário. Não tenho tempo para nada.

———

Estou escrevendo uma entrevista para o *Diário Carioca*. Vou fazer vir aqui o [Alcântara] Silveira, que quer outra para o *Jornal de Letras*. Num *whisky sour*, conversaremos.

9 DE FEVEREIRO (CINCO HORAS)

Estou disposto a tudo. Toquei o fundo da vasa e volto à tona.

Começo hoje a minha colaboração diária na *Plateia*, que reproduzirá os "Telefonemas" do *Correio* com meu nome e dará um rodapé de primeira página com o título "Lança-Chamas".

Ontem, levei um médico do Acre à casinha de Antonieta da rua Paranaguá para fazer uma hipoteca de que sobrarão uns 130 contos, com que iniciarei a ofensiva. Não me entrego: ou faço uma sociedade com o Niemeyer, ou com o Arrudão, ou com Monções. [Endireito] os terrenos do Sumaré e vendo bem, e não a 350 cruzeiros por metro, como Nony, num acesso de entreguismo, disse ao Reid.

———

Só preciso não morrer. Enfrentarei tudo!

———

Ontem, depressão ante a dificuldade de hipotecar a Boa Sorte e mesmo a casa de Antonieta.

Quanto ao prédio, disse ao Rao que queria dez dias do Mathias para ir ao Rio e arranjar o apoio do próprio Getúlio.

—

Por que essa turcada infrene há de me esmagar? Os italianos sórdidos? O exemplo de Chateaubriand está aí. Por que serei menos gângster do que ele, se a tanto me obrigam?

—

Tarde — Acordo da sesta. Vim cheio de vitualhas. No Lar Brasileiro, onde fui tratar dos papéis para hipotecar a casa da Antonieta, o diretor moço, lépido, o Pinheiro, acorda comigo comprar todo o Sumaré por Cr 500,00 o metro. Pagará os valores. Irá ver terça de manhã.

—

Xingo Nony pelo telefone.

11 DE FEVEREIRO

O Batah quer me roubar dez contos. Diz que eu não amortizei nada no dia 25. Só paguei juros. Ladrão!

—

Preciso acabar essa miserável vida de romaria à usura.

Hoje, foi aquele desagradável, espinhoso cunhado do Marquinhos, o José Mendonça. Paguei oito contos.

—

O Lar Brasileiro pensa em comprar o terreno de Sumaré.

—

Pequenas merdas, o Barbosa está doente, o elevador do Lar Brasileiro não funciona.

—

Prosseguimos na hipoteca da casa de Antonieta, com o Waldemar Mesquita. Certidão negativa. O Passos foi para o Rio.

———

Menotti se escusa de me levar ao Getúlio, a quem vou levar o caso do prédio. Mas o Marcondes me arranjará audiência.

———

Telefono ao Mário Alves para saber do Paulo Bittencourt. Só volta depois do Carnaval.

———

Crise nervosa. As crianças salvam.

14 DE FEVEREIRO

Insônia. Insônia feliz. São três horas da madrugada. Acordo três, quatro vezes na noite muda. E sinto um retorno a mim mesmo. Uma recuperação no sentido irrespondível da aventura de mim mesmo. E exclamo: — Um *gentleman* nunca se pode chamar Sebastião. É que, na manhã chuviscosa, fui mostrar os terrenos ao moço-dono do Lar Brasileiro, que se chama Sebastião Pinheiro.

Como sempre, o grasnar dos corvos sobre minha cabeça ingênua. Tive fé mais uma vez, ele me dissera que não há mais terreno em São Paulo por menos de quinhentos cruzeiros. Ida à rua Joaninha Correia, 382. E começa o jogo azarado. Está lotado. Só com prazo fixo, para se levantar a soma daqui a dois anos. Falo francamente em "bacia das almas". Trezentos cruzeiros. Mas nem sequer oferece. Precisa das curvas de nível. Vai ficar muito caro. Oh! Muito caro! Perco-me de Antonieta e de Nony, que tinham me acompanhado no Constellation. Aguardo-os em casa. Volto a mim mesmo agora. Saíra à tarde para a eterna viagem ao triângulo vertical do labirinto. Ernany Nogueira me diz que os terrenos ali valem de setecentos a oitocentos cruzeiros. Banco do Estado. Boa conversa com João Batista, enquanto o pai, Pacheco Fernandes, foi a Palácio. Entrego-lhe minha causa. Vejo agora tudo diferente, até dona Maria Dezonne. É Alice no País das Maravilhas. Datilografa. O rouge esburacadinho. Wilson Caldeira na Bolsa de Imóveis. Só desilusão. Antes, Arrudão do cartório no cartório. Barba. Caio Prado está no Rio. Casa. As crianças salvam.

À noite, aparece o Juca com o dr. Benedito Garcia, que propõe arranjar os terrenos e me fala num tal de Russo bicheiro. Evidentemente, é um Russo branco!

17 DE FEVEREIRO

Sofro desalentos em meio da ascensão. Ontem, visita aos terrenos do Sumaré com o engenheiro Garcia, Antonieta, Nony e o Juca. Ele diz que o bicheiro do Ademar, Antonio Russo, topa uma sociedade para loteamento e talvez casas. "Vontade de me butá da jinela!", como diria Abramonte em *Marco zero*.

———

Cena desagradável com Caio Prado há dois dias.
Jantar em casa de Sérgio Buarque com Segall. Conto minha briga.

———

Amanhã, nova descida de avião. Pacheco Fernandes prometeu falar em algarismos. Demora nas certidões de Antonieta. Passos no Guarujá.

———

O cansaço é extremo. Físico, moral, intelectual. [*Adiós a rimpada* no Caio.]

———

Faço tudo extremadamente. Cago extremadamente. Pílulas de vida.

———

Sinto um velho cansaço nos membros. De andar na City. Ontem, atrás dos duzentos cruzeiros que o Juca depositou para mim num banco de que não sabe o nome. Único dinheiro a haver.

18 DE FEVEREIRO (DUAS DA MADRUGADA)

Noite safada, noite sem sono, preocupado com o tigre Abdala.
Como vai ser a chegada aos algarismos do Pacheco?

Se ele tivesse ordenado a hipoteca da Boa Sorte, estaria tudo resolvido e eu poderia resistir. Mas, como sempre, não sei o que se vai passar. É preciso descer matematicamente, para não ir tudo pelos ares.

———

Ontem, domingo, fomos levar as crianças à casa da avó. Seu Alkmin, de pijama, empresta a Antonieta mais uma nota vermelha de conto de réis.

Fomos identificar o terreno que a Light restituirá na rua Gerivitiva [*Geribatiba*], ao longo do rio Pinheiros.

———

Tarde sufocada e sufocante. Mário da Silva Brito veio com Wilma. Apareceu o amigo José para buscá-lo.

———

Não consigo dormir. Leio o Caíto [*Caio Prado Jr.*]. Que cavalgadura!

———

Acordar chateado. O Juca fez uma confusão danada pelo telefone. Diz que eu pedi setecentos cruzeiros por metro ao dr. Garcia!

———

Espero Nony para sair pelo mundo. Marcondes, Pacheco etc.

———

Banho. Barba.

———

Da vida só espero o pior.

———

Noite. Fomos à casa do dr. Garcia, eu e Antonieta. O Russo talvez ofereça quatrocentos cruzes [*cruzeiros*]. Uma Igreja Batista quer comprar a primeira área.

—

Pela manhã, Pacheco não me recebeu. Luta pela certidão negativa da casa de Antonieta.

—

À tarde, a espera [esmagada], a espera desgraçada. Entra Marzagão. Entra o advogado do banco. Só eu, humilde, encostado às paredes, espero. Entra o Pacheco, ao contrário de todas as previsões, [sorri excelendo]. Dá 300 mil cruzes.

—

Abdala reclama amortização [maior] que cinquenta contos que ofereço. Um tigre.

—

Telefono a Waldecy Batista [...]. Vim para casa.

20 DE FEVEREIRO (TRÊS DA MADRUGADA)

Cansaço monumental. Deitei-me às oito e meia. Nony apareceu.

—

Pacheco pintou pela manhã. Súbita dor de cabeça que dá ideia de mal súbito.

Às duas, depois de almoçar com champanhe e Nony, coincide a minha entrada no Banco do Estado com a do Pacheco. Relutante, manda me dar por Leoni um cheque de 150 contos. Abdala, Batah (Silva quer que eu apareça para endossar).

Casa Aliança, Arrudão. Depois, Lar [Brasileiro] e Waldemar Mesquita para que se passe enfim a hipoteca da Antonieta. Ida final e inútil à 1ª Circunscrição, às 18h30. Chuva. Máscaras para as crianças.

—

De manhã, Niemeyer vai ao Sumaré e gosta dos terrenos, Walter com ele.

—

Paguei cinquenta ao Abdala, dezesseis ao Batah, cinco a Aliança, trinta a Nony, que precisa.

—

Mais de cem pacotes.

—

Arranjamos um quarto em São Pedro para o Carnaval. Carnaval!

—

Primeiras máscaras para as crianças.

[*Segue uma relação de pagamentos*]

Lá vão cem — mais cem!

21 DE FEVEREIRO

Não há o que vença este monstruoso serviço de juros. Ontem, arranjamos 150 contos. Estou com quinze no bolso!

Passei o dia de ontem com os pés molhados sob a chuva intermitente, para cá, para lá, atrás da escritura da hipoteca de Antonieta.

Chego estafado. Tenho que ir jantar em casa do Mário.

Bom apartamento, excelente comida.

—

Pânico às vezes. O Banco Imobiliário topou em tese o negócio que o Niemeyer esboçou. Mas teremos fôlego para resistir?

—

Vou cedo procurar a Igreja Batista, que quer comprar um terreninho. Não é lá.

—

Antonieta pensa que pode curar o meu terror com erva-cidreira!

—

De novo, insônia. São três horas da madrugada. Fico gelado na cama só de pensar. Dos 120 contos que vão sobrar da hipoteca, sessenta vão imediatamente embora, quarenta para o Banco do Brasil, dez para o Cruzeiro do Sul, quatro para o Lowndes, trinta para o Mercantil, dois para o Distrito e um para o Comércio e Indústria.

Assim não é possível continuar.

—

Merda!

—

Diz o comendador Petinatti, esperando a vez no Banco do Estado: O tesão acabou e as ilusões permanecem!

—

E acrescenta que não se entrega:
— Como o capitão Carlsen!*
— E sem publicidade!
— Sem nenhuma publicidade.

[*Nova relação de dívidas*]

Que eu faço, meu Deus? Saio de um buraco para entrar noutro!
Desespero! Estou encalacrando a família em vez de me salvar. A casa de Antonieta. A Boa Sorte de Paulo Marcos.
No que deu o negócio do IAPI e a crise.

—

* Capitão do mar dinamarquês que, em 1952, se tornou célebre por permanecer treze dias a bordo de navio que naufragava.

Crise terrível. De repente, sinto-me perdido. Só o Getúlio poderia me salvar. Amanhecerei na igreja protestante. Depois irei ao Marcondes. Paulo e Niomar chegaram agora de Nova York. E o Ademar?

———

Serei obrigado a trabalhar como um escravo depois dos 62 anos.

———

Só se restar a Boa Sorte para fazer dinheiro. Antes isso!

———

São três e meia da manhã. Não durmo.

[O.A. *faz contas, calculando possíveis receitas com venda de terrenos*]

———

Preciso agir urgentemente.

———

Ainda é a terra que pode dar. A Boa Sorte. Mas como equilibrar? Chega lá? Como?

———

São quatro horas.

———

Lembro-me de repente que me esqueci de pagar o saque à vista do Jackson contra Nony. Perigo de protesto. [Livro] para a imbecil da filha do Chico. Não posso dormir mais.

———

Fico até as cinco horas na sacada do apartamento, olhando a cidade iluminada e deserta. Chuvisca.

Vejo uma só saída — o Paulo Bittencourt obter do Lafer um aumento do empréstimo sobre os terrenos/ 50% da avaliação do IAPI.

Passa o primeiro transeunte. O primeiro bonde solitário.

———

Leio o Caio. Que besta! A metafísica é para ele o que o diabo era para os frades da Idade Média. A [inexistência] atuante.

1º DE MARÇO (HORA ZERO)

A situação é a pior possível. Tivemos um arranca-rabo com Mathias, que ameaça. De outro lado, negócio entabulado com Frias através de Niemeyer, corretíssimo.

———

Aparece outro homem de Silviano cheio de milhões. Intermediário de um tal de dr. Roma.

———

Levo Antonieta ao médico. Felizmente, a otite não é grave.

———

Às duas horas, Mathias, às três, dr. Rezende, às quatro, Oscar Niemeyer. Tenho trabalhado dias de catorze horas. E tudo contra. Maldita estrela!

———

Estivemos cinco dias em São Pedro. Carnaval. Antes da maior batalha da minha vida, quatro maravilhosos bailes! Com as Dedini, e a judiada.

———

Chamo a crise de São Pedro a decisão de servir. Quando soube que Paulo Bittencourt adiou a viagem para cá. Mas nem aderir se pode! O Omar está doente.

———

Luís Coelho fez uma pequena cena por causa da letra do Marquinhos.

—

Que miséria tudo isso!

—

Guimarães me manda um homem que não sabe de nada de compra de terreno. O elevador do Nacional Imobiliário não funciona! Que merda! Roupa quente. Não tenho outra limpa.

—

Mas a casa é um respiro. Chegou o piano de Rudá para Antonieta Marília. Paulinho e ela, adoráveis, roubam minhas torradas. Vasto banho. Gondin [*da Fonseca*] me chama pela *Folha da Noite* d'*O Maior*! O maior dos carregadores de cruzes! É Mário da Silva Brito quem me telefona.

Hoje, sábado, pretendo ir à Boa Sorte.

—

Estive ontem com o dr. Garcia, com quem o Juca sem querer me intrigou. Diz que tem negócios. Quer opção.

—

Juca me conta que o filho tarado da [Aneta] tentou deflorar uma menina de seis anos. Sobrinha dele. *Vade retro!*

—

Sou o maior! O maior dos desgraçados!

O Mathias quer fulminante solução. Marcondes me manda procurar o Maciel, que está de conselho. Não recebe!

—

O meu "Telefonema" sobre o Dreyfus fez reboliço.*

* O.A. se refere ao biólogo André Dreyfus, e não ao capitão Alfred Dreyfus, pivô da célebre conspiração antissemita que dividiu a vida política francesa no final do século XIX. Pioneiro da

A *Época* abriu uma enquete.

———

Os vencimentos se alinham de novo. Dia 5, o gordo de Nony. Dia 9, d. Gilda. Dia 11, o sinistro Mendonça do Marquinhos. Sei lá! José Bacamarte!

———

Estivemos na fazenda de Pacheco Fernandes. Salvará ele ainda?

3 DE MARÇO (HORA ZERO)

Meia noite sem insônia. Dormi até agora. Estou calmo e tranquilo apesar da tempestade que ruge. Conheci, através do Silviano, o dr. José Roma, que procurará com um agiota, antigo [seleiro], mil contos a 5% ao mês, mais 5% de comissão, por seis meses.

———

Programa para hoje:
Nony passará a me pagar para ter com o Silva. Contas desagradáveis.
Depois Silviano e a expectativa. Porei na Vasp dois "Telefonemas" para o *Correio*.
Às catorze horas, Maciel e expectativa da grande cena. Nony irá fazer fila enquanto eu vou buscar elementos de orientação com o dr. Samuel.
Depois, João Pacheco Fernandes ainda e sempre. Leoni, do Banco, fez as contas. Devo [2580] contos. Vou ver se inteiro para 2500, por trinta dias.

———

Marcondes seguiu para o Rio, onde obterá a audiência com Getúlio.

---

pesquisa genética no país, André Dreyfus foi um dos criadores da USP e diretor da Faculdade de Filosofia, Ciências e Letras da instituição, sendo homenageado por O.A. na coluna "Telefonema" após sua morte em 16 de fevereiro de 1952. O "rebuliço" mencionado por O.A. se deve às ironias que dirige aos demais professores da faculdade, descrita como "ninho de muares". Ver: *Telefonema*, op. cit., p. 511.

—

Ademar no Rio. Osmar, doente. A desconhecida Edith, desaparecida.

—

Ontem, domingo, Paulo Marcos foi pela primeira vez ao cinema. Ver *Fantasia*, daquela besta do Walt Disney, com Antonieta Marília e as duas empregadas, Amélia e Maria do Carmo.

—

Hoje, os dois terão colégio. Paulinho, pela primeira vez. Antonieta e eu os levaremos à uma hora da tarde.

5 DE MARÇO (MADRUGADA)

Parece que o coração não foi ainda tocado. O coração de ferro dos Andrade de Minas. Mas a realidade de uma queda na rua pode desmentir esse otimismo sanitário. Doem as pernas, os pés (de andar). Mais uma grande decepção — o dr. Roma que o Silviano inventou.

—

Mas o importante é que o Paulo e Niomar chegaram ontem da América. Soube pela telefonista interurbana. Tinha chamado o Mário Alves no *Correio* e ouvi uma voz do jornal dizer: "— Não está, foi ao aeroporto receber o dr. Paulo, que chega da América".

Vou tratar depressa de ir ao Rio. Mas antes tenho que apaziguar oito bancos: América, Comércio e Indústria, Pupo, Anchieta (o temeroso!), Distrito, Brasil, Mercantil, Ultramarino. Apaziguados estão: Estado (consolidando), Abdala, Batah, Cramer e Cruzeiro. Parece!

Há três dias que procuro o Maciel. O cachorro anteontem estava com o Lafer. Ontem, em Campinas. E a fila dos interessados na sala de espera.

O Marcondes foi fixar a minha entrevista com o Getúlio. E eu vou levar ao velhinho salafra um ultimátum. Ou dá ou desce. O velho Samuel está inteiro no caso. Oferece um esquema do caso ao dr. Getúlio. Veremos. Quer que eu exija documento do velhinho salafra. Fiz a carta. Voltamos hoje, eu e Nony.

354

Infelizmente para uma consolidação com o Banco do Brasil, o Osmar adoeceu e saiu com pânico pulmonar. Nony me aconselha a entregar o primeiro artigo (Prudente de Morais) à Edith.

Paulinho topou o colégio. Perdeu o pulôver. Comeu o lanche de Antonieta Marília. Esta começou as aulas de piano com Dinorah.

—

Fiz as contas com o Silva. Ia pôr em ordem tudo ontem, quando ele seguiria em tratamento final para Poços de Caldas, mas ele teve uma tontura e caiu de novo no conto dos médicos. Volta para a Beneficência Portuguesa ser arquirreexaminado. Visita inútil com o italianão Hugo [Alvanaste] ao terreno triangular da via Augusta, que devia ser hipotecado.

—

Tenho que ir ao Banco Nacional Imobiliário tapear o Frias, que quer vender o prédio em condomínio. Está revendo o plano das corretoras. Outro dia, abordei-o com o Niemeyer que, corretíssimo, esperou duas horas.

—

Não poderei fazer nada sem a solução dos 5 mil da Caixa para pagar o Mathias.

Cenas chatas com este, que está exigente como nunca.

— Precisamos liquidar! Se não, eu liquido.

—

E minha vida corre entre Silvas e Batahs.

—

São já quatro horas da madrugada. Cheguei estafado da vidinha sem metrô. Vasto banho. Dormi umas seis horas. Parece que a cabeça continua boa.

—

Nem vou com o Chateaubriand. De modo algum. Quem sabe se a Rádio Excelsior, que [se] fundiu com a Nacional do Rio e arrancou todos os artistas da Tupi, me topa?

—

Estou pensando em me empregar para ganhar a vida e sustentar a intérmina batalha.

—

Paulinho chora, se acomoda. Dou corda no relógio. Tomo Filinasma contra sufocação.

—

O Pacheco, amável, mas durão. Só dará mais dinheiro depois da hipoteca da Boa Sorte.

—

Choro na noite a Boa Sorte abandonada, sem dinheiro para o plantio deste ano. E o negócio do japonês?

—

[...]

—

Outra noite, jantar aqui para a exibição do filme que Nony fez na Europa. [...] Nony tem jeito. Bom o documentário, apesar das deficiências técnicas.

—

Rudá mandou uma carta esculhambativa.

E se Paulo Bittencourt não quiser nos ajudar? Tudo pode ser.

—

Passa o primeiro bonde. Antes, barulhos dos [trens] da cidade silente. [Apitos.]

—

São quase cinco horas. Não consigo dormir. Vou tomar a última pastilha de Bellergal do vidro que resta.

356

—

Nony se diz com a saúde ameaçada. Nervos. Não recebe o ordenado. Paga a letra do [Eugênio], que promete dar de novo.

—

Tudo isto é uma merda!

—

Às vezes tenho vontade de empregar os meios diretos. Chegar sozinho ao Maciel e dizer: — Sei que o senhor recebeu um apartamento de presente do dr. Maia Lello.

—

Estou com o pé machucado. Não sei como. É o direito. Quase seis horas. Urino.

—

Nony me contou que a Helena Rudge desmanchou casamento com o Brecheret porque este peidava, na sobremesa, dizendo: — Com licença!

—

Noite

Apesar do dia ter sido relativamente favorável (reforma do Patriarca Mendonça, entente com o Banco do Brasil, Distrito Federal e reforma do Banco da América), um vago pânico me invade.

Se os nossos amigos do Rio falharem? Falei com Paulo Bittencourt pela manhã. Sigo com Antonieta de ônibus para o Rio, domingo.

—

Deixei a carta para o velhinho salafra, às três horas, não tendo ele até aí aparecido na Caixa.

—

Visita com o Rubens e o corretor gordo, Homero, a um capitalista de clubes que se chama Homero e quer comprar o prédio e talvez os terrenos.*

———

Nony foi examinado pelo Magaldi. Angústia e nervoso. Também!

O dr. Roma promete amanhã, às quatro horas, outro negócio com Silviano. Mas continua tudo difícil. Hoje às dez horas, reformamos no Banco do Estado, por [trinta] dias, um título de Cr 2 280 000,00.

[*Nova relação de dívidas*]

Com prédio e *Enciclopédia* e Boa Sorte, a recuperação.

6 DE MARÇO (HORA ZERO)

Ainda não dormi, pensando, fazendo contas.

Recuperei a confiança acreditando que obterei a solução no Rio.

———

É impossível que Paulo me abandone.

———

Há muitos meses que não durmo só quatro horas. Hoje foi assim. Dormi à meia-noite. Urinei às duas. E às quatro não pude mais fechar os olhos.

As apreensões são excessivas nesta véspera de última tentativa — ir ao Getúlio e ao Lafer através do Paulo Bittencourt para liquidar esse peçonhento inimigo que é o Maciel.

Ainda preciso apaziguar Mercantil, Comércio e Indústria, Pupo e Ultramarino. Me esqueci de d. Gilda e do seu João Marques da Silva, que partem para Portugale! Irei vê-los todos, antes de partir domingo de manhã para o Rio.

Hoje, espero Nony às nove horas. [Adio] a letra com Onofre às nove e meia. D. Gilda, Marques e Pacheco ver se arranjo mais vinte pacotes.

* Provavelmente por engano, O.A. atribui o nome Homero a duas pessoas diferentes.

358

No Rio, as despesas são: diária minha e de Antonieta, oitocentos.

Para 10, Cr 8000,00 mínimos. Mais dois de precaução. Cr 10000,00 pacotes.

———

E aqui, cinco para casa, cinco para letras?

7 DE MARÇO

Acordo às quatro horas da madrugada pela primeira vez. Dormi às dez da noite. Talvez há anos não tenho tido um sono só de seis horas, sem me acordar.

Nony esteve aqui às nove horas da noite. Vem comentar a grande cena da tarde.

Maciel nos recebeu (em primeiro lugar) e bancou a valentia do veado. Contestava que tivesse deixado de cumprir a [votação] do crédito Castelino. Só ajudara. No meio da discussão, onde eu me mantive calado com os pontapés que levava de Nony por baixo da mesa, ele disse que só pagaria o Mathias "se houvesse um acordo geral".

De lá, fui cortar o cabelo no Rex e estive com o velho Samuel.

Chegando em casa, encontro a resposta em carta de Maciel, onde ele sem querer confessa que engavetou o processo, desde a sua volta.

Hoje, mandaremos uma [carta à fonte].

———

Ontem, o banqueiro grã-fino seu Décio e o português onde encontrei o Reid.

Diz ele que já recebeu um quarto da letra do Neves.

———

Tive que me conter para não esbofetear o Maciel e foi bom. Devo isso a Nony.

———

Preparamos a viagem ao Rio.

———

Paulinho e' Baíla aprenderam a comer no prato fundo, leite com doce (pessegada, marmelada).

———

[*Abaixo, O.A. esboça carta de negociação de empréstimo*]

"Prezado sr. Arthur Antunes Maciel

Como na resposta à nossa carta de 4, ontem recebida, declara v. excia. que o senhor faz tudo para normalizar a nossa situação, não acreditamos que os sentimentos de v. excia. tenham mudado, os quais aliás transmitiremos ao sr. presidente da República.

Falou v. excia, na entrevista que também ontem nos concedeu, na possibilidade de um acordo geral com o pagamento do engenheiro Alfredo Mathias e a conclusão do nosso prédio, à rua Vitória. Foi mesmo expressão de v. excia. julgar que nosso débito é pequeno em relação às garantias exibidas.

Assim sendo, vimos respeitosamente pedir a v. excia. que, para solucionar a questão, nos faça conceder não só o crédito de Cr 2 700 000,00 (dois milhões e setecentos mil cruzeiros) em andamento na gestão do general Castelino, além de outro que se torna necessário para a terminação da obra, isto é, mais os Cr 2 300 000,00 (dois milhões e trezentos mil cruzeiros) do nosso débito ao engenheiro Alfredo Mathias, e mais Cr 1 000 000,00 (um milhão de cruzeiros), orçado pelo mesmo construtor para final da obra. Completando tudo a soma de Cr 6 000 000,00 (seis milhões de cruzeiros), que o prédio amplamente garante.

Outrossim, vimos pedir a v. excia. [*que*] se digne mandar proceder à reavaliação dos nossos terrenos do Sumaré, que atingiram uma apreciável alta de preços. Se for possível obtermos, confirmando o critério da avaliação do IAPI (Instituto de Aposentadoria e Pensões dos Industriários), procedido em julho do ano passado pelo chefe do seu departamento de engenharia, dr. Vicente Pais Barreto, cujo laudo juntamos, poderíamos, obtendo apenas 50% da avaliação, proceder ao arranjo, urbanização e loteamento de ditos terrenos, que alcançariam assim um bom preço, aumentada que fica a garantia suplementar de nosso empréstimo que eles constituem.

Sem mais, reconhecidamente."

Noite

É preciso ter omoplatas de gigante para sustentar esta vida. Fizeram de mim um homem que precisa, para ir ao Rio, acalmar treze bancos e casas bancárias, conversar meia hora com seu Luiz Gonzaga, da Casa Pipo, que acha ruim quando um título parado "não entra no giro".

Por quê? Porque sou um evadido da realidade. Mas para ela volto com todas as potências da imaginação, para enfrentar os leões, os tigres, as baratas, as aranhas, os Maciéis torpes, os Mathias imundos, os Maias gagos.

8 DE MARÇO

São três e meia da madrugada. Pequena insônia. Sinto os músculos das pernas doloridos, como acontece sempre à noite. Trotei ontem sob o calor, cinco horas. Deitei-me às sete e meia. Não podia mais ficar de pé. Está tudo preparado para a viagem ao Rio.

—

Inês, minha neta, faz anos hoje. Há onze anos ela nascia. *Polonaise.**

—

Não posso continuar o calvário dos bancos. É demais.

—

Barulhos na rua noturna sobem até o apartamento, onde Antonieta ressona ao meu lado. Samaritana discreta.

—

Ontem vi a "corretora moderna" no Banco Cruzeiro do Sul. Parecia uma milionária.

Gladstone me tratou muito bem.

* Provavelmente O.A. se refere a uma das peças de Chopin com esse título.

———

Agripino Grieco, desfigurado, malvestido, ao lado de Salomão Jorge, sempre gordo e feliz, me encontrou na rua da Quitanda. E o velho crítico exclama: — Somos uns mendigos. O tubarão não deixa adherir.* Olhe a que estou reduzido. As Minas de Salomão!

———

Sempre sobra um pouco.

———

Não dormi mais. São sete horas. A casa acorda. Teria dormido Milcíades nas vésperas de Maratona?

11 DE MARÇO

Estamos no Rio. No apartamento 1308 do Hotel Serrador.

Grandes atividades recuperadoras. Paulo Bittencourt me mandou ao Lafer, com quem falei ontem. Prometeu interesse.

Conheci Gustavo Corção. Um velhinho gozado, fino como uma adaga. Catolicismo inofensivo. Que não é o catolicismo ímpio e blasfematório dos outros. Um recém-convertido de todos os dias. Católico como o povo brasileiro. Chamei-o, pelo telefone, de grande maluco. Riu. Gostou. Deixá-lo assim mesmo.

15 DE MARÇO

Decepção quanto ao Paulo, que não age energicamente com o Lafer. Alzira Vargas, ao contrário, um sorriso introduziu-me a ela no Ministério do Trabalho, o velho Josué de Castro, que vem com um grande livro sobre a fome.**

* Trocadilho com o nome, na grafia da época, de Adhemar de Barros.
** *Geopolítica da fome.*

362

Alzira me mandou ao Ricardo Jafet, que me prometeu a minha parte. Empréstimo à Caixa, negou. Vai a São Paulo terça. Veremos. Autorizou a falar com Adão.

Paulo hoje me dá a impressão de que não haverá luta contra Ademar.

Jantamos [com] champanhe com o Lima, que está doente. Foi o [*José de*] Queiroz Lima quem me mandou a Alzira.

Partimos amanhã de madrugada de ônibus.

Volto animado.

17 DE MARÇO

Antonieta dorme onze horas e meia e acha que não dormiu o seu sono.

A casa acorda com a gritaria das crianças. Chegaram da Boa Sorte. Paulinho não sentiu a morte do [...]. Nony [...] não apareceu.

Chegamos bem, mas estou muito cansado. O pânico me agita de novo.

—

Temo muito pela minha saúde. Asma nervosa? Coração?

—

A última noite que estivemos no Rio, fomos à casa de Corção.

18 DE MARÇO

Prossegue a luta espantosa. O coração ligeiramente [imantado]. O dr. Fonseca me tirou a pressão. Diz que 19h30. Sinto a mentira caritativa. Está me tratando da asma nervosa que me atacou.

—

Oferta para a liquidação de tudo. Mas exigem o financiamento prometido pela Caixa. O velhinho sórdido consentirá?

Deixei com Adão a minha proposta combinada no Rio com Ricardo Jafet, e protegida por Alzira Vargas. Será aceita? Não tenho confiança.

———

Um milionário, seu Onofre, de [jogos mensais], através dos corretores Homero e Rubens, quer comprar tudo. A imobiliária Vaz Guimarães, através de Marco Aurélio de Almeida, quer o prédio. Mas o financiamento?

———

Alzira Vargas por aqui. Veio para a inauguração da *Última Hora*. Não posso assistir porque briguei com Samuel Wainer, diretor.

———

O coração ligeiramente imantado ou totalmente podre?

———

As crianças e a estrela-d'alva procuram me restaurar.

———

Nony passa por aqui. Deito para sofrer no quarto ensolarado e deserto. Antonieta levou as crianças para a aula de piano com Dinorah de Carvalho. Ansiedade pelo despacho de Ricardo Jafet.

———

Está tudo resolvido. Depois das três horas da tarde, telefonei ao Adão, apareceu o Amado, Bem Amado! Decidido! Reforma integral do vencido e mais um [miro].

À tarde, manco um *cocktail* a Alzira na casa dos Maluf, oferecido por Ricardo. Podia ter ido com Zerbini.

———

A agitação permanece no íntimo. A alma não está acostumada…

———

A melhor saída — a venda dos terrenos por [Cr 800,00] ao tal Onofre, do clube dos sorteios, e corretores Rubens e Homero Cruz.

[*Segue uma relação de contas*]

19 DE MARÇO (MANHÃ)

Dormi bem

[*Nova relação de contas*]

Tarde-noite

A vida é uma grande merda. Deus, esse eterno opositor raivoso do Prometeu humano, coloca-lhe nas costas mil toneladas de preocupações e compromissos, depois mais mil e mais mil.

Passei o dia fazendo a operação no Banco do Brasil, fechado na tesouraria, tomo um táxi com cem contos no bolso e resulta quase uma tragédia. Um velhinho sabido que tomara o táxi faz ele ir à Aclimação e depois o fominha investe nervoso contra mim por causa de dois cruzeiros. Eu com cem pacotes no bolso. Antonieta aparece, paga.

Agora à noite, ela se recusa a sair, a espairecer como eu queria.

—

A vida é uma grande merda. Leio *Fome*, de Josué de Castro.

21 DE MARÇO (MADRUGADA)

Faz um mês que hipotecamos a casa de Antonieta. Precisamos pagar os primeiros juros hoje.

—

Ontem, belo almoço em casa de Pola Rezende.

Sérgio, [o pintor] Graciano, Nelson, um primo. Comemos e bebemos admiravelmente.

—

Pela manhã, levei vinte contos ao Pupo. Ao meio-dia, com Silviano, o especulador [Demétrio], que diz que quer o prédio. Tá!

Soube pela Dora (interpelada) e depois pelo Reale que o Vicente e o Czerna* podem fazer o concurso. Estou nas mesmas condições. Houve recurso para o Rio.

———

Noite — O absoluto é o limite. O Tabu, Deus. Que as religiões totemizam.

———

Dia de bancos. Paguei, paguei, paguei.

———

Até o velhote Ramalho, da usura hipotecária da casa de Antonieta.

22 DE MARÇO

Acordo com uma terrível cãibra na perna. São três e meia da madrugada.

———

A doença vai tomando conta do velho. É assim mesmo.

———

Noite fechada e deserta. Passa o primeiro bonde. 4h30.

———

Para meu estudo sobre *A fome*:
Um escritor católico, [*Marie-Dominique*] Chenu, na revista francesa *Esprit*, chama a atenção para a diferença de tratamento, nas duas encíclicas sociais que Leão XIII e, depois, Pio XI outorgam à classe operária.**

---

* O.A. já havia feito anteriormente menções à poeta Dora Ferreira da Silva e aos filósofos Miguel Reale, Vicente Ferreira da Silva e Renato Cirell Czerna, mas cita-os agora no contexto do concurso que prestou para a Faculdade de Filosofia da USP.

** Respectivamente, as encíclicas *Rerum novarum* (1891) e *Quadragesimo anno* (1931).

Diz o primeiro, em 1891, *opifices*, operários, enquanto, quarenta anos depois, o outro já adota a palavra saída do vocabulário marxista *proletarii*, proletários. É a revolução industrial que cria essa expressão, a qual indica um homem que tem muita prole, que vive mesmo da prole! A riqueza do pobre são os filhos! E aqui vem se encastar e tomar um curioso sentido sociológico a afirmação levada a termo pelo sociólogo brasileiro Josué de Castro, no seu recente livro *Geopolítica da fome*, prefaciado por um prêmio Nobel da Paz.* Diz ele que a fecundidade humana é consequência da desnutrição. Trata-se de uma velha afirmação.

25 DE MARÇO (DUAS HORAS)

Acordo do primeiro sono. E penso — Cartesio terminou em Lênin.

——

Ontem à tarde, com Reale, que me fala dos cursos de extensão cultural do IBF [*Instituto Brasileiro de Filosofia*], vejo quanto me analfabetizo com essa história de prédio e de terrenos.

——

Marcondes telefonou ao Maciel. Respondeu que passou tudo para o general Castelino. A carteira imobiliária é dele.

Démarches imediatas com João Passos, que imediatamente declara pelo telefone que está na merda. Almoçou conosco no Jacinto.

[*Nova série de contas e relação de dívidas*]

Não consigo dormir. São três horas. O livro de Josué de Castro me aterra. É um desses livros que destampam o mistério exato do mundo.

——

As ideias se embaralham. Bellergal. Mijo.

——

* John Boyd Orr.

Para o final de meu artigo sobre o Josué:

"Que na mesma balança da justiça sejam pesados os 'benefícios' imperialistas como os 'devaneios' soviéticos e sejam ambos rejeitados em nome de uma esperança nova que, sem compromisso nem com a América nem com a URSS, abra à humanidade os caminhos anunciados pela consciência livre de um lutador como Josué de Castro".

———

Caio, da Caixa, nos comunica no Jacinto, onde almoçamos com Passos, que foram votados os 2700 contos do prédio. O negócio mexeu. Com certeza o Lafer agiu. Arre.

———

Chuva, asma, pagamentos, reformas.
As crianças invadem o quarto.

27 DE MARÇO

Enganado mais uma vez. Tudo se dissolve. Maciel engavetou por oito meses o processo dos Cr 2 700 000,00. O general Castelino disse ao Passos. Hoje, conferência com ele. Rio. Recuperação. Processo talvez.

———

Ontem à tarde, espero inutilmente Abdala. Hoje, às dez horas, saúde má. Perdi um ano de vida.

29 DE MARÇO — RIO

Viajamos de ônibus. Estou no horroroso Hotel Novo Mundo. Tudo cheira a bicheira.

———

Jantamos no [Jona]. Almoçamos com Josué de Castro, que abre uma fresta para o futuro.

30 DE MARÇO

Mais um mês. Enfim o bicho mexeu. Saíram os 2700 contos votados há oito meses na Caixa. Mas agora o velhinho se opõe ao resto. Cachorro!

—

Josué me dá instruções. Devo ir com Marcondes, ou através de Marcondes.
Lourival [poupa-se]
Alzira, não é o caso.

—

Gabriel Moacyr está pendurado. Vai sair. E talvez o novo presidente do IAPI realize a compra dos terrenos. Josué aconselha-me a esperar.

—

Intenso véu de *fog* no [colar] de luzes da praia.

—

Hoje, almoço com [Lima]. Depois, Berardinelli. [Inventou um filho.]

—

Para a *Revista de Filosofia* de São Paulo:
"Pode-se, deve-se hoje pedir contas à filosofia. Para que tanto pensar no mundo se o mundo nunca resolveu os seus problemas essenciais? Foi preciso que viessem a higiene, a ciência da nutrição e a estética para se descobrir que a filosofia só se importou e teve contato com o branco, nutrido e tecnizado, enquanto a maior massa da humanidade sempre agonizou sob o governo das falsas elites que a própria filosofia procurava justificar.

Para os sábios e os sabidos, a filosofia; para os outros, a religião — velho ópio do povo. Era a maneira de fazer chegar a filosofia ao povo.

Hoje é necessário exigir um teste sociológico para a admissão de qualquer ideia filosófica. Por exemplo, que utilidade nos traz o existencialismo ou os voos de urubu de Bergson?

Quanto ao existencialismo, é curioso ver-se como, de tal maneira, a vida foi abafada pelos milênios 'cultos' que nos deu o patriarcado, que se tornou necessário elevar o 'existir' à altura de uma revolução de escola. Mais do que isso, à altura de uma revolução.

Todas estas reflexões me vêm através do aparecimento de um livro brasileiro, *Geopolítica da fome*, de Josué de Castro.

Etc. etc. etc."

———

Tive um dia de resfriado terrível. Tosse, o diabo. Parou com comprimidos de [Kadilan].

1º DE ABRIL (HORA ZERO)

Fim da miserável "hora de verão". Voltam atrás os ponteiros.

———

Chegamos da casa de Cassiano Ricardo. Ele fala sobre Proust e o Barroco a propósito do concurso de literatura do Pedro II em que foram candidatos Álvaro Lins e Afrânio Coutinho.

———

Dia safado com a grosseira negativa do Jafesão. — Você ouviu cantar o galo, mas não sabe adonde.

———

Almoço esplêndido com Gustavo Corção na churrascaria excelente das Laranjeiras.

———

A inconformação como filosofia da arte moderna. Inútil academizar. Foi-se o [clima] do Renascimento, branco e nutrido.

2 DE ABRIL (4H20)

A campainha do telefone (Hotel Novo Mundo — Rio) vai acordar Antonieta, que ressona no quarto batido de aragem noturna. O calor caiu. Choveu. Às 4h30, café! Sairemos para São Paulo, de ônibus, às 5h40 (hora normalizada), se Deus quiser, como diz a Baíla.

Ontem, nova expectativa do negócio do IAPI, com Josué, excelente amigo. Visitamos Aquilino Ribeiro, que está aí como extra da missão cultural portuguesa.

Um velho aldeão, tipo português do Geraldo Rocha. Chamo-o o "maior escritor português" e ele diz que eu sou um dos "grandes espíritos da América". Rasgamos seda.

Thomaz Colaço, de *mise en plis*, nos cede o táxi até a churrascaria das Laranjeiras, onde cantam gaúchos do Texas. Comemos bem um baby-beef.

3 DE ABRIL

Desde ontem em São Paulo. Só fui ao dr. Fonseca por causa da asma.

Nony seguiu hoje para o Rio, me substituir junto ao Josué, que já tratou do caso do IAPI (terrenos) com Alzira. Favorável. É Nony quem me diz pelo telefone. E me dá também um rabo de arraia — que Niomar, no Museu aonde ele foi levar dois ótimos quadros (caiporas), lhe disse que Sartre tinha morrido num desastre de automóvel em Belém do Pará. Os jornais e rádios a quem telefono não confirmam.[*]

———

De manhã com Silviano, no escritório do Mathias, que banca o bonzinho. Diz que o velhote cínico da Caixa transferiu para os terrenos 3 milhões da dívida. Sei lá?!

---

[*] O filósofo Jean-Paul Sartre morreu em 1980 e só veio ao Brasil em 1960, quando efetivamente passou pela capital paraense, a caminho de Cuba. Como, desde os anos 1950, a imprensa brasileira vinha anunciando sua visita ao país, é possível que o boato a respeito de sua morte em Belém seja decorrência de alguma notícia falsa sobre a suposta viagem de Sartre. O.A. comentou o episódio em "Delitos de trânsito" (coluna "Telefonema" publicada no *Correio da Manhã* em 10 abr. 1952 e reproduzida no livro *Telefonema*, op. cit., p. 528).

Aurasil me telefonou marcando encontro com Sérgio Cardoso que — diz ele — oferece 9 milhões pelo teatro.

6 DE ABRIL — DOMINGO DE RAMOS

Estamos de novo em São Pedro. Viajamos de Pullman.
Nony trouxe do Rio boas notícias. Gabriel está sai não sai. Se for preciso, Ela [*sic*] intervirá.

———

Asma.

———

Estive com Pacheco Fernandes e Herculano Pires.
Agripino, numa conferência na Faculdade de Direito, falou bem de mim.

———

Nony entregou os quadros a Niomar.

7 DE ABRIL (MADRUGADA)

É assim. Uma sanfona no peito, um prego no cu e luta a noite toda com o anjo da insônia.

———

Noite miserável. Ainda não são seis horas e já acordei vinte vezes. O pânico me toma da situação incrível. Tenho que atravessar assim a Semana Santa, sem Deus nem Deusa.
E só na outra quinta-feira poderei ter o primeiro contato salvador.

———

Merda!

———

Que erro a vida!

———

O racionalismo serviu para a ciência, inclusive a ciência social (de Descartes a Lênin), mas nunca para o humano.

———

Ganhei um grande termo para meu vocabulário antropofágico — PRAGMA. Mais do que concepção de vida. Ex.: O cristianismo como *Pragma*.

10 DE ABRIL

É Quinta-Feira Santa. Antigamente, o espetáculo da morte de Cristo se apossava da gente. Hoje, faço as unhas das mãos e dos pés. Estes, com d. Helena, mulher do massagista; aquelas, com a Teresinha que "come de marmita há quatro anos, colosso!", informa o barbeiro Jomar.

Pela primeira vez, dormi bem. Atroveran. Receita e presente do médico Viana, que está de luto, pelo filho esmagado num ônibus na estrada Dutra. Sedativo excelente.

———

Há dois dias, sonho dirigista. Com Getúlio e Alzira no palácio.

———

Nony me comunica que está de pé o negócio do teatro com o Sérgio Cardoso, por 9 mil. Será?

———

Fraca a estação. O comendador [Minervino], o Luiz chancelante (precisa do Queiroz), o dr. Viana. Judias gordas, imensas. Judeus otários.

———

E leio com Antonieta o mais extraordinário dos livros — *A vigésima quinta hora*.*

* De Virgil Gheorghiu.

11 DE ABRIL

Sexta-Feira Santa com chuva. Inédito.

[*Segue uma lista de endereços de contatos com quem realiza negócios*]

Antonieta tenta inutilmente ler o *Admirável mundo novo*, do Huxley. Intragável. Último vômito da sociedade ocidental.

—

Estou preso ao Rio. Que acontecerá?

15 DE ABRIL

Terminou a Semana Chata.

E eu entro sem lápis na insônia de preocupações monumentais. Está se aproximando a decisão. Chegamos de São Pedro. E seguimos para o Rio na madrugada de quarta, 16, amanhã.

São duas horas e ainda não dormi. Porque Antonieta me perguntou pelo saldo do milhão e eu lhe contei que restavam apenas 350 contos, antes de um mês do desconto. Assim é impossível continuar.

Aurasil ficou de me transmitir a resposta do grupo Sérgio Cardoso e não telefonou. Hoje eu devia pagar o japonês, mas não pedi os papéis. Ele vai ficar uma fera!

—

Luís Coelho me promete arranjar a audiência do Marcondes, que segue para a Europa. Diz que me espera para o almoço da chegada no Serrador. Será?

—

A Maria por aqui com o padrasto apunhalante. Mandei-a ao Onofre.

—

E o japonês? Eu não me corrijo. Quando peço, prometo tudo. E depois?

———

O Mathias volta à ofensiva. Com uma proposta besta.

———

Nony, queimado do sol de Itanhaém, por aí.

———

Vi hoje a imagem do homem doente. O dr. Brasílio Marcondes que me receitou para asma e pressão. [Marmorek]. Quinze gotas de quinze em quinze dias. Pulsatilla C6 e Antimônio Tartárico C6, alternadamente. E Glonoinum C30 para a pressão. Uma pastilha pela manhã, outra à noite.

Ele está perdido. Casou três vezes, sussurra a irmã, onde ele mora.

E não permite com certeza que a última mulher o acompanhe. O patriarcado se vinga — os prognósticos são sombrios.

Para todo o mundo são sombrios. Menos para o cavalo do Jorge Amado, que dá um livro servil e cor-de-rosa — *O mundo da paz*. DIP vermelho.*

———

São três horas. E não consigo dormir. O pânico me assalta. Sou um desmesurado. Se fosse possível, ficaria acordado até a hora da solução, para depois dormir quinze dias.

———

Há uma vírgula, há sempre uma vírgula no meu sono.

A tranquilidade provisória não me tranquiliza. Vejo conscientemente o abismo onde pirueto com os meus.

———

* O.A. se refere ao Departamento de Imprensa e Propaganda do Estado Novo de Getúlio Vargas, que perseguia os comunistas.

[*O.A. escreve na sequência um texto para sua coluna "Telefonema"*]*

Badalo

(De São Paulo) Evidentes e inúmeras são as vantagens do mundo socialista em ascensão sobre o mundo capitalista em declínio. É o que diz o nosso patrício Jorge Amado num livro que ora se espalha por todo o Brasil com um título pacifista.

Ressalta disso, porém, uma inegável vantagem para o mundo capitalista, setor Brasil. É que, sendo um livro de caráter proselitista e violento contra o regime nacional, nada impede que ele aqui se edite e circule. Que aconteceria na URSS com um livro idêntico escrito contra o regime soviético? Pelo menos, não se podendo pôr a mão no autor, o editor seria fuzilado em fila com todos os livreiros que o vendessem.

Procurei com tristeza nessas páginas aquele menino de gênio que vinte anos atrás aparecia no Rio com uma obra-prima na mão — *Jubiabá*. Está seco e reduzido a um alto-falante que mecanicamente repete as lições do DIP vermelho do Kremlin. Raramente, uma ou outra vez, perpassa ali aquele vento de paixão que fazia a glória e a beleza do autor de *Terras do sem-fim*.

Em 1945, José Maria Crispim (que hoje pode falar, pois está desligado dos abraços férreos de Moscou) presidiu a uma reunião de intelectuais militantes onde, na cara de Jorge Amado, eu denunciei que no começo da guerra ele tentara me fazer subornar por um nazista, oferecendo-me trinta contos a troco de um livro de impressões de viagem à Europa, favoráveis à Alemanha. Jorge quis sair pelo buraco da fechadura da sala cerrada onde nos encontrávamos aqui, na redação do *Hoje*.

Daí para cá, o mal moral progrediu. Da traição e da subserviência, Jorge passou ao badalo e à morte intelectual pela mediocridade. Não há dúvida que merece o Prêmio Stálin.

Oswald de Andrade

* Em geral, O.A. aproveitava as páginas finais de cada caderno para esboçar os textos que escrevia para sua coluna "Telefonema", no *Correio da Manhã*, que permaneciam à parte do fluxo de suas memórias e reflexões. Em alguns casos, porém, ele inseria esses esboços na sequência cronológica do *Diário confessional*, razão pela qual optamos por transcrever tais textos. O texto acima foi publicado com pequenos cortes no *Correio da Manhã*, sob o mesmo título da coluna, em 18 abr. 1952 e reproduzido no livro *Telefonema*, op. cit., p. 529.

[*Relação de dívidas.*]

16 DE ABRIL (23 E 55 MINUTOS)

Perdi o sono. Ouço pelo rádio do quarto 2011 do Hotel Serrador, onde ficamos, no Rio, a partida de futebol entre uruguaios e brasileiros, em Santiago do Chile. Terminou o 1º tempo com 2 a 0 para os brasileiros.

———

Almoçamos com Luís e Dinah no Night & Day. Este telefona depois que irá buscar com o dr. Heitor, no escritório do Marcondes, a data da audiência de Getúlio. Marcondes partiu para a Europa, sem providências.

17 DE ABRIL — UMA HORA

O Brasil venceu por 4 a 2 o Uruguai, tendo sido o último ponto deste feito por pênalti no último minuto.

Será assim a minha história?

———

Antonieta, incompreensiva um instante, arrepende-se e me trata bem.

———

Queiroz, boas falas, Josué também.

———

Nove horas — Continua a espera ansiosa. O Geraldo Rocha, me encontrando no Queiroz outro dia, exclamou:

— O Oswald faz tudo o que quer... Faço!

Ainda não acordaram nem o Luís Coelho, que segue para São Paulo hoje, nem o Josué.

Encho de vazio o vazio.

Conto o dinheiro — catorze contos
E se quitandinharmos?

18 DE ABRIL

Estamos desde ontem à noite na Quitandinha, em Petrópolis.

Um pequeno reumatismo na perna coincide com o céu longínquo e puro de inverno. Tudo azul.

Ontem mesmo, consegui abordar a madrinha. Marcou para segunda-feira a palestra. Hoje vou levar ao Rio Negro* a carta do escritório Marcondes.

Foi em Petrópolis, aqui na Quitandinha, que começou a fúria dos empréstimos para viver. Fiz 36 horas de trem, de Araxá [até] aqui, para pedir ao João Alberto que me arranjasse dinheiro com o Gastão Vidigal.

Aqui espero que termine o ciclo!

[Lodi] e orquestra por aí. [Humberto] Bastos também. [Nina Gallo].

Nony diz pelo telefone que o grupo Sérgio chega a 10 mil pelo teatro.

Vem-me à lembrança a imagem de João Alberto, em sua casa, feliz e desprecavido, com a bela Lia e o garoto. Filmando cenas de jardim e de casa com os dois. Hoje, sem eles, está na Europa à frente de uma missão econômica.

"Os que aspiram à tranquilidade andaram mal em nascer no nosso século". Trótski. Da cinta do livro de Lourival Fontes.**

* Palácio Rio Negro, antiga residência oficial de verão dos presidentes da República.
** Possivelmente *Homens e multidões*, de 1950.

378

19 DE ABRIL

Sinto-me doente, mas cheio de esperança. Visitei Lourival Fontes no Rio Negro. Ele me recebeu de braços abertos. Vou possivelmente ocupar o lugar de centroavante na ofensiva contra o Cafajeste.

20 DE ABRIL

Acordo às cinco horas. Dormi ontem a tarde toda. Precisava desta cura de repouso. Antonieta também. Temos telefonado aos picochos. Um encanto!

Hoje às dez horas devo encontrar Josué, em casa dele, aqui perto. Amanhã. Alzira. Depois...

Leio Aquilino [*Ribeiro*], grande escritor. Mestre da língua de que somos órfãos.

21 DE ABRIL

Tiradentes. Sessão comemorativa na conferência aqui reunida, por sinal que do [*Ministério do*] Trabalho.

Ontem apareceu o cara de foca Pedro Moacyr, quando eu conversava com o ministro Segadas Viana, apresentado por Josué. E ele apressou-se a dizer a este: — Estou esperando as suas [luzes], a suas ordens!

Sem comentário.

Um pequeno sono reparador.

Tiradentes ("Telefonema")*

O meu amigo que chegou da Quitandinha provou o gim e exclamou:

---

* Esse texto para a coluna "Telefonema" (que, a exemplo dos demais aqui publicados, se insere no fluxo do *Diário confessional*) permaneceu inédito e parodia o discurso racista de um amigo (talvez fictício) de O.A.

— O mundo está outro. Por causa do Tiradentes e demais malucos. Veja você. Acabei de assistir a uma sessão desse congresso do Trabalho que está reunido em Petrópolis, sob a presidência do Segadas Viana. Antigamente, nos meus bons tempos de menino, só minha avó, com sua grande caridade cristã, [punha] negro sentado na mesa. Hoje, é negro na conferência, mulato no microfone, índio no plenário. Só vendo. É a ascensão dos povos coloridos — soa melhor do que povos de cor, você não acha? E a terrível Argentina, que prometia nos comer, pedindo que todos se pusessem de pé em homenagem a Tiradentes. Uma confraternização gritante dos diabos! Assim não pode haver mais guerra. O homem voa, saltita, se comunica, e a Torre de Babel da desertada Bíblia criou antenas e virou estação de rádio. Enquanto o ariano ocidental, que produziu durante milênios uma civilização de artifício — a civilização do branco adulto e batizado —, está entregando os pontos. Estou de acordo com todas as homenagens prestadas a esse grande alferes da Inconfidência, que teve a coragem de assumir. A rara coragem existencialista de assumir. Mas devíamos pensar que muito se deve também ao reacionário d. João VI, que, seja como for, foi quem mandou abrir os nossos portos. Sem isso, não viriam até aqui nem o cinema, nem o chuveiro elétrico, nem o divórcio, nem o preto çaçaricando [*sic*] em Congresso!

Oswald de Andrade

22 DE ABRIL

Que torcida!

Minha vida é um corpo a corpo que se distende afinal.

Ontem, Josué, que desceu para o Rio, me telefonou. Falou do jornal, espera solução favorável. Falou a Alzira sobre o IAPI. O Cara de Foca vai ser posto na rua. Mas ainda fará negócio.

—

Às vezes, me vem uma desilusão vaga pelo fim da luta. Que fazer depois? Me vingar.

25 DE ABRIL

São Paulo de novo.

Chegamos ontem de ônibus. Telefonei a Josué à noite. Me disse que falou com a Raquel. Deve ser mentira.

———

A criançada linda!

———

Nabantino [*Ramos*] não queria publicar a entrevista de Alzira. Que merda!

———

Fundamentos do sentimento de culpa. Consciência do predomínio do eu, em tudo, sobre o coletivo e o social.

Origens de Masoch?

26 DE ABRIL — DUAS HORAS

Acordo depois de quatro horas de sono. Lembrança do "santo homem" dr. Fonseca, na véspera:

— Que vá o Ademar. Ladrão e canalha. Mas é paulista e acabou-se. Se os honestos não sabem ir, que vá ele, pois só ele saberá conquistar o posto que São Paulo perdeu há quarenta anos! A nossa vingança é que São Paulo guarda o corpo do filho do G.*

E por aí.

———

O homem é sempre o poço do ódio que pode se transformar em poço de amor.

———

* Getúlio Vargas Filho, que morreu em 1943.

Ontem à noite, Nony aparece para um bom vinho do Porto. Conto do livreiro Oscar no Café de La Paix. Paris era dele.

—

Preparos para o quarto aniversário do Paulinho. Doces. Telefonemas. Convites.

—

É preciso escrever alguma coisa no álbum da fazenda do Mário Pacheco Fernandes. Escrevemos:

"Aqui, nesta maravilha de paisagem canavieira, vim encontrar uma nova habilidade de dona Maria Dezonne Pacheco Fernandes — a arquitetura. Ela mesma planejou e fez construir sua casa de moradia, donde, pela abertura de uma grande janela do quarto de dormir, se avista o horizonte matizado da terra colorida de Piracicaba. Célula viva da eleição do governador Garcez, autora de muitos livros e agora de um filme que vai enriquecer a produção nacional, ela é sobretudo a companheira do grande jornalista João Pacheco Fernandes. É a matriarca que deu ao trabalho e às ideias as duas joias que são João Batista e Mário" etc. etc.

—

Noite

Surpreendente atitude de Maciel, que chama Nony à Caixa. Dá 4 mil contos. Mathias perscruta, finge que não sabe de nada. Chega carta confirmando. Nony passa a champanhe o dia.

—

Garcez, que me reencontra na pequena audição de dona Dinorah, insiste em que o veja nos Campos Elíseos. É candidato.

— Falarei com o Pacheco.

— Não. Apareça lá!

—

Calma. Leio o *Protágoras* de Platão. Que merda! Que cruz de merda a humanidade carrega — o platonismo.

29 DE ABRIL

São nove horas. Nony deve estar desembarcando no Rio. Josué promete falar hoje com Gabriel.

—

Ontem, médico. O dr. Mattar, com seu sorriso loiro, afirmou que eu não piorei nesta crise imensa. Vai dar regime.

—

Leio um bom livro sobre Idade Média.

—

Noite. Nony telefona do Rio. Josué inutilmente procurou Gabriel Pedro Moacyr o dia todo. Desligo satisfeito porque ele autorizou a Nony falar com Raquel sobre o caso. Venho me deitar. Nony de novo no telefone. Josué encontrou Gabriel. O negócio está providenciado, reatado. Telefono a Josué para agradecer. Ante a indecisão do Cara de Foca, ele se responsabilizou. A coisa sai.

30 DE ABRIL

Mais de meia-noite. Acordo nervoso. Falta de ar.

—

Ontem, um calor imenso; hoje, um frio imenso.

—

Leio entrecortadamente um belo livro de João do Rio — *As religiões no Rio*. Esse rapaz, que conheci na época de Isadora, foi quem salvou a inteligência brasileira durante o poderio da República Bilacoelhonetal* entre Euclides [*da Cunha*] e Mário de Andrade.

—

* Neologismo mesclando os nomes de Olavo Bilac e Coelho Neto.

Uma hora. Bellergal.

—

Nony, na volta, terá que pagar os juros de d. Gilda, ver alguns bancos e procurar o Segadas Viana.

—

Não sei se anotei que fiz uma comunicação à Faculdade de Filosofia de que quero participar do concurso. Quando?

—

E o tal Hugo, do Silva? Vence agora?

—

Duas horas. Tosse. Codoforme.

—

Um erro de cálculo fez com que não sentíssemos a tragédia financeira que nos ameaçou esmagar. Eu acreditava que a hipoteca da casa de Antonieta mais a da Boa Sorte (que não consegui realizar) bastariam para apaziguar a situação. Puro engano. Não fosse o *funding* do Banco do Brasil que Alzira nos deu, e haveria o *afunding*.

Engraçado, fui ao Rio através do Marcondes (entrevista com Getúlio, até hoje não determinada) e, sobretudo, atrás do crapulão Paulo Bittencourt. E afinal — as saídas secretas do velho providencialismo doméstico — foi aquele telefonema do Queiroz a Josué de Castro que nos salvou. — Você pode apresentar o Oswald àquela moça? — Com muito prazer.

8 DE MAIO

Estamos, eu e Antonieta, no Ouro Verde Hotel em Copacabana. Fizemos a viagem no Cadillac do Josué, que foi a São Paulo fazer uma gloriosa conferência. No começo do mês, estivemos esplendidamente na Boa Sorte. Negócio com o japonês. Os italianos Catarina. A [vaca] Rosa.

Depois, Josué. Garcez quer que eu seja liga sua com Alzira Vargas. Quer ver se Ademar, em desespero, o adota.

———

Maravilha a conferência de Josué. Vim, apoiado nele, ver se termino a venda do IAPI. Não consegui localizar nem Gabriel nem Raquel. [Sujos].

———

Fui com Josué, Waldemar Cavalcanti.

———

Zé Olympio encontrou-se conosco no Clube dos 500, onde há um ótimo [*vinho*] Grignolino Mirafiore. Antonieta gostou.

———

Noivado.

———

As duas casas dos Giorgi. [...] Calandriello. — Preciso ganhar a vida.

———

Josué me afirma que me darão *A Manhã*.

11 DE MAIO

Meu pai me contava que neste dia desembarcou em São Paulo, vindo de Cachoeira. [Melanie] se casou nesse dia.

———

Estive desanimadão. A princípio, a trágica dificuldade em localizar dois salafras escorregadios — Gabriel e Raquel — os terríveis Moacyr.

Ontem afinal encontrei o [lastro] que ainda procurou sabotar. Como eu posso colocar uma casa de 150 contos num terreno de quinhentos cruzeiros o metro? Mas eu reagi dizendo-lhe que o Departamento de Engenharia de São Paulo tinha resolvido todas as dificuldades.

Mas o processo sumiu!

Culpa minha de não ter burocratizado.

Sei que Gabriel Pedro Moacyr, um dos maiores miseráveis que encontrei, está demitido. E o negócio da venda do Sumaré ao IAPI se fará. Depende só do tempo. Josué falou ontem com Alzira, que está doente. Não sendo inadmissível um novo bote no Ricardo Jafet para esperar.

———

Ontem falei com Corção e Berardinelli.

Tinha uma pressão no peito que me dava ideia de angina. Mas passou.

Estamos no Ouro Verde Hotel, na [brisa morna] de Copacabana.

———

A insônia me mata. Leio o *Timeu* de Platão, a gênese grega. E [*Jean*] Wahl sobre a Existência. Kierkegaard partiu de um equívoco. O "conhece-te [*a ti mesmo*]" de Sócrates, que tem apenas um sentido humilhado de servidão — conhece a tua posição de mendigo. Não há sombra de psicologia nessa afirmação do escravo consolado.

———

Ontem, vimos um maravilhoso filme de De Sica — *Talvez amanhã seja tarde.**

Vamos hoje a Paquetá. É domingo.

———

O jornal parece que se faz. Lourival me recebe amanhã às três horas no Catete. Genolino [*Amado*] me animou.

———

Plano financeiro para reerguimento da *Manhã*.

Não havendo nenhum órgão da indústria, ou melhor, da industrialização de que o Brasil necessita para as transformações sociais que o governo Vargas

---

* O.A. se refere a *Domani è troppo tardi*, de Léonide Moguy, no qual Vittorio De Sica, diretor do clássico *Ladrões de bicicleta*, participa como ator.

pretende, o jornal cumpriria esse papel. Um plano de publicidade industrial seria estabelecido com a Federação Nacional da Indústria, as associações de São Paulo (Indústria e Comércio) etc. etc.

Duzentos subscritores duma modesta cota de publicidade, de apenas cinco contos mensais, dariam ao jornal mil contos [ao mês].

Mantido o *status quo* — oitocentos contos de déficit que saem da Rádio Nacional —, o jornal teria disponibilidade de numerário para se transformar num órgão decente e prestigioso. Obtida a recuperação, participação nos lucros.

Ao lado dessa intervenção financeira, seria feita uma intervenção gráfica.

Ao que se sabe, só incompetência e desleixo fazem da *Manhã* um jornal ilegível, pois *A Noite* muito melhor se imprime nas mesmas oficinas e com idênticos recursos técnicos.

Espelho?*

———

Acordar bom com Antonieta às seis e meia. Café.

Jantamos com Jayme de Barros e senhora em casa de Josué.

12 DE MAIO

Há duas noites que não durmo. A diabete parece que piorou. Levanto-me demais para urinar. Atribuo tudo ao meu estado nervoso.

Componho o plano d'*A Manhã*. Já sei o primeiro espelho, dezesseis páginas com dois suplementos ilustrados, quintas-feiras e domingos. Saiu bem decente.

———

Almoçamos em Paquetá, eu e Antonieta. Pretendemos levar as crianças, nas férias de julho, para o Hotel Lido — praia etc.

* O.A. se refere ao diagrama de paginação de periódicos, denominado "espelho" no jargão do jornalismo impresso.

———

Incidente grotesco. O mestre querendo encher demais a lancha, os viajantes saíram. Discussões. Ameaças. A lancha *Severa*.*

———

Anteontem, no intervalo que foi do encontro com Josué no Ministério do Trabalho, em que ele telefonou a Alzira Vargas, e o telefonema dele à noite, dando-me o resultado, voltaram em tumulto e em fila todos os complexos do pudor. Não devia pleitear mais nada com Jafet. Mas que fazer para viver?

Senti um momento o barco desgovernado, sem breque. Só um remédio. Ir resignadamente, se não corajosamente. *Assi es la vida!*

———

Mal-estar — pânico — tristeza — medo de ter perdido a saúde. Figa!

13 DE MAIO

Manhã suave de bom mar e bom humor. Me reponho nos velhos tempos em que vagamundeava por um mundo de praias, escrevendo a primeira Antropofagia — Saco de São Francisco etc.

O novelo se desfez. O processo foi encontrado, é nº 673. Está no Departamento de Inversões ou Investimentos, D.I. Seu Luiz quem me disse, quando já num romance policial eu tinha encontrado uma pista — refazer o processo etc. etc.

Foi o próprio Josué (maravilha) quem levou o bilhete azul a um dos maiores f.d.p. que conheci em minha vida, o dr. Gabriel Pedro Moacyr. Tem que sair, apesar da resistência a que o Ademar o convida.

Ontem com Queiroz e *femme*,** fomos jantar num bistrô elegante de Copacabana — La Cloche d'Or. *Soupe à l'oignon*, bom [*vinho*] Châteauneuf-du-
-Pape, conversa. Queiroz conta que Getúlio é prisioneiro dos quatro grandes

---

* O.A. retoma o episódio num dos textos da coluna "Telefonema", intitulado justamente "A lancha 'Severa'", de 17 maio 1952.

** Em francês: "mulher".

ministros — [*Horácio*] Lafer, [*João*] Neves [*da Fontoura*], [*João*] Cleofas e [*Francisco*] Negrão de Lima —, que o forçaram a pôr pra fora o Estillac [*Leal*]. Quer dizer que o governo está na mão do Schmidt!*

Estive no Catete, [*para*] levar o espelho da *Manhã* ao Lourival, que me pareceu desinteressado. Em todo caso, prometeu falar com o presidente.

Genolino, melhor.

Dia no IAPI, na datilógrafa, no Ministério do Trabalho.

Josué falou com Segadas, que se encarregou de me agendar.

Preciso trazer o Coelho ao Rio, logo que for nomeado o novo chefe do IAPI, onde o Gabriel quer resistir.

———

Depois de um ano, talvez, fumo um bom charuto.

14 DE MAIO

Três horas da madrugada. Acordo com falta de ar. Não é verdade que se tenha achado o processo. Tive que restaurá-lo com seu Luiz.

Jantamos com Lima Figueiredo, que está com uma lesão no coração e perdeu mais um carro, no "Conto de Baurú". Deu pra vender.

———

Ele e o Osvaldo Orico só gostam, na obra do Corção, de "Os rubis de Burma".**

———

A insônia persiste, oscila entre a sufocação e a voz que falou a seu Andrade uma noite na Aparecida [*do Norte*]: — Os teus negócios vão se arranjar! Mas falou lentamente.***

---

* O.A. se refere à suposta interferência do poeta Augusto Frederico Schmidt, que também era empresário, sobre Getúlio Vargas.

** Uma das três partes do romance *Lições de abismo*.

*** Em *Um homem sem profissão*, O.A. retoma esse episódio do pai, também relacionando-o com as agruras financeiras pelas quais passava ao escrever suas memórias e citando personagens

Lima [*Figueiredo*] (a Maria Augusta):
— Você não acha o Osvaldo Orico um acadêmico? (a *piège** é evidente)
— Por quê? (fracasso do silogismo doméstico)

———

A insônia prossegue de olhos abertos. A pressão sobre o peito, de punhos fechados. Escuto a voz de Josué no Ministério — Alzira não mostrou grande entusiasmo em te ver. Quatro horas.

———

Urino muito. Mais Filinasma. Vick Vaporub.

———

A propósito do artigo de Álvaro Lins sobre Camus — Quem diz que a *Nausée*** de Sartre não [aceita] mais que qualquer revolta. Pois no fundo da náusea não há nenhuma esperança e, na revolta, há. O que a humanidade merece é a náusea. Por quê? Pela incompatibilidade fundamental (os bichos originais de Dacqué).

Quem fará o Lima e o Orico, excelentes deputados, entenderem o Corção? Ora, não entender é sempre, sempre, jogar na fogueira. A reação dos que amam Corção tem que ser primeiramente a revolta, onde talvez haja um ultimato, um inútil ultimato, donde revolta e *náusea*.

———

Leio *La Pensée de l'existence*, de Jean Wahl. 4h20

---

recorrentes neste *Diário confessional*: "Até hoje não me esqueci de meu pai narrar ter ouvido da Santa, numa noite de hotel [*em Aparecida do Norte*], estas palavras proféticas: — Teus negócios vão se arranjar! Mas, ela pronunciou tão lenta e demoradamente essa frase salvadora que até hoje, mesmo com o auxílio de Santo Expedito, e mais tarde com o de grandes advogados como o Rao, o Marcondes e o Luís Lopes Coelho, tudo tem-se reduzido a soluções de emergência que afinal parece que vão terminar agora. Terminarão?" (op. cit., p. 30).

* Em francês: "armadilha".

** *A náusea*.

Amasil chegou. Deu-me Cr 2500,00 que forneci ao Josué, da conferência.

—

Escrevo dois "Telefonemas".

—

Coragem, menino! São os trabalhos de Hércules!

—

Estivemos com Josué que, como sempre vigilante, leal e perfeito, prepara a última cartada para amanhã, com Alzira Vargas e Segadas Viana.

Comovido, estendi-lhe a mão na saída de uma sala no Ministério do Trabalho:

— Você é o meu maior amigo!

—

No *Correio da Manhã*, ainda Paulo, Paulo Whisky Bittencourt. Hélio Jaguaribe, de roupas boas, mergulha num copo. É o lacaio do Schmidt. Antonieta faz uma gafe:

— Como o Schmidt manda aqui!

— Manda nada!, protesta o pau-d'água.

Hotel. Cansaço [ansioso]. Raras vezes em toda a minha vida tive uma tensão como esta. Fui ao IAPI buscar o protocolo do nosso processo. Não estava pronto ainda.

—

Cumpriu-se hoje, 15 de maio, às três horas da tarde, o ciclo final do trabalho desenvolvido à sombra de Josué de Castro. O ministro Segadas e Alzira Vargas deram o seu aprovo à liquidação do caso do IAPI. É só trazer aqui o Luís Coelho e falar com Ricardo Jafet para mais oxigênio.

Chego fatigado, mas feliz. O telefone toca — o presidente Vargas nos recebe amanhã às três e meia.

—

Não consigo dormir. É quase meia-noite. Agora é a felicidade que atrapalha.

17 DE MAIO

São duas horas da madrugada. Jantamos com Leonor e Osvaldo na churrascaria das Laranjeiras. Depois, apareceu Genolino Amado.

Acordei agora. Tomei um comprimido e comi peras.

Redijo para o Lourival Fontes o seguinte bilhete:

Meu caro,

Esclarecendo melhor o que ontem conversamos no Catete, quero lhe lembrar que não fui pedir ao presidente Vargas o que já está concedido, que é o que você verá pela 2ª fotocopia — Cr 2 700 000 — Cr 1200 ou 300 000, isto é, cerca de Cr 4 000 000 que estão dados pelo dr. Maciel. O que eu pedi, e me foi acordado com risonho paternalismo, são mais Cr 2 000 000,00 (dois milhões de cruzeiros) necessários à total terminação do prédio.

Muito seu.

—

Quer isso dizer que me avistei afinal com Getúlio — uma maravilha de homem! Risonho, com gestos do dr. Samuel, mais chãos e populares. Inteligente e risonho. Me concedeu tudo. Irá a São Paulo festejar a Semana de Arte Moderna.

—

Embarcamos daqui a quatro horas no ônibus para São Paulo. Rever a queridade.

—

Josué e Glauce partiram no *Augustus Caius Cesar*. O magnífico singramar.*

—

* Provavelmente, O.A. se refere ao navio *Augustus*, que fazia a travessia do oceano Atlântico junto com o *Giulio Cesare*, ambos da companhia Italia di Navigazione.

Noite de sufocação. Partimos para São Paulo. Viva Josué de Castro.

23 horas — Recomeço a leitura do *Timeu* de Platão, agora cuidadosamente.

18 DE MAIO

Dia ótimo de descanso. O dr. Mattar, pelo telefone, me receita uma injeção de aminofilina na veia e isso me melhora extraordinariamente. É domingo.

———

Planos. Europa. Cultura. Os dois lindos e a linda. *Vita nuova.* Amanhã, o último futebol.

19 DE MAIO

Combinação com Luís Coelho de voltar amanhã ao Rio para [...] o negócio do IAPI com o Segadas.

Banco do Brasil. Seu Décio, Cruzeiro, Batah, Silva, Batah, seu Hugo. Estafante!

———

Amanhã às 6h40, volto ao Rio.

26 DE MAIO — NOITE

Lentamente me restabeleço.

27 DE MAIO — MADRUGADA

Porque estive doente e só no Rio, onde fui sem Antonieta, com Luís Coelho e Dinah. Para provocar uma definição do Segadas no negócio do IAPI, a qual foi de primeira ordem.

Caldeirada na Real, espinha real na garganta. Dedo. Dor. Inflamação. Banho de mar no Ouro Verde. Gânglio. Perigo. Pronto-socorro. Espera de quatro horas no Banco do Brasil. Negativa parcial de Ricardo. Volta. Febre? Possível. Tudo possível.

—

Os jornais noticiam enfim a saída de Gabriel Pedro Moacyr, o miserável que, durante ano, pessoalmente e através de Noemia, segurou o negócio do Sumaré, quase nos arruinando.

—

Luís Coelho volta ao Rio.

—

Comecei enfim "O homem, este antropófago". Escrevi de um gesto cerca de cinquenta páginas. Sinto-me saturado de cultura, emprenhado de gritos de reivindicação e de cólera. Como te deformaram, vida! Como te mentiram, história!

—

Madrugo de novo. São quatro e meia. Esses dias finais, da decisão, me matam.

—

Há apitos na madrugada crua. Na madrugada gelada de São Paulo. A indústria e a exploração acordam cedo.

—

Ontem, Giannotti apareceu à noite. Admiração por Cruz Costa.

—

Tenho um medo nítido da vaga pressão no peito que me acorda. Preciso viver, criar os dois seres adoráveis que nasceram de Antonieta.

Ontem, Antonieta Marília veio no segundo ônibus. Paulinho explica. Ficou no palco.

Vai dançar, na festa do colégio, de amor-perfeito.

—

Vou mandar ao *Correio* três "Telefonemas". "O analfabeto coroado de louros", "Amor de uso" e "Do Modernismo".* Antes de irmos para São Paulo, quinta-feira. E de lá, domingo, ao churrasco de d. Mariazinha Pacheco Fernandes, na fazenda, para o qual fomos convidados.

5 DE JUNHO

São três horas da madrugada. Às 6h40, largamos para o Rio de ônibus. É a última viagem nervosa, espero. Pois, ao contrário do que se esperava, o Gabriel Moacyr ficou à frente do IAPI e também, ao contrário do que se esperava, a Noemia telefonou espontaneamente para me dar o seguinte recado: que ele me esperava no Rio para terminarmos o negócio. Seria fazer a "lua quadrada", mas ele faria.

———

Luís Coelho segue amanhã. Estará lá para o que der e vier. Segadas e Alzira embarcaram para a Europa.

———

O Maciel, com grandes galinhagens, confessou a Nony que tinha recebido o recado do presidente pelo Lourival.

———

Ontem, ainda penoso calvário aos bancos. Herculano, seu Tavares, dona Neyde.

Ainda não pude falar com o seu Adão.

———

Fomos passar três dias em São Pedro com as crianças, para ir ao churrasco do Pacheco Fernandes. A ignóbil clique do Ademar toda lá.

* Dos três textos mencionados por O.A., foram publicados, no *Correio da Manhã*, "Do Modernismo" (7 jun. 1952) e "O analfabeto coroado de louros" (8 jun. 1952); ambos estão reproduzidos em *Telefonema*, op. cit., pp. 537-8, respectivamente.

———

Dia 1, festejamos mal Antonieta, no Grande Hotel.

———

Dei *A divina comédia* ilustrada por Doré a minha filha. E ela brigou comigo. O irmão ao lado dela.

———

Dormi mal. Tomei um comprimido de Theominal, que o Horácio receitou pelo telefone. Mas estou agitado com a ideia da viagem. Estou agitado com a ideia da viagem que pode ser decisiva para a nossa vida.

———

História do médico pobre e trágico que o dr. Pacheco colocou e a que deu a casa "em que vai morrer". Veio ver a Betinha com febre (d. Mariazinha não admite que se chame outro, pois quer cobrar a casa em consultas). Solange, que tem pressão baixa, quis pagar. O homem não aceitou. Ele faz questão, pelo menos o táxi, de levar cem cruzeiros. A velha [Clarinda] contou. D. Mariazinha passou um raspe. Como é que o senhor cobra uma consulta de alguém de nossa família? O homem veio devolver, encontrou Antonieta pondo termômetro na menina. Ele nem quis ver a doente. Depositou os cem cruzeiros malditos no console, fez um discurso patético e saiu.

———

Dessa vez, pretendo encontrar Rachel de Queiroz, que deve ter chegado da viagem. E ver [*Pedro*] Nava e Corção.

———

Ontem, chatíssima reunião do Quarto Centenário, para escolha do júri dos prêmios. Com intervenção do Sindicato dos Jumentos Plásticos. Cachê etc...

———

Trouxe de São Pedro cem páginas escritas d'*Os passos do antropófago*, novo título de meu livro. Escrevi de um jato. Chegarei agora ao fim da Idade

Média. Vou levar para o Rio, a *Idade Média* de Pirenne* e *O burguês*, do [*Werner*] Sombart.

———

Comprei livros

17 DE JUNHO

São três e meia da madrugada. Dormi umas cinco horas e acordei. Estou colhendo urina para exame definitivo com o dr. Mattar. E notei que urino demais à noite. Estou de fato doente.

Passei doze dias sem escrever uma linha aqui. É que fui ao Rio, atendendo ao chamado do Pedro Moacyr, através de Noemia.

Com surpresa, ele me recebeu muito bem, explicou que só agora podia fazer o negócio, porque ia construir 22 mil casas para o IAPI. Aliás, assisti a uma entrevista coletiva que ele deu à imprensa. Um jornalista querendo falar demais, outro empatando.

Ando triste como um burro. É que as coisas demoram demais, não acabam, e acabam os recursos, os "recursos protelatórios" de que falava meu santo pai. Eu fui sempre louco pelos recursos protelatórios, fazer letra, arranjar emprestado, hipotecar. Mas agora chegamos a um ponto que chamarei de "crucial". É que o Getúlio mandou acabar o prédio. E o Maciel resiste. Diz que não mandou. E todos, Nony, Antonieta, Luís Coelho, são pela solução pacífica — não criar caso. Eu gosto de criar caso, mas sinto-me mais fraco e velho.

O general Castelino, creio que por causa duma geladeira que não lhe demos, não quer incorporar setecentos contos na dívida grande. Uma encrenca. Telefonamos ao Lima, que está uma fera porque caiu a lei do divórcio. Ele escreveu ao general. Vamos ver.

———

Estávamos no Rio com Luís Coelho e Dinah. Viemos com ele. Falei para

---

* O historiador belga Henri Pirenne é autor de numerosas obras sobre a Idade Média. O.A. não especifica a qual se refere.

Buenos Aires com Noemia, que promete sempre. E ontem, o Olímpio, chefe do gabinete do Gabriel, disse que o papel voltou ao gabinete no dia 10 e foi para informações no DI no dia 13. Mobilizo Luís para telefonar. Mas uma persuasiva desconfiança me aterra.

———

Demos opção do prédio ao Jorge Mathias no dia 11, mas até agora ele não se manifestou.

Quem telefona é o Silviano, que diz que tem um "comprador mais largo de vistas" do que o turco moço e roliço chamado Demétrio.

Fizemos uma carta ao Banco do Brasil, pedindo mais duzentos contos. Precaução. Mas creio que dará em nada. Também já chega.

———

No Rio, almoços, jantares, Rio de Janeiro. Telefonei a Corção, que não vi.

———

Antonieta Marília me faz chorar. Diz que vai ser a primeira da classe. Que paixão intelectual ela tem com seis anos!

Paulinho, um gozo.

Enquanto a casa dorme, eu acordo. Ontem, reforma do Abdala, [cavalino], falando em saúde e negócios.

———

O título do meu livro ficou *O antropófago — Sua marcha para a técnica, a revolução e o progresso*.* Já tenho quase duzentas páginas escritas.

———

Grande merda com o Miranda e a Helena. Miranda a atraiçoou nas *Folhas*. Nabantino por detrás. Vão pôr para fazer a página literária o José Geraldo [*Vieira*] e a Maria de Lourdes Teixeira.

* Para mais informações sobre este livro nunca publicado, ver a Apresentação deste presente volume.

No Rio, boas falas sobre a *Enciclopédia* com Genolino, que indica Rivadá-via de Souza.

———

A transcendência é o que foge ao tempo. Eu sou o mesmo dos cincos anos de idade. Transcendi. Sou o mesmo. Com as mesmas alegrias e os mesmos pavores.

O Juca apareceu aqui, desiludido do catolicismo. Está ficando espírita. Arranjou uma "media" que acerta tudo.

Tia Candinha faleceu e não tinha um vestido bom para cobrir as pernas. Foi de capote para o cemitério. Queta acabou de roubá-la.

Conto a Antonieta o horror de decadência e decomposição social que representa minha família. Tio Marcos, tio Chico, tio Herculano etc. etc.

———

Estou impressionado com a minha doença. Talvez pela primeira vez. Hoje, felizmente, passo a Boa Sorte para as crianças no Tabelião [Bruno] e faço meu último testamento.

———

Na noite que não termina, leio Gustavo Corção.

———

Que será amanhã?

———

Estivemos com Rachel de Queiroz na ilha do Governador. Casada com o médico Oyama [*de Macedo*]. Uns amores. Vamos levar para lá as crianças nas férias, em julho.

———

Tenho medo de não aguentar mais. Vão ver que aguento.

18 DE JUNHO

Acordo com um imenso cansaço. Doença? Às vezes, o pânico da situação me toma.

———

Vamos com as crianças ver a Exposição Retrospectiva da Semana no Museu de Arte Moderna. Depois, fazer o testamento e a doação da Boa Sorte às crianças.

———

Ontem à noite, Mário da Silva Brito leu para nós um excelente capítulo do seu livro sobre o modernismo.

19 DE JUNHO — UMA HORA DA MADRUGADA

E a vida vai-se na espera! Na áspera espera! Não vivo fora do campo de concentração. Quando chegará o fim? Na 25ª hora?*

Caiu como uma bomba a notícia da demissão do Gabriel Pedro Moacyr. Agora que parecia tudo arranjado com ele. Será preciso esperar o Segadas? O Josué?

———

Um fio elétrico estala lá fora, na rua. O vento?

Nunca estive tão nervoso como esta noite, depois de um soninho de duas horas. Paulo Marcos e a Antonieta Marília vieram dormir em nossa cama porque, além de tudo, a Má do Carmo está de gripe.

———

No entanto, o loiro dr. Mattar me dá como pressão 17h30. E declara que estou quase 50% melhor da diabete.

* Referência ao romance *A vigésima quinta hora*, de Virgil Gheorghiu, que O.A. mencionara em 10 de abril de 1952.

400

—

Theominal.

—

Li ontem o final da *Descoberta do outro*, de Corção. Fraco. Ele é mais uma presa da caridade de que da fé. Não há mais grandes conversões.

—

E o prédio?

20 DE JUNHO

Chuva, chuva desfiada e imensa na Boa Sorte, onde chegamos com dificuldade. A natureza parece atacada duma coriza sem fim. Os trabalhadores passam encharcados.

—

Ontem, boa entente de Nony com o Rao. Parece que o prédio vai ver fim.

21 DE JUNHO

Passo o dia engordando e lendo. [*Thomas*] Becket e a Idade Média de [*Louis*] Halphen, [*Gustave*] Busson etc.

22 DE JUNHO — QUATRO HORAS

Ontem à noite, na lareira da Boa Sorte, um estalo. A operação possível com o BNI poderia subir a 60 milhões. Vou propor amanhã ao Rao.

—

O homem é um animal deficitário que se recupera com três espécies de atividade — uma lúdica, uma órfica, uma *faber*. Todas se desenvolvem na infância.

—

[...]

—

São seis horas. Ninguém se levanta. Estou estourando de nervoso. É a boa que mata! Pensei a madrugada toda no negócio do Rao, à vista, para resolver tudo. Com o Niemeyer favorável!

—

Um sol tímido desempacota da neblina os morros, as árvores, a cocheira e, ao fundo, as casas de Ribeirão Pires. Nesgas fugidias de azul. Estou na varanda da Boa Sorte. E continuo a pensar.

O homem é um animal deficitário, originalmente deficitário, que se recupera com três espécies de atividade — uma lúdica, uma órfica e uma *faber*. Todas três a serviço de dois impulsos básicos — a exogamia e o talião. Todas três reguladas por um complexo de agressão-resistência que dá o sistema sadomasoquista. Todas três procurando se fixar, acaparar, dominar, brilhar.

—

Abro ao acaso *La Sagesse de Plotin.**

—

É horrível esperar.

—

Continua o intérmino martírio. Não saber o dia seguinte. Esperar sempre. Amanhã, Rao, Luís Coelho.

Estou mais ressentido do que pensava com a recusa do monstro Maciel em obedecer ao presidente.

Passo longas horas me roendo, esperando.

* A sabedoria de Plotino. Livro de Maurice de Gandillac.

23 DE JUNHO

A esplêndida função de vaqueiro! Paulinho transfigura-se ouvindo as histórias do Geraldo. A trompa de chifre chamando as vacas, os churrascos, os mateiros, os macacos nas árvores.

A função! Economia do Ser.

———

Não preguei olho. Desde uma hora.

24 DE JUNHO

São quase duas da madrugada. Procuro com uma dose maior de chá de erva-cidreira dar uma porrada na minha insônia. Não tenho motivo nervoso que me faça acordar. Ontem melhorou tudo em São Paulo. Fui ao médico Ernesto Mendes etc. etc.

———

Componho mentalmente uma resposta ao Samuel Rawet, que deu uma boa crítica ao meu teatro na *Revista Branca*.

Não topou a minha magia nem o meu lirismo, nem mesmo as minhas virtudes de diálogo, de texto e de contexto. Estranhou que eu deixasse as coordenadas de tempo e lugar para [soprar] o mar alto da fantasia, do maravilhoso e do jogo de ideias.

É que eu encontro o teatro na crista da literatura e fujo do teatro de costumes.

Mário, que reforçou em mim o sentimento de país, só se abalançou fora da barra em *Macunaíma*. O seu teatro seria provavelmente teatro de costumes.

O teatro é que deu o esplêndido gráfico da revolução patriarcal, de Ésquilo a [*Hermann*] Sudermann, e agora, com Sartre e Camus, anuncia o matriarcado.

———

Três horas. Não durmo. Dialogamos, eu e minha asma.

25 DE JUNHO

Frio de amargar. Voltamos da Boa Sorte. Crise de asma à meia-noite. Sono entrecortado.

Escrevi a resposta a Samuel Rawet, da *Revista Branca*, sobre meu teatro. Hoje, às duas horas, primeiro teste de asma no dr. Ernesto Mendes.

O Rao apresentará, também hoje, o negócio do Sumaré ao Bimbo.

———

São apenas dez e meia da noite. Fomos acordados às oito e meia, quando já dormíamos, por um bilhete da Maria Cecília nos convidando para assistir, no Municipal, ao último bailado do Marquês de Cuevas.*

Sono entrecortado de Marquês de Cuevas e de tosse. Bálsamo Peruviano. Vou dizer ao Aurasil que os gregos dançavam de manhã, ao sair do sol. A noite é malsã.

26 DE JUNHO

São cinco horas. Tudo isso me traz uma irritação física permanente. Preciso urgentemente de uma praia, de uma ilha.

———

Hoje, último testamento.

27 DE JUNHO

Redijo o seguinte para ser entregue ao Garcez.**

---

* O empresário e coreógrafo chileno Jorge Cuevas Bartholin, criador da companhia Grand Ballet du Marquis de Cuevas.

** O abaixo-assinado que O.A. escreve a seguir diz respeito à rebelião, seguida de fuga e perseguição dos foragidos, ocorrida na Colônia Correcional da Ilha Anchieta (litoral norte de São Paulo), em 20 de junho de 1952, na qual morreram 108 detentos, oito policiais e dois funcionários do presídio.

"Um grupo de intelectuais e jornalistas de São Paulo, comovidos com o episódio da fuga de detentos da Ilha Anchieta, vem rogar a v. excia. que faça cessar a caçada humana que tenta liquidar as últimas resistências dos foragidos nas matas de Paraty.

Nos contatos mantidos com a população, os evadidos não têm demonstrado caráter bestial ou revoltante. Há mesmo, entre antigas autoridades da Penitenciária do Estado, quem afirme que o chefe do bando em armas, João Pereira Lima, era de caráter cordato.

Sugerem os signatários desta petição que seja imediatamente ordenada a tentativa de entendimentos, para rendição, com o grupo rebelde, por meio de rádio, mensagem mandada por avião ou pessoas de suas famílias e antigos companheiros de presídio, a fim de que não se manche inutilmente de sangue a civilidade paulista, sendo concedida aos rebeldes plena garantia de vida e o compromisso de que não sofrerão castigos físicos.

O episódio da Ilha Anchieta veio demonstrar o atraso e a ineficiência do nosso sistema penitenciário, muito aquém das conquistas do moderno direito penal. Não deve isso ser agravado com a chacina dos fugitivos.

Esperando obter as providências do governo, subscrevemo-nos atenciosamente,

Oswald de Andrade, Domingos Carvalho da Silva, Paulo Duarte, Helena Silveira, Jamil Almansur Haddad, Luís Lopes Coelho, Conceição Santa Maria (deputada estadual), Cid Franco (deputado estadual), Menotti Del Picchia (deputado federal), Alípio Correa Neto (deputado estadual), Joaquim Pinto Nazário etc."

———

[...]

———

Os jornais noticiam que o grupo de fugitivos, destroçado, está se entregando. Não adianta fazer nada.

30 DE JUNHO

Só em São Paulo. Contato como dr. Puech, que me parece um grande médico.

—

Novidades de fim de mês. Seu Casimiro, o corretor gordo, com seu Décio, o velho, e um outro aparecem aqui à noite, para propor negócio do prédio para o Instituto da Previdência.

—

Antonieta e os grudinhos no Hotel Riviera, em São Vicente. Melhora o tempo.

1O DE JULHO

Acordo pensando na volta à saúde, agora seriamente tentada. O dr. Puech me ensinou a tomar Theominal para dormir. É inofensivo. De fato, dormi muito bem.

—

O Tonico com derrame ou meningite infecciosa no Hospital das Clínicas. Ercília pelos corredores. [...] Celina não quer ver o pai.

[O.A. escreve "Contabilidade" e faz contas]

2 DE JULHO

Passo o dia dormindo e lendo, no quarto pequeno e limpo do Hotel Riviera, em São Vicente. Antonieta assumiu o comando, foi a São Paulo receber, pagar, agir. Deus a proteja.

Estou muito melhor da bronquite. A geleia [Sepisil] que o dr. Puech me receitou não faz nada. Não entendo.

—

O lixo escolástico em [*Étienne*] Gilson.

—

São dezesseis horas. Lá fora chuvisca e para. As crianças foram ao cinema com Amélia.

—

Penso em Corção. Acho que ele não conhece nada. Nunca leu catolicismo. É homem da caridade. Sua posição é contra o século.

—

Perguntou ao Brandãozinho se a alma dele é substância ou forma.

—

A geleia mexeu. Bom remédio, mas lerdo demais.

—

Súbita tristeza pela ausência de Antonieta. Não posso passar sem minha grande companheira.

—

Fico irritado com Étienne Gilson. Que lástima!

3 DE JULHO

São três horas de uma madrugada. Não consigo dormir. Também, dormi o dia todo.

Rao manda dizer de São Paulo que o negócio Sumaré-Niemeyer só pode ser apresentado ao BNI amanhã, 4.

—

Antonieta regressou admirável. Fez tudo.

Estranha sufocação. A tosse melhora.

———

Mando um recado ao Paulo Duarte para que me inscreva na SPE [*Sociedade Paulista de Escritores*]. [Congresso não. Não participarei.]

"Telefonema"*

Ilhas e presídios

(De São Vicente) Eu pediria do meu canto ao presidente Vargas que desse ao sr. José Maria Alkmin a incumbência de orientar a reforma de nosso sistema penitenciário. […]

———

Dez da noite — Tosse miserável. Paulinho com febre. O mau tempo persiste. Voltamos amanhã a São Paulo. Congresso de escritores.

———

Longa palestra no Instituto São Vicente com o Silva […].

[*O.A. redige a seguir o discurso de recepção do governador Lucas Nogueira Garcez no congresso da Sociedade Paulista de Escritores*]**

Exmo. sr. governador do estado, professor Lucas Nogueira Garcez

É com sincero júbilo que recebemos v. excia. no seio de nosso Congresso.
Na confusão reinante, nem todo homem público pode compreender o cometimento cultural que é um Congresso de Escritores. Mas v. excia. é um

---

* O.A. esboça primeiras linhas da coluna "Telefonema" sobre o episódio da Ilha Anchieta, cuja versão final foi publicada em 3 ago. 1952 como "A ilha maldita" e incluída no livro *Telefonema*, op. cit., p. 541.
** O.A. redige três versões do mesmo discurso, em que aborda o tema da rebelião de Ilha Anchieta; dada a redundância dos textos, apresentamos a versão mais próxima da redação final.

intelectual, é um professor. E por isso tem o seu assento assegurado em nossas assembleias e conta com nosso fraterno acolhimento.

Com amargura, senhor governador, somos obrigados, no entanto, a aproveitar a ocasião deste encontro para passar às mãos honestas de v. excia. uma mensagem de protesto contra os atentados sucessivos que vêm manchando a civilização e a urbanidade do povo paulista com os acontecimentos ocorridos ultimamente em nosso estado.

Calar sobre os sucessos da Ilha Presídio Anchieta seria pactuar com os impunes atentados que se repetem contra nossa existência cívica, contra nossa administração pública e contra a moralidade tradicional de nossos costumes.

Os escritores compreendem a responsabilidade de sua missão. Eles são as vozes da sociedade. Eles não podem ficar silenciosos diante de uma organização policial que, passando por modelar, chega a vender o alimento dos presos e a assassinar homens indefesos, entregues à sua guarda.

Perguntamos qual o maior delinquente — o detento que até ontem era um bancário exemplar, conforme o depoimento de seus chefes, e um modelar escrevente da própria penitenciária, segundo a afirmação de uma autoridade, ou os executores do regime que fizeram desse homem uma besta-fera?

Que espécie de corregedor é esse dos presídios, que afirma que "preso não tem família", ignorante de que o próprio Cristo, seu deus, tivesse sido preso e condenado à morte, como presos e também condenados à morte foram os apóstolos Pedro e Paulo, além de muitos outros, são Thomas Morus e santa Joana d'Arc? Que desumano desprezo e que agressiva ignorância representa a displicência desse magistrado!

No panorama infernal cujo véu foi rasgado, continua no entanto o espírito de chacina e de matança. Já três fugitivos recapturados apareceram como suicidas nas celas geladas do Carandiru. É espantoso que esses homens que, armados e municiados, se entregaram à polícia, quisessem se matar!

O atual diretor de nossa penitenciária, que se tem mostrado incompreensivo, duro e alheio a qualquer atenção para com o mínimo direito dos presos, é responsável pela vida dos recapturados. Esses homens não podem aparecer "suicidados". Além de constituir isso um crime desumano, esses seres representam valiosos documentos humanos para o estudo do crime e das formas de vindita social que vigoram entre nós. A sociologia tem que trabalhar esse precioso material, a fim de que nossa sociedade possa progredir e liquidar as formas medievais de castigo que conhecemos.

Depois da vitoriosa experiência de Neves [*em Minas Gerais*], a "penitenciária sem grades", obra do jurista mineiro José Maria Alkmin, o Brasil não pode tornar ao castigo colonial, ao linchamento do preso e à chibata.

O contraste é patente. Tendo aparecido uma epidemia da peste bubônica na penitenciária de Neves, o diretor acorreu e ordenou aos presidiários que se afastassem incontinenti para lugares os mais distantes. E que aconteceu? Terminada a peste, voltaram todos espontaneamente às suas celas e moradias. Isso é um fato histórico que deve marcar o início de uma nova era penitenciária no Brasil. No entanto, permanece, no estado líder da federação, o regime infamante da Ilha Anchieta.

Mas não será no Brasil do "homem cordial" que se devam eternizar os bárbaros costumes de outras eras e de outros países.

Reunidos no seu 3º Congresso, os escritores paulistas protestam contra essa inédita anchietana de pavor e de sangue e pede a urgente intervenção pessoal do culto e humanitário governador Garcez, para que faça mudar entre nós esse vergonhoso e tétrico cenário da punição criminosa, que, longe de extinguir o crime, o alenta, anima e fortalece.

Respeitosamente.

6 DE JULHO

Uma hora da madrugada. Acordei e não consigo dormir. Compra do prédio. Jorge Mathias. Congresso. Paulo Duarte pontifica.

———

A tosse quase cessou com [Efetonina-xarope]

11 DE JULHO

Retomo o meu diário depois de algumas noites de inferno. Gripe monumental. Como nunca imaginei. Varando a noite à espera do parêntese noturno entre os barulhos dos bondes. Tosse cataclísmica.

Enfim, com o loiro dr. Mattar, arribei hoje. Jorge Mathias prorroga o negócio do prédio para segunda.

12 DE JULHO — DOMINGO

Fim da crise gripal. Expectoro nojentamente.

——

O sentimento órfico da família — que é o mesmo dos gregos ou dos caldeus, mas não é o juro espiritual do cardeal Motta — faz com que minha neta Inês siga de perua para a Aparecida, cumprir a promessa que fizemos, eu e Antonieta, quando teve o ataque de paralisia infantil. Oferecer uma vela do seu tamanho ao totem familiar — a Nossa Senhora de minha mãe. Se os negócios se arranjarem, a vela agora será do tamanho de Nony.

——

Depois dum ótimo almoço de lentilhas, sono e *Kon-Tiki*.*
A charanga infernal do Ademar buzinou até as quatro da madrugada no Clube Político aí em frente.

13 DE JULHO

Confesso que estou completamente escangalhado. Dói para urinar. E o binário tosse-hemorroidas trabalha os extremos do ser.
Passo um dia expectorante de cão. Os negócios adiados ainda.
Mas sinto que trago nos bolsos os segredos atômicos. Hei de revirar o mundo mosaico com a Antropofagia.

* *Kon-Tiki e eu*, livro recém-lançado do navegador Erik Hesselberg, um dos tripulantes da jangada norueguesa que atravessou o Pacífico em 1947.

16 DE JULHO

Novo médico, dr. [Franz].

———

Nony traz proposta [final] pelo prédio. Vinte mil.

[*O.A. utiliza uma página do caderno para relacionar dívidas*]

17 DE JULHO — HORA ZERO

Insônia terrível. A ideia de liquidar me agita da cabeça aos pés.

———

A bronquite me desmonta, de minuto a minuto. Lá de fora, do frio, vem um barulho de chuva.

———

Seria preciso que a sociedade toda se transformasse no sentido matriarcal para que o caso do menino do Domingos — ameaçado — não trouxesse a carga trágica que traz. Porque ele não é um filho da sociedade. É o filho do poeta Domingos, uma coisa muito especial e importante.
Esperamos que ele sare.*

———

Melhorei.

18 DE JULHO

Lenta melhora. Pela oferta do Mathias — como ele quer — sobram só 5300 contos. Se tirarmos para dívidas e bancos no mínimo 2800, miresta...

* O.A. se refere ao menino Gilberto, filho do poeta Domingos Carvalho da Silva, que acabaria morrendo e ao qual o escritor dedicou uma coluna "Telefonema" com o título "O filho do poeta", publicada no *Correio da Manhã* (31 ago. 1952) e reproduzida no livro *Telefonema*, op. cit., p. 546.

2500 para Nony. Miresta 2000 — casa de São Vicente e renda parca. Realizando o negócio do terreno do Sumaré por 8 mil, teremos — Caixa 3 mil — 5 mil líquidos — Do passivo geral, 5800, tirando o pago, 2800, ficam de dívida bancária 3 mil. Miresta 2 mil. Dos quais mais quinhentos para Nony e 1500 para dobrar a minha renda e apartamento aqui e em Paris. Dará?

28 DE JULHO

Dias de acabar. Sinto o japonês que mata a família e se mata.
Há 64 anos, meus pais se casavam.

——

No entanto, há dois dias entrou pela porta o engenheiro construtor Alfredo Mathias e nos trouxe a proposta definitiva de liquidação do prédio. Ficamos com a loja.

30 DE JULHO

Que benefício à saúde. Este fato simples de estar sobre os dois pés, de se locomover, fala que maravilha.
Afinal, parece que transpus o túnel duro de julho. A saúde voltou. Dormi ontem o dia todo e a noite toda. Acordo bem-disposto às cinco horas da manhã. Bonde passa lá fora.

5 DE AGOSTO

Mas, afinal, que houve?
Durante minha doença, Mathias entrou pela casa com uma proposta *ultimatum*, dele e da Caixa. Pagavam tudo e ficavam com todos os apartamentos. Para mim, sobraria a loja. Aceitei.

——

Que madrugada de geleira! São apenas três horas e já dormi o meu sono inteiro. Deitamo-nos cedo. Oito horas.

Penso com tristeza que teria chegado a hora do Lima Figueiredo me servir mais uma vez. Preciso urgentemente de cem contos para dar o sinal da casa da Antonieta no Brooklin, um negocião! E não tenho donde tirar.

Por duas vezes, o Lima, que vive recheado, pois é um dos maiores ladrões públicos do país, poderia me ter emprestado dinheiro, com juros, garantias e pagamentos. A primeira vez foi quando fui a Bauru, quando Paulo Marcos ia nascer, faz quatro anos. Ele me negou duro para o parto de Antonieta. Foi o comendador Alcântara quem me salvou, juntando cinquenta contos ao débito meu no Banco do Estado. De outra vez, foi quando estivemos há dois anos em Bauru. Ele se recusou duro e Maria Augusta, que, com seus ares hipocritíssimos, tinha tudo prometido à comadre, também. Eu queria arranjar com ele o dinheiro que logo, chegando aqui, arrumei com o Ricardo Jafet, sobre o terreno da Rebouças. Paguei o Jafet, que se recusou a receber o lucro de duzentos contos.

Esses dois gestos cafajestíssimos do Lima não me largam. Agora, por exemplo, para a compra de uma casa para a família, que mal haveria nele nos emprestar um pouco do que retira a mancheias do tesouro?

Sou obrigado a caucionar o Fiat ou hipotecar a Boa Sorte, para não perder a casa de Santo Amaro.

———

Ficamos com a loja que, financiada, pode dar de 7 mil a 8 mil contos. O negócio dos terrenos do Sumaré no Rio também foi bem. [...] e Marcondes — outro par da putaria — confirmam com o ministro do Trabalho, Segadas Viana, a transação que há mais de um ano rolava nas mãos grandes e cúpidas do idiota Gabriel Pedro Moacyr.

Foi Luís Coelho, chegando do Rio, quem me comunicou.

———

Há vozes na rua. Gente acordando ainda na noite inacabada.

———

Nony me desconsola com a sua limitação diante da Antropofagia. Não posso trabalhar com ele!

A madrugada custa a passar. Vou me deitar e ler Carlo Levi, que é um dos maiores romancistas que conheço.

Ele nada tem com a "banda de música" que eu sou, com Malaparte. É desenhista.

—

9-10 DE AGOSTO

Como é duro esperar. O Mathias prometeu para ontem, sábado, a volta do negócio do Rio. Mas não deu notícias.

Piorei, melhorei. Tive a perna ameaçada. Mas me sinto recomposto. Só que ainda não passa de uma e meia da madrugada e ainda não dormi nem penso em dormir.

13 DE AGOSTO

Má do Carmo chegou.

—

Luís Coelho esteve aqui em conferência comigo. A expectativa continua.

—

Anna Stella [*Schic*].

—

Má do Carmo afirma que eu estou com as pernas inchadas há muito tempo. Sem perceber.

18 DE AGOSTO — HORA ZERO

Mais um feriado seguido do fim da semana veio interromper a liquidação dos negócios. Luís Coelho e Dinah fugiram para Santos. Nony e família para Piracicaba.

E o Celso, meu cunhado, me anunciou graves coisas. Que eu estou é com uma boa asma cardíaca. Os edemas do pé e da perna cedem lentamente.

———

Preciso me preparar já para o fim. Sei lá quando ele virá? Mas tenho que perder toda ilusão sobre um fim demorado. Vou conversar com o Horácio para que francamente me faça o prognóstico do mal inesperado.

Não aguentei a carga. Estou com insuficiência cardíaca.

———

Paulo Duarte esteve aqui em confraternização.

———

Espero a morte tendo Antonieta Marília e Paulo Marcos nessa idade. Preciso ver se adapto a doença à vida, com o mais duro regime, com o que for.

7 DE SETEMBRO

Data da morte de mamãe. Há quarenta anos. Irei ao cemitério amanhã porque, sendo domingo, descanso para poder me recuperar.

Estou saindo da doença que chamo a crise de 52. Insuficiência cardíaca. Asma cardíaca.

Me refiz num duro regime.

Antonieta ajudou extraordinariamente.

Lá fora, a parada. Estrondo de canhões. Aviões em fila. Meus filhinhos foram à rua do Buracão (Nove de Julho) ver o desfile. Paulinho está num fim de cachumba.

———

Ontem, estiveram aqui Flávio de Carvalho e Ciccillo Matarazzo. Este veio buscar o meu requerimento sobre a *Enciclopédia* que renasce, despachado pelo governador Garcez, com quem estive anteontem. Alzira Vargas no horizonte da sucessão.

Flávio, cada vez [um] confuso mental, trouxe fotografias de índios. Foi à ilha do Bananal.

416

—

Nestas últimas semanas, a tremenda espera da Caixa, que decide um negócio sem decidir — Mathias, o gigante cínico — Luís Coelho defende — o preto da Casa de Antonieta, que vi ontem.

—

Releio meus cadernos de catorze a dezenove [horas]. Que dramalhão! Quero que meu pai se mate, que me mate, que Carmen Lydia se mate! E Daisy morra!*
Puxa! Nunca pensei que tivesse tido tanta carga de tragédia! Nunca!

—

Estou com Antonieta (que recomeça a escrever) à espera de Alberto Araújo, que, pelo telefone, prometeu me visitar.
Ressurreição da *Enciclopédia*. Minha Gimnopédia. Afinal, por que eu não utilizarei toda a força da minha posição literária e jornalística no caso? A meu favor?

—

Ontem, Mathias dá a Nony boa notícia — Para a semana.

—

O Penteador** preto, alinhadíssimo, dá prazo para o resgate da letra-sinal de cinquenta contos até quarta-feira. Luiz (que publicou um bom conto mal-acabado) promete arranjar.

—

Ontem, aqui, Flávio de Carvalho e Ciccillo Matarazzo.

—

7 de setembro — Medo de morrer.

* Carmen Lydia (Landa) e Daisy foram amores de juventude de O.A. já mencionadas neste *Diário confessional*. Mais detalhes na Cronologia ao final deste volume.
** Paulo Penteado de Faria e Silva, advogado e credor de O.A.

———

Não há de ser nada!

8 DE SETEMBRO

Passo talvez os piores dias de toda minha existência. A morte de Samuel Ribeiro, ontem, domingo, me aterra. Talvez eu tenha a mesma moléstia que ele. E posso morrer antes de pôr em ordem estes malditos negócios em que o Maciel e o Mathias tripudiaram sobre meu prédio e meu ser. Hoje, o Mathias cavalino, cruel, declara que o negócio está terminado. Com uma lesão enorme para mim. Que fazer? Que ao menos se passe a escritura. Mas ainda há a burocracia, as formalidades.

Se eu viver, não tenho medo. Como falo ao Mathias em minha doença, na urgência de liquidar, ele grita:

— Eu sou fatalista!

Cruel, cavalino, detestável, os olhos amarelos e frios.

Que ao menos se passe essa escritura! Se eu viver!

Mas se vier a hora da saída, como ficarão Antonieta e meus filhos menores?

9 DE SETEMBRO — HORA ZERO

Antonieta e Paulinho, de cachumba, ressonam ao meu lado. Que pavor eu tenho de deixá-los mal!

Estou agitado e não posso ter emoções. Há perigo do coração. Amanhã, Horácio chega da Argentina. Vou pedir-lhe conselhos e orientação.

———

A luta continua duríssima. Geraldo e Idinha ontem à noite, combinando nova forma de administração da Boa Sorte.

———

Só tenho um medo — o de meu coração doente não suportar o peso desta liquidação. Estourar no meio.

Falo pelo telefone com Yolanda Matarazzo sobre a *Enciclopédia*. Espero telefonema de Luís Coelho, que ontem desapareceu no casamento do Luís Martins. Para ver se arranjo o dinheiro do preto da casa de Santo Amaro.

12 DE SETEMBRO

Vamos ao Rio hoje à noite pelo Santa Cruz. Ver aquilo. A *Enciclopédia*. *A Manhã*.

———

O capitalismo de bom coração funcionou ontem à tarde admiravelmente. Primeiro, Batah, o das unhas monumentais e olho de vidro. Me propôs negócio com o Banco do Brasil.

Depois, quase tragédia no Cruzeiro do Sul. Mudou a diretoria. Iam executar o meu título. Mesmo depois de uma ordem de Gladstone, admirável, o mocinho do Rio resiste. Como eu quero pagar os dez contos da Light, através do Cruzeiro, que recebe as cotas para luz e força em Ribeirão Pires, o mocinho repele: — Nem sonhe! Mais dez contos. Resigno-me a aceitar a pura reforma por 45 dias. Ele não cede. É preciso falar com o seu Braga, na outra mesa. Seu Braga é um velhote que eu nunca vi. Mas Gladstone aparece para sair. Peço, humilde, a sua intervenção. Ele aproxima-se e vai dizendo ao moço.

— A Light quer dez contos. Dê. Faz na mesma [fatura] com a reforma.

Imediatamente tudo feito. Até a cara severa dos *boys* muda. E o mocinho, num cinismo risonho:

— Desculpe eu ter lhe maltratado!

———

Proponho a Leão sociedade na *Enciclopédia*. Vai consultar.

20 DE SETEMBRO

Desfralda de novo a bandeira, velho! Passaste dias horríveis no Rio, onde o negócio dos terrenos estava no chão. Me disse o chinês inerte Segadas Viana. Mas encontrei à frente do IAPI a simpatia do Homero Senna. [Carta] de Marcondes, nervoso por mim, no Senado. Afonso César, um menino excelente. Dependendo tudo de verba.

Planos de mudança para o Rio. Do jornal à televisão. Deixaremos enfim a bosta gelada de Anchieta!

——

Hoje era dia dos anos de meu pai. Pobre vereador de São Paulo. Pobre pescador moço das margens de que rio de Minas? Pobre frustrado do negócio de 1911! Mas marido de dona Inês.

——

Encontramos Antonieta Marília doente. Melhorou. Dr. Mário. Paulinho excelente. Será cachumba tardia na minha Baíla?

21 DE SETEMBRO

Um desânimo, um pútrido desânimo se apossa de minha cura. No entanto, o sol saiu, o azul esplende espanando as neblinas primaveris para o lado da Boa Sorte.

O negócio do IAPI ainda incerto, apesar de Marcondes e da boa vontade do presidente [do IAPI] Afonso e, sobretudo, de Homero Senna.

Mas a Caixa amolece, não passa a escritura. Esta semana vou dedicar-me inteiro a isso, para mudar para o Rio, deixando a masmorra da rua Major Diogo.

Está um dia de defunto sair da cova.

Vou visitar compadre Antonio Candido, se ele estiver acordado. Faltam quinze para as dez. Antonieta foi buscar o carro com as crianças. Antonieta Marília, minha filha estupenda, sarou. Paulinho, maravilhoso, deixou a cachumba.

Antonieta acaba grandes contos infantis.

Estou trágico, triste, na manhã radiosa. São Paulo tudo estraga, o Rio tudo promete.

—

A gaita, ontem à noite, e o seminu do *basket*, agora pela manhã, na Casa Roosevelt (em frente à minha masmorra) proclamam o mundo moderno.

—

O Primitivo avança pelas coxas brancas e elásticas das meninas que ontem, no baile, roçaram os desejos machos vestidos corretamente.

—

Poucos anos tenho passado tão duros em toda a minha vida. É a escritura que se eterniza, o avanço dos credores, a falta de dinheiro, a saúde.

—

Antonio Candido, que vejo em casa, na rua dos Perdões, me anuncia que, por ocasião do Quarto Centenário, representarão *O homem e o cavalo*. Quem? Alfredinho Mesquita e Décio de Almeida Prado. Disseram isso aos Théophiliens.*

—

No Rio, Marcondes aflito, Homero amigo, Afonso César simpático. Além disso, Rachel, Maria Luiza e Oyama no Serrador, casa de Aníbal, Anísio [*Teixeira*] [...] pessimista, Madame [Miriam]. O educador exclama: — Além de tudo, a gente ainda tem que morrer!

—

Hoje, minha digestão deve-se fazer em seis horas, pois ainda sinto os gases do almoço na garganta. E não em meia hora, como queria o Berardinelli quando o consultei há muitos anos. Fina-se o dia lindo. Antonieta, Pau-

---

* O.A. possivelmente se refere à companhia francesa Les Théophiliens, que em agosto de 1952 fez apresentações no Theatro Municipal de São Paulo com o Teatro Duse, criado no mesmo ano por Paschoal Carlos Magno como um laboratório para formação de novos artistas.

lo Marcos e Antonieta Marília não voltaram ainda da casa de dona [Miriam], que está doente.

O almoço foi bom porque, mais uma vez, pulei a casa do regime férreo que o dr. Mattar me impôs.

No Rio, comi uma vasta feijoada no Subway, restaurante da Helena Sangirardi. Estive com o [Angelo] Sangirardi. Conversamos [sobre] rádio e televisão.

———

Amanhã, espero etapa decisiva da escritura da Caixa e Mathias (venda dos apartamentos), que se eterniza. Sou eu mesmo que tenho que agir pessoalmente, como no caso longínquo do Banco de São Paulo, na briga com o Baby [de Andrade] ou com os estudantes etc. etc. etc.

———

É tamanha a baralhada dos negócios que a gente não sabe se ri ou se chora. Tive a tarde pessimista, nervosa. Mas agora me lembrei que o Mathias me disse ontem, da casa dele, pelo telefone, que sai esta semana o negócio e que tem comprador para a loja por 5 mil. Se quisermos vender, saímos modestamente, mas saímos para começar no Rio a vida profissional, onde quero encartar Antonieta, os pirrochos e mais tarde Rudá e talvez os netos, ou algum deles.

———

Vou dormir. Antonieta está acabando, à máquina, "O grilo da rua", seu segundo conto na [faina] atual, que Cassiano Nunes levará à Melhoramentos para editar. Dei o primeiro, "O burrinho Serafim", ao trio Antonio Candido, Gilda e Ana Luísa, que vão ler e criticar.

Considero Antonieta, minha Antonieta, superior a Perrault, Andersen e Grimm. Dos nacionais, não falo.

22 DE SETEMBRO

Amanhece o dia aflito, cheio de ameaças. Títulos, vencimentos, nenhum dinheiro, a Caixa adia. Luís Coelho, bom pau-d'água, dorme.

Volta a doencinha da Baíla. Saio.

___

23 DE SETEMBRO

Ontem, na praça da República, tive um estremecimento de lágrimas pensando na morte. A morte que sinto próxima e que reunirá meus ossos aos ossos queridos do cemitério da Consolação. É o último conforto.

___

Ontem, grande reunião na Caixa Econômica Federal para as últimas providências da escritura do prédio. O imposto.

___

Visita ao Sumaré com o corretor suspeitíssimo Michels.

___

Seu Hugo da letra.

___

Hoje, às onze horas, Mathias, para decisão do imposto.

___

Prossegue a vida asfixiada!

___

26 DE SETEMBRO

Passamos, eu e Antonieta, duas noites em claro e dois dias temerosos. Paulinho com quase 40° de febre. Dr. Mário. Afonso. Afinal, esta madrugada ele refrescou e ficou o mesmo de antes.

As horas de olhar para a criança doente como quem olha e perscruta o futuro, possivelmente trágico ou possivelmente favorável. Que agonia!

___

Os negócios se aproximam.

———

Vi Guilherme de Almeida num elevador. Que sórdido!

———

Comprei *Dom Quixote* para ambos.

29 DE SETEMBRO

Que angústia! Vem o quadro da situação. Precisamos urgentemente do negócio do IAPI para nos salvar. Ontem, a cena degradante na sala do Luís com o casal italiano de compradores e o louro Michels.

Marcondes me diz que falou com Afonso César e eu estou com o dinheiro no bolso.

Tudo que há a fazer para a mudança para o Rio!! Os credores. A inércia da Caixa. O Mathias sórdido.

Antonieta sarou da cachumba. Mas Paulinho amanheceu com uma pequena febre.

Ontem, aniversário da Ana Luísa. Boa conversa com Antonio Candido. Ele me alerta sobre o *Fascista*, drama central do patriarcado.

———

A pobre senhora do terreno dizia, como eu antigamente: — Tenha confiança. Nóis é sério. O senhor também. O corretor também.

———

Não sei como aguento, não sei como este coração ferido aguenta. Esperar! Antonio Candido e Gilda prometeram nos ver às três horas. Depois foram para a casa do [...] e não vieram. Três horas de trabalho perdidas.

Escrevo ao Lourival Fontes esta carta que não mando:

Meu caro Lourival,

O Marcondes me mandou para o Afonso César e este aceitou a compra entabulada há mais de ano. Eu estou numa situação dramática, devido à urgência que minha saúde exige de sair de São Paulo. Aliás, quero um posto de vanguarda na luta pelo presidente Getúlio.

Ainda sei fazer alguma coisa com a cabeça. O meu apelo é dirigido ao autor de *Homens e multidões*.

Peço um minuto seu de atenção, já prometido, a fim de ser apressada a solução, já combinada, junto ao presidente do IAPI. Peço uma palavra sua ao presidente Afonso César. Não tendo sido atendido pelo dr. Antunes Maciel, apesar da extrema boa vontade do presidente Getúlio, tenho que entregar o meu prédio e minha situação se tornou precária.

Todo seu, Oswald

———

Antonio Candido e Gilda prometem vir amanhã.

———

Helena telefona a Antonieta, que salta da cama.

———

Mandarei ao Homero Senna o seguinte:

Meu caro Homero,

Junto vai uma cópia da carta que dirigi, devidamente documentada, ao avaliador oficial do IAPI, dr. Vicente Pais Barreto, em julho do ano passado.

De lá para cá, houve em São Paulo uma valorização de terrenos que vai de 10% a 20%. O preço dado pelo dr. Vicente vai de quinhentos a seiscentos cruzeiros por metro quadrado, o que é modesto.

Peço enviar ao avaliador atual o esquema junto.

Com meus cumprimentos ao presidente Afonso César, com quem o Marcondes me contou que esteve, sou gratíssimo,

Oswald de Andrade

———

Esquema

Os terrenos que se encontram nos limites da Vila Cerqueira César com o Sumaré compõem-se de quatro áreas, sendo as duas primeiras ao longo da rua Galeno de Almeida, que conta com iluminação pública e guia para calçamento. As duas áreas que aí se acham têm 163 metros de frente com um pequeno fundo, prestando-se a excelente loteamento, conforme planta que mandei ao dr. Homero Senna, executada pelo engenheiro Alfredo Mathias.

As duas outras áreas são: uma interior, com frente para a rua Cristiano Viana, com 69 metros, sendo o fundo, de um lado, de 118 metros e, do outro, de 102 metros. Essa irregularidade é devida a morrer a rua Alves Guimarães, com entrada pela rua [*Cardeal*] Arcoverde, no próprio terreno, alcançando-lhe a metade. A quarta é na própria rua Alves Guimarães, do lado oposto, distando pouco da rua Arcoverde.

Toda a zona é servida por farta condução, tem luz, gás, água e telefone, necessitando apenas em parte de urbanização, a qual está já planejada pela prefeitura municipal.

29 DE SETEMBRO*

Que levantar! Que enleio, meu Deus! Como urro pelo Rio. Deixar esses corvos que me devoram com letras!

———

9h30. O corretor crapuloso e providencial Lauro Michels me telefonou que preciso quebrar um galhinho. A mulher quer o recibo no tabelião.

30 DE SETEMBRO — UMA HORA

Vida bandida! Nesta idade, no estado de saúde em que estou, ter que agora, às cinco horas, tomar o ônibus para o Rio, sozinho, a fim de buscar dinheiro em Minas!

---

* O.A. repete a data da entrada anterior.

—

O Adão ameaçou claramente de execução pelo Banco do Brasil. Depois, disse que esperava a minha volta. E a minha revolta?

—

Fizemos o negocinho com o "corretor loiro".

—

— Por que te arranhas todo, velho?
— Nervoso.
— Por que coças a perna?
— Nervoso. Não há saída...
— Há.
— Não sei se chegarei até lá!

—

— Anda asqueroso, sem banho, com *toilette* francesa.
— É o clima.
— Venta de todo lado!
— É São Paulo! É a noite!

—

Amanhã, isto é, hoje à tarde, o Rio no panorama do calor.
Osvaldo Costa, Rivadávia.

—

18h30. Hotel Financial, apto. 1201. Extrema tensão da corda. Falhei o Zé Maria [*Alkmin*]. Dormi de cansaço. Vou tentar a casa dele. Belo Horizonte.

4 DE OUTUBRO

Estou, como diz pomposamente o Chateau, a bordo do Vera Cruz. É esse trem miserável que atrasa infalivelmente duas, três horas, e que agora, às nove horas de manhã, ainda está longe da Barra do Piraí. Venho de Belo Horizonte, onde estive três dias. Magnífica acolhida do Alkmin, que me prometeu arranjar 2 milhões para a *Enciclopédia* e me deu ótima carta para um banqueiro do Rio. Será a salvação. Venho aflitamente ver se me avisto com o Rivadávia e com o Osvaldo Costa, no fim do sábado e no domingo, a fim de tudo pormos de pé. Mudei de profissão. Vendo e faço livros. Como o Boucher Filho, de quem eu caçoava no começo do século. Antonieta, pelo telefone, me afirma que a escritura da Caixa será para esta semana.

Encontrei o Guignard fortíssimo. Por que Nony não vem para Belo Horizonte organizar o turismo, por exemplo? Creio arranjável.

A telefonista Ainara me arranjou quarto no Serrador.

———

E a saúde? Suporta bem. Fui obrigado a saltar dos trilhos do regime porque não há [...] em Belo Horizonte. E, francamente, longe de minha Antonieta, não sei me controlar.

———

Passei por Três Rios, uma miséria colonial onde o Graciliano esteve preso.* Pretendo visitá-lo e o [*Américo*] Facó. Estão doentes.

———

Passei [*por*] Paraíba do Sul, uma bela cidadezinha. São os feudos de dona Alzira.

———

Novo plano para as *Memórias.* Assim:

Memórias de Oswald de Andrade

Diário confessional

---

* O.A. confunde Três Rios (município fluminense que fica entre Belo Horizonte e Rio de Janeiro, ao longo do trajeto de trem no qual faz essas anotações) com Dois Rios, na Ilha Grande (litoral carioca), onde ficava o presídio em que Graciliano Ramos esteve encarcerado durante o Estado Novo. A anotação seguinte, sobre Paraíba do Sul, vizinha a Três Rios, confirma tratar-se de equívoco.

1) Sob as ordens de mamãe — 1890-1920
2) À margem de vida profissional — 1920-1930
3) Nas fileiras de Marx — 1930-1935
4) O trapézio sem rede — 1935-1945 [*O.A. corrige e escreve*: Para lá do trapézio sem rede]
5) Em marcha para o colapso — 1945-

O trem cheio de crianças, no carro restaurante, evoca os meus lindos picuchos. Saudades! Antonieta, não posso andar sem você.

———

Morros. Morros. Morros. Montanhas. As paisagens de meu pai. Um vago sol. Sol esquivo. Maria Antonieta d'Alkmin.

———

Modificação [*do plano descrito acima*].

4) Para lá do trapézio sem rede
5) Na marcha para o colapso.

———

Como custa chegar a Barra do Piraí!

———

A minha vida se parece com a história desta viagem. Eu devia vir na "cabine do diretor", mas me deram um [magro] leito. Felizmente, de baixo.

———

Sofro. O sentimento de acabar me domina.

———

Há muitos anos, eu dizia que o Padre Eterno era o maior romancista do mundo. Ninguém como ele para forjar o imprevisto. Em vinte minutos, o quente-frio que tanto atormentava o meu velho e querido Samuel Ribeiro atirou-se contra mim em dois *rounds* terríveis — o primeiro, desfavorável: Osvaldo Costa me diz pelo telefone do absoluto desinteresse do preto Rivadávia pela *Enciclopédia*. Também pelo telefone, Paulo Bittencourt me anuncia que meu artigo sobre Lourival Fontes saiu no *Correio*. Céus! Como?

5 DE OUTUBRO

Já embalado no ritmo hipnótico do Theominal.

———

Acordo num sonho de falência do próprio governo de São Paulo. Como sempre, desmesuro o meu próprio caso. Vejo num jornal uma caricatura de um secretário, creio, ou preposto das finanças, posto na rua pelo credor executante.

Fato é que pela primeira vez encaro tragicamente a situação. Depende tudo do desconto prometido pelo José Maria, de quem trago carta para o diretor do Banco de Crédito Real de Minas Gerais. Só amanhã poderei saber, pois o noturno de Belo Horizonte chegou atrasado e, sendo ontem sábado, não pude mais falar com o tal de Chiquinho Rodrigues.

Tudo depende também duma solução rápida no caso do IAPI. O pito do Adão me deixou em pânico. O general Anápio [*Gomes*] (novo detentor da carteira no Banco do Brasil) ordenou a execução dos atrasados. — Você sabe, quando vem de lá, tenho que cumprir ordens. São ordens!

Antonieta, coitada, me telefonou ontem. Ia para a Boa Sorte com as crianças. Poderia salvar ao menos a Boa Sorte?

Escrevo só, no apartamento 1411 do Hotel Serrador. São seis e meia da manhã pálida e quente. Há uma nesga de mar. Se eu me atirasse da janela, tudo seria pior. Tenho que enfrentar. Vou ver se consigo mobilizar o Marcondes, que afinal é meu advogado! O Homero Senna, o Queiroz, sei lá. O telefone do Queiroz não respondia ontem à noite.

———

Rachel de Queiroz, Oyama e Maria Luiza virão hoje à noite tomar um drinque comigo.

———

Saiu o meu artigo sobre o Lourival no *Correio*, última chance.* E Paulo Bittencourt.

———

Sinto-me bem. Mas tenho um cansaço enorme no corpo. Como se tivesse andado a pé vinte quilômetros.

———

Coragem! Mesmo diante do "fogo na roupa".

———

É necessário pintar a situação como ela é, aflitiva, asfixiante. Se não sai nada! Fica tudo em parolagem, como da outra vez. Vou mobilizar o Queiroz para a Alzira, o João Alberto, o Marcondes, o Lourival, sei lá.

O diabo é essa dor causada nas pernas. E uma infiltração de [brasas] que sinto na zona do coração. Tenho vontade de procurar o Nava e Otávio de Carvalho.

———

E o Afonsinho?

———

As situações tremendas, insolúveis. O médico Brasílio Marcondes Machado, inválido na cama, atingido pelo mal de Parkinson, pensando em poder ver o filhinho ingressar no ginásio. E sua cunhada, uma senhora bem, que lhe dava de caridade um quarto, no seu palacete da rua Bahia, dizendo: — Quando era para se juntar, ele não pensou em nada, não pensou nisso.

O coitado [amargura-se] no fim da vida. Que terá sucedido com ele?

* O.A. afirma duas vezes (em 4 e 5 de outubro) que seu artigo sobre Lourival Fontes foi publicado no *Correio da Manhã*. A coluna "Telefonema" com o título "Um escritor político", sobre o autor de *Homens e multidões*, foi reproduzida em *Telefonema*, op. cit., com data de 11 out. 1952 (pp. 548-50). A data correta da publicação da coluna no jornal é 2 out. 1952.

6 DE OUTUBRO

Acordei tiritando num leito estranho. Tenho o peito do pijama entreaberto. A custo identifico um quarto de solteiro do Hotel Serrador. O mar lá fora canta.

Saio de um sonho de perseguição de polícia no mato. Estavam nele Rachel de Queiroz e possivelmente Maria Luiza. Estive com ambas e Oyama, mais uma espécie de deputado de Goiás, na Brasileira, até quase dez da noite. E sem [hipnótico] nem sedativo, dormi cinco horas seguidas.

Mas que houve?

A voz de Homero Senna me diz que o negócio vai muito bem. Já foi determinado o avaliador, um tal dr. Paulo Dutra da Silva, do DNER de São Paulo. Lourival falou com o presidente.

Isso depois de uma tarde [arrogada] em que vi expulsos da Boa Sorte Paulinho e Baíla, com Antonieta chorando. Estava tudo tão enleado, ameaçador e obscuro!

Mais uma vez, a minha vida se confirma a mais cega dádiva, a mais suplicial entrega masoquista, seguida da maior fermata circense, onde duma bandeira jorram dez, dum arco de fogo nascem 10 mil.

Conto aos meus amigos aquela anedota da aposta do freguês com o barbeiro, em que aquele teimava que o profissional não cortaria de uma vez a sua cabeça. E, depois desta tombada, apenas presa por uma pele, grita num fio de voz — perdeu! [Esta] se refaz a carótida e vai buscar o "salão" que apostara.

———

A malandragem vozeia lá fora na madrugada crescente. Me cubro de cobertor, ponho meias nos pés frios. Mas não consigo dormir. Bellergal? São quatro horas.

———

Quando acordei, tive a impressão de estar numa cocheira pobre. Em Copacabana, Paulo Bittencourt e o porco […] assistem ao Fla-Flu pela televisão. Niomar, a indiferente, não era assim.

———

Rachel conta que sua geração [transforma] em [...] gestos e livros sua própria vida. Impressionante e novo.

———

Emoção noturna. Reumatismo vago.

———

Visto o pulôver. Choferes desocupados discutem futebol lá embaixo, na rua deserta. A derrota do Fluminense. E eu com isso?

———

Viva! Encontro o Bellergal no bolso do paletó. Vou ver se durmo.

7 DE OUTUBRO

Ontem, dia cheio. Homero me dá o nome do novo avaliador. Parece que é Paulo Dutra da Silva, do DNER. Seríssimo. Parece que Lourival falou com o presidente Afonso. A coisa vai bem. Mas demora. Até o fim do ano, possível. Já achara dinheiro para pagar o fera de avaliador. Procuro inutilmente o banqueiro Chiquinho Rodrigues. Foi ao Recife inaugurar uma agência. Só volta hoje às 11h15. Zé Olympio pessimista quanto à edição das *Memórias*. Vou dar à [*editora*] Saraiva, pronto!

———

O atoíssimo preto Riva me faz esperar quarenta minutos no Banco do Brasil para me levar ao general Anápio e não aparece. Entendo-me pessoalmente com o presidente Ricardo e arranjo reforma para os 2 mil com juros.

———

Catete. Lurdes Lessa. Lourival me diz que "parecia que o livro tinha saído de novo".* — Precisamos ressuscitar esse jornal!

---

* Lourival Fontes se refere ao texto elogioso que O.A. escreveu sobre seu livro *Homens e multidões*, publicado dois anos antes.

———

Chego estafado ao hotel depois de sorvetes e chocolates.

Falo com minha maravilha de Antonieta. Me diz que Paulinho descobriu o mundo da pintura. É o maior pintor do mundo. A vozinha dele me pede uma aquarela. E um carro de bombeiro. Minha filha está com cachumba. Antonieta conta que ela chora de saudades do pai e quer que eu vá! Mas o banqueiro?

É ela quem vai me fazer descer os últimos degraus da escada.

———

Hoje pela manhã, ela vem me pedir um pulôver de lã, vermelho, para o balé. E uma blusa verde para mamãe.

———

Odylo Costa [recebe] o convite para o *Diário de Notícias*. *Verrons!**

———

Osvaldo Costa me diz pelo telefone que o preto Riva não é tão sem-vergonha. Viagem para São Paulo com o Roberto Alves,** que perdeu o pai. E eu com isso?

———

Nony fala da eterna escritura. Esteve com o Rao.

9 DE OUTUBRO

Repouso. Nada do dinheiro do Alkmin. A Caixa… ainda o general Geladeira.

———

Encontro o nosso perito do IAPI. Normal. Mas o processo não chegou.

———

Boa prosa com Luís Coelho.

* Em francês: "veremos".
** Oficial de gabinete da Presidência da República.

434

10 DE OUTUBRO

As preocupações vagam como moscas pesadas — o Abdala, o Banco do Brasil. Manhã amarga com a falta de notícias de Minas. O adiamento eterno da escritura da Caixa. Merda!

—

Ainda por cima, a hora. Não são oito e meia. Ninguém está acordado. Impossível telefonar para o banqueiro do Rio.

—

Quantas vezes será preciso que o barco toque o casco no fundo?

—

Falei com o banqueiro do Rio pelo telefone. Amabilíssimo. Irá a Belo Horizonte segunda ou terça-feira e lá resolverá com o Zé Maria.

—

Antonieta me oferece um cafezinho fresco. Esperamos Nony. Paulo Marcos acordou neurastênico. Minha linda filha foi à aula de piano.

13 DE OUTUBRO

Ainda no fundo da charneca. O negócio da Caixa teria somente ontem ido ao Rio. Mais dez dias? Quinze? Sei lá!

Telegrafei ao Zé Maria.

Assisti à chegada fria do Ademar com Antonieta e Paulinho.

—

O Adão deixou a gerência do Banco do Brasil. Assumiu outro. Mandei carta, pedindo noventa dias com juros.

—

O Abdala amanhã. Hoje, seu Décio.

—

Que será de mim? Voltei ao "sem sal" 100%.

—

Antonieta Marilia mostra-se excessivamente amorosa. Tenho medo de seu futuro. Ela precisa se reter.

14 DE OUTUBRO

Depois de um dia encaguirado com Antonio Abdala etc. etc., quando sinto já medo de morrer, pois não há mais resistência (a escritura da Caixa não foi ainda ao Rio), entram às sete da noite na sala os três jacarés corretores e fazem uma proposta que dizem firme pelo prédio, de 24 milhões.

—

Zé Maria, em Belo Horizonte, está numa reunião de banqueiros.

15 DE OUTUBRO — NOITE

Sorver hora a hora o fel venenoso da vida. Ontem, o corretor crápula Michels e o preto cabeleireiro. Hoje, a carta do novo comprador, que não sai, que vai sair amanhã. Esperar sempre.

No entanto, um telefonema de Belo Horizonte ou a carta da firma americana que apareceu ou um contrato da *Enciclopédia* com o Garcez — tudo sanaria tudo. O telefone tiniu às vinte horas. Corro. Maria fechou a porta. Desligaram.

17 DE OUTUBRO

Posso dizer que este ano foi o ano bestial. No começo, vi fracassar com Gabriel Pedro Moacyr o negócio combinado do IAPI que nos ia salvar. Até março, a perspectiva da quebra. Depois, Queiroz-Josué-Alzira nos salvam pelo Banco do Brasil.

Tudo isso daria na crise de saúde que quase me matou. Samuel Ribeiro, que me havia negado recursos para a vinda de Rudá, morre do coração e isso me impressiona profundamente. Morre a 7 de setembro, como mamãe.

Hoje, sinto-me saído da crise. Mathias me pôs o punhal no peito com a Caixa. Vamos liquidar, ficando com a loja e dívida. Mas ontem chegou do Rio o processo do IAPI para reavaliação pelo engenheiro Paulo Dutra da Silva, que vai hoje comigo ver os terrenos que estão valorizados.

De Minas, onde fui buscar recursos, não vem nada! O Alkmin foge ao telefone.

—

Mas estou contente. Fui ver, no Paramount, *O terceiro homem** com minha Antonieta. E, com ela, saltei do regime e jantei no Gigetto.

—

Acordo de madrugada.

—

Este ano, redigi quase que completamente as minhas memórias, primeiro volume, *Sob as ordens de mamãe*.

18 DE OUTUBRO — UMA E MEIA DA MADRUGADA

Que merda de insônia! Passo a noite urinando. Será o [Hidrion]? Sufoco um pouco. No entanto, tive uma solução com o Abdala. Reforma por 120 dias com juros e selos. Estava ótimo! Fala da decadência vertical de tudo. Deu-me conselhos. — Ponha a 8% num banco o que sobrar. Sua mulher vem buscar todo mês. Não trabalhe! Não se meta em encrencas.

Mas eu sou obrigado a realizar a fuga de Orson Welles pelos esgotos de Viena! Quem me matará ou quem me salvará?

* *The Third Man*, filme de Carol Reed com Orson Welles.

Os bondes passam ainda lá embaixo, no primeiro parêntese da noite.

Agora é a casa de Antonieta que me aterra. O negro quer o dinheiro, o crápula loiro do corretor Lauro Michels quer que eu venda a casa. E o Alkmin se esquiva ao telefone, de Minas. Que fazer!

———

Fomos ver um filme tirado dum conto de Natal de Dickens. Muito bom o realismo inicial — o século XIX de Marx. Mas intervém a solução cristã, fora de toda realidade. O monstro se regenera, acossado por espíritos. Manda perus aos empregados, dança. Uma bosta!*

———

Vaga dor de cabeça. Tosse. Um comprimido. Talvez tome Theominal, para dormir como um bruto.

———

Acordo pessimista, cheio de dores. Penso que não posso vencer a correnteza.

———

Estou inteiramente por baixo. A presença de Nony me alegra [duma forma]. Minha Antonieta saiu com ele. As crianças foram ao ensaio da *festa-ballet* da minha filhinha adorada. Sofro.

———

No triste e chuvoso dia paulista, sofro como um cão. Utilizamos os últimos recursos. As apólices das crianças, as estátuas do Brecheret da Caixa, que nos deram ontem Cr 3000.

———

Seu Casimiro telefona. Que, se soubessem a metragem exata, teria a oferta dos americanos hoje. — São gente complicada!

---

* O.A. descreve *Um conto de Natal*, de Charles Dickens, também traduzido como *Um cântico de Natal*, no qual o rico e avarento Scrooge se torna generoso depois de receber três espíritos que lhe trazem recordações e visões do Natal humilde de pessoas cujas privações cruelmente ignorara.

Como poderei enfrentar o Cruzeiro do Sul, o Batah, a Casa Patriarca? E o preto da casa Santo Amaro?

—

Creio que delirei estes dias atrás. Será que a cabeça também vai? Hoje, tive uma grande crise de angústia. Assim, não posso resistir.

—

Telefono a Pola [*Rezende*] e Nelson [*Ottoni de Rezende*].

20 DE OUTUBRO

Acordo cheio de preocupações. Dor de sova de pau no corpo todo.

Antonieta me orienta a batalha. Tem que ir a Belo Horizonte buscar o contrato da *Enciclopédia*. O banqueiro do Rio me deu essa orientação, dizendo que de boca não adianta nada.

—

Giannotti esteve aí. Gostou das *Memórias*.

—

Noite — Apesar de tudo, o pesar me envolve. A luta é longa demais. Nada ainda de realizado. A saúde estremece. Não sei se poderei conduzir o barco até o fim.

—

Fui ver a exposição de Cícero Dias, no Museu de Arte Moderna. Colosso. Achei enfim o que há tantos anos quero — o primitivo tecnizado.

É o maior pintor do Brasil. Que faz enfim a pintura antropofágica. Nony deve ajudá-lo e segui-lo.

—

Boa conversa no barzinho do museu com Sérgio Milliet, [*Paulo*] Vanzolini, Bruno Giorgi e um sujeito do Rio que me pareceu muito bom, chamado Lara.

—

Telefono ao Rao. Não está. Está passeando. Peritagem necessária no Sumaré, do miserável Floriano de Toledo.

—

Antonieta achou o novo perito um cágado.

22 DE OUTUBRO

Ontem, quatro bolas dentro. Leão Machado é nomeado chefe da Casa Civil do Garcez, o Nelson Ottoni me empresta trinta contos, chega um telegrama do Alkmin confirmando o negócio, o preto cabeleireiro, segundo o Pádua, dá mais dois meses de prazo para a casa de Antonieta.

—

Hoje, duas reformas conseguidas — Batah e a aranha do Patriarca. [...]

—

Afago a minha [loucura], como minha mãe devia ter afagado minha cabeça de criança.

—

Tenho que ir a Belo Horizonte, levar um recado do Rao ao Dunshee de Abranches antes da votação de nosso caso no Rio, que é dia 5, segundo o Miraglia.

—

Os velhinhos corretores sossegaram.

25 DE OUTUBRO

Durmo machucado. Acordo machucado. Não sei como meu coração resiste.

A culpa é do meu masoquismo fundamental, que me joga em pânico diante dos tropeços diários. Ontem, foi a tragédia da reforma do Cruzeiro do Sul. Gladstone Jafet viajou. Desapareço diante do pequeno algoz carioca Lamounier.

———

Este fim de mês foi terrível com Abdala, Batah, Patriarca e Lamounier.

———

No entanto, Marcondes me repõe, dizendo que Lourival Fontes confirmou minha ida para *A Manhã*.

———

Neste mundo de cartas marcadas, onde li num anúncio — "Só há duas soluções — herdar ou ganhar na loteria" —, verifica-se uma terceira: o jogo bruto, o esquecimento dos escrúpulos, o roubo cru. É preciso acabar com esse mundo de cartas marcadas.

26 DE OUTUBRO

Festa do [*colégio*] Dante Alighieri, no Teatro de Cultura Artística, onde minha Baíla dança e ganha um chapelão de flores.

———

Às 16h30, Nony rebenta com a grande notícia — a escritura da Caixa lavra-se terça-feira.

———

Vamos passear.

28 DE OUTUBRO — MADRUGADA

Três dentro — a escritura da Caixa ainda este mês, a avaliação 20% a mais, Rudá assistente do [*Vittorio*] De Sica.

Apesar disso, noite maldormida. Ontem, uma pequena vacilação ao sair da grande exposição de Cícero Dias no Museu de Arte Moderna. Uma vaga dor [rente] o coração.

———

Não consigo dormir. Emoção. Urino. Urino. São três e meia da madrugada.

———

De Paulo Marcos:
— Não aceito mais nada do papai.
— A vida é assim — quando a gente acha uma coisa, perde outra, quando perde, acha.

———

Do Salazar, outra noite:
— Quando a gente encontrava um buraco, sacudia o rabo e metia o focinho, como se estivesse dentro uma coisa muito boa, e vinha um caranguejo e mordia o focinho, e a gente saía, au! au!, e ia procurar outro buraco. Fase da Propago. Ilustração.

———

Quatro horas. Intestino irregular. Emoção.

———

Não sou bravo, não sou forte, não sou filho da morte.* E não quero ser. Como me foi custoso ontem, na combinação da escritura da Caixa, exigir do cachorro Mathias uma multa para caso ele deixe de terminar a nossa loja em noventa dias!

---

* O.A. cita os versos "Sou bravo, sou forte,/ Sou filho do Norte;/ Meu canto de morte,/ Guerreiros, ouvi", do poema *I-Juca Pirama*, de Gonçalves Dias.

29 DE OUTUBRO — NOITE

A gente sentir-se desmoralizado. Isso posto no vidro de aumento da paranoia. Ontem, no escritório do Paulo Penteado de Faria e Silva, até ele riu quando o carcamano que fez o compromisso de compra da via Augusta declarou que aceitaria desmanchar o negócio se eu desse "um bom endossante, um de peso".

No entanto, o diálogo foi bom. Mas, agora à noite, o Silva me telefona dizendo que vai amanhã cedo para Santos e de lá embarca para os Estados Unidos, onde ficará dois meses em tratamento. E eu carregando nas costas as letras do Batah e do Hugo e a hipoteca do [Bueno]! Ora essa! Combinei vê-lo amanhã cedo.

—

Ideias de permutar a loja por terrenos no Morumbi e apartamentos e dinheiro, com Geraldo e Wilson, o do Juca.

4 DE NOVEMBRO

Estivemos na Boa Sorte durante os feriados. Com Maria Cecília e Aurasil Junior.

No dia 31, passamos a escritura do prédio no edifício da Caixa, ficando com a loja e uns caraminguás.

Ontem, na volta, o Constellation encrencou na lama do caminho, perto de Santo André, para onde conseguimos conduzi-lo ajudados por choferes de caminhão, boa gente!

As crianças vieram antes num táxi. Almoçamos bem no Cavalo Branco. Viemos com o carro consertado.

Chegando, três choques — o dr. Paulo Penteado, que ameaça pelo telefone, o Sant'Anna, que diz que o título do Banco Português vai pro pau. A Casa Patriarca também. Afinal, uma dentro. Esta última reformou integralmente, trinta, até 1º de fevereiro.

—

Hoje, tenho que desencrencar com os italianos […], movimentados pelo crápula Michels.

[*Relação de dívidas*]

25 DE NOVEMBRO

Estamos, eu e Antonieta, no Hotel Serrador, no Rio. Última tacada.
Fases: *Manhã* — Encerramento do Sonho Público — com Lourival no Catete. Luta com a doença do perito. Laudo enfim. Os italianos do dr. Paulo Faria que ameaçam.
Hoje, Marcondes, Homero.

—

A entrevista para o *Jornal de Letras*.

—

Spender e a minha segregação por Helena.*

26 DE NOVEMBRO

O dia incerto. Que acontecerá?

28 DE NOVEMBRO

Que inquietação nesta manhã parda e quente do Hotel Serrador! Que cansaço de tudo. O laudo não veio, mas vem.

---

* O.A. se refere ao fato de que foi excluído por Helena Silveira das homenagens feitas ao poeta britânico Stephen Spender no Clube de Poesia. Apud Goimar Dantas, *Rotas literárias de São Paulo*. São Paulo: Senac, 2014, p. 41, nota 60.

Ontem, tudo bem com Homero, Marcondes e Lourival.

Mas que cansaço!

———

Visitamos Octavio [*Tarquínio de Sousa*] e Lucia [*Miguel Pereira*] à noite, num magnífico apartamento construído por Lúcio Costa.

———

Tarde terrível de inquietação à espera do general Anápio no Banco do Brasil.

Esquiva. Não pode me ver. Levará o processo ao presidente. O oficial de gabinete, Luís Alves, perfeito careca de louça.

Encontro eventual com o gerente de São Paulo, quatrocentos anos.

— Vamos deixar bem […]!

Quer que escreva carta.

Resolução desesperada de seu Ricardo [Ferro]. Ele resolve numa penada.

[Comunico] a Luís Alves.

Pego Antonieta para jantarmos no Lima. Excelente comida, mais champanhe, ambiente chatérrimo.

———

Não consigo dormir.

28 DE NOVEMBRO

Uma hora. Todos os nervos acordados. Bellergal.

———

Viajaremos para São Paulo às 12h40, de ônibus. Os picochos nos esperam. Nonê avisa que o processo chega hoje em mãos.

———

Muita água e muito mijo na noite cálida.

30 DE NOVEMBRO

Uma mulher, velha e gorda, varre a calçada solar às seis horas.

—

Ontem, almoço de Leão Machado no Automóvel Clube. Êxito. Ele me chamou de "homem rico". Deus o ouça!

—

[*Antonio*] Augusto [*d'Alkmin*]e Cida [*Aparecida d'Alkmin*]. Visito-os. Em revolta com o judeu Rao, no clube.

—

Ganhei esta caneta de Má do Carmo [*nesta entrada de 30 de novembro, O.A. escreve excepcionalmente a tinta*]

[*Ao relacionar dívidas, anota:* Contas, à espera do negócio]

[*Seguem "endereços úteis" de Rudá, em Roma, e de Paulo Hecker Filho, em Porto Alegre*]

2 DE DEZEMBRO

Acordar calmo às seis horas do horário de verão. Ontem, peça de Pola [Rezende]. Vou fazer um "Telefonema".*

De teatro

Se houvesse uma continuidade, criadora de tradição, vinda do Pif-paf de Abílio Pereira [de Almeida], até *O espelho*, de Pola Rezende, agora apresentado no palco do Clubinho dos Artistas, eu diria que estava criado o teatro paulista.

* O.A. escreve texto para a coluna "Telefonema" que seria publicado com pequenas variações no *Correio da Manhã* (14 dez. 1952) e no livro *Telefonema*, op. cit., p. 555.

Mas Abílio engordou das miseráveis glórias do TBC e tornou-se logo insuportável como astro, diretor e autor. Quem sabe se a esposa de Nelson Rezende, aqui tão conhecida, leva avante esse cometimento, seguida pelos que aparecerem com vocação e talento.

Pola Rezende, com sua equilibrada peça, é sem dúvida melhor que o venerável padre Anchieta e que o sempre noviço Nelson Rodrigues.

Aliás, o tema escolhido para a sua estreia foi o do *Álbum de família*. O espelho seria uma espécie de *Álbum de família* para menores. Moderou aquela teratologia militante do autor de *Vestido de noiva* e pôs assim, num caso reles de decadência do Patriarcado, uma ponta de sátira social.

Infelizmente, Ruggero Jacobbi, de quem tanto se esperava, juntou uma coleção de canastrões no palco e os dirigiu muito mal.

Pola nada tem com a cena de exceção — aquela que Flávio de Carvalho e eu tentamos no Teatro de Experiência, fechado logo pela polícia.

Ela reenceta, com probabilidades de se aguentar perante um público melhor informado, aquela que foi a iniciativa inicial e que teve como patronos a saudosa Eugênia e Álvaro Moreyra — o Teatro de Brinquedo.

Oswald de Andrade

—

Sigo às 8h40 para o Rio, de ônibus, buscar o resultado do negócio.

que o venerável Padre Anchieta
e que o sempre noivo Nelson
Rodrigues.

Aliás o tema escolhido para
a sua estreia foi o do Album
de Família. O Espelho seria
uma espécie de Album de
Família para memórias. Mostr-
rou aquela teratologia ...
do autor de Vestido de Noiva e
põe assim num caso rela-
tar decadência do Patriarcado
uma ponta de sátira social.

Infelizmente, Ruggero ...
de que tanto se esperava
juntou uma coleção de
canastrões e os dirigiu
muito mal.

Pola nada tem com a capaz
de excepção — aquele que Flávio
de Carvalho e eu tentamos no
Teatro de Experiência e fechado logo pela polícia.

Ele reencontra com mais probabil
idades de se aguentar perante
um publico melhor informado,
aquela que foi a iniciativa
inicial e que teve como patro
nos a saudosa Eugenia e
Alvaro Moreyra — o Teatro de Brinquedo.

Oswaldo de Sá

Sigo ás 8-40 para o Rio,
de onibus buscar o resulta
do do negocio.

1953

de Janeiro

Expectativa terrivel. Paul
Moraes foi de chaveta

1953

2 DE JANEIRO

Expectativa terrível. Paulo Marcos foi de charrete com Antonieta a Ribeirão Pires. Está com uma espécie de íngua na perna. E não voltaram ainda!

4 DE JANEIRO

Há 39 anos, numa pequena casa da rua Teodoro Sampaio, nascia Nony. Tem sido o meu braço direito.

———

É preciso passar o espigão! Que noites e que dias tenho tido! É preciso ir ao Rio, buscar o processo do IAPI, falar com Rosalina [Coelho Lisboa]* e José Olympio.

———

* Escritora que exerceu diversas funções nos diferentes governos de Getúlio Vargas.

Depressão, pânico. Como resistirei? Só a existência desses que dependem de mim me faz resistir.

Vejo tudo negro. Que será de nós no Centenário? Se eu chegar lá!

6 DE JANEIRO

Viajo de ônibus para o Rio. Tamanha é a luta que tenho vontade de morrer. Não suporto mais. O Paulinho, a estas horas, vai talvez ter que cortar sua inflamação na virilha.

7 DE JANEIRO

Uma fria loucura roça pela minha fronte. Uma fria loucura. Que fazer?, como perguntava o Tito Batini.

———

Negócio do IAPI bem. Quartim,* no DI, atencioso, solícito, manda tocar o processo.

Mas, do outro lado, Rosalina falha. Não vem ao telefone. Não está, não está, não está. Que terá sucedido?

———

A escola de sanfoneiros toca ao lado do Serrador.

———

Antonieta me diz que Paulinho melhora, que talvez não precise rasgar.

———

Telefono. A voz irrepreensível do mordomo espanhol dos Larragoiti** responde:

* Possivelmente o empresário Paulo Quartim Barbosa, que fazia parte de conselhos criados por Getúlio Vargas.
** Família de empresários fundadores da companhia de seguros SulAmérica. Rosalina Coelho Lisboa era casada com Antonio Sanchez de Larragoiti.

— *La señora está dormiendo.*

Meia-noite

Disse agora ao Prudente, na redação do *Diário Carioca*, que agora, quando recebo uma notícia ruim, a julgo normal. De cabeça baixa. Foi o que sucedeu quando o Pinheiro, do Lar [*Brasileiro*], me disse pelo telefone, de São Paulo, que a avaliação dos terrenos tinha sido de Cr 300,00 por metro quadrado.

Que fazer? Recomeçar ainda. Visita à Rosalinda Puro Pus. Uma alfinetada e aquilo se esvai. Com um tal de [Feder], tradutor da grande obra dela para o alemão. E Goethe?

9 DE JANEIRO

Osvaldo Costa — 43-39-40 — Não responde.

—

Depressão violenta e decepção. Rosalinda Fedor Puro Pus. [Penso] no Rao e no Banco Imobiliário. Infelizmente, só amanhã poderei rever São Paulo e os meus.

—

Vou ao Mesbla comprar brinquedos. E aqui perto comprar uma coisinha para Antonieta.

—

Vejo tudo negro, sobretudo a idade. E nada arranjado englobo. Não posso ir à Europa descansar, fazer meus livros.

11 DE JANEIRO

Há 63 anos, nesta data, eu nascia numa casa modesta da rua Ipiranga, a de nº 5.

Hoje, no local, ergue-se o monstruoso arranha-céu onde funciona a política do monstruoso Ademar de Barros.

Faço 63 anos e cesso as minhas notas do *Diário*. Outro dia, abri ao acaso um caderno de notas, já dessa fase [*da rua*] Ricardo Batista, e fiquei petrificado.

Natural que meu coração não resistisse.

———

Depois da manifestação de panela,* Antonieta lê para mim um bom artigo do menino Evandro de Oliveira Bastos. Há muito que não encontro uma figura esplêndida como a desse garoto, que conheci na *Revista Branca*, no Rio, e que me procurou diversas vezes no Serrador. Ele quer dedicar-se à crítica de poesia, mas sinto que a sua curiosidade intelectual ultrapassa essa atividade.

———

Estamos na Boa Sorte. Esperamos para o almoço Nony, Carmen etc.

Idinha, na frente, contrata com o Benedito o desbaste dos eucaliptos.

Agora, saiu com Antonieta, no Fiat, para a cidade. Surpresas para o velho aniversariante.

———

Estamos na expectativa da escritura do IAPI, primeiro marco da possível ressurreição financeira. Nony segue hoje para o Rio, desentocar o processo, que está na mesa do incrível libanês dr. [Metha]. Depois, irei eu.

———

Esperançoso de realizar a *Enciclopédia* com o apoio prometido de Paulo Bittencourt.

———

* Quando O.A. chegava de alguma viagem, os filhos costumavam recebê-lo batendo as panelas.

Amanhã, volto para casa. Tenho Ciccillo, Batah, preto Penteador, Pádua, Monção, Artigas etc. etc. etc. etc. etc. etc. etc. etc.

—

FIM

9h30 da manhã
B. S. [*Boa Sorte*]

para o almoço Nony, Carmen, el
1 dinha, na frente, contrate com
Benedito o desbaste dos euclit...
Agora saiu com Antonieta, no
Fiat, para a cidade. Surpresa
para o velho aniversariante

———

Estamos na expectativa la es-
trua do (AP), primeiro numo
la possível ressureição financeira. Nony segue hoje para o
Rio, desentocar o processo que
está na mesa do incrível
libanês Dr. Melhe. Repórter,
irei em.

———

Esperanças de realizar a
Enciclopédia com o apoio
prometido de Paulo Bittencourt.

———

Amanhã volto para acres-
tento Ciciello, Butah, para te pe...

eda, Padua, Mancio, Antiga

te ete ete eta eta ete ete eta

———

Fine

9 ½ da mane
B. S.

55
51
55
275
28 0,5
65
1402 5
16830
18232 5

51
9
459
5
229.0

2|3

200

Diário Novo

7-8-53

O cerco de entreveredades se
apertou tanto que pensei em
me liquidar. Sobretudo as
pequenas ~~tontarias~~ chateações
– o João Mira que nos parece
a escritura, o engraçado Dr.
Carlos Teixeira Pinto que que
saba da Antártica, o Rocco
que perdeu o sogro, o Jultinho
Chegou que não telefona. E a
Bannini que não paga. Em
casa de António eta que não
se vende. Eu pior de saúde,
larguei regumem e tudo!

[*Depois de decretar o fim do* Diário confessional *no dia de seu aniversário, 11 de janeiro, O.A. retoma suas anotações no mesmo caderno*]

DIÁRIO NOVO

7 DE AGOSTO

O cerco de contrariedades se apertou tanto que pensei em me liquidar. Sobretudo as pequenas chateações — o João Marx* que não passa a escritura, o engomado dr. Carlos Teixeira Pinto, que quer saber da Antarctica, o [Rocco], que perdeu o sogro, o Julinho Chagas, que não telefona. Seu Baccini que não paga. E a casa de Antonieta que não se vende. Eu, pior de saúde, larguei regime e tudo!

———

Hoje pela manhã, ameaçou bonança. Baccini fez uma proposta — pagar por semana. Acho bom. Que remédio? Diziole mandou avaliar a casa.

———

Ontem, reunião no Donatos Club.** [*Nicolás*] Guillén, o mulato internacional da poesia nacional socialista de Cuba, fotografou-se comigo e Maria de Lourdes Teixeira. Chateação em Helena.

———

Desvendei pelo telefone o mistério da Antarctica. Comuniquei ao Marx. Que vá ver e vá à merda também!

———

Noite. A doença me desapruma. Não saio o dia inteiro. Sinto como uma ameaça de arma apontada contra o peito. O horror da crise pressentida. O medo de acabar antes de terminada a liquidação dos negócios. Verdadeiro terror.

* O.A. se refere ao personagem ora como "João", ora como "John" Marx, ou até mesmo "Marques".
** Trata-se do salão literário de Carmen Dolores Barbosa, casada com o escritor Mário Donato, conforme O.A. escreve na coluna "Telefonema" publicada no *Correio da Manhã* (30 ago. 1953) sob o título em "Um salão". O texto foi reproduzido em *Telefonema*, op. cit., p. 582.

Amanhã, John Marx, impostos, Banco da América, sei lá. Silva anuncia sua viagem para o Ceará. Deve ser São Vicente.

8 DE AGOSTO

Acordo às duas horas. Indisposto. Desgraçado. Sujo. O frio e a operação que não fechou ainda me privam dos banhos torrenciais e tépidos de que preciso. Devia ir a São Pedro, mas estas três miseráveis escrituras me seguram e me matam. A perna abre-se em feridas coçadas, nervosamente coçadas nas noites insolúveis.

Poucas vezes tenho visto o barco baixar e bater no fundo do abismo com tamanha repercussão. Fico apavorado com a ideia de morrer deixando tudo atrapalhado para os meus.

———

Num esforço, penso em fazer um livro da série de artigos que estou publicando no *Estado*, "A Marcha das Utopias". [Serve]. Pelo menos, o imenso trabalho cerebral que me agita há tanto fica aí.

12 DE AGOSTO (MANHÃ)

Dos dias piores de toda a minha vida. Com a dor física ocasionada no nariz (espinhas) pelas vacinas contra a infecção estafilocócica. [Negócios pesados]. Pânico [...].

———

O coração não aguenta!

———

Noite — Dos piores dias de toda a minha vida. A doença. A vacina antiestafilocócica que brota pelo nariz. O advogado do Marques que adia a escritura. O Baccini que só paga vinte contos. O Luís que [estrila] com Antonieta.

Enfim, minha filha foi a um concerto (Anna Stella) pela primeira vez.

———

Escrevo *As utopias.**

17 DE AGOSTO (MADRUGADA — TRÊS HORAS)

Noite miserável. Não consigo dormir depois de uma hora. Incidente besta com a besta de [Maranon]** em casa do Donato. Visita carinhosa do Braga à tarde. As crianças passaram o domingo em casa da avó. Aniversário da Regina [*Odete d'Alkmin*].

———

Andreosedil para ver se durmo.

———

Vida de merda! A vacina antiestafilocócica (quarta dose que tomo) me deprime ao extremo. Durmo de dia e agora fico aqui esperando a morte que pode vir.

———

E ainda tenho a liquidação com os grandes bancos. E o loteamento e a venda dos terrenos. E a reivindicação.

22 DE AGOSTO (MADRUGADA)

Não é possível resistir. Nunca tanta aporrinhação me sacudiu, me mordeu! O Silva, pelo telefone, me declara que John Marx não faz mais o negócio.

* "A Marcha das Utopias".
** Possivelmente, O.A. se refere ao médico e escritor espanhol Gregorio Marañón, que veio ao Brasil em 1953 e, segundo depoimento do escritor Marcos Rey (que a ele se refere como *Maranhão*), esteve na casa de Mário Donato e Carmen Dolores Barbosa. Apud Goimar Dantas, *Rotas literárias de São Paulo*. São Paulo: Senac, 2019, p. 53 (edição digital).

O Banco Imobiliário me revela que o Ariston Azevedo fechou a rua Galeno [*de Almeida*]. Tudo imprevisível e terrível!

Vacina miserável. Vou ao 13º Tabelião com Antonieta. Marx chega, diz que rompeu o negócio, mas reata com outro terreno. Uma mulher que me telefonou ontem, querendo liquidar o Serricchio, sumiu. O [Nestor] Figueiredo não aparece.

———

Mas, no Banco do Estado, as coisas melhoram. Com Hilário [*Freyre*] e Otaviano. E o coração?

———

O Baccini não paga. A casa de Antonieta não se vende!

A perna diabética dói, dilacerada. Uma espinha enorme lateja no nariz. O peito se abre!

———

Parece o fim. E que fim!

———

Insônia! Mais pomada de insulina.

———

O Estado inaugura e não paga!

———

Azar! Azar! Azar!

———

1h25 da madrugada de bondes que passam com a ferragem barulhenta de há cinquenta anos.

———

Insônia! Insônia!

[*Relação de contas*]

25 DE AGOSTO

Miserável manhã paulistana. Enregelada e negra.

—

No fundo, é o meu complexo de honestidade que levou à liquidação dos grandes bancos.

Só hoje me *decido* a oferecer a Hilário Freyre o que posso pagar ao Banco do Estado em terrenos. A honestidade da casa paterna que nos tem paralisado, neste universo […] do negócio.

—

Ontem, mais uma vez John Marx fracassou. O advogado Teixeira Pinto.

—

Ontem, dentista, dr. Fonseca. Médico, dr. Mattar.
O coração resiste. Cínico! Canalha!

—

Encrenca com o Banco Imobiliário que compraria a rua Galeno […].

26 DE AGOSTO

Noite como sempre, nesta fase, entrecortada com Andreosedil e outros comprimidos. Uma inibição estranha me priva de concretizar a oferta de terrenos para a liquidação do Banco do Estado. Afinal, depois de um drama de substância infantil, me resolvo a redigir a seguinte carta:

São Paulo, 25 de agosto de 1953

[Prezado] sr. dr. Nelson Lobo de Barros,

Depois dos diversos entendimentos havidos com V. S. e com o ilustre engenheiro perito dr. Otaviano Raymundo da Silva, passo a concretizar a oferta destinada a solucionar o meu débito para com esse estabelecimento de crédito, inclusive juros e despesas. O terreno que posso oferecer é uma gleba sita à rua Alves Guimarães, à distância de 91 metros da rua Cardeal Arcoverde, com a frente de 45 metros por 32 de fundos, terminando a 75 metros da rua Galeno de Almeida, o que vem a significar que o imóvel não é o mesmo anteriormente oferecido, pois baixa quinze metros na encosta íngreme onde deveria ser traçada a continuação da rua Alves Guimarães. É um pequeno *plateau* onde existe uma casa, que entra na oferta, cercada de pequena plantação e que sobe a encosta para os fundos.

A essa área, que é de cerca de 1440 m² (mil quatrocentos e quarenta metros quadrados), temos mais uma área de 542 m² (quinhentos e quarenta e dois metros quadrados, 16 × 34,50) que me foi outorgada por escritura de 13 de março de 1947, pela própria prefeitura municipal, e que viria a constituir parte do leito da rua Alves Guimarães e à qual renunciarei a favor do banco. Isso porque a área justa de 1982 m² (mil novecentos e oitenta e dois metros quadrados) — ou seja, cerca de 2000 m² (dois mil metros quadrados), que, ao preço estabelecido para valor de imposto naquela zona, que é o de Cr 1500 (um mil e quinhentos cruzeiros) o metro quadrado, atinge a soma de Cr 3 000 000,00 (três milhões de cruzeiros) —, o que passa de muito o meu débito.

Temos a considerar que dita zona, a qual dista apenas uma centena de metros da valorizada via pública rua Cardeal Arcoverde, que liga os bairros de Sumaré e Pinheiros, possui todos os melhoramentos, como água, luz, telefone, gás etc., sendo mínima a sua distância do centro da capital.

No caso do banco adotar o critério de liquidação por área somente contestada sobre a rua Alves Guimarães, o que representa para mim um prejuízo enorme sobre os direitos outorgados pela escritura de 13 de março de 1947, peço que seja estabelecido o critério de avaliação compensador. Assim sendo, também me dirijo ao digno perito avaliador, a fim de que o mesmo determine a avaliação por unidade de metro quadrado, a fim de melhor se acordar a área a ser entregue.

Estando atacado de grave moléstia que me inibe de qualquer esforço, tomo a liberdade de pedir rápida e satisfatória solução para o caso que, inexplicavelmente, na passada gestão do banco, ficou engavetado desde o começo do ano, fazendo pesar sobre mim um monstruoso serviço de juros. Outrossim, peço a V. S. que considere o estado de insolvabilidade a que ficarei reduzido, com grave e talvez total prejuízo do banco, no caso de surgirem dificuldades para a liquidação, pois pesa sobre todos os meus haveres um enorme débito hipotecário a favor da Caixa Econômica Federal e da empresa Segurança Imobiliária S.A., conforme documentação.

Com os meus protestos da mais alta estima, subscrevo-me,

[*assinatura de O.A.*]

28 DE AGOSTO

Ontem, Mário Donato com Anna Stella e Marina Caram.

———

Henry Mugnier, múmia de 22, arrasta-se. Sérgio Milliet, o maior picareta do século, cavou para dar um curso na Suíça. Eu quero a Suécia. Antonieta que me dá a ideia, abre horizontes.

———

Fui à casa de Vicente de Carvalho. Tudo bem.

31 DE AGOSTO

Certos aspectos grotescos da tragédia intérmina que está se desenrolando neste apartamento da rua Ricardo Batista. Ontem, sábado, pela manhã, fui mais uma vez ao escritório de "meu amigo" Julinho Chagas, para tratar da liquidação do crédito do velho usurário Serricchio, sogro dele.

E contando, sem nenhum mel, que um advogado dissera dele, brincando, "aquele judeu", provoquei uma cena indescritível de estupidez agressiva. Esse bobo complexado chegou a tirar o revólver da gaveta para atirar em quem o caluniasse. Meia hora de trauma inútil e intenso, e o negócio entornado. Sempre fui um grande burro com minhas graças.

———

À tarde, primeiro contato com a televisão Record. Visita ao Colonial do caminho do aeroporto com Antonieta e as crianças. Papo. Promessas.

—

Procuro me refazer.

1º DE SETEMBRO

Neste 1º de setembro, o balanço é desesperador. Não sei o que vai suceder com os grandes bancos. Contato frígido com o hoje importante seu Amado, no Banco do Brasil. Dentes com o dr. Fonseca. Tudo dói, incomoda, amola. Deixei o regime sem sal, porque me sinto desnutrido.

—

Nely surge num drama de homem. Chama o cunhado. Dorme aqui. Paulinho foi para a Boa Sorte.

—

Tudo ruim, insolúvel. Um nó que não desata!

—

Surge uma casa na rua Paulo Eiró. Esperanças. Vagas esperanças. A de Antonieta não se vende! Mérdola!

—

As espinhas continuam a chover de dentro de mim.

4 DE SETEMBRO (MADRUGADA)

Pela manhã, iremos para a Boa Sorte, onde está Paulo Marcos. Passar os feriados. Rao chega dia 9, em visita oficial. Poderia decidir nosso destino. A Suécia, a longínqua Suécia dos bons médicos e do Prêmio Nobel. Um curso. A Unesco. Os acordos com o Banco do Estado e o Banco do Brasil. [Armar] ajuda do ministro [Osvaldo] Aranha, para o Maciel nos financiar casas populares.

—

— Eu ando pesadão pela cidade.

— Trabalhas o dia inteiro como se tivesses vinte anos! Comes no Recanto Baiano, um vasto vatapá e duas cachaças duplas! E te queixas.

———

Pela manhã, terrenos com o corretor Carlos Ferreira e John Marx. Pé no barro. Wey e Mauro que me anunciam terrenos a boroeste (Quadra 52), achados, sem declaração, pelo lançador Scaf.

Dentista dr. Fonseca. Almoço com Maria Antonieta d'Alkmin. Caixa Econômica Federal. Maciel não está. Outra vez não está. Dr. Otaviano, perito do Banco do Estado, satisfatório. Escritura com o Guimarães, Cr 40 miro para o Rudá. Frutas. De Goya. Casa.

———

Não tive tempo de levar o corretorzinho Fonseca para ver casa encravada. Quer troca.

———

Aparecem à mente meninas da Faculdade de Medicina que querem fundar o Grêmio Teatral Rachel de Queiroz. Sugestão minha de nome, em vez de Martins Pena. Bem interessantes. Sobretudo a poética Ida Laura.

———

Anteontem, Donato. O declamador português [João] Villaret, interessantíssimo. Li mal o *Escaravelho de ouro*.

———

Bofetão por *Manchete* com Mário Donato, em Jamilelena.*

———

Reclamo o meu livro, de Thiago de Mello.

* O.A. funde os primeiros nomes do poeta e tradutor Jamil Almansur Haddad e da escritora e cronista Helena Silveira, que eram casados.

Almoço para o Adão.

———

Leio *Lampião*, de Rachel [*de Queiroz*]. Que maravilha! Somos de fato os "últimos helenos", como queria Coelho Neto. Uma tragédia grega no Nordeste! Maravilha!

———

Minha amiga Rachel tem talento. É verdade que só talento. Mas talento que vale bunda, seios etc. Aquele pau-d'água pacífico tomando seu pileque diário de cerveja do lado dela.

———

Não consigo mesmo dormir esta noite. Vou dormir na Boa Sorte. E levo fruta.

———

Escrevi ao Rudá para que case e venha. Nony sabota.

———

Este apartamento do comendador Leão Machado pode ser chamado de Resistência ou de Barricada. Nunca houve um esforço humano tão imenso para a família não desabar do fio de arame por onde a conduzi. Nem o Marne nem Stalingrado.

———

Julinho* encerrou as minhas *Utopias*. Um bom filho da puta!

———

Um nojo imenso sobe do Serricchio e do Julinho Chagas!

* O.A. se refere ao jornalista Júlio de Mesquita Filho, proprietário do jornal *O Estado de S. Paulo* (em que publicava a série "A Marcha das Utopias"), e não a Júlio Chagas, citado logo abaixo e ao longo deste ano do *Diário confessional*.

6 DE SETEMBRO

Manhã. Crise emocional violenta nesta Boa Sorte, onde dormi uma grande noite. Afinal! Ensaio o *Curso de Estocolmo*. Dois anos, se o Rao quiser. Cinquenta aulas. "O homem novo no curso da história."

7 DE SETEMBRO

Falecimento de mamãe, há longínquos anos. Falecimento de Samuel Ribeiro, o ano passado.

———

Pânico de repente. Faço as contas do Banco do Brasil. O terreno não dá nem por sombra. Com essa avaliação. E o Rao? O Rao chega depois de amanhã. Oficialmente. Conseguirei falar com ele? Não tenho casaca há muitos anos. E o [*Miguel*] Franchini oficializou a casaca. Nado de costas. Para esperar.

10 DE SETEMBRO (MADRUGADA)

Depois de um dos dias mais agitados e contrários de toda a minha vida (choro na rua, não se vende a casa de Antonieta, não encontro o Rao), a noite se abre com o convite do governador, através de Franchini, para o banquete ao chanceler. Tenho que alugar uma casaca na Tinturaria Continental.

Não durmo. Assim não é possível viver. E ninguém mais do que eu precisa viver. Evasiva para Estocolmo (o curso de Estocolmo), promessa de Rao.

— Se não estiver lotado, é seu!

E os terrenos que não se acham (os lançadores amáveis) e a casa maldita da rua Yayá! Uma mulher grita na chuva da rua.

———

Os homens do imposto (Mauro e Wey) pediram quatro contos ao Marques para o lançador e não deram níquel.

—

E o Banco do Estado? E o Banco do Brasil? Calma! Calma!

—

João Correia de Sá insiste, pelo telefone, em traduzir *Marco zero*. Virá aqui com a mulher, amanhã cedo. E eu que não durmo!

12 DE SETEMBRO

Frase da cozinheira Augusta:
— O Paulinho está descrente de São Paulo. Ele vem hoje, mas quer voltar para a Boa Sorte com d. Idinha.

—

De fato, meu pequeno furacão chegou, está vendo televisão na casa da vovó.

Enquanto isso, no sábado [cômodo], eu e Antonieta traçamos planos. Estocolmo. O Prêmio Nobel da Paz etc. etc.

—

Ontem, festa a Rao *chez* Marjorie.

—

Penso no curso de Estocolmo. Sairá.

Plano:

Conferência inicial

A descoberta da Utopia

15 aulas, 3 para cada ciclo. 2 anos, 2 por mês

1) O estado de graça. O índio e o jesuíta.
2) O estado de naufrágio. Gregório de Matos *and after*. Até romantismo.

3) O estado de escravidão. O negro. De Castro Alves a Machado de Assis e a consciência da revolta.
4) O estado de Inconfidência. A sublevação do bacharel.
5) A nova sociologia.

*Eccolo.**

—

Deus cajude! Cajude! [*O.A. repete o neologismo* cajude — *"que ajude"* — *no alto das páginas referentes a 12 de setembro*]

—

Noite

—

Para meu último artigo sobre as *Utopias*:

O socialismo utópico — República Guarani
O estilo utópico — O Barroco
O direito utópico — O direito natural
O selvagem utópico — Rousseau, o romantismo
A revolução utópica — a [*revolução*] francesa
A ilustração utópica — Séc. XVIII
A sociedade utópica — liberal, séc. XIX
A linha utópica — a linha justa
A distribuição utópica — *New Deal*
A revolução dos gerentes — Browder, Malenkov, Friedmann
Posição atual do cristianismo — Guardini, Barth, Lebret, mais realista
A sátira utópica — Huxley

—

A utopia gibelina — Averróis, Dante, Siger de Brabant
O Deus utópico — Locke, Voltaire, o deísmo
A paz utópica — Bernardin de Saint-Pierre, Wilson

* Em italiano: "Ei-lo".

14 DE SETEMBRO

Noite insone. Decido ir ao Amazonas e ver os Xavantes, antes da ida à Suécia.

———

Noite. Fui mordido por uma cobra no Autómovel Clube. O Rao me destratou. Evitou me receber. Depois, evasivas quanto a Estocolmo, que eu sonho tanto com Antonieta. Pobre Antonieta, que dorme como as crianças. Erro pelo apartamento como um velho e cansado fantasma.

———

Antonieta não merece que eu dê um tiro no ouvido. Nem as crianças. Merecem que eu seja de bronze.

———

Às vezes, de repente, um desespero imenso se apodera de meus 63 anos.
Como vencer? Como aguentar os raios que se acumularam sobre minha cabeça? Os problemas do Rudá. Os de Nonê. E as crianças e Antonieta? E a doença?
Como resistir? Sair dessa enrascada, que é a maior de minha vida? Não tenho forças.

———

Amanhã, talvez, a escritura do Marques. Falta a certidão da 1ª, de aquisição. Ficou no Mauro e Wey.

15 DE SETEMBRO

Primeiras horas da madrugada insone. Evidente que todos estes choques implacáveis e diários diminuem a minha chamada "fabulosa" resistência. A morte deve vir por aí. E tenho que lutar ainda. Resta o mito dos terrenos a recuperar. Resta Figueiredo. Vou a ele, já que ele não vem.

16 DE SETEMBRO (NOITE)

Luís Coelho diz que a Vera Cruz,* onde queremos colocar o Rudá, está nas mãos do Pedroso Horta (grupo Matarazzo). Prometeu interesse.

—

Pensamos na terraplanagem da rua Cristiano Viana. Sair do buraco.

—

Passamos ontem a escritura do John Marx. Afinal. Caí numa poça d'água. Chovia e era noite. Tinha oitenta contos no bolso.

—

O regime me enjoa.

—

Leão Machado voou para o Nordeste com o governador. Prometeu entender-se com o Sebastiãozinho na viagem. O presidente do Banco do Estado também voou.

—

Fomos a Santo Amaro. Scalamandré. A casa. A casa. A casa.

—

Mérdola!

—

O romance *Jean Paul*** é uma maravilha. Só pode ser autobiográfico.

* Companhia cinematográfica.
** O.A. se refere ao romance de Marcel Guersant ao qual dedicou a coluna "Telefonema" com o título "*Jean Paul*", publicada no *Correio da Manhã* (26 set. 1953) e reproduzida em *Telefonema*, op. cit., p. 589.

9 DE OUTUBRO

Longa e inútil discussão pelo telefone para obter o câmbio estudantil para o Rudá.

———

Estivemos no Rio. Conseguimos uma enorme coisa — a solução do Banco do Brasil. O gaúcho fidalgo Cylon Rosa me atendeu, a pedido do Paulo Bittencourt e do Schmidt. Agora, o Banco do Estado e o dinheiro para as despesas de liquidação. Terreno não se vendeu ainda. A louca dona [Alice] anuncia um negoção e manca. Estou vendendo uns lotinhos.

———

E as lutas se acabam e com isso eu me acabo.

———

Numa valsa. Saudades do Batah.

———

Paulinho vai chorando para o colégio.

———

Ontem, Leão. Vou lá.

10 DE OUTUBRO

Tarde de sábado preguiçoso. Queria ir à Boa Sorte, mas Antonieta, com a mania de casa, não deixa. Traz a notícia de que [a] família [Setti], que tem uma menina "revolucionária" na Escola de Belas Artes, gosta de mim e possui uma casa maravilhosa junto à avenida Indianópolis. 2 milhões. Vamos ver.

———

Releio o belo livro do padre Festugière, [A revelação de] Hermes Trimegisto.

Vou recomeçar o fim de *Marco zero*.

13 DE OUTUBRO

Antonieta vendeu a casa do Valentim. Recebeu o sinal de Cr 100 000,00. A escritura, para dezembro. Preço Cr 850 000,00.

17 DE OUTUBRO

O cerco de fogo é imenso — desde d. Eudóxia Belo, que não sai da casa de madeira, até o câmbio estudantil do Rudá, que o Carrano nega. E o Zozô, que veio do Rio, mas voltou sem passar a escritura. E o John Marx, que reclama o registro dele ou não quer mais o terreninho da rua Lisboa. E o Baccini, que não paga, e o Nony, que não liga. E o Luís, que não decide, nem o Morandi, nem o Maciel! Uma guirlanda de mérdola!

19 DE OUTUBRO

O nobre alemão, velho enorme e digno, ferido de guerra, "barão casado com baronesa", diretor da "Terra", se apossou dos vinte contos que demos para sinal da terraplanagem do terreno da Cristiano Viana. Não devolve por coisa nenhuma. Fiz um escândalo inútil.

Luís acha que o B.E. [*Banco do Estado*] recebe, mas faz mesuras, quer tudo documentado e outras besteiras.

Carmem não acha mais terrenos.

Decidi vender a minha coleção de quadros para comprar uma casa. Surge no horizonte um magnífico apartamento em Higienópolis. Troca por terrenos?

———

Vontade de ir ao Rio, necessitado de ficar aqui. Escritura com Zozô. E o Deco que está lá [...]. À espera!

———

Preciso ir ao Rio. Urgentemente. Arranjar o câmbio do Rudá e vender os quadros a Niomar. Cajude.

———

Em criança, eu brincava de "táta". Jogava-se uma coisa para o ar. Quem pegasse, gritava "táta, é meu!" e ficava sendo dele. A vida de hoje não passa de um "táta terrível". Quem pegou é dele. Esse alemão velho e nobre pôs o pé em cima do nosso dinheiro e pronto: "Táta"!

———

Partirei sábado para o Rio. Espero.

———

O apendicite anunciado de Antonieta Marília parece não ser tão grave. O operador Branco Ribeiro, indicado pelo Braga, disse que pode ser adiada a operação até as férias. Dezembro.

———

Não consigo dormir. Nem com duas pastilhas de Theominal.

———

Exmos. drs. diretores do Banco do Estado

Em complemento aos dados da oferta em terrenos que fiz a esse estabelecimento de crédito, para liquidação de meu débito quirografário, tenho a declarar que o imóvel oferecido acha-se inteiramente colocado sobre a testada da rua Alves Guimarães, comprometendo-me eu também a passar na escritura a esse banco todos os direitos que tenho sobre leito da dita rua, que me foram outorgados pela escritura de 14 de abril de 1947 pela prefeitura municipal de São Paulo, não ficando portanto nenhuma dúvida sobre a colocação do dito terreno na testada dessa via pública.

Sem mais,

28 DE OUTUBRO

Fui ao Rio de ônibus domingo. Voltei ontem de trem. Segunda-feira ativíssima. Câmbio para o Rudá, passagem para o Rudá, José Maria no Banco do Brasil. Schmidt, tubarão, gordo e [boçal] de charuto. A venda possível da coleção de quadros.

———

Ontem, negócio do lote de terreno com Monegaglia e Zozô Amaral, sinal para hoje falhou — falta de documentação exata. Amanhã, à uma hora, vamos ver outros terrenos. Tudo esperando Rudá, impostos, Serricchio, o usurário.

29 DE OUTUBRO

Anos atrás, no apartamentinho onde iniciamos nossa vida conjugal, eu e Antonieta dançávamos festejando a desgraça do ditador Getúlio Vargas, que o rádio anunciava. Antonieta estava muito gorda de Antonieta Marília, que nascia quinze dias depois.

———

São quatro horas da madrugada. Passa um estrídulo dos bombeiros que acorda Antonieta e a assusta.
— É a revolução?
— Ainda não. Ela virá silenciosa.

———

Não consigo dormir mais. Agitado pelo negócio do lote do terreno com os tubarõezinhos Monegaglia e Zozô Amaral. Eles virão às oito horas para ver comigo outros terrenos e negócios. Já venderam adiante, creio que à Itaoca, por preço maior. Aliás, estive lá na Itaoca e o João Batista amorteceu os olhos de aço azul, quer tomar contas das reivindicações de terrenos. Enfim!

———

Em casa, à noite, com Antonieta e Carmem, fazemos de novo a conta das sobras. Parece que não dá mais de 500 mil metros. Chega!

———

Decido publicar o primeiro volume das *Memórias*, que o José Olympio diz que topa. Plano, creio que definitivo: I — A evolução duma herança: (a) Sob as ordens de mamãe (1891-1919), (b) O salão e a selva (1920-30); II — A evolução duma esclerose: (a) O solo das catacumbas (1930-41), (b) Para lá do trapézio sem rede.

———

Crise diabética — falta de insulina boa na praça.

———

Estou lendo com Antonieta as *Memórias do cárcere*, de Graciliano Ramos. Terminamos o 1º volume. Muito bom!

———

Prosseguem morosas as liquidações dos grandes bancos. Morandi, seu Oswaldo, o general amável: — O senhor vive nas utopias! No fundo, o complexo burro do militar.

30 DE OUTUBRO

Ontem, amargo dia. Depois de um mês de esperançosas negociações, o Monegaglia — turquíssimo — e o fidalgo Zozô aluíram o negócio do lote de terreno. Cai a pique. O dinheiro acabando. Preciso urgente mandar o câmbio do Rudá e a passagem.

A Itaoca fez uma grande proposta — 30% para tomar conta de tudo mais 3% [*para*] as despesas. Os olhos implacavelmente azuis do sinistro dr. João Batista passavam de Carmem a Antonieta [*e*] para mim, catequizando.

—

Recorro à saída que vejo — Julinho, Serricchio.

—

Ontem à noite, salão Donato. Tarsila evoca o passado. Carmem Dolores vai à Europa.

2 DE NOVEMBRO

Finados. Choro pensando no desaparecido mundo de meus pais. Que mundo!

—

Estamos na Boa Sorte. Dificuldades de caseiro, de tudo. Mas o mesmo azul frio e fugitivo do céu.

Sol de montanha.
Sol esquivo de montanha.

O mesmo lago zaratustriano na paisagem que termina nas casas longínquas de Ribeirão Pires. Se eu durar, quero, depois dessa longa viagem, terminar meus dias aqui e em São Vicente.

—

Espero a vinda de Niomar para conseguir a venda de minha coleção de quadros — para estabilizar, depois de liquidados os grandes bancos.

—

Julinho Chagas conseguiu a liquidação com Serricchio — a última dívida besta. Sou gratíssimo, apesar.

—

Nony desapareceu por Piracicaba, onde a família em luto se reuniu. Dona Adelaide, a admirável velhinha que me ajudou a criar o Rudá, faleceu subitamente no Sanatório Santa Catarina. Pobre Pascoal!

—

O *Estado* publica trechos das *Memórias*. Eu estou ensaiando escrever um pedaço de fuga.

—

Mandarei amanhã a passagem de Rudá, KLM, Roma-São Paulo. Espero ter obtido o câmbio estudantil. E ele virá enfim! Estou ansioso.

—

Escrevo mais um trecho das *Memórias*. Fuga para o Rio.

—

Uma certa indecisão tem retardado a liquidação com os bancos. Vou dar novembro inteiro a isso.

—

A Boa Sorte, com seu milhão de árvores, continua a ser uma maravilha. Acabarei aqui os meus dias, se puder. S.D.Q. [*Se Deus quiser*]

—

Programa duro para São Paulo, fim de ano.
Liquidações. B.B. [*Banco do Brasil*] — B.E. [*Banco do Estado*] — Serricchio. Mandar imediata passagem e câmbio para o Rudá. Fazer o negocinho do terreno de seis metros (rua Lisboa) para numerário — Ir ao Rio vender a coleção — Niomar — Letrinhas B.M. B.L. B.A. (Herculano). Esperanças. Alkmin, Gastão, […] (talvez Baccini), Jorge Mathias — Situação fiscal — Antonieta.

—

No Rio, tratar do meu livro nas edições Hipocampo. Thiago de Mello sumiu. Ficou Geir Campos, que não tive tempo de ver no dia de Rio. Vou telefonar a Oliveira Bastos.

482

A Boa Sorte me refaz. O seu milhão de árvores balançantes, verdes. As porteiras brancas. O conforto inglês, que vai da pintura discreta ao encerado verde, distinto, que recobre o piso do banheiro, o Chinês dono da casa, tudo, tudo, o jardim de inverno sobre o vale, o lago e a cidadezinha italiana.

Se eu puder viver aqui, depois de viajar! Ainda!

8 DE NOVEMBRO

Sigo para o Rio hoje à noite, de trem.

Vou tentar a venda da coleção de quadros — única saída boa. Conto com José Maria Alkmin. Aqui já há três doadores — Banco Comercial, Fábio Prado, Jockey Club e talvez o Banco da América.

———

Ainda trago no corpo o cansaço de quinta-feira em que passei de cá pra lá até uma e meia da noite. À procura inútil de doadores de quadros. Malsucedido na CNI com aquele caipira enfeitado de Floriano de Toledo etc. Depois, Gastãozinho, Abdala, Jafet — decepções. Reid também.

———

À espera de Rudá!

———

Fomos ao Brás buscar passagem. Não posso mais viajar de ônibus. O carro de Antonieta encrencou. Guincho. Baíla espichada, linda, nos espera no Museu de Arte, aula de dança.

———

Em casa, Nony mostra má vontade em cooperar na venda dos quadros.

———

Reaparição do seu Guilherme, da casa de São Vicente. É preciso arranjar a gaita. Tel. 266.

—

Que besta, Alfred de Musset!

—

Programa para o Rio.
Zé Maria, Schmidt, Lodi.
Zé Olympio, Geir Campos, Simeão Leal. Itamaraty, Rosalina Linda Rosa de Purupus.

—

[...]

12 DE NOVEMBRO

Apaziguante volta do Rio. Derreado pela Central, fico em casa. Alkmin, Cylon Rosa, Antônio Balbino. Tudo ótimo.

25 DE NOVEMBRO

Madrugada de insônia. A doença me ataca pela retaguarda. É preciso vencer, é preciso sarar.

—

Ontem, com Antonieta. Cidade. Caixa. O jurídico. Seu Oswaldo. O general está no Rio. Reavaliação. Expectativa. O colosso [grilado] de Cerqueira César parado enquanto a Itaoca não se mexe. Venda de um terreninho através de Kujawski.

—

Não tenho ânimo para organizar a venda salvadora dos quadros. Preciso ver Firmino, Zé Carlos Lapa, Cirilo Fernandes.

—

Rudá chega. Que chegue logo. Preciso dele! Se preciso!

29 DE NOVEMBRO — MADRUGADA

Inútil dizer que não consigo dormir.

———

Acabar em dezembro:

a) a chegada do Rudá
b) o negocinho do Kujawski
c) o negócio Serricchio — Julinho Chagas
d) a liberação dos terrenos pela Caixa
e) a liquidação dos grandes bancos
f) a venda dos quadros

E durma-se! E a Itaoca?

———

Paulo e Niomar chegam dos EUA. Disse-me João Condé, que está aqui.

———

Dom Camilo e seu pequeno mundo* no [*cine*] Marrocos, com Antonieta e as crianças.

1º DE DEZEMBRO

Passou a crise. Renasço. Médico. Nada de grave. Talvez prescindível a operação.

———

[Otavio] Mauro — Seu Nazereno do 23º — Casa — Silviano de Oliveira — E os "guerreiros" que querem comer o Baccini.

---

* Filme de Julien Duvivier com o ator francês Fernandel, baseado no livro homônimo de Giovanni Guareschi.

2 DE DEZEMBRO — NOITE

Rudá embarca amanhã. Roma-Zurique-Dakar-Rio-São Paulo.

Nony viajou, levou um negócio ao B.B. e uma carta a Niomar sobre os quadros.

———

Tante cose.*

João Batista, o espírito careca, o banqueiro fino Pereira das Neves — Dr. [Limardi]. CNI — venda do terreninho — Caixa — Ulisses — Seu Oswaldo etc. etc. etc.

5 DE DEZEMBRO

O general concedeu a baixa da hipoteca da Caixa para pagamento dos dois bancos. Mas o grande assunto era o Rudá, que voava de Zurique a São Paulo. Pânico e sentimento de culpa. Fui eu que fiz vir de avião. Volta de Congonhas, semidestroçado, apertando os olhos [...].

Lucia, em casa, nos diz que Oliveira Bastos telefonou dizendo que ele embarca no último avião da Cruzeiro. Nony tinha ficado no campo com Inês. Vamos para a casa dele, deixando as crianças dormindo.

———

[...]

A felicidade entra em meu peito.

———

Hoje, grande almoço — Aniversário da Pi-lú-la, a magnífica neta, quatro anos.

———

Caso Inês, namoro.

* Em italiano: "tantas coisas".

7 DE DEZEMBRO (MADRUGADA)

Para as *Memórias*

"João Ítalo Chile Brasil Ponzini movimentava-se pequeno, ágil, sardento, numa casquete grande, cor clara. Ele era a mentalidade bancária que irrompia em nosso mundo moral, quebrando valores que supúnhamos eternos.

— Ítalo, você me paga uma gasosa?

— Depois da aula. Mas me chama de João.

Detinha em suas mãos a cola, a cumplicidade e o cu dos colegas bonitos!"*

———

Meu Deco chegou. Vem almoçar aqui!

Decidimos comprar a casa da rua Bolívar.

———

Pretendo encerrar estas *Memórias* a 11 de janeiro de 54, quando fizer 64 anos. Chega de memoralizar.

Até lá, espero que estejam liquidados o Banco do Brasil, o Banco do Estado, vendidos os quadros e que nos tenhamos mudado deste sórdido apartamento.

10 DE DEZEMBRO

Dia maldito é o aspecto que trago da sondagem com o bestalhão Ulisses Setúbal, engenheiro da Caixa, para a reavaliação. — Se o senhor me deixar trabalhar, fica pronto para depois de amanhã.

———

Mérdola geral.

———

Niomar vem avaliar os quadros com um crítico francês.

* Essa passagem é desenvolvida no livro de memórias *Um homem sem profissão: Sob as ordens de mamãe*, op. cit., a partir da p. 62.

11 DE DEZEMBRO

Tanta coisa!

O seminarista Setúbal reavaliou o teatro — 4 mil contos. Dá para o general liberar os terrenos. Vamvê.

—

Di doente. Antonieta. Mattar. Rubem Braga.

—

Palácio, inútil.

—

Amanhã, Bienal.

—

Ontem, o diretor de um museu de New York avaliou os quadros com Niomar, aqui e em casa de Nony. *Ten thousand dollars* — O De Chirico — *Eight thousand dollars* — [*Fernand*] Léger.

—

Não consigo dormir. Nem lendo as besteiras diárias de Paul Léautaud que o Di me deu.

12 DE DEZEMBRO

Inauguração da Bienal no Ibirapuera. Antônio Balbino, Rao, Niomar, Ciccillo, Sérgio, governador Lucas.

—

[*Jaime Sloan*] Chermont aí, não recebeu nada da Escandinávia.

—

Boa prosa com Rudá à tarde.

13 DE DEZEMBRO

Vou levar, ao meio-dia, a Niomar, a coleção dos quadros que quero vender. Preciso. Sei lá.

[*O.A. relaciona obras de artistas estrangeiros pertencentes à sua coleção*]

2 Picasso
3 De Chirico
2 Léger
1 Miró
1 Lurçat
1 Delaunay
1 Chagall
1 Picabia
1 Laurens
1 Severini
1
15 peças estrangeiras

E Oswald de Andrade Filho

1 Flávio de Carvalho
2 Guignard

[*O.A. então relaciona obras de artistas brasileiros pertencentes à sua coleção*]

1 Portinari
2 Tarsila
2 Cícero Dias
1 Di Cavalcanti
1 Anita Malfatti — 1ª exposição, 1917
3 Segall — 1ª exposição, 1913
1 Bonadei

2 Caram
1 Rudá

14 DE DEZEMBRO

Vencimento do Seabrinha. Pagar e despedir.

———

Ontem, Fausto de Castilho e Cid Prado confraternizam aqui germanicamente.

———

Segunda-feira neurastênica. Cessa a crise. Niomar especula sobre os quadros.

———

Cartas a mandar:

Meu muito prezado César Castanho,

A doença tem me privado de seu convívio. Estou quase sempre de cama. O sr. João Marques, meu amigo, portador desta, leva a você um escândalo municipal para o qual peço a sua intervenção e, se for preciso, a do prefeito Jânio [*Quadros*]. Os tubarões da CNI (Confederação Nacional da Indústria), ligados ao Banco Nacional Imobiliário, conseguiram aprovação de casas, pelo Urbanismo, num trecho da rua Galeno de Almeida, pretendendo fechá-la ao trânsito público. Isso apesar dos seus bons trinta anos de servidão. Compraram um trecho da rua e, obtendo uma aprovação criminosa de planta (Pucci? Irmão do Pucci do banco?), já venderam tudo à Sociedade Internacional de Construções e Melhoramentos, à rua Quinze de Novembro, 269, 9º andar (sr. Wey e De. [Dousa]), sociedade que pretende levantar casas nesse local com o fechamento da rua Galeno de Almeida, atrás do convento. Fui pessoalmente constatar essas monstruosidades. Para que você possa visualmente tomar conhecimento de tudo e agir como vereador do povo, passo-lhe as seguintes informações — Processo 109.486-52, Planta Aprovada nº 3987 — 12-6-52, Alvará 54414 — 17-6-52. Com o dr. Martins. [rua Florêncio de Abreu], 36 — 10º andar.

Temos outras coisas a conversar. Principalmente sobre melhoramentos que a sua zona de Vila Cerqueira César necessita, ruas Galeno e Cristiano Viana. Mas isso fica para quando eu puder. Vou chamar a atenção de meu filho, o Rudá, que chegou de Roma e faz cinema, para o seu romance.

Muito seu e muito grato.

—

Bilhete ao mouro Mauro (pelo telefone ou verbal)

Não se passou ainda a escritura. Se demorar, temos que arranjar dinheiro *de qualquer jeito*. Precisamos combinar o quanto. Por isso, marque a hora e venha aqui. Hoje não pude esperar. Venha sem falta, hoje à noite ou amanhã cedo.

O dr. Coelho *insiste* sobre os impostos da rua Alves Guimarães — Quadra 40 (50 × 32), a 65 metros da Galeno, e Quadra 39 (30 × 51), a 78 metros da Galeno, mais 10 × 51 Quadra 53 (rua João Moura, a 40 metros da Galeno). Faça sair barato para sobrar gaita para todos.

16 DE DEZEMBRO

Niomar se interessa apenas por quatro quadros para o museu. O grande Chirico, o Léger cubista, Miró e Archipenko. [Sweeney] partiu sem concluir. Precisarei ir ao Rio. Continuo doente. Melhor.

Ontem, aqui, Hideo e a mulher. Encantados com as *Memórias*. Entrevista com Rudá. Sério, informado, estupendo. Carreira inútil do Julinho Chagas. Enterro do pai do dr. Mattar. Seu João fala nas certidões. Medo meu. Não sei. Cid Prado adiou a visita aos terrenos para hoje. Decido pegar firme as *Memórias* — 1º volume — "Livro de Orfandade". Vamvê.

—

Para as *Memórias*

"O carro de Laio atravanca a minha estrada" — O complexo de Laio — O ciúme retransferido de meu pai?

—

Pés inchados. Alarme que me atinge. [Teomirin]. Regime ordenado.

—

Reviravolta. O general declara que vai liberar imediatamente as áreas dos bancos.

—

Compro frutas, frutas. E beijo, grato, minha Antonieta.

17 DE DEZEMBRO (MADRUGADA)

Para as *Memórias*

"Onde estás, sublime dona Inês?"

—

A criação da consciência matricida.

—

A mulher — matriarcado. O homem — reflexologia patriarcal pura, eis o conflito.

—

O carro de Laio.

—

Estudar o orfismo totêmico. Da conversão ao desespero. A volta ao dissídio.

—

História dum homem sem profissão

a) A evolução duma herança
1) Sob as ordens de mamãe
2) O salão e a selva
b) A evolução duma esclerose
1) O solo das catacumbas
2) Para lá do trapézio sem rede

—

O primeiro com prefácio. De Antonio Candido?

—

Cid Prado esteve ontem aqui.

—

Dedicatória:

À lembrança de meus antepassados
Aos meus descendentes
A Maria Antonieta d'Alkmin
— o reencontro materno.

—

O número de burros, de burras, de porcos, de porcas, de sujos, de sujas, de miseráveis de todos os sexos, é incomensurável. Como valemos ouro!
No entanto, apaziguamento.

—

Vi o general assinar a liberação das duas áreas dos bancos.

—

Fechei o negocinho com John Marx.

[*O.A. faz mais contas*]

—

Realizei. Recebi cinquenta de sinal.

—

Cid foi ver o terreno. Parece que gostou.

—

Dias + ou – felizes. À espera do pagamento dos bancos.
Luís foi para o Rio. Outra vez!

—

Sigo com Rudá para o Rio também. Domingo. Falar com Niomar e [Balbino].

—

Dia feliz — Releio as *Memórias*, já datilografadas. Impressão de *flou*.*

24 DE DEZEMBRO

Natal de merda!
Não posso, no entanto, me queixar. Fui ao Rio com Rudá. Apesar do grande médico que ele é, a depressão continua.

—

Itaoca, talvez. Niomar, talvez. Julinho, promessas.
E o dinheiro? Vinte contos no banco.

25 DE DEZEMBRO

Depressão. Pessimismo. Natal. Mérdola!
Hoje, [...] almoço da família. Ontem, ceia da família. Sobra isso. O resto é doença e miséria.

---

* Em francês: impressão "de vagueza", "de imprecisão".

Chegou Oliveira Bastos. Virá aqui almoçar e amanhã com o poeta [*Ferreira*] Gullar, Amélia, Lucy Teixeira e um tal de Adão.

26 DE DEZEMBRO

Manhã de sol. Reúno para o Coelho — Mauro (negócio [*dos*] bancos) Treze papéis do Foro [mais] três certidões. [*Rua*] João Moura. Quadra 53.

—

Terminado ontem "O Livro da Orfandade"
1ª redação. [...].

—

Rao acena com Unesco — Paris.

27 DE DEZEMBRO

O ano termina. Que ano!
Ontem, o Brasil aqui. Lucy Teixeira, Amélia, o poeta Gullar, Oliveira Bastos e João Marques. Do outro lado, o carreirista Giannotti, defendendo o sapo [*João*] Cruz Costa, com adesão de quem? Do Rudá!

—

Tenho que telefonar a alguns chicharros — Otávio, Alcântara, Brasílio Machado etc. etc. Bom Natal! [...].

—

Sonho Paris de novo. Desta vez, com minha Antonieta e as crianças.

27 de Dezembro

O ano termina. Que ano!

Hontem, o Brasil aqui, Lucy Teixeira, Amélia, o poeta Goulart, Oliveira Bastos e João Marques. De outro
lado, o carreirista Gianotti, defendendo o sapo Cruz Costa, com adesão
de quem? Do "Rudá"!

—

Tenho que telefonar a algumas chichas
- Otávio, Alcantara, Brasílio Machado etc etc. Bom Natal, Daby SP

—

Sonto Pais de novo. Desta vez
com minha Antonieta e a criança.

⌢

8-1038

1 de Janeiro de 1954
Estou só com Antonieta, depois d

na casa de saude. Acordo melhor. Nevralgias
ás 5 horas da tarde. Hontem reveillon com
o vapour do Rio. Gontand, e Beta, melhor,
Mary e Rudé vieram tres e Adelaide. Fizem
negoçio do Mané, Paguei Banco Lourido,
recebemos o dinheiro da maldita casa
o Valentim. Negociamos com Seu Alba
e Seu Alfredo. Veremos demais. Hoje,
no almoço, vou posar sobre Antropofagia
em Oliveira Bastos.

E começou o pulo do ano do Centenario

Boas Festas!

Afundado nas "Memorias"

4 de Janeiro
Dia de Nonê. Acordo menos desgraçado.
As crianças estão em casa da avó. A casa
quieta com a fada Antonieta. Esperam
os de hoje grandes soluções. Aniz chega

1954

1º DE JANEIRO

Estou só com Antonieta, depois de uma crise de saúde. Acordo melhor.
Novalgina. São cinco horas da tarde. Ontem, réveillon com os rapazes do Rio.
Gullar, Bastos, Amélia. Nony e Rudá vieram. Inês e Adelaide. Fizeram o negó-
cio do Marx. Paguei o Banco Lowndes. Recebemos o dinheiro da maldita casa
do Valentim. Negociamos com seu Alberto e seu Alfredo. *Verrons demain.**
Hoje, no almoço, boa prosa sobre Antropofagia com Oliveira Bastos.

———

E começou o puto do ano do Centenário.

———

Boas festas!

———

Afundo nas *Memórias.*

* Em francês: "amanhã veremos".

alguém do que de fato deviamos. É capaz
de tudo esse cara!

Estive ontem aqui o estupido João
Marques, residuo do grupo brilhante
que pensou a revelloi conosco. Oliveira
Bastos, o poeta Gonlart, Amelia

Fui ver a Bienal com Mario Pedro
Dos assombros. Que grandula bem o
modernismo!

Hontem passei um dia, vendo, sem os
Terrou os "Memorias". Alta na comida e
petuolar.

Tentar para redigir definitiva a
pagina sobre a morte com Isadra

11 de Juneiro
Faço 64 anos as

4 DE JANEIRO

Dia de Nonê. Acordo menos desgraçado. As crianças estão em casa da avó. A casa quieta com a fada Antonieta. Esperamos para hoje grandes soluções. Luís chegou. Iremos ao Banco do Brasil. Seu Amado, grande filho da puta, mandou uma carta falando em "liquidação parcial" do débito. Cachorro! Reid verá os terrenos às quinze horas. Mário Pedrosa, os quadros, às dezessete. Compraremos a casa da rua Bolívar.

[*O.A. relaciona então valores e a documentação das propriedades*]

6 DE JANEIRO (MADRUGADA)

As emoções me matam. Agora é a corrida atrás dos terrenos, porque o cruzeiro vai a zero depois do discurso [emissor] do ministro da Fazenda, Osvaldo Aranha.

Ontem, corvejaram dois velhos urubus — Luiz Reid, que foi ver os terrenos, e o Alfredo Mathias, que chegou a vir "me fazer uma visita". Trouxe com ele um "interessado". Admite pagar 7 mil pela gleba que resta na Cristiano Viana.

———

Tudo solucionado no B.B. com o Luís Coelho, que veio do Rio. Não é cobertura parcial, me disse seu Amado. "O Banco perde."

———

Começo agitado de ano. Vamos comprar a casa da rua Bolívar e deixar [enfim] o apartamento sórdido do Leão Machado, que parece que está cobrando mais aluguéis do que de fato devemos. É capaz de tudo, esse corno!

———

Esteve ontem aqui o estofador João Marques, resíduo do grupo brilhante que passou o réveillon conosco. Oliveira Bastos, o poeta Gullar, Amélia.

—

Fui ver a Bienal com Mário Pedrosa. Que assombro. Que girândola deu o modernismo!

—

Ontem, passei um dia vadio, sem continuar as *Memórias*. Alta na comida espetacular.

—

Estou para redigir definitiva a página sobre a noite com Isadora.*

11 DE JANEIRO

Faço 64 anos ao meio-dia e termino o meu ciclo de "diários". Chega!
Tenho a compor as *Memórias*. O primeiro volume está apenas redigido. Tenho a terminar *Marco zero*. E a insistir sobre a Estante no Zé Olympio. Chega!

—

A situação financeira sempre má. A econômica ótima, como sempre. O Baccini não paga, mas os terrenos pulam, o teatro etc.

—

A saúde? O dr. Mattar me diz, pelo telefone, que eu viverei cem anos! Mas é!

—

O amor? O Corsário e o Porto descansam. Os filhos mais adoráveis do mundo. Além de Nony e Rudá, adoráveis também.
E o reencontro materno — Antonieta.

—

* O.A. relata seus encontros com Isadora Duncan (em especial a noite em que a visitou no hotel no qual a bailarina estava hospedada em São Paulo) em *Um homem sem profissão: Sob as ordens de mamãe*, op. cit., pp. 118 ss.

Termino a última revisão das *Memórias*.

Chega! Chega!

Chega!

Oswald de Andrade

—

O primeiro livro das *Memórias* se chama *Sob as ordens de mamãe — 1890--1919.*

A obra toda:

Um homem sem profissão: Memórias e confissões

—

Cai uma larga tempestade de verão. Minha Antonieta saiu. Foi buscar flores, presentes, para o menino que faz anos hoje.

FIM DO CICLO DOS "DIÁRIOS"

Além de Nonny e Rudá, sob

sarcia tambem.

E o reencontro noten

— Antonieta —

———

Termino a ultima

revira as "Memorias"

Chega! Chega!

Chega!

O 1º livro das "Memorial" se chama

"~~O livro da esfand d~~ Sob as ordens

~~De 1850 a 1919~~ de Mamãe"   1890-1919

A obra toda:

"Um homem sem profissão"

Memorias e confissões

Cae uma longa tempestade de
verão. Minha Ambrieta saiu. Foi
buscar flores, presentes para o
menino que faz anos hoje

Fim do
ciclo dos
"diarios"

A

ANTROPOFAGIA

como

VISÃO DO MUNDO

1930

As antropofago descontendo

III **Newton** 1

ANTROPOFAGIA COMO VISÃO DO MUNDO

Comian los hombres
~~Comiam os homens~~

Colon

~~Cristovão Colombo~~

Of the cannibals, ~~wich~~ who each other eat
The antropphagi and the men whose heads
Do grow beneath their shoulds "

Shakespeare — Otelo

A Antropofagia como visão do mundo
(*1930*)

Ao antropófago desconhecido

Comían los hombres
Colombo

Of the cannibals who each other eat,
The Anthropophagi, and the men whose heads
Do grow beneath their shoulders *
Shakespeare, *Otelo*

O Oriente esgotou-se. O Ocidente está sendo esgotado. *Pela primeira vez o homem do Equador vai falar.*

Ele vai dizer que só há um sentido para a vida e para a morte — o sentido devorativo.

---

* O.A. troca *that* por *who* e introduz *the* antes de *men* ao citar essa passagem da peça *Otelo*, de Shakespeare, cuja tradução é: "Dos canibais, os Antropófagos, que comem/ Uns aos outros, de homens cujas cabeças crescem/ Por debaixo dos ombros". Willian Shakespeare, *Otelo*. Trad. de Lawrence Flores Pereira. São Paulo: Penguin Companhia, 2017.

Na fatura deste livro, desprezei sempre a pesquisa contraditória e o *bluff* da certeza cartesiana. Não conheço fatos que me contrariam, desde que outros me apoiem.

A INFALIBILIDADE DO ERRO

Tudo traz em si sua própria negação. É o mecanismo da vida. E quando algum fenômeno se esgota, as forças contrárias o condenam em nome da verdade. Qual a empresa humana, por fulgurante, que não terminasse como um erro? Os impérios, as civilizações, o cristianismo, a alquimia, as grandes guerras como os tratados de paz.

Colombo descobriu a América e foi preso. Napoleão morreu em Santa Helena. É o caminho de Ptolomeu, que seguiu Copérnico, que seguirá Einstein.

A verdade é, pois, local e cíclica. Só o erro é infalível. Quando uma verdade cumpriu seu destino, a verdade contrária dela se apossa como um antropófago se apodera de um vencido e declara o seu erro. Quem nos dirá que a verdade [técnica] que presidiu a construção das pirâmides é a mesma que produzia a engenharia das catedrais? E não será esta negada pelo cimento armado?

A humanidade não refaz façanhas. Como um antropófago, a verdade vitoriosa absorve as virtudes da verdade vencida e a nega e a destrói.

Em medicina, nas aplicações mais exatas da ciência, os métodos se contradizem com as épocas. Um remédio inofensivo de hoje — uma pílula Pink — mataria talvez o mais robusto dos faraós conquistadores, sem que o bálsamo de Harlem, que já fez os maiores milagres curativos nas multidões da Idade Média, consiga hoje alentar alguém.

Cada coisa tem seu tempo e só a infalibilidade do erro é necessária à própria mutação da vida.

A verdade? O visconde de Cairu já dizia, no Império brasileiro, que é a mentira muitas vezes repetida.

A OPOSIÇÃO HIERÁRQUICA — DEUS

É tão agarrado ao homem o sentido dessa negação que a vida traz em si, que isso constitui o fundo comum e o segredo psíquico de todas as religiões. Deus é a vasta e imutável noção do Contrário. Exorcismá-lo, aplacá-lo, desenfurecê-lo, eis a obsessão do homem perdido no mistério dramático do cosmo. Essa certeza de um elemento hierárquico superior que o contraria salta-lhe da boca a cada topada psíquica. E toda vez que alguém na terra impreca, blasfema ou ora, a sombra onipresente da negação se afirma.

Esse frente a frente com alguma coisa que nos contraria e foge a nossos golpes é expressivamente marcado por certas locuções fortes e exasperadas — o *God damned!* inglês, o *Dio cane!* italiano, ou a simples transferência figurativa para a mesma restrição funcional que nos faz gritar *Diabo* a cada contrariedade e invocar, em represália a ele mesmo, o espírito do mal.

Em represália a ele mesmo, pois o homem acuado, o vendedor da própria alma ao demônio, não pode ter de Deus uma ideia benéfica. Contra um malefício, outro malefício. Contra um sortilégio, outro, mesmo que lhe custe a prometida imortalidade. Eis como ao homem em estado de drama se apresenta sempre a figura devorativa de Deus.

Devorativa simplesmente, como a viu sempre o homem instintivo. Da Babilônia ao Império dos astecas. Noção mais exata de Deus não encontro nas tribos antropofágicas do Brasil. O Jurupari é o espírito do mal a que se empresta o direito de todas as oposições maléficas. E a quem a alta consciência de tragédia e de humor do índio deu o papel surpreendente com que aparece na seguinte fábula tupi:

A mãe e o filho estavam dormindo na rede. O Jurupari entrou e, pé ante pé, tirou a criança, colocou-a dormindo no chão, sob a rede, depois deitou-se com a mulher. Então disse-lhe ao ouvido, fingindo que era a criança: — Mãe, olha o Jurupari debaixo da rede! A mãe saltou estremunhada e, tomando de um pau, esmagou sem hesitar o crânio de sua criança. Então, o Jurupari saiu da rede e fugiu gritando: — Enganei! Enganei!

Toda história das fatalidades humanas, inclusive a de Édipo, não valeu esse arrepiador concentrado. O Jurupari é Deus na sua humorística imensidade negativa.

Outras forças da natureza, o Tupã, por exemplo, espírito do raio, só confirmam a alta noção catastrófica que o índio, no seu apogeu tão deformado pelo missionário e pelo branco, fixava de Deus.

Porque, no catolicismo ou nas outras religiões chamadas de salvação, é sempre o que corta o fio lógico das nossas construções. O que aniquila.

Força acima de todas as forças, lógica acima de todas as lógicas — ele é o símbolo criado pelo instinto ante a negação que a própria vida traz em si e que a malícia do homem tenta aplacar com adulações, recalques, promessas e exorcismos.

Esse acovardamento diante do Contrário, o homem natural desconhece e o civilizado codifica e faz dele sua glória e proeza.

Deus, no entanto, mesmo nos momentos de alta civilização, não deixa o seu partidarismo municipal, para terror e castigo dos que se opõem por acaso ao povo que o adora. Não falemos do terrível capanga do povo judaico que foi Jeová em todos os transes bíblicos ou Alá na conquista árabe. Se Átila nos aparece como o *flagelo de Deus*, o kaiser Guilherme II não desconhece o mesmo sanguinário aliado, na mais ampla expansão civilizada do Ocidente atual.

Se Deus é o Contrário supremamente hierárquico, pois inatingível, nos aglomerados, uma decorrência se estabelece dada a superioridade natural dos irmãos mais velhos, dos pais e dos chefes. Nada mais rigorosamente lógico do que a filiação em Deus dessa série hierárquica dos contrários que conduziu o homem na organização da família e do Estado.

O homem natural, porém, ampliava essa noção já por si dissolvida na tribo. Deus, implacável como a negação mesma da vida, não provocava tributos morais. Todos os homens da geração precedente eram pais, da mesma geração, irmãos, da que viesse, filhos.

Não lhe faltava, no entanto, a exploração dos detentores do poder mágico e divino. E o pajé era apenas um sacerdócio limitado e pessoal, sem a noção de casta que infestou sempre o Oriente e o Ocidente.

O Ocidente, mais do que qualquer outro aglomerado expansivo, elevou e glorificou os chamados representantes de Deus, que até os fins da Idade Média submeteram a seus desígnios príncipes e reis. Quando os primeiros insubmissos da Inglaterra, França e Alemanha requisitaram para si o absolutismo real, quebrando assim essa notável série hierárquica que trazia por dogma o primado do espiritual, conservaram, no entanto, a ligação com Deus, criando ante as massas dominadas o direito divino dos reis.

514

O homem isolado nas civilizações, quando se anarquiza ou revolta por afirmação de personalidade, sabe que, numa ordem hierárquica, tudo lhe é contrário: pais, polícias, reis e deuses. Para o só nos conventos ou nas ruas, Deus é o superlativo da oposição.

E perguntai à longa experiência das nações: ela vos dirá que Deus é uma potência estrangeira.

A BIFURCAÇÃO PARA O DIABO

Do contato com qualquer religião, ressalta a insuficiência da ideia de um Deus puramente benfeitor para a solução do problema do mundo. Se fosse, o mal não existiria.

A lei de causalidade nos oprime subjetivamente (conservemos os termos instrumentais). E talvez não fosse preciso Hume para se saber que ela é, dentro de nós, a exigência de síntese que nos faz ligar tudo em torno da construção biológica de um patrimônio psíquico.

Se o mal existe numericamente, para x, para y, se persiste a contrariedade dos objetivos lógicos que guiam a ascensão individual, se a desgraça, a oposição, o fracasso e a morte não se justificam ante a sede de aumentar que preside a todo fenômeno vivo — o aparecimento de uma causa exterior se torna inevitável na mente crédula do homem. Deus, não, porque, sendo superior, deve ser o benefício. Aparece então o espírito do mal.

Mas o mal assim encarnado cria um complexo de causas e efeitos, finalidades e justificações. Vem aí a luta entre os dois espíritos, a humanização dos polideuses ou a ideia da revolta e da queda dos arcanjos.

Apenas o homem natural conserva a noção exata da oposição que a vida traz em si mesma, como condição até biológica [...]. Sem o Diabo, para que Cristo e as demais redenções e todos os bodes expiatórios e todos os gulosos de sacrifício da lenda e da história?

Ora, se o Diabo é ao mesmo tempo agente e algoz, a ideia da humana fragilidade e a infamíssima codificação da culpa ressaltam imediatamente.

Eis aí, de uma indução invertida, como brotam os sistemas religiosos e filosóficos da salvação e as suas decorrências mesmo ateístas.

Deus existe porque o homem se encaixa numa hierarquia de que não é o último termo. Mas como esse último termo da vida a beneficia da crença no favor imanente, deve ter havido qualquer coisa lá em cima, além da alçada do Sol, para que o mal, a negação e a morte permaneçam eternos e impassíveis sobre toda humana aventura. Vem o Diabo e logo o pecado, a ideia de culpa e de sanção.

Porque o homem não induz, da ideia de culpa, a ideia de castigo e daí a de uma justiça de função suprema. Inverte essa operação do espírito que, produzindo uma dedução absurda, [teria] no entanto que ser de tipo indutivo, como é por exemplo a construção kantiana em torno do categórico.

Que o homem não é o último termo hierárquico do cosmo, sabe-o o índio. Mas ele não se ilude sobre o aspecto contrário das forças com que luta. O seu mundo está cheio de malefícios, mas, no meio deles, ele realizará o benefício inestimável de sua vida. Toda civilização de caráter religioso começa num ato de covardia. Como os maliciosos que a geram se sentem incapazes de chamar frente a frente de mau o poder em cujas mãos se enroscam, bipartem-no. Passa a ser bom, de um lado, para efeitos de adulação e imediatamente prosseguindo na sanha dos favores a obter — ei-los que se encarregam de forjar a mais subserviente das alianças para com um dos termos da duplicidade criada — o Bom — e a atribuir ao outro a carga inteira de suas infelicidades e desatinos. Está criado por si o liame de responsabilidade interior e, portanto, o desagravo à divindade e os apostolados torturantes que vêm produzindo as maiores desgraças voluntárias da história do homem coletivo.

É a tendência cabalística que tem todo mundo de se proteger e cuja natural expansão é o totem de todas as religiões, que cria Deus. Essa ideia se bifurcará nas religiões de salvação, dando origem ao Diabo e seus embaixadores, que o homem natural e desopresso tem a coragem de enfrentar e conhecer como a própria essência de Deus que nele se dissimula.

A IDEIA DA ETERNIDADE E A QUARTA DIMENSÃO

Tudo que se afirma traz em si sua própria negação. A toda afirmação espacial corresponde uma negação temporal. A sabedoria popular brasileira, que nunca perdeu o sentido antropofágico, afirmara antes de Einstein que "cada coisa tem seu tempo".

Infelizmente, para o meu ponto de vista, Einstein é o tipo mental burguês que respeita a mistificação cristã já esgotada. Einstein toca violino. Ele não podia dar o grande passo. Não podia ver o sentido devorativo das próprias teorias.

O tempo é a quarta dimensão. Mas é uma dimensão negativa. E o homem é o animal que tem o sentido da quarta dimensão. Nesse sentido, a memória se encaixa como uma divisão de fichário. (?)

Ora, vimos antes que Deus é a negação mesma da vida. É, portanto, simplesmente a quarta dimensão do cosmos espacial. Será a eternidade ou o tempo. O pressentimento grego fazia os deuses derivarem de Cronos. A angústia passiva dos hindus faz tudo caminhar para a negação.

Que se deduza daí que o homem traz em si o sentido de Deus, da eternidade e do tempo, e se afirmar daí que o homem é o animal religioso porque possui o sentido da quarta dimensão [não nos interessa].

O tempo é a negação de todas as afirmações espaciais e biológicas individuais.

DA NEGAÇÃO AO TABU

Se Deus é a negação por excelência, ele é também a máxima restrição, o grande, o insondável tabu. Os povos naturais, desembaraçados de cogitação metafísica, veem as restrições também naturais, de que, para a atualidade ateísta, o metro pode ser adotado como tipo. O metro é de fato o tipo da restrição. Nem maior nem maior. E, num grande relance com Sir Oliver Lodge, dividiremos o universo em métrico e não métrico. Mas, na polêmica atual, Einstein intervém a cada instante. Dele decorre que o metro é subjetivo. Nas duas explanações acima está a solução antropofágica do mundo.

No mais livre dos continentes, a antropofagia foi exercida pelo homem no seu apogeu biológico, pelo homem não reduzido ao animal amnésico e recalcado de todas as civilizações.

Perguntai e os cientistas vos dirão que o assassinato, o roubo e o incesto são puros atos biológicos. A natureza vive deles.

A antropofagia dos índios era o sentido devorativo da vida exercido pelo homem na própria carne do homem. É tão alta a mentalidade do antropófago que nós, pobres exemplares de teratologia moral, mal podemos nos assenhorear da visão de sua grandeza. Era o ritual filosófico dos estados tribais — a transformação do tabu em totem.

Não conhecendo o Deus que a comunhão católica assimila em efígie panificada — era o outro inimigo, o inimigo vivo, perigoso e colérico, que representava para ele a restrição imediata e mais grave. Prisioneiro, a sua carne ia transmitir as virtudes pessoais vencidas em campo ao vitorioso que delas se aumentava. Mas que é a vida em todos os seus meridianos senão a totemização das restrições, a transformação do tabu em totem? Que é a vida senão a absorção favorável do universo métrico[?]

Uma segunda operação aparece como um corolário: a transformação do universo não métrico no universo métrico. Será a criação do tabu, donde se originaram todas as legislações humanas, todas as estéticas e todas as morais.

AS LATITUDES FÁUSTICAS

Os aglomerados climatéricos têm para mim uma fatalidade indelével. A história conhecida do mundo dividia sempre geograficamente os núcleos de aventura coletiva. Um rápido olhar nos dirá que há latitudes fáusticas, inquietas, capazes de vender a alma por uma paixão, latitudes coloniais, reflexas e nostálgicas, e latitudes voluptuárias que são as detentoras das cruzadas de solidão.

O hemisfério setentrional do globo, em trinta séculos de história conhecida, localizou por excelência o fenômeno da conquista. Conquista sobre o material cósmico, conquista sobre o material psíquico, conquista geográfica e marítima. Aí se situaram: os primeiros navegadores e os primeiros comerciantes, os fenícios e cartagineses; os criadores da questão social que foram os profetas imperadores da Judeia, os que afirmaram que o trabalho era um castigo, e os apóstolos do primitivo cristianismo, que criaram o estado catacumbal (hoje trazido à luz dos arranha-céus pelo bolchevismo de idêntica latitude, reavivado aliás pelo espírito judaico — Marx, Trótski); os primeiros exploradores das relações cósmicas, astrônomos, médicos e alquimistas; os guias do espírito de ofensiva — guerreiros, enviados de Deus, imperadores e políticos, de Alexandre, o Grande, a santo Inácio, Maomé e Disraeli; os andarilhos, Marco Polo, Magalhães, Gago Coutinho, Lindbergh.

Quando, nas latitudes tropicais, um aventureiro se impõe, ei-lo que cria o tipo nômade da conquista. É Gengis Khan e, sobretudo, Tamerlão, cuja consciência destrutiva foi a ponto de arrasar para sempre os fatores técnicos da cultura mesopotâmica e cuja ambição de ruína teria feito do Egito um pantanal definitivo do Nilo, se não tivesse ocorrido a sua desgraça militar na fronteira africana.

Nas latitudes equatoriais, é ainda a intervenção do homem fáustico, tão bem definido por Spengler, que movimenta e organiza o poderio. São Paulo é um caso típico na organização política do novo mundo. Contra outra aventura fáustica, a jesuítica, que procurava aninhar nas selvas americanas o império teocrático, a fim de sobre ele reconstruir a Cidade de Deus de Agostinho — ei-lo, o mameluco, filho de europeu e de índia, a fazer o Brasil geográfico em cem anos de raids auríferos, lançados na codificação da posse contra a propriedade assegurada pelo [Tratado de Tordesilhas].

Que são os milhões de formigas índias, perdidos na concepção tribal do continente, ante a concepção imperialista do homem fáustico, que traz nos seus minúsculos regimentos a espada de ferro das vitórias? Pizarro e Cortés na América, Albuquerque na Índia.

Terminado o ciclo propriamente fáustico, São Paulo, que se situa na orla dos trópicos, retoma o tipo que lhe indica a sua latitude colonial e constrói, como as outras cidades sulistas — Montevidéu, Buenos Aires, Sydney, na Austrália —, uma civilização de reflexo, sem caráter e sem risco.

O tipo próprio às latitudes equatoriais é o tipo voluptuário, que se enrola nas narcoses de uma religião de renúncia moral — o budismo, o taoismo —, ou produz, através de migrações insuperáveis, o maravilhoso reino do homem natural que foi a América do Sul e do Centro, que é até hoje a África de [Leo] Frobenius.

O caso excepcional de um levante hindu, hoje tentado por Mahatma Gandhi, talvez se deva somente à ideologia exótica que, ao que parece, ele foi buscar na paz fictícia do Sermão da Montanha. Será curioso de se verem os resultados da primeira resistência de um povo faquirizado pelo clima aos botes do senso comercial e evangelizador dos ingleses. Faustizados um instante pelo cristianismo, pode ser que eles se oponham aos seus irmãos em Cristo, que os querem civilizar e salvar. [Na entrelinha, rasurado: Paulistas contra jesuítas na América do século XVI combatiam como bons também cristãos.]

Enquanto o Japão, mais ao Sul, cria o tipo da colônia vagamente imperialista e autônoma, os Estados Unidos da América, em 150 anos de vida, produzem a civilização típica contemporânea e levam sua intervenção até dar fim à guerra mundial. É o caráter fáustico que se transfere longitudinalmente.

Não creio senão no sentido ético e filosófico da decadência do Ocidente. Como entidade fáustica, ele continua a agir, tocado talvez por uma inversão ideológica, trazida pelo esgotamento do conteúdo cristão moralista que o galvanizara. Pela primeira vez, o homem natural, o que sempre fugiu e se exilou sem consciência de culpa, apenas por exogamia geográfica e aventura terrena, o homem que produziu as grandes evasões da pré-história, da Mongólia a pé ou da Polinésia em juncos, o que fez as maiores caminhadas e os raids sem bússola e sem carta marinha, o criador das cruzadas de solidão — que se transferiu da Ásia para os Andes, como supõe Métraux, e dos Andes para o Atlântico, sem a repercussão jornalística que anima hoje o pigmeu Gerbault, nas travessias a barco dos mares policiados —, o homem natural, instintivo, detentor do sentido biológico, tocou as latitudes fáusticas e eis que, sob o influxo climatérico da aventura e da conquista, vemos a explosão da Rússia, a explosão da Itália e a explosão mental de todas as insubmissões intelectuais criarem o alarido e a consternação em torno do fenômeno que Lothrop Stoddard chama de "rebeldia contra a civilização".

O fenômeno russo bolchevista — o mais característico e o puxa-fila dos outros — é complexo demais para que possa ser diagnosticado sem divisões. Para o antropófago que escreve este livro, e que pretende levar a um destino fáustico a consciência do homem natural, o Estado comunista russo aparece infelizmente como o levante do estado catacumbal que atingiu de um golpe a superfície da Terra coalhada de arranha-céus e motores, e dela se apropriou. Aí não há uma sensível mudança, não há nenhuma *revolução*. Antes, esse estado subterrâneo de revanche, mantido em pureza pela ausência de qualquer evolução na direção de poder — como aconteceu com o outro, o primitivo cristão, nos três séculos de adaptação vitoriosa e, portanto, de deformação que vão até Constantino — é ainda agravado pelo espírito de casta trazido do Oriente. Não creio que do simples estado catacumbal que se rotula como "ditadura do proletariado" possa resultar qualquer *revolução* para a humanidade. Os dois sintomas de seu conteúdo antropofágico [*na entrelinha:* (absortivo)] são mais que conservadores, são clássicos — o estado catacumbal, cujas características são feitas do ódio místico trazido por uma longa opressão contra um grupo que se julga predestinado; e, em segundo lugar, o espírito da casta, ou seja, da hierarquia preestabelecida e antinatural. Por que só o proletário é favorecido como classe?, perguntará o mais primário espírito de *revolução*.

Mas há, na irrupção bolchevista, o fermento crescente da revolução do homem como homem. Lênin, que fez dela sua aventura pessoal, é sem dúvida um dos maiores liberados da história. E se, como técnica revolucionária, ele prendeu o movimento a uma classe que justamente trazia em si as forças represadas nas catacumbas emocionais das minas e das fábricas e, portanto, era a única capaz de agir e se organizar revolucionariamente — por outro lado, ele soube dar o cunho autêntico da *revolução* a alguns de seus principais objetivos.

Não se trata, portanto, somente do fermento bom que traz qualquer impulso revolucionário — na direção do caminho que insisto em indicar, do homem retomando na história o seu sentido biológico. Lênin podia ter codificado a revolução num total sentido conservador, como, tiradas algumas exceções que demonstraremos, fez Mussolini na Itália. A revolução não teria deixado de existir anedoticamente. Mas não. A Lênin coube a destruição legal do mais infame dos tabus romano-cristãos — a ideia, gerada em todos os códigos ocidentais e decorrentes, pelo seguinte texto romano: *Pater is est justae quem nuptiae demonstrant.**

Eixo do capitalismo hereditário, esse texto foi que criou todos os dramas de honra de Constantino para cá. Foi ele que criou o bastardo, a herança e o corno cristão.

Pela primeira vez num código ocidental surge esta evidência que qualquer rústico não ignora — é pai quem faz o filho, é mãe quem o gera, mãe legítima, seja ou não ligada por uma disposição legal a outro. E o filho não pode ser infamado de adulterino, pois que biologicamente o adultério não existe. Essa pavorosa coação do natural, durante séculos e séculos, presidiu à organização da família civilizada e foi preciso que um grande bárbaro como Lênin viesse para derrubá-la.

Sim, e nisso reside o valor íntimo e dinâmico da Revolução Russa. Desoprimido do adultério, da herança capitalista, das longas obrigações serviçais pela primeira vez na Europa, depois do cristianismo, pela primeira vez o homem não humilhado aparece nas ruas. Ora, esse homem reside numa latitude fáustica. A Revolução Russa episódica decorreu no território moscovita, mas, como a Revolução Francesa, a sua influência ideológica passará fatalmente as suas fronteiras e avassalará a consciência dos seus adversários.

Latitudes fáusticas, geradoras de piratas e apóstolos, foi ao vosso contato que o humanismo, o descobrimento do homem como homem, na coincidência

* Em latim: "O pai é aquele que o matrimônio designa como tal".

da descoberta geográfica do homem natural, iniciou o ciclo hoje atingido por algumas disposições legislativas veridicamente revolucionárias de vossos códigos. Mas é, sobretudo, ao benefício de vosso clima dinâmico que se processam a cultura e os sintomas do ciclo natural — alarmante para o detentor dos resíduos da salvação cristã, infinitamente gozado daqui, pelo caraíba.

SINTOMAS E DIAGNOSE

O conteúdo antropofágico de cada revolução levanta um fermento de impulsividade [*na entrelinha:* ou legalista ou revoltado] que faz o homem voltar um instante a si na escala biológica. Desta vez, porém, esse sentimento está criando uma consciência vitoriosa que vai além dos anteriores fenômenos de revolta e exaustão contra ciclos opressores, fenômenos que geralmente voltam ao sistema donde saíram.

A filiação intelectual desse fermento pode ser ligada ao humanismo, isto é, às primeiras hipóteses do homem como homem, vitoriosamente desapegado da sua rede de compromissos com Deus, hipóteses contemporâneas da descoberta do homem em [pelo] no universo até aí aparentemente policiado. Foi sem dúvida um susto esse dos escolastas e teófilos constatarem que Deus, encarnado no rabi e continuado autoritariamente pela patrística, pelo tomismo e pelo papado, não só ignorava astronomia como também não sabia geografia. A verificação de novas terras, onde imensas gentes escapas a qualquer batismo não tinham tradição alguma da gênese, nem decorrências morais da existência de Deus e do pecado, desorientaram por certo e confundiram as hostes abespinhadas do catolicismo.

Como toda verdade não passa de sede de síntese, eles daí pra cá se fecharam por trás do mandado divino — *Ide e convertei todos os gentios* (?) —, fazendo vagamente constar que os indígenas descobertos eram a descendência perversa e decaída dos primeiros filhos pródigos da Terra, os que não voltaram nunca mais às vizinhanças domésticas do Éden.

Dali, dessa premissa retroativa que ia encaixar a humanidade andeja e pária na descendência do matrimônio inicial, havia de fatalmente se saber que essa humanidade — a ameríndia — não prestava. De fato, ante a razão cristã, ela adquirira péssimos costumes nessas longas caminhadas por mares anônimos e terras vazias pelos quais enveredara a sua inquieta curiosidade depois da expulsão do Éden. Em vez de ficar, como o povo eleito, à espera do Messias, gozando os favores de um deus municipal, partidário e fanático, ou imprecando contra os capitalistas [*O.A. anota acima, na entrelinha:* os imperialistas] que queriam passar, na ânsia das conquistas, pelo árido desfiladeiro onde se tinham sebastianizado — essa gente se bronzeara ao sol de uma travessura secular, dera o fora na primeira [...] e no primeiro burguês para ir morar na América pré-colombiana.

Os missionários, que foram os companheiros intelectuais das descobertas, deviam forçosamente pensar assim. E foi decerto imenso o seu sorriso quando descobriram, entre os selvagens poderosos, indícios confirmadores da sua [sitiada] tese. Pelo menos dois lhes foram imediatamente assegurados: a cruz e o dilúvio. De fato, os ameríndios tinham em sua alta poesia a tradição do dilúvio e, abrindo os braços redentores no largo das ocaras, ali estava, à orla das florestas povoadas, batendo-lhes no nariz rapineiro, a cruz do Nosso Senhor Jesus Cristo. De fato, os índios, pelo menos algumas tribos, colocavam a cruz dominando as suas cabanas, a fim de conjurar os espíritos maléficos — e parece hoje confirmado, pelas vulgarizações de Frazer, Reinach e outros pesquisadores, que a cruz remonta, muito além de Cristo, à mais alta simbologia étnica esclarecida.

Mas, naqueles tempos, o dilúvio só podia ter sido o de Noé, como a cruz só podia estar ali por intervenção pessoal do Nazareno, como acontecera na cela estigmatizada de Assis e nos campos fidelíssimos de Ourique.

Logo, aquela gente tinha evidentemente marcas de filiação divina — o que mais tarde confirmou escandalosamente a bula de Paulo III, afirmando que tinham até alma, se bem que admitido fosse haver uma linha divisória, mais ou menos perpendicular ao Equador, pela altura da Madeira, onde começavam as terras sem pecado.

Os gentios foram então trabalhados para voltar ao grêmio nuclear cheio de graça e civilização donde se tinham desviado. O resto da história toda a gente sabe. Os embaixadores do Estado fáustico tiveram seus esplêndidos cronistas, Sahagún, Bernal Díaz del Castillo e, sobretudo, o incompreendido missionário da piedade que foi Bartolomeu de las Casas.

Enquanto no norte e no centro eram exterminados, nuclearam de repente dois centros de atividade fáustica no sul: o império teocrático dos jesuítas e a república livre de São Paulo. Uma havia de engolir a outra. Coube, felizmente, ao experto e feroz bandeirismo paulista o destino de destruir no novo mundo a Colônia de Deus de Agostinho, que substituía já, numa temerosa realidade combativa, a Cidade de Deus definitivamente posta em brecha pela Reforma.

Terminada a carta heroica do Brasil e formada, na conjuntura guerreira da posse contra a propriedade, a orla de repúblicas hispano-americanas, a América do Sul ia repetir o gesto colono das independências [...] que para si, fausticamente, antes mesmo da Revolução Francesa, assegurara a aglomeração puritana iniciada na viagem pudica do *Mayflower* às costas da Flórida. (?)

Se, justamente pelo cunho imperialista que a mesma latitude auxiliava, os americanos do norte afogaram logo, numa irremediável aparência, o homem nativo, ao sul, do México para cá, o fenômeno foi outro. Talvez porque lhe faltasse a cretina rigidez puritana.

Fechado em si no México, nos outros países ele se misturou lentamente, influindo de um modo poderoso nos hábitos e na mentalidade preguiçosa e fatalista. O elemento negro veio juntar-se à esplêndida amálgama brasileira, que do branco guardava, sobretudo — se bem que sob a camada hierárquica negativa do padre e do governador-geral —, o forçado e o aventureiro — ambos a força evadida dos conluios morais europeus. Foi ele ainda, o elemento negro, que levou aos Estados Unidos o equilíbrio animal perdido com o extermínio implacável do índio. A civilização americana foi toda construída em função do preto, que era animicamente o mais forte. Foi querendo espantar o negro que o ianque espantou o branco da Europa com os seus arranha-céus e seu progresso mecânico. E toda a arte americana — da dança à música — é uma miserável contrafação do negro, que vingou como uma pústula abafada pelos longos recalques cristãos. Examinai a sociedade americana que lançou o charleston e o *black bottom*, a poligamia e o contrabando coletivo do álcool. No fundo, é simplesmente o preto. Apenas sem a sua energia divina e sem a sua gloriosa franqueza animal.

São esses os sintomas da era cultural que na Europa toma a feição do nudismo organizado, das terapêuticas naturais, do esporte e da vida livre de qualquer moral interior.

Notemos que se trata de uma era cultural cujos sintomas rebentaram também na política fascista e acabam de fazer do burguês branco o mais terrível dos anarquistas, o homem que, indo além de Lênin e Mussolini, quer destruir a ideia enraizada do Estado autônomo e nacionalista.

Percorramos a linha de fatos para depois subirmos à sua função ideológica.

O DOCUMENTO PRIMITIVISTA E O INÍCIO
DA CONTRIBUIÇÃO CULTURAL

Muito antes da plena pesquisa australiana e neozelandesa, que deu como resultados a obra de [Baldwin] Spencer e [Francis James] Gillen, de Frazer, de [Edvard Alexander] Westermarck e a de [Lewis Henry] Morgan, que talvez seja a mais importante pela orientação crítica que contém — antes e contra as pesquisas tendenciosas que, através da campanha de reajustamento católico-
-científico, culminam na audaciosa antropologia do padre [Wilhelm] Schmidt, de Viena, apoiado lateralmente em [Fritz] Graebner —, o Brasil forneceu alguns dos melhores trechos exatos da vida primitiva como se processava no continente recém-descoberto. Quero me referir à obra documentarista dos que viram o selvagem no século XVI. O missionário daquele tempo não tinha a malícia invasora do padre Gemelli, de Milão, nem dos outros investigadores de batina que descobriram a moral nuclear dos pigmeus africanos esquecendo escandalosamente Moisés e a Gênese, pois situam, como camada inicial humana, o ciclo pigmoide equatorial, fora e longe das geografias bíblicas. Só para avançar, assumindo disso, em congressos e exposições vaticanas, uma responsabilidade científica [de] que no Brasil, por exemplo, não havia nem arte nem canibalismo e reinava uma perfeita monogamia! Isso porque o Brasil está situado no filão moralista das latitudes pigmoides.

Quanto mais interessante, mais viva e mais pura é a contribuição despreve-
nida dum Yves d'Évreux, dum Claude d'Abbeville, dum Fernão Cardim ou de um frei Vicente do Salvador! A atitude assombrada desses capuchinhos e dominicanos (?) fá-los esquecer-se às vezes da própria missão evangelizadora ante a ver-
dade biológica e a beleza profunda da vida instintiva do homem natural. Ao contrário do que ainda hoje afirma Freud, o assassinato não legislado, não puni-
do socialmente, de modo algum extermina os aglomerados. Pelo contrário, o assassinato passa despercebido na sociedade onde ele pode ser livremente exer-
cido, na concorrência e na competição de viver. Como o trabalho aí não é um "castigo". É mesmo o contrário do castigo que decorreu da expulsão edênica. Basta ler a maravilhosa página de Yves d'Évreux sobre a vida laboriosa dos indígenas na construção das obras de defesa do Maranhão para qualquer pessoa se convencer que o índio tinha, na alegria da vida, a alegria do trabalho. Mas talvez

seja o trecho mais impressionante desse vasto repertório de fotografias da vida inicial do continente colonizado aquele em que Claude d'Abbeville, não temendo por certo consequências de volta-face filosófico, descreve o aparecimento do crime de feitio cristão no ambiente puro das selvas. O civilizado trouxera consigo a monogamia teórica, e o primeiro enxerto do missionário na boa vontade macia do índio foi a moral doméstica do homem contrafeito pelo casamento com uma só mulher. O índio era puro, acreditava. Tomou a sério a monogamia e suas consequências trágicas. E foi assim que, em nome de Cristo, Japy-ouassú, chefe do Maragnan,[*] matou logicamente a companheira que se entregara livre a outro, desejado na livre terra da América. Esta página, que vai reproduzida no documental deste livro,[**] não é só a nota calendária do primeiro crime ocorrido no Brasil por graça ou obra da moral cristã, mas há, na sucessão de seus fatos, toda comédia ocidental do procedimento de justiça. Japy-ouassú, sabendo que o vão perseguir os que lhe trouxeram os preceitos em nome de que ele descobriu que era corno e que se devia vingar, inicia a farsa, acolhendo-se à igreja, onde arma rede e se asila dias inteiros. Quando aparece para prendê-lo a justiça cristã, a mesma que o fizera matador, o chefe indígena não mais se contém e passa uma patética descompostura na incoerência europeia.

Mas deixemos Japy-ouassú, com as suas grandes interpelações, das quais ficou notabilíssima aquela em que pergunta aos padres se eles não foram gerados como os outros, e passemos através do Montoya, menos puro talvez por pertencer a uma ordem militar, a jesuíta, e do seu índio Miguel, que vem berrar para os próprios padres as vantagens divinas da poligamia, responsabilizando--os pelas desgraças que trouxeram com sua moral de artifícios — passemos ao primeiro intelectual da Europa que soube dar ao índio o seu justo sentido. É um humanista. Montaigne. É nele propriamente que se encaixa o ponto de partida das reinvindicações do homem instintivo, abrindo brecha no patrimônio cultu-

---

[*] O.A. menciona o líder indígena Japiaçu e o atual estado do Maranhão a partir de relatos de Claude d'Abbeville sobre a França Equinocial (missão colonial do século XVII), daí a grafia em francês. Embora não dê referências bibliográficas das fontes utilizadas para comentar sobre os dois missionários franceses, O.A. provavelmente se refere a *Suite de l'histoire des choses plus memorables advenues en Maragnan es années 1613 et 1614*, de Yves d'Évreux, e *Histoire de la mission des Pères capucins en l'isle de Maragnan et terres circonvoisines*, de Claude d'Abbeville.

[**] Possivelmente, O.A. pretendia incluir o texto de Claude d'Abbeville como apêndice do presente ensaio.

ral do homem fáustico, até aí atordoado de escolástica, de moral romana e de pré-cristianismo grego. Não duvido mesmo que Rousseau tenha decorrido de Montaigne, digo, desse lado de Montaigne, e portanto o romantismo, que vem a ser afinal, no seu aspecto policial e processual, a exaltação das forças obscuras por tantos séculos opressas nas mãos moralistas dos mentores do Ocidente.

Insisto: como o cristianismo decorreu de Platão, a Antropofagia, através das revoluções morais da Rússia e da França, do romantismo e de Rousseau, põe o seu ponto de partida ofensivo e fáustico no célebre capítulo dos *Essais* [*Ensaios*] que Montaigne intitulou "Des Cannibales" ["Dos canibais"]. É aí que aparece em plena luz, pela primeira vez, o contraste do homem natural com o homem artificializado do Ocidente.

Montaigne, que, além das informações da época, tivera um criado viajado e conhecedor da França Antártica, não duvida em dizer que a organização tribal brasileira, na sua absoluta realidade terrena, deixa longe como perfeição a república ideal de Platão. Continuando, ele enumera algumas opiniões e respostas dos índios levados à França para satisfazer a curiosidade de Catarina de Médici e sua corte. Dessas respostas, uma só dá consciência à Jacquerie* e vem constituir as bases futuras de todos os bolchevismos. Perguntado sobre o conforto e o luxo dos sítios aristocráticos de Rouen, um antropófago respondeu que achava admirável tudo, porém mais admirável era que as populações que viviam na lama e no frio não queimassem palácios e riquezas.

Outra importante contribuição de Montaigne para o patrimônio cultural do homem instintivo, nativo do Rio de Janeiro, "*où Villegaignon print terre*",** e levado ante os artifícios estatais e hereditários do começo da era chamada moderna, diz respeito à noção de dignidade pessoal e de mando que o índio exigia [consuetamente] no seu chefe. Mostraram-lhe o rei, um menino cheio de miséria física, cercado de suíços de barbas musculares e aspecto supremamente feroz e marcial. O índio perguntou ingenuamente por que não coubera a realeza a um daqueles tremendos barbudos, em vez de ser dada a uma criança doente.

---

* As *jacqueries* foram uma série de revoltas camponesas que eclodiram a partir do século XIV, estendendo-se pela história da França da era moderna.
** Em francês: "onde Villegaignon tomou posse".

BARTOLOMEU DE LAS CASAS E A ANTROPOFAGIA DOS CONQUISTADORES

Um dos fenômenos mais curiosos da conquista foi o esplêndido isolamento a que se votou no novo mundo o verdadeiro detentor do ponto de vista de Cristo.

Bartolomeu de las Casas é o imenso incompreendido no continente antropófago. Foi também a única voz que não deixou tradição na América. Enquanto conquistadores puritanos e jesuítas criavam, por norte e sul, a mentalidade de transigência que fez a formação civilizada das colônias, guardando no entanto o fundo feroz evocado ao contato da terra sem obrigações, o cristianismo da Galileia e de Assis, uma doutrina lunar de apaziguamento e de histeria, foi implacavelmente posto de lado. Formaram-se religiões supersticiosas em torno da fórmula católica de que se fizera reduto a península [*Ibérica*], com as últimas universidades autenticamente escolásticas — Salamanca e Coimbra. Desenvolveu-se no Brasil o fetichismo polimorfo que produziu recentemente o Cardeal, o padre Cícero e o curandeiro João de Camargo. Nos Estados Unidos, o puritanismo levava, talvez para sempre, à esplêndida amálgama animalista ianque as suas duas primordiais características — a secura e a ingenuidade depois transpostas no comércio, na arte, no esporte e até na diplomacia. As repúblicas de formação espanhola, excetuando talvez o reduto fanático produzido no Paraguai pela semente teocrática do jesuíta, evoluíram na direção de catolicismos liberais. No México, informa-me a alta autoridade de Alfonso Reyes, foi totalmente destruído o patrimônio espiritual do índio que o Brasil conservou, porque aqui fora encontrado o homem nu debaixo da árvore, que não atemorizava o missionário como os graníticos palácios das civilizações astecas, maias e incas. Resultado, ali o índio se isolou numa hostilidade secular, enquanto no Brasil pode-se dizer que presidiu à formação do estofo nacional vago, mas imenso, que pretendemos virá à tona através dos próximos movimentos de transformação.

Cangaceiros, fetichistas, colonos implacáveis na deformação das teorias de reflexo, puritanos escandalizados ou fáusticos — não vemos, nestes tipos da América toda, uma réstia sequer das sublimes sublimações de Bartolomeu de las Casas. Outro recalcado, o erótico de alta transferência Anchieta, teve uma influência enorme porque sua projeção foi de caráter político e conquistador.

Las Casas, vindo para converter e moderar a sanha dos antropófagos, viu-se repentinamente cercado pela antropofagia muito mais perigosa, real e combativa dos conquistadores. Simplesmente porque o índio exercia a sua comunhão puramente ritual e religiosa da carne e do valor do vencido. Era de caráter voluptuário a sua ferocidade. A do europeu, liberado das polícias reais, era de caráter fáustico. Foi assim que o excelente frade nos legou o índice mais arrepiador de suplícios, de infâmias, traições e torturas que uma invasão de território jamais registrou.

Dizem que o Brasil, ocupado pelo português — menos arabizado — não teve para os seus índios a série de sanções sanguinárias que o civilizado trouxe à América. Talvez. Fato é que, das depredações humanas que conheço, uma se destaca, notável e passada no Brasil: houve quem adquirisse a roupa toda de um hospital de variolosos para fazê-la seguir, sem desinfecção, rumo à nudez de uma tribo índia. Esse caridoso moralista conseguiu assim exterminá-la por meio de uma epidemia mortífera. Mas há, sobre todos esses detalhes da descoberta, pairando contra as desculpas posteriores, o alto documento a cujo título significativo Montoya emprestou o cunho fáustico de todas as intervenções exogâmicas do Ocidente: *A conquista espiritual.*

RUDÁ

Na ordem politeísta dos desfavoráveis, o mais servido dos espíritos era, para o homem natural e para a mulher, instintivo, o criado pela invocação de Rudá.

Ó Rudá, tu que estás nos céus, e que amas as chuvas...
Tu que estás nos céus... faze com que ele,
por mais mulheres que tenha, as ache todas feias;
faze com que ele se lembre de mim esta tarde
quando o sol se ausentar no ocidente.

Eis o tipo de poema erótico índio onde já se desenha uma solução social para os problemas exaltados da descristianização — a poligamia sem quebra de fidelidade.

Rudá é o amor. Ele pode coexistir sexualmente, como uma espécie de fome ou de entretecimento religioso que toma a mulher ou o homem várias vezes e diversamente no seu caminho da vida. Mas a eleição permanece e está por si mesma resolvida a questão conjugal. Os filhos são da tribo, que é geralmente composta em feição de matriarcado totemista. E a humana aventura prossegue desopressa de todos os chifres inventados pelo platonismo homérico ou pelo cristianismo ciumento: dos de Satã e os de Menelau aos de Panurge, de George Dandin ao do Cocu Magnifique.*

A AVENTURA PESSOAL E O RENDIMENTO PLANETÁRIO

O postulado hipócrita de todas as sociologias do Oriente e do Ocidente diz que a humanidade tende ao bem geral. Ora, a realidade está no axioma oposto. A humanidade tende ao bem individual. É pelo menos a única constatação rigorosa que o homem privado de instrumentação que não seja subjetiva pode adquirir.

Quem reproduzisse a aventura kantiana na direção dos territórios do bem-estar e do bem viver poderia certificar-se cientificamente, através duma "Crítica da felicidade pura", que a humanidade tende ao bem individual. Isto quer apenas dizer que só o bem individual é ponderável na trama da vida, como só o conhecimento subjetivo e a certeza pessoal são assegurados pelo entendimento humano. Se a *Crítica da razão pura* arrasou todo o edifício artificial da metafísica, uma "Crítica da felicidade pura" se vai fazendo urgente, a fim de precipitar a catástrofe telúrica de que vive a noção irreal de bem coletivo.

Esse bem coletivo, que pretendem assegurar as sociologias de salvação, vive da mesma artificialidade com que o Kant local, o cidadão protestante de Königsberg, pretendeu erguer o edifício da Razão Prática. Ninguém ignora que foi o escândalo do próprio niilismo a que atingira a sua pesquisa leal em torno do conhecimento que fez com que ele retrocedesse apavorado e tentasse retifi-

---

* Menelau é o lendário rei de Esparta, cuja mulher Helena foi raptada, dando início à Guerra de Troia descrita na *Ilíada*, de Homero. Panurge é a personagem de Rabelais que, no terceiro livro do *Pantagruel*, hesita em se casar por medo de ser traído. George Dandin é personagem da peça *George Dandin ou O marido confundido*, de Molière. Cocu Magnifique é a personagem que dá título à peça *O corno magnífico*, do dramaturgo belga Fernand Crommelynck.

car o que fizera para suster, sobre bases improvisadas por seu estreito puritanismo, a ruína de toda certeza. Niilismo porque lhe escapara, como agora escapa à Einstein, o sentido devorativo do cosmo que conduziria depois Schopenhauer à confusão do natural com o irracional. Não que o mundo não tenha sentido, mas o seu verídico sentido, o devorativo, só pode parecer irracional a quem um entranhado cristianismo moral faz exigir explicações policiais dos funcionamentos puramente biológicos.

É o cristianismo artificializado, sublimando para planos de além-vida a animalidade terrena que se dissimula nos julgamentos ocidentais, sejam eles de liberados como Kant, Schopenhauer ou Einstein. Educados no puritanismo ou no judaísmo, formados na noção de que o mundo tem uma finalidade moral, sem perceber que essa finalidade é uma pura decorrência das ambições supraterrenas dos sistemas religiosos de salvação, esses três enormes expoentes deram ao mundo o espetáculo de seu desastre honesto, não levando até o fim a consequência inevitável das mais livres pesquisas.

Para o primeiro, foi necessária a correção do categórico — e de que categórico? Do oposto ao que lhe indicavam os caminhos altamente científicos da absorvência subjetiva. A lei moral de Kant é o seu exército de salvação, chamado para socorrer o desastre de uma [alta] consciência científica estrangulada por uma enraizada consciência puritana. Schopenhauer, mais livre, ainda deu o grande aviso de que o mundo era irracional, tendo, pela primeira vez na história da filosofia do Ocidente, ousado compreender o conflito do racional habitual, do racional civilizado e cristão, com o impulso biológico que dirige a vida natural e cósmica. O seu erro grave foi não ter encontrado a *ultima ratio* do irracional e não ter apenas restabelecido os termos da inversão cristã, declarando simplesmente que irracionais eram os sistemas de artificialização do mundo criado por todas as filosofias europeias. A Einstein coube o terceiro desastre, não vendo na quarta dimensão o lado negativo e implacável das afirmações espaciais.

Mais grave ainda que o lado falho dessas três grandes aproximações da realidade antropofágica é a linha idêntica que seguiram os criadores da sociologia — de Aristóteles a Santo Agostinho e a São Tomás [*de Aquino*], a Auguste Comte, Durkheim, Pareto e Simmel.

Invariavelmente, o que impele esses examinadores do caso social é um preconceito onde se realiza a máxima inversão das realidades terrenas. É o mesmo postulado hipócrita e falso que os dirige quando unanimemente afirmam que a humanidade tende para o bem geral. Não. A humanidade tende para o bem individual e o drama humano está intimamente ligado e essa esplêndida fatalidade. A terra perderia para nós o seu sentido dramático se a cada um coubesse parte igual do geral nivelamento.

Um dos argumentos sempre invocados a favor da existência de Deus é o do consenso universal. Mas, mais ainda do que em torno da existência de um ser supremo, está aí a gritar, em todas as estéticas e na consciência de todas as idades, o consenso aclamatório do homem à aventura pessoal. O próprio rendimento planetário se une estreitamente às afirmações individualistas. São elas que criam os quadros do humano esplendor e do que a humanidade adora e deseja. Tomemos a documentação coligida em torno da história por um espírito burguês e pacifista como o de Wells e verificaremos que mais de 90% do que fez a trama cronológica do seu livro é composto de assassínios, depredações, guerras e inquietas aventuras. É, pois, o depoimento insuspeitável de um fabiano inofensivo que vem dizer ao homem que sua história no universo é constituída [pelo] que ele mesmo classifica de crimes e rapinas. Por que então dar a essa constância delitual o seu aspecto condenável e não reconhecer, depois de tanta experiência falhada, que o próprio rendimento terreno se proporciona com a expansão temerária do indivíduo em torno de atos biológicos como o assassínio, a conquista, o roubo, o amor e a guerra? Contra essa lei da constância antropofágica, não há repulsa sofística possível. Dissimulado nas roupas cristãs ou moralistas, o homem faz apenas o caminho que vai do homicida social ao homicida falhado.

Mas, toda vez que ele [andou] esplendidamente para o espetáculo do planeta, foi na expansão total da sua individualidade. [...] Perguntai a qualquer criança, a qualquer velho, quais os maiores expoentes da humanidade. Eles vos responderão: Alexandre, Aníbal, César, Napoleão, Lênin.

A essa expansão da personalidade se liga intimamente a doutrina da fortuna. Não se diga que somente povos bárbaros e incultos se deixaram levar a gestos definitivos por uma iniludível noção de fatalidade. Se, por um lado, vemos o rei de Pérgamo fazer o donativo de seus próprios territórios a Roma, por testamento, antes que ela os conquistasse, se vemos o Império asteca não resistir a Cortés, procurando apenas evitar que ele chegasse a suas fronteiras, pois sabia, por uma revelação astrológica que, quando viessem os povos brancos, estaria terminado o poderio índio, ninguém negará que a doutrina da fortuna fez a vida psíquica da política e da sociedade romana, tendo antes florescido extraordinariamente na Grécia, sobretudo após a convulsão macedônia. No ocidente cristianizado, ela aparece oficialmente como a doutrina da graça. Levada ao extremo pela secura de Calvino, é ela que cria e mantém a mentalidade verdadeiramente judaica do povo eleito que criou os Estados Unidos da América. A predestinação do Estado e a submersão do indivíduo nas suas formas invasoras, que produziu a última Alemanha, não estão muito longe dela. E o esplendor da astrologia, vinda do Oriente através da Síria, não fez somente a grandeza espetacular de Juliano, como fizera a glória visionária da Caldeia. Ela recrudesce ainda hoje sob as formas mais civilizadas.

Ora, a fortuna é individualista e [é] a sua noção que produz as inflamações coletivas em torno de uma figura e cria uma felicidade emocional que supre tudo. Napoleão Bonaparte sabia disso quando tomou das mãos do papa a coroa com que se fazia imperador. Quem não o seguiria na França pós-revolucionária? A sua personalidade enchia o momento, codificava as conquistas do Terror, criava quadros de vida e finalidades para todos os que fossem com ele. É a mesma aventura de Lênin. Pode-se até afirmar que o bolchevismo existiu como aventura pessoal de Lênin. Foi ele que criou a função de Trótski. Trótski criou a função do Exército Vermelho — afirmar e defender o comunismo ideológico. A morte de Lênin trouxe à Rússia atual o esgotamento das suas tendências bravias. Esgotou-se com ele o conteúdo psíquico da grande ofensiva bolchevista. Trótski exilou-se e fatalmente tende a burocratizar-se nos quadros criados, mas mortos, a fileira marcial e vingadora do Exército Vermelho. No exterior, Lênin produz a ofensiva ideológica e hoje assiste-se ao espetáculo do bolchevismo deslocado em luta da sua sede episódica, pois há muito mais interesse psíquico na conspiração contra as burguesias agonizantes, mas ainda cheias de repressão e vigilância, do que a paralisia lenta e evolutiva que tomará conta de Moscou se não vier salvá-la a tempo a doutrina dinâmica de Trótski, que justifica e prega a revolução permanente.

De todas as doutrinas estatais, não resta dúvida que cabe ainda ao homem natural a primazia das grandes descobertas efetivadas na experiência. Em Bengala e num reino perdido da ilha de Sumatra, em Passier, vamos encontrar a fórmula da fidelidade ao trono controlada pelo punhal.

A fidelidade ao trono é o que sempre a humanidade quis, pois o trono, o símbolo do comando, como em Napoleão e em Lênin, produz o rendimento planetário pela vivificação dos quadros sociais e pela finalidade antropofágica repentinamente adquirida para quantos envolva a aventura.

Mas até hoje não me consta que alguém derrubasse um tirano de seu trono para nele ver sentar-se o seu filho que é biologicamente sua continuação.

Nas latitudes voluptuárias do oceano Índico, o regicídio de modo algum trazia a condenação ao matador. Ele, pelo seu ato mesmo, se apossava do trono e a fidelidade geral lhe era automaticamente assegurada. Mas também a sua vida e ação tinham sobre elas o controle dos punhais pretendentes. Nessa emulação de bem ser, o tirano dos trópicos realiza a fórmula antropofágica da aventura pessoal com rendimento planetário.

HISTÓRIA DE DEUS

A primeira manifestação de Deus na Grécia, segundo a compilação católica sobre religiões que com o nome *Christus* tem ganho excelente autoridade, foi a pedrada. De fato, a queda inesperada de aerólitos sobre a terra pacífica é um fenômeno que cria imediatamente a ideia de hostilidade e gera o medo. Só um elemento contrário podia assim atirar imprevistamente pedras capazes de esmagar um boi das alturas supraterrenas onde naturalmente se acoita, longe de nossas vistas e de nossos golpes. A transferência dessa ideia de inegável superioridade passou imediatamente para o objeto atirado. Aquilo, emanação de uma força desconhecida, havia de trazer em si um pouco da mesma força. Foi assim que, antes do Monodeus espiritualizado no Egito como Aten, no Islã como Alá ou no catolicismo como o Padre Eterno, surgiram as duas ideias essenciais da Divindade — o elemento oposto e superior e o fetiche ou totem, portátil no caso da pedra que era guardada preciosamente em lascas benéficas, pois trazia em si a força caída do superior hierárquico ignorado.

Já dissemos que o índio, se bem que submetido à tortura dos quadros mentais do Ocidente, sempre fez valer a ideia firme de que Deus é o elemento contrário. Um livro atual sobre a religião dos tupinambás brasileiros (onde se incluem estudos sobre o geral dos aborígenes), o de Métraux, reunindo os depoimentos da conquista e da investigação científica posterior, afirma imediatamente essa noção. Monã foi o criador, mas também o destrutor, da primeira humanidade. Aí, a destruição aparece como fato, a criação sendo puramente filha de uma dedução retroativa. Maîra, que vive exigindo proezas, se comprazia no mal e era um deus evidente, independente da legião de espíritos maléficos sempre dispostos contra o homem. É Tamendonare, como Jeová na Bíblia, quem produz o dilúvio. Ñanderuvuçú ou Nhandejara pode destruir a terra à sua vontade. Sob a sua rede descansa a onça azul que exterminará a humanidade.

Liguemos imediatamente esta ideia de oposição dramática e biológica à ideia de oposição geográfica que fez a fortuna dos deuses conquistadores, de que são os melhores exemplos Cristo e Alá, e à ideia de oposição metafísica aninhada tanto no motor imóvel de Aristóteles como no *noumeno* cósmico que se pode tirar como última decorrência da pesquisa kantiana.

Deixemos falar o culto compilador jesuíta Pinard de la Boullaye sobre a origem quase sempre exterior dos deuses vingados, correspondente ao infortúnio dos deuses pessoais que culminou na anedota evangélica das querelas domésticas de Jesus:

> Mais tarde, quando se esqueceu na Grécia a proveniência fenícia ou arcádica de certas divindades — na Itália, o caráter etrusco —, na Índia, a origem não ária nem védica, mas dravidiana de tal outra, as imaginações mais audaciosas ousaram descrever o que todos ignoravam. Daí nasceram, nas diversas mitologias, as teogonias ou histórias das gerações divinas. (p. 5, 1º vol. E.C.R.)*

No panteão caldaico, vemos a imposição do Marduk babilônico. Zeus, na Grécia, domina do Olimpo os deuses locais Poseidon, Hermes, Hera etc. etc. Cada vez que uma capital do Egito decai, o seu deus próprio deixa de preponderar, seja ele Ptá, Rá, Amon ou o próprio Osíris, em favor do Deus do princípio vitorioso. E não é necessária a vitória das armas para que a importação se promova, como se deu com o culto frígio de Cibele em Roma.

As sábias populações japonesas vão logo ao encontro dessas naturais importações sincretistas, conservando em seus templos um altar para o deus estrangeiro. E escreveu-se na China que Confúcio previra a invasão do budismo, anunciando que o santo viria do oeste.

Mas a ideia universal do Contrário, universal na psicofatura de deuses, demônios ou espíritos, se liga à ideia de afirmação biológica que traz em si a

---

* *L'Étude comparée des religions.* Paris: Gabriel Beauchesne, 1922.

própria vida. Tudo o que é primariamente benéfico — como os fenômenos óticos — liga-se instintivamente a essa ideia de favor ambiente, ao exercício da vida. Daí o caráter ótico solar das religiões de toda a terra. Deus aparece sempre luminoso, seja Apolo, Cristo ou Alá. Os seus embaixadores são fulgurantes e as virtudes são brancas e cristalinas. O céu cristão, muçulmano, grego ou ameríndio é sempre o reino da luz. Essa decorrência ótica se detalha ainda no caráter oriental ou ocidental de certas divindades, indicando já na oposição da noite a residência dos espíritos de malefício ou dos deuses torturantes. Enquanto a lua cria aparições míticas que, antes da manhã anunciada pelo galo e pelo sino, se desfazem no turbilhão demonológico.

São, pois, as coordenadas óticas da afirmação espacial que vivemos que realizam espetacularmente todos os sintomas religiosos.

Na Índia, a rivalidade de Indra e Vritra reproduz a tragédia dos arcanjos desfigurados pela queda no inferno trevoso. A invocação de Savitar produz a seguinte oração para milhões de hindus: "Possamos obter o excelente esplendor do celeste Savitar para excitar nossos pensamentos". Mitra, associado a Varuna, tem caráter solar, como Vishnu. Assim é também na Pérsia. Entre os muçulmanos, a corte de Alá é feita de anjos luminosos, como entre os judeus. É sempre o lado afirmativo do espetáculo da terra, uma coincidência ótico-física. Os anjos, o dia, o sol, as virtudes, os deuses.

As terras onde o sol cai iniciaram a criação dos deuses sombrios. Enquanto o luminoso Apolo é originário da Lícia, no Oriente, Hades, vindo de Pilos, no Ocidente, é o deus dos infernos. Tebas e Heliópolis, situados a leste do Nilo, têm deuses solares. Os deuses de Siant/Siout e de Abidos serão também deuses dos mortos, porque estão no Ocidente.

Essa coincidência de fenômenos solares que condicionaram a terra, originando por sua vez a doutrina quase universal da morte e da ressurreição dos deuses como bodes expiatórios ou vítimas bacanais — Osiris, Dionísio, Cristo — assumiu uma alta preponderância na divisão demonológica do cristianismo. Aí, durante a Idade Média e a Renascença, se esgotou inteiramente o papel reservado à parte trevosa das divindades. Já nas Escrituras, o espírito do mal se localizava amplamente. "Fizemos uma aliança com a morte e um pacto com a morada dos mortos." Isaías, 28,15-18.

Donde se deduz que, da parte afirmativa do benefício espetacular em que vivemos em contraste com a negação inicial dos mortos, se originam o que

536

chamarei de religiões óticas. Daí se criar toda uma simbologia do instinto de conservação. O benefício normal da luz, o abrigo eventual nas primeiras aventuras exogâmicas, eis a origem de todo o totemismo. Da árvore que nos acolheu, do pássaro que cantou a nossa alegria, do peixe que alegrou nosso olhar, passar-se-á ao símbolo estático, antropomórfico, o deus e o santo, ou ao símbolo portátil-fetiche, medalha, bentinho, escapulário e afinal a toda mímica do sortilégio defensivo e ofensivo — figas, cornos etc. [*Acréscimo na entrelinha:* Magia ritual de amor].

De outro lado, Deus permanece o calamitoso coletivo que exige sacrifícios e cria bodes expiatórios que nos suores agônicos lhe pedem inutilmente para afastar o cálice amargo dos suicídios. É essa tremenda negação que transfere e delega as torturas criadas pelas religiões e pelas morais de salvação.

O equívoco permanece, torturante e inexplicável. Um deus de luz que promove os mais trevosos malefícios, até que o reino do homem natural divida o totemismo instintivo e benéfico, da luta e da negação com o contrário — luta e negação que no Ocidente medievo promoveu a épica atitude dos grandes rebeldes que queriam perder a própria alma a fim de eternamente poder negar a Negação.

O UNIVERSO INDIVIDUAL

A biologia contemporânea atingiu sem precisão uma das melhores afirmações da hipótese antropofágica. Um pequeno estudo de Jakob von Uexküll sobre o universo da ostra jacobea vem elucidar de um modo altamente impressionante o drama da vida.

A quietude, a harmonia da terra evoluindo ordeiramente ou os mundos gravitando sem [gastos] e sem lesão seriam o absurdo biológico mesmo. O que faz a boa tragédia da vida é justamente esse encaixamento de universos individuais que eternamente se entrechocam num presente antropofágico.

Como a ostra vive de coordenadas próprias, vivem também no seu universo pessoal a estrela do mar, o caranguejo, a tainha, a cobra. Numa luta seletiva que se renova a cada afirmação, os vitoriosos esperam a negação da própria vitória na ininterrupta cadeia biológica. Nessa eterna cosmoquímica em que só as consciências se substituem, mas cujos elementos são o mesmo fundo de permanência quantificados por este ou aquele grau de função devorativa, o presente e a eternidade se confundem num jogo sem fim.

Transposto para o mundo do homem, esse jogo é que faz as dissensões, as lutas, as guerras e as sanções. A antropofagia oferece ao mundo o sentido nunca examinado de que os próprios organismos coletivos são apenas a hierarquia de uma aventura pessoal. Daí o perigo excrecional [*sic*] dos estados sucessivos ou hereditários criados em torno de uma força mestra que desapareceu. O estado sucessivo, por simulacro de eleição ou hereditário, vem a constituir casos anômalos de loucura organizada, pois lhe falta o eixo que produziu a realidade de sua grandeza e o contato vivo com o exterior. Não será uma parafrenia imensa essa da manutenção em pé de quadros mortos ou burocratizados, cuja desvitalização natural se seguiu à quebra do eixo que fazia a grandeza interior do fenômeno e mantinha o seu contato vivo e ofensivo com o mundo exterior?

No meio físico que o homem criou, e que faz a vida dos aglomerados sob o aspecto econômico, social, político e religioso, toda onda coletiva se manifesta como a hierarquia de uma aventura pessoal. Essa aventura, conforme a sua força, cria funções e especializações em torno de si. A coletividade vive e se congrega em torno das vontades vitoriosas e dos sentidos de alta função devorativa. Extinta essa, o quadro típico dos estados fáusticos ou coloniais constitui uma simples loucura organizada, que tarde ou cedo pagará com a própria existência o choque com a realidade exterior.

Nas latitudes fáusticas ou nas latitudes mímicas, a força conservadora típica do bípede digno, que pretende emprestar ao mundo exterior as suas coordenadas verticais, em que abriu os olhos que com elas se satisfaz, fazendo da vida apenas uma viagem ao sistema em que nasceu — esses longos aglomerados são fantásticas anomalias humanas. É o caso de todas as Igrejas. Quistos imensos endurecidos numa organização parafrênica, eles constituem o despejo de todos os resíduos sexuais do homem afastado de seu sentido biológico pela sua paranoia vertical. A tortura das consciências pela manutenção da ideia de pecado, o desvio de todas as transações naturais, as decorrências de todos os preconceitos — eis o seu patrimônio flutuante, invasor, catastrófico. Examinai um momento a riqueza de torturas antinaturais com que as latitudes fáusticas requintaram, nas religiões, as simples fatalidades exogâmicas. Loucura, dir-vos-á o primeiro médico de aldeia, foi a conversão do mundo romano, que mantinha no controle do regicídio a vitalidade permanente do seu poderio, loucura foi a organização intelectual do tomismo, extensa, complexa e ridícula doutrina da dignidade bípede, loucuras foram as Cruzadas, foram as chacinas da Inquisição, loucura foi o império hereditário dos Habsburgo, que a realidade exterior espedaçou no contato da guerra mundial, como [a] loucura católica foi a continuação dos quadros heroicos de Napoleão I até a experiência realista de Sedan.

No mundo de hoje, o bolchevismo foi a aventura pessoal de Lênin, que talvez tivesse o seu sentido continuado na inquietude de Trótski.

A Rússia continua, no entanto, a manter os quadros comunistas despegados da sua alma vivificadora. Loucura organizada como todos os prolongamentos burocráticos dos grandes estados fáusticos [criados com o signo de um universo individual] — [de Ramsés e de] Alexandre a Aníbal, a Carlos Magno, a Gengis Khan, a Felipe II, a Disraeli e a Frederico, o Grande.

LATITUDES SANCHAS

O que constitui a característica dessa cintura de terras que se pode localizar do Trópico de Câncer aos 60 graus de latitude norte não é somente o grau de evolução a que atingiu, criando a história humana pela sua ininterrupta cadeia de empreendimentos. Dela partiram todas as grandes mudanças no aspecto psíquico [e político] do mundo, mas todas essas mudanças se operaram debaixo de uma permanência opressora também altamente característica. A cada empreendimento fáustico, pode-se dizer que sucede um resultado sancho. Há uma conformação ao chamado bom senso que inutiliza sempre o lado impulsivo e dramático das aventuras dessa dinâmica cinta terrestre.

Cada revolução se sistematiza na constância de uma visão policiada do mundo. Às Jacqueries sucede o direito divino dos reis, aos impulsos plebeus de Roma, sucede César, à Revolução Francesa, Napoleão, ao bolchevismo, Stálin e a NEP [Nova Política Econômica da URSS], a Mussolini anarquista, Mussolini fascista.

É uma projeção da ordem aparente da terra que a verticalidade humana sugere. Essas teorias do homem vertical, essa espécie de dignidade bípede que criou o puritanismo, as sociologias de salvação e as companhias de seguro — e, como válvula, a pornografia, o humor e a *escroquerie* —, aparecem historicamente, pela primeira vez, na Grécia — portanto, na faixa de empreendimentos fáusticos. Anaxágoras é o primeiro ocidental que enxerga na natureza o espelho de sua verticalidade. A visão ptolomaica do homem convencido de que se orienta na terra chata e imóvel passa ao mundo exterior como dogma inicial. É a afirmativa da existência de uma razão primária na natureza e de uma ordem aparente no universo. Essa razão e essa ordem obedecem, porém, às coordenadas do mundo ptolomaico. A natureza e o universo passam a ser imóveis e planos. Não é difícil ver-se a transposição dessa primária visão vertical para o mundo psíquico. O primeiro puritano aparece. É Sócrates que cria a moral bípede. Daí, um passo mais é o grande equívoco da sociologia [que] se vê anunciado por Aristóteles. A ideia do bem íntimo, que para ele é o benefício profissional de estudar pacatamente, junto à dignidade vertical, passa a ser o finalismo coletivo. Cria-se a ideia de um bem geral, para que a humanidade fatalmente tem que tender. A humanidade passa a tender ao bem geral. É, como vimos precedentemente, o absurdo biológico.

Desde aí, o amor, que é um ato quadrúmano, passa a ser mais ou menos desonesto e pecaminoso. A dignidade humana não se coaduna com essa contingência que desmorona o bípede da sua aparente verticalidade. E vemos a ascensão erótica do homem desviada na direção das estrelas, no sentido da sua verticalidade ptolomaica. São todos os espirituais. Do faquirismo aos cultores do jejum, na Índia; de São Tomás, cuja adolescência se negou ao beijo prostitucional que lhe preparara a família como purgativo dos recalques místicos, ao espasmo sociológico do burguês Auguste Comte. Amar, sim, mas como um bípede! Deus ou a vulva ideal de Clotilde de Vaux. Quando muito, nos desviados [funcionamentos] do amor, o bípede consente em se ajoelhar. Mas o amor animal, que reúne as quatro patas do homem às quatro patas enlaçantes da fêmea, sempre pareceu pouco digno ao bípede de coordenadas ptolomaicas, que tinha consciência da sua verticalidade e a projetava no universo exterior. Quanto mais o homem fáustico se intelectualizava, menos aparece a sua sexualidade normal. Aí estão dois especializados fáusticos, Havelock Ellis e Freud, para provar com o seu dilúvio documental a que exasperos conduz a permanência da verticalidade no terreno do amor.

A cada empreendimento fáustico sucede uma acomodação sancha. E, dentro dessa acomodação, se processa o conservantismo ocidental-oriental que faz, há mais de dez séculos de história, três mundos se defrontarem pesadamente sem nenhum progresso para a felicidade humana — o islã, o budismo e o cristianismo.

Se Fausto cria coordenadas, Sancho, que é o espírito da maioria, se acomoda aí e faz da vida uma viagem ao sistema que encontrou. É a força estática da Europa e da Ásia, criadora do burguês sistematizador e analista.

O próprio Fausto, indicado por Spengler como o empreendedor, é o homem que se debate no drama das coordenadas. Pode-se dizer, alargando o conceito, que o drama da Europa é o drama das coordenadas. Há no homem fáustico o instinto da credulidade sistematizada. Foi ele o inventor da pedagogia e da análise, das categorias e da matemática.

A PERMANÊNCIA DOS CONFLITOS DA ORDEM APARENTE

Se o impulso fáustico da cinta de Câncer fosse apenas uma resultante do seu condicionamento por dois fatores nada desprezíveis — que são o constituir ela a mais ligada, coesa e bem dividida das faixas do globo, e o estímulo trazido pela ausência dos reservatórios alimentares que enchem a zona dos trópicos —, esta, ao contrário, isolada entre oceanos, é o paraíso dos descansos digestivos e a sede das maternidades geográficas.

À incansável movimentação dos povos fáusticos sucede, como vimos, uma volta às permanências da ordem aparente, refletida na opressão das morais religiosas ou cívicas que infestam Oriente e Ocidente e incapacitam o homem na sua inteira expansão biológica.

A projeção ptolomaica da ordem aparente dominou todo o mundo fáustico, que quis sempre ver, através dos seus jejuadores ou dos seus filósofos, uma razão superior na natureza, exigindo sacrifícios, recalques e disciplinas do homem.

Com a fundação da mecânica clássica, o mundo fáustico foi tomado de uma imensa emoção e por um instante periclitou a visão aparente e vertical. Mas a concepção newtoniana de um universo ordenado ia trazer apenas um alargamento na visão disciplinada do mundo. Seguiu-se uma projeção da ordem gravitatória refletida nos impérios coloniais [*na entrelinha, quase ilegível: ou católicos*], nas constituições federativas, nas escriturações por partidas dobradas, na criação do capitalismo e na permanência afinal da ordem colocada apenas num mais vasto círculo irradiado em torno do princípio de autoridade. O homem de Câncer continuou o bípede digno. A ordem gravitatória não alterou para as massas a projeção da ordem visual ptolomaica. O pai de família continuou a exigir uma razão primária na natureza.

Parece-nos porém que, com a relatividade, tornou-se agudo o conflito da ordem verídica do universo, que é um parco encaixamento devorativo de universos individuais, com a permanência do pensamento sancho em torno de uma projeção da ordem aparente e da visão vertical.

Está criada uma projeção relativista da ordem antropofágica. E vemos com gáudio e assombro que, se a permanência burguesa da visão europeia ainda [transmite] ao ambiente o seu subjetivismo primário — através da ordem fascista, da ordem maurrasiana —,* os seus quadros de produção regular acham-se esgotados. A invasão da arte negra, do gosto negro, nas camadas medíocres das aglomerações ocidentais são a prova de que as diretrizes da ordem aparente se acham ameaçadas pela ordem profunda do homem natural.

O PIQUENIQUE DE ROUSSEAU

Uma das mais notáveis provas dessa permanência do estado burguês, do pequeno rendimento e da pequena dádiva que caracterizam a Europa nos seus gestos de absorção [*O.A. risca a palavra "absorção" e escreve, acima, outra ilegível*] das ideias revolucionárias é que eu chamo de piquenique de Rousseau.

O panfletário de Genebra proclama uma simples volta fotográfica à natureza. O homem natural aparece em Jean-Jacques com todas as características dum cristão excelente. Em vez de dizer que o homem natural rouba, mata e mente, e é isso que está certo, porque se ele assim faz é no pleno e largo exercício do próprio ato biológico, o grande revoltado fáustico diz que o homem natural é incapaz de roubar, de mentir e de matar. A sociedade é que faz dele um assassino, um matador e contador de lorotas. Dessa capital inversão — que traz o sinete do burguês puritano, definitivamente perdido na incompreensão e na discussão de sua vitalidade antropofágica ante os sistemas moralistas criados pela dignidade bípede — decorre tudo, inclusive que o infamíssimo Sócrates é um sábio e que o introvertido [*O.A. risca "introvertido" e escreve:* masoquista] Jesus é um deus.

A volta panorâmica, espetacular, à natureza produziu no próprio Rousseau um passo adiante — o lado processual das paixões obscuras do homem submetido que é o romantismo.

* Referência ao poeta francês Charles Maurras.

542

Dessa dupla direção viverá todo o século xix — paisagem e processo, impressionismo e codificação [emocional], até que a consciência inicial em que nos empenhamos encontra nos primeiros cubistas a coragem da volta dramática à natureza.

Anunciada também por Freud, com a revalorização parcial do instinto, com a intuição bergsoniana, cujo sentido se perdeu nas choradeiras espiritualistas do Collège de France, com a irrupção dos pragmatismos de James a Maurice Blondel, a volta dramática à natureza é um fato que Picasso revelou espetacularmente nas suas altas transposições da arte negra. Estamos longe do tempo em que Hegel afirmava, na sua *Filosofia da história*, que o homem era homem na medida em que se opunha à natureza. E talvez devamos esse benefício, que faz da África de Frobenius o oposto da África hegeliana, ao inocente piquenique [impressionista] de Rousseau.

O *Contrato social* renova, pela primeira vez sem uma das partes contratuais, a velha mania de contratar que, desde o aluguel de Deus para seu povo feito por Abraão, preside nas latitudes fáusticas a qualquer empreendimento. Inútil acentuar, como exemplo, que Fernando Cortés fez a magnífica carnificina do México acompanhado de um tabelião.

Émile é o desenvolvimento pedagógico de Robinson Crusoé. Não é sem razão que a grossa ironia de Karl Marx se diverte em chamar Robinsonadas a todas as experiências de isolamento artificial na economia como na literatura, produzidas numa superficial direção da natureza.

Rousseau sentia-se homem primitivo nas florestas ajardinadas e policiadas de Saint-Germain. Como mais tarde Jean Cocteau, querendo fixar essa revolta fotográfica do homem europeu contra as toalhas de mesa, diria do tipo, aliás curioso e forte, de Blaise Cendrars: — É o pirata do lago Léman.

A volta à natureza do século xviii teve talvez nos fisiocratas, sob a orientação de Quesnay, os seus melhores assentos. Ninguém ignora a influência que deles sofrem Mirabeau e a Revolução. Saindo do puro terreno econômico, esses primeiros denunciadores do mercantilismo e suas crises chegaram a pregar a insubordinação ao serviço militar obrigatório (?), baseando no voluntariado toda a ação humana. Foram também eles os que primeiro viram os perigos do urbanismo nascente, que produziu os atuais engasgos de Nova York e Londres, para cujo desafogo trabalha [inutilmente] a genialidade ainda burguesa de Le Corbusier.

Outro aspecto da volta à natureza, que durante todo o século xix [atracou] o mundo de dós de peito, foi a ópera. Ou através da volta à mitologia na música wagneriana ou dos parques de adultério do teatro francês e italiano, não se pode negar peso a esse delírio de reabilitar e honrar uma coisa primitiva e irracional como a voz humana.

O contraste com o canto negro, que começa a tomar conta do século xx através de mil modalidades, desenha bem o contraste da volta fotográfica [com a] volta dramática à natureza que hoje enfim começamos a realizar.

De Watteau a Rousseau, a um passo — a partida para uma Citera proletária.*

[*O texto contínuo de* A Antropofagia *como visão do mundo termina aqui. Ao longo do caderno, depois de várias páginas em branco, O.A. faz anotações fragmentárias e escreve, separadamente, dois textos com maior acabamento, que possivelmente pretendia incorporar à versão final do ensaio e que — por desdobrarem as reflexões anteriores — transcrevemos abaixo.*]

A ORGANIZAÇÃO DO TRABALHO-CASTIGO

A noção do trabalho como castigo partiu de Judeia e da Bíblia. Enquanto o homem natural trabalha na medida de sua alegria, o civilizado, que se engaiolou nas morais judio-socráticas, estende lentamente, através de dezenas de séculos, o horário das escravidões e a regulamentação dos compromissos. Sôfrego em produzir, cegado pela ambição de melhorar, ele concentrou ultimamente na máquina as suas esperanças de domínio do cosmos. O que era para ele o instrumento essencial de vida — a rede e a funda — complicou-se de repente na maquinaria criada pela apropriação científica da natureza. Dois homens viram o perigo da industrialização sem limite e a catástrofe em que ela submergiria as civilizações que a criaram — Karl Marx e Henry George. O simples título do livro de um — *Progresso e miséria*** — definia rigorosamente a equação que ia

* O.A. se refere a *Peregrinação à ilha de Citera* ou a *Embarque para Citera*, telas de Antoine Watteau que representam a ilha de Chipre onde, na Antiguidade, existiu um templo dedicado a Afrodite, deusa do amor.
** O livro de Henry George é mais frequentemente traduzido como *Progresso e pobreza*.

544

trazer as convulsões inevitáveis da atualidade. A máquina aperfeiçoada criava dois problemas encaixados no urbanismo. O urbanismo que o bom senso dos fisiocratas — representantes, na economia, da volta fotográfica à natureza, mas, em todo caso, da volta à natureza — havia querido evitar, propondo o país sem cidades. Esses problemas são: o Desocupado e a Superprodução.

O marxismo e o georgismo diagnosticaram poderosamente o problema, mas o não resolveram. Talvez, em ambos, a antropofagia possa descobrir os elementos para uma redução das civilizações ao homem natural. A ideia espoliadora do imposto único levado ao aluguel do planeta para os que o quisessem explorar, quem sabe se não se uniria à revolução ideal pela extensão mais e mais violenta que vai tomando a palavra "proletário". Reduzida a produção da espécie às proporções de uma utilidade justa, quem nos diz que o trabalho não seria necessário senão na medida da alegria de cada um e orientado pela vocação e pela escolha?

Longe de uma utopia, trata-se de um problema de matemática primária. Trinta homens, possuindo uma usina de alto rendimento, produzem o necessário para o consumo de noventa, trabalhando sete horas. Trabalhando quatro horas, produziriam a justa necessidade do consumo coletivo. Nas outras três horas, viveriam, pois o Desocupado existe em função das esfalfantes organizações da superprodução.

O homem que se condena ao trabalho esquece a sua função natural de viver. E não se diga que, abolida a monstruosidade da propriedade privada e estabelecida a posse em toda a terra, as coletividades que organizassem a sua existência na direção do consumo, e não na da produção, fossem algum dia afligidas dos males capitalistas ou dos males bolchevistas.

É ainda e sempre a ideia da produção que dirige as ideologias sanchas. Marx faz tudo depender dessa como que fatalidade bíblica, datada, para o seu judaísmo, da expulsão edênica — e, se o salva a dialética hegeliana, é no entanto sobre o obcecado delírio produtor que se funda sua revolução de classe, como são as atuais revoluções proletárias.

Esses homens não compreendem que não se nasce proletário nem produtor, mas simples consumidor e absorvente da ambiente natura. O que interessa o homem é o consumo. E a produção a ele submetida regulará a vida numa maravilhosa equação natural, atingida a altura que atingiu ou baixada pela vitalidade fraca de quem a isso for votado.

É a inversão dos termos biológicos, forçando o consumo pelo excesso de produção, que desviou, através do comércio, o homem do seu sentido específico, criando no grupo já artificializado a classe artificial e vaidosa.

A exploração do homem pelo homem não é natural e só aparece com a superprodução que, através da arte, da reclama a da moeda, força o consumo, cria o capitalismo e quer agora, sem deixar de lado essa pura fatalidade artificial, estender à comunidade o estado de ódio catacumbal que resultou das experiências feitas.

O homem, em vez de regular a produção pelo consumo, regula este por aquela. Nessa monstruosa inversão está a chave de todos os sistemas de desgraça coletiva.

O homem é o único animal que come quando não tem fome, já disse um psicólogo do capitalismo.

Qual o remédio para esse renitente enfastiado, que desvia a sua função devorativa natural para comprazimentos sadistomasoquistas e para a manutenção trágica de superestruturas falsas?

Que fará ele quando, estalada a legislação proprietária e puritana em que se oprime, conseguir, pelo reajustamento da produção ao consumo e pela volta ao sentido da espécie, o dia não proletário[?]

Fará simplesmente a guerra [*na entrelinha:* nas suas formas viris de ocupação e de saque, do amor e da luta científica contra o cosmos], pois que a sua felicidade é guerreira.

[...]

UMA CULTURA ANTROPOFÁGICA

Emmanuel Berl, num quadro que ressalta forte, verídico e enorme, pinta o equívoco humano da cultura ocidental na *Morte da moral burguesa*. São páginas extraordinárias. Resumo e desenvolvo Berl:

Todas as revoluções francesas não convenceram os revolucionários triunfantes de que a razão estava com eles. Os burgueses do século xix procuraram, através dos mercados nobiliárquicos, inclusive o papal, se parecer com os nobres derrocados. Foi o seu ponto de honra. Na escalada das reinvindicações proletárias que inicia o século xx, a mesma pretensão se anuncia. Em vez do burguês, vencido pela inútil ignomínia de sua função, se proletariar, visto que a máquina propõe definitivamente um novo ciclo de pensamento, uma nova moral, um ateísmo alegre, [*na entrelinha:* e um rendimento] esportivo, favorável à vida — não!, é o proletário que procura trair a sua verdade e a sua trincheira, atirando-se avidamente ao emburguesamento. Como a indústria não tem ainda nem passado suficiente, nem tradição literária, o proletário nato, que para ser culto precisa de um passado, vai adaptar o do burguês sob qualquer forma equívoca, seja nacionalista, seja humanista, despregando-se assim lentamente de sua condição inicial. Berl diz muito bem que, através de museus, de livros e de conhecimento, toda "culturação" não é senão fazer aprovar pelo povo a sua própria escravatura. E acrescenta: "Entre a cultura, herança, sinal de uma herança, e o proletariado, massa dos não herdeiros, não há reconciliação possível".

A cultura, no sentido burguês hoje vencido, é de fato, como quer o admirável panfletário, não o conhecimento precioso de uma maquinaria ou de um sistema, é o conhecimento de certas preciosidades históricas como, por exemplo, a frase de Cambronne — desde que seja como frase de Cambronne em Waterloo!* Quem conheça estes e outros recursos da literatura alusiva é culto. Assim o quer a burguesia de toda a Terra. Mas já a Rússia não o quer assim. E o proletário, vitorioso, não humilhado, encontra ali, numa larga tradição de conquistas populares, o seu apoio, que não é mais fundado na história universal de sentido cristão, ministrada mundialmente à boa-fé das crianças, uma história universal com moralidade lafontenesca.** Uma história anti-spengleriana, começando na gênese, terminando numa solene distribuição pessoal de prêmios, castigos cartuxos, cartões de honra ao mérito, coques e expulsões *in eterno*, e que salva somente a estatística de guerras, crimes e roubos de que ela somente se compõe.

---

* O.A. se refere à frase atribuída ao general bonapartista Pierre Cambronne, que, instado pelos britânicos a se render em Waterloo, teria dito: "A Guarda morre mas não se rende!", e, diante da insistência dos vencedores, emendado: "Merda!". Negada pelo próprio general, a frase gerou inúmeras discussões sobre sua autenticidade e seu sentido, recebeu alusões em obras de escritores como Victor Hugo e Proust e gerou a expressão *mot de Cambronne* (palavra de Cambrone) como sinônimo de "merda".

** Relativo à moral forçosa das fábulas de La Fontaine. Em seguida: Oswald Spengler, filósofo e historiador alemão, autor de *O declínio do Ocidente*.

A Antropofagia, que traz para o mundo uma visão puramente devorativa da morte como da vida, resolve de modo diferente o problema da cultura. Em Berl, denuncia perfeitamente o ponto fraco da sabedoria burguesa e anuncia a necessidade do advento antropofágico: *Vous croyez savants ceux qui ont de la culture: ils ignorent le principal, l'homme nu...**

É exato, a ignorância do homem nu é a fonte de todas as misérias das civilizações burguesas. A Antropofagia repõe o problema nas suas bases, procurando, além de Freud, além de Lênin, a expansão do ciclo individual biológico e suas leis, tendências, tropeços. Não se trata, de modo nenhum, do desprezo técnico. Inútil repetir o que já disse Shaw: "Está mais próximo do homem natural quem come caviar com gosto do que quem se abstém de álcool por princípio". E o que nós procuramos somente é criar as civilizações do homem natural. O que come caviar com gosto, o que resolve com sua inteligência fantástica a crise da física moderna e cria a mecânica ondulatória e ilumina Sydney de um golfo da Itália. Esse é que é o homem natural na posse integral da sua natureza e da natureza do cosmos, longe das artificializações grotescas que constituem os costumes de uma sociedade em decomposição como a de Lourenço Marques,** na África, ou a de São Paulo, na América do Sul.

A cultura antropofágica é, pois, a apropriação de todo o patrimônio técnico organizado pelo trabalho do homem sobre a natureza — Cultura Técnica. E Cultura Moral, que vem a ser o encaixamento dele no quadro biológico que lhe indica e sempre lhe indicou a vida com plena expansão devorativa, seja sexual, seja de outro imperativo qualquer.

A tradição do homem natural é a mais bela do mundo, pois ela não trai referências de grupo ou artificialidades de classe. É a história do indivíduo como indivíduo, e não a do proletário ou a do burguês. É a história da espécie, e não a do sacerdócio tibetano ou copta, ou da fidalguia branca de todas as castas hereditárias. São os contos de criança, as histórias dos guerreiros, dos descobridores, dos navegantes e dos fortes, dos aventureiros e dos ladrões, a narração dos grandes apetites, sexuais, digestivos, [*na entrelinha:* sanguinários], das grandes catástrofes que o cosmos devorativo realiza em ritmo eterno.

---

* Em francês: "Vocês creem cultos aqueles que têm cultura: eles ignoram o principal, o homem nu…".

** Nome de Maputo, capital de Moçambique, antes da independência do país.

Todos os dias nascem milhões de crianças na idade de pedra, eu já o disse na *Revista de Antropofagia*.* É preciso que a cultura antropofágica seja apenas a apropriação do cosmos pelo homem, sem perda da pureza devorativa, que manterá essas crianças da idade da pedra crescidas e tornadas plenamente sexuais e heroicas até a morte, sem transição para adolescências freudianas ou sublimações onanistas de qualquer catolicismo.

O problema é simples — estender a noção de criança ao homem em todas as idades, mesmo tecnizado, mesmo dono de um assombroso patrimônio cultural. De avião ou transmitindo heliogramas a Marte. Que são esses imensos feitos, senão travessuras da eterna criança cósmica? Mas, sobretudo, a ausência nas cidades de [símbolos] necrófilos — o fraque, a seriedade professoral, a grande dama de coque mecenas, que confunde Spengler com o marido de dona [Albertina] [*riscado*: que tem o mesmo nome] e que acha que a "linha" é que é tudo na vida, linha grotesca e senil, de uma retenção sexual que deborda em escandalosas proteções e escandalosos ódios — a grande senhora de Lourenço Marques, o professor que acredita piamente na existência "atual" da nossa Faculdade de Direito, o politicoide abortado em homem de disciplina — A ordem!, meus senhores! Eu sou pela ordem! E pela família!

Como se toda família não fosse puramente o agrupamento [signacial] de defesa. Como se toda a ordem não fosse a luta contra outra ordem, e não o esmagamento insensato das forças vivas de um aglomerado.

A extensão, pois, da infância sadia do homem natural a todas as idades, a todos os agrupamentos. Como hoje a unificação social se produz pela extensão da palavra "proletário" ao burguês amorfizado, será pela unificação dos grupos humanos no sentido biológico da infância que se anunciarão o homem natural e sua alegre cultura.

---

* O.A. se refere ao texto "De antropofagia", publicado sob o pseudônimo Freuderico no primeiro número da "segunda dentição" da *Revista de Antropofagia*, onde escreve: "Nós acreditaríamos num progresso humano se a criança nascesse alfabetizada. Mas enquanto ela aparecer no mundo, como nesses últimos quarenta séculos de crônica conhecida, nasce naturalmente na idade da pedra".

mulato que dizia a um barbeiro:

— Desde que deixei o orfanato, fiquei corintiano!

Assim, o Corintians aqui, como o Flamengo aí ou qualquer outro clube de futebol, passou a ser uma espécie de informatório que garante, sem dúvida, um mínimo de ética.

Como um dentalista não pode mais fazer chichi pra cima um ~~não pode~~ português de desportos, mas pode fazer o que aconteceu com o toureador argentino Tango em com a celebre atriz Casilda Becker que ambos foram presos na mesma madrugada, por prática pública de ~~máus co~~

Nenhum dos 2 pensou que hoje o ~~advoga~~

(23 - 1º - 1952)

"Semana"

*

+ Prefácios e conferências

o empresários: — Graça Aranha, Paulo Prado Menotti del Picchia, à "Marquesa da Segurança" — um amôr pode pouco, mas outro amôr também póde. "No brasão de minha família paulista, poderia inscrever a saudade do bordel." Graça Aranha ignora Picasso. O sr. René Thiollier, de fraque e "chapéu haut-de-forme", no meio da escalada. Um estilo acadêmico de Ronald. E não ficou nenhuma fotografia ..."

Mario de Andrade "A justificação de um poema que ficou inédito. — ao contrário do que quer a crítica, sempre que julga

Semana de 22, trinta anos*

23 DE JANEIRO DE 1952 — "SEMANA"

Os empresários: Graça Aranha, Paulo Prado, Menotti Del Picchia, a "Marquesa da Semana" — um amor pode muito, mas outro amor também pode. "No brasão de muita família paulista, poder-se-ia inscrever a saudade do bordel".** Graça Aranha ignora Picasso. O sr. René Thiollier, de fraque e *chapeau haut-de-forme*,*** no meio da sarabanda. Um estudo acadêmico de Ronald. E não ficou nenhuma fotografia...

[*À margem, na vertical, O.A. anota*: Manuel Bandeira — *Profiteurs* e adesistas]

---

* Selecionamos abaixo alguns trechos dos cadernos de O.A., referentes a 1952, em que o escritor fala primordialmente da Semana de 22. Como o próprio autor dirá, o tom informal dos comentários sobre as personagens que participaram do evento seminal do modernismo é característico do *Diário confessional*, que por sua vez serviria de base para a elaboração dos volumes seguintes das memórias iniciadas com *Um homem sem profissão: Sob as ordens de mamãe*, cuja continuação O.A. não chegou a redigir, deixando apenas fragmentos em seus cadernos.
** Mais à frente, O.A. cita de novo a frase e lembra que ela está no segundo volume de *Marco zero*, onde aparece com ligeira variação: "No frontispício de certas linhagens paulistas podia-se inscrever a saudade do bordel". *Marco zero II — Chão* (São Paulo: Globo, 2008), p. 65.
*** Em francês: "cartola".

Mário de Andrade ou a justificação de um poema que ficou inédito — ao contrário do que quer a crítica, sempre me julguei muito mais importante do que Mário.

A endogamia estética de Mário — invertido, mas fecundo.

Monteiro Lobato, um asno atrelado à carroça da reação.

O plagiário Plínio Salgado.

———

O Nordeste, não um jardim de delícias, mas um luís jardim* de tolices.

———

Como se pode ter talento sendo burro. O caso Graciliano Ramos.

———

Marques Rebelo, uma charada: cavalo ou velho prodígio?

[*No alto da página:* Agripino Grieco]

Depois do alarve Brecheret, o alarve Portinari.

Guignard salva a equipe.

———

A traição vocacional de Menotti Del Picchia.

———

Muitos judas para nenhuma ceia.

Afinal, quem sofre é a consciência literária nacional.

———

1930. O *chapeau bas*** diante dos retirantes da literatura. No meio da confusão, pagando dinheiro que roubava, aparece uma declamadora, Augusto Frederico Schmidt. — Continuidade da Semana.

Na poesia, Cassiano Ricardo e José Tavares de Miranda (últimas fases).

* Trocadilho com o nome do escritor Luís Inácio de Miranda Jardim.
** Em francês: "tirar o chapéu".

Na pintura: Di ainda, Di sempre.
Oscar Niemeyer na arquitetura.

Na prosa: Clarice Lispector, Guimarães Rosa — o caso Rachel de Queiroz, ainda uma vítima da seca.
Desapareceram os críticos.

———

Cavalos por cavalos, Prudente de Morais Neto prefere os do Jóquei Club.

———

Bopp e o mulato aristocrata Paulo Prado.

A canalha mineiro-nordestina badala Mário pensando que isso me desprestigia.

Aníbal Machado — Álvaro Moreyra.
Tristão de Athayde toma o bonde errado.

Quem é pior? Dinah Silveira de Queiroz ou Peregrino Júnior?

O Brasil não tem maturidade para receber a minha mensagem — mas a Antropofagia tomará conta do mundo.
Como poderei discutir com um homem inteligente — tipo Marques Rebelo — um Sartre, um Camus, um Henry Miller, um Malaparte, quando ele está longe de saber quem são estes senhores e o que eles significam?

Os Penteado, os Prado e outras "grandes famílias" gostavam das "bandeirantes do amor". As sinhazinhas não sabiam nem se lavar. Tinham aprendido a tomar banho de camisola por espírito cristão.
Era pecado até ver o corpo, quanto mais mostrá-lo. Uma velha tia minha gabava-se publicamente de nunca ter visto o marido nu. Procriara com ele dezessete filhos.
Luz del Fuego reivindica para a nacionalidade o direito de despir-se como entre as boas tribos de antanho.

Evita assim o drama de Alfonsina Storni.*

Matriarcado e Patriarcado.

"A posse contra a propriedade." A mãe, virgem Maria, no Patriarcado.

Menotti Del Picchia pode ser mau poeta, mas acabou grande pintor, na opinião de P.M. [*Pietro Maria*] Bardi. Evidentemente, errou a vocação.

———

O coito nefando — Sérgio Milliet [...]
O Rio Grande — *Os ratos***
Mário da Silva Brito, crítico da Semana (Prefácio)
Álvaro Lins — crítico branco ou professor mulato?

Os "maristas".

———

A grande natureza poética do Brasil de hoje é Murilo Mendes. O que o perdeu foi o seu coroinha Jorge de Lima, que, em vez de acreditar no bom *deus* órfico das pretas da Bahia, quer que os outros acreditem que ele acredita no *deus* dos brancos e dos senhores de senzala (vide o seu grande e pequeno poema "O peixe") para ficar assim rotulado de ariano.

O que é extraordinário no sr. Jorge de Lima é a prosa. Sem dúvida, ele ficará sendo mestre da prosa viva, uma continuidade das pesquisas da Semana.

Cassiano Ricardo, que tem uma natureza muito mais defensível e dissimulada do que a resultante da espontaneidade de Murilo, levando às últimas consequências o estouro verbal do anjo acorrentado entre papéis do governo e jetons acadêmicos que residia inexplorado dentro dele, tornou-se o maior poeta do Brasil moderno.

———

* A poeta argentina Alfonsina Storni cometeu suicídio em 1938, aos 46 anos.
** *Os ratos* é um romance do gaúcho Dyonelio Machado publicado em 1935.

SÃO PEDRO, 26 DE FEVEREIRO DE 1952

Mário de Andrade, que há sete anos faleceu com cheiro de santidade literária, reclamava-se de uma certa pajelança que todo mundo risonhamente tolerava. Mas nenhum homem da Semana, fosse Manuel Bandeira, Guilherme de Almeida ou Menotti Del Picchia, aceitou a vaga liderança que se insinuava em torno da sua figura animadora e comovente. Só alguns grandes e pequenos imbecis, tipo Carlos Lacerda, Moacir Werneck de Castro ou Luís Jardim, curvavam a espinha até o solo diante das afro-órficas virtudes do mágico poeta. Mas a opinião dessa subliteratura nunca contou nem contará. Houve de fato uma liderança momentânea e fulgurante, que foi dada por boa política literária a Graça Aranha. Para nós, novatos de trinta anos, que até essa idade tivéramos todos os caminhos fechados pela barreira provinciana e rancorosa dos Amadeu Amaral et caterva, era feito memorável realizar um comício estrondoso com o endosso do mais ilustre dos acadêmicos vivos, aquele que tinha escrito as besteiras sociológicas de *Canaã*, mas que de fato era a personalidade mais inteligente e acolhedora dentre os homens de letras do país. Graça tinha uma cultura atrapalhada, inferior à de Paulo Prado, e vivera em Paris uma vida dissipada entre relações de embaixada, colóquios com Camille Mauclair (que ele acreditava ser um autêntico valor) e o adultério público com uma velhota Prado que fazia ralar de inveja os Coelhos Neto e demais frustrados detentores das cadeiras do Silogeu.

Enquanto a Paris modernista nascia sob o signo de Apollinaire e de Picasso, Graça Aranha escrevia os seus últimos livros de estética com uma absoluta ignorância do que se passava sob seus olhos. Nunca conheceu Proust, falecido justamente em 22, e creio que mesmo o caixeiro-viajante do modernismo que foi Paul Morand escapou completamente à sua perspicácia.

Graça topou uma aventura conosco porque a Academia já dera cacho e ele morria por uma [reclamezinha].* Quando me foi apresentado, no Rio, me perguntou se eu era jornalista e, na afirmativa, me disse: Por que você não escreve um artigo a meu respeito?

Mas é forçoso admitir que, sem a presença física de Graça Aranha, não teríamos realizado a Semana: ele foi o galvanizador do movimento. Desde

---

* Possível galicismo. Em francês, *réclame* é palavra de gênero feminino; o mesmo que "reclamo" em português, publicidade.

1920, e mesmo antes, eu vinha reclamando e anunciando a revolução literária e artística, conforme a farta documentação reunida por Mário da Silva Brito, para seu livro sobre o modernismo, e a de um articulista notável, o sr. ... Fragoso, que publicou um longo estudo sobre a Semana no *Jornal do Commercio* de... de fevereiro deste ano. Mas meus esforços seriam talvez nulos sem dois fatos capitais — a presença física de Graça e a presença intelectual de Mário de Andrade. Eu travei relações com Mário, numa sessão do Conservatório onde ele fizera um ótimo discurso. E, quando ele me mostrou os seus versos da *Pauliceia desvairada*, senti que eles confirmavam todas as minhas profecias polêmicas. Antes disso, já aparecera por São Paulo Di Cavalcanti falando de Villa-Lobos. E eu e Menotti descobríramos, num sótão do Palácio das Indústrias, Victor Brecheret, que, por mais que seja um idiota e um indigno, mostrou ainda agora, na Bienal, a sua força criadora e plástica.

Em 1917, em torno da exposição de Anita Malfatti, encontramo-nos todos ou quase todos. E o artigalhão boçal de Monteiro Lobato nos encheu de pasmo e de indignação. Lobato trouxera para São Paulo uma prosa nova, com assuntos nacionais, como com assuntos nacionais Menotti Del Picchia fizera descer a poética tola das Erínias e dos Miguelangelo para o amor de um herói rústico. O fabuloso sucesso editorial de ambos mostrava que o Brasil queria outra coisa que os sonetos do parnaso acadêmico e os enfadonhos períodos "artísticos" da prosa coelhonetal.

Antes de Anita, Lasar Segall passara por São Paulo, chegando a expor em 1913. Mas sua arte nova passou completamente despercebida dos futuros modernistas e teve até elogios da imprensa [...].

Em 22, processavam-se as comemorações do primeiro centenário da nossa independência. Era o momento de reagir contra a estética oficial encabeçada pelo famigerado dr. [*Affonso d'Escragnolle*] Taunay, autêntico sucessor do calhorda Ramos de Azevedo.

———

O que perde o sr. Manuel Bandeira é o seu entranhado oportunismo. Veio de mansinho para a nossa revolução de 22, sem grandes credenciais. Mas, naquele momento — que era o da tomada do poder —, precisávamos fazer número. Aceitamos o sr. Guilherme de Almeida, o sr. Ronald de Carvalho e o sr. Ribeiro Couto. Por que recusar alguém que ia um pouco além dos versos medidos e remedidos desses três cavalheiros?

Manuel continuou sempre assim, beneficiando-se tanto do modernismo a que aderira como da Academia que badalou. É um triste politiqueiro. Como crítico, é deplorável. Sua poesia, é verdade, tem um pequeno filão de ouro perdido num chumaço de poesia barata e conhecida.

——

O importante de Graça Aranha foi a valentia. Talvez devesse isso ao seu cultivado cabotinismo. Chegava a jactar-se em público e nos seus romances dos amores que tinha com a velhota Prado. Coitado, não deixou nada a não ser a sua ação contra a Academia e a nosso favor. Logo depois de 22, eu tive que jogar essa penosa carga do modernismo ao mar. E nisso fui seguido por Mário de Andrade.

——

Os marxistas, desde o exaltado e medíocre plumitivo comuna [*Nelson*] Werneck Sodré até o cafajeste católico Carlos Lacerda, vão ficar fulas com uma verdade que vou dizer — que a minha obra é [*O.A. escreve, depois risca:* muito mais] importante, minha pesquisa mais profunda e minha atuação intelectual de outras consequências que a de seu ídolo sentimental Mário de Andrade, a quem aliás respeito muito como poeta e contista, nunca como crítico.

A sua moral privada nunca me incomodou, pois não sou nenhum puritano. Quanto à sua moral pública, dava a impressão de perfeita, se bem que para comigo não tivesse passado de um reles traidor.

[*ao pé desse parágrafo, anota:* Klaxon]

——

A Semana tem o seu museu secreto. Uma tarde, no seu boudoir entre vagidos de harpa e de coração, a sra. d. Olívia Guedes Penteado confidenciou o seu mórbido entusiasmo pelo mulato impressionante, que de fato era, Paulo Prado. Fiquei gelado. Todo aquele heroísmo em salvar e acolher os moços da Semana não passaria de um rabicho da velha gorda que não compreendia como "gente de boa família" pudesse gostar de francesas?

Por seu lado, Paulo Prado, a quem nunca contei o ocorrido, dizia da sua abominação pelas senhorinhas que nem sequer sabiam se lavar porque aprendiam no colégio de freiras a tomar banho de camisola. Se era pecado ver o próprio corpo, quanto mais mostrá-lo a alguém!

De fato, uma tia minha orgulha-se de não ter nunca visto o marido nu, tendo procriado com ele, e só com ele, dezessete rebentos de ambos os sexos. O que faz com que muito razoavelmente eu pusesse em *Marco zero* aquela frase: "No brasão de muita família paulista poder-se-ia inscrever a saudade do bordel". Aliás, muito conformadamente, d. Stella Penteado, elucidando a um turista que estranhava a atual ausência de "francesas" em São Paulo, me contou que respondera: — Estão todas em minha família.

———

Conheci Graça Aranha abanando um chapéu de veludo verde e gritando, da plataforma de um "noturno de luxo" que seguia para o Rio, ao tubarão Roberto Moreira e ao escanzelado acadêmico Amadeu Amaral: — Tudo é emoção! Tudo é emoção! Foi essa a marca do seu destino literário — gritar sempre: — Tudo é emoção! Tudo é emoção!

A Semana de 22 foi uma emoção na vida aventureira, mas garantida, do diplomata, autor de *Canaã*. Ignorando até Picasso, ele se jogou de cabeça no nosso movimento e brigou para sempre com a Academia Brasileira, a mesma que hoje tem o caradurismo de festejá-lo ao nosso lado numa missa de trigésimo ano. O que Graça Aranha queria é que escrevessem artigos a seu respeito.

Paulo Prado sabia imensamente mais do que ele e assim foi fácil arrastá-lo. Deve-se, pois, a Paulo Prado ter sido, com sua autoridade física, econômica e cultural, a pedra angular da Semana. Sem ele, que [empresou] Graça Aranha, néris de Semana! Nem eu, nem o Mário, nem o Di, nem o Menotti teríamos tido força sequer para falar num coreto do Bexiga, quanto mais no Teatro Municipal.

A coisa tornou-se tão séria, e tão consagrada pela polêmica dos jornais e pela vaia que sofremos, que do dia para a noite ficamos promissoras celebridades. Um pândego insinuou para o René Thiollier que a vaia tinha sido preparada por mim, de farra. E o autor da *A louca do Juqueri* foi levar o caso ao Ronald, que me interpelou furioso: — É verdade que foi brincadeira sua? Ri muito, mas tanto não era verdade que estão aí, sadios e pimpões, os srs. Carlos Pinto Alves e Getúlio de Paula Santos, que chefiaram a assuada, do alto do galinheiro do teatro.

Houve aí um episódio interessante. O jornalista Armando Pamplona subiu às torrinhas e gritou: — Quem é que está vaiando aí? Levantou-se um hércules diante dele e berrou: — Eu! Eu! Era o conhecido lutador Cícero Marques, que faleceu há pouco tempo. Evidentemente, o Pamplona voltou para os bastidores e a vaia continuou triunfante.

———

Numa das noitadas de concerto, Villa-Lobos, que estava com um calo arruinado, apareceu de casaca e um pé de chinelo, o que fez crescer ruidosamente a manifestação hostil: — Futurismo! Futurismo!

Não se pode negar a importância profética da Semana. Ela reuniu num mesmo momento as maiores figuras da poesia, do romance, da pintura, da escultura e da música de que o Brasil iria se orgulhar. Brecheret, por exemplo, que além de ser um torpe usurário e um alarve, não se pode negar que seja uma força na sua arte. Isso agora foi confirmado na Bienal, legítima consagração da Semana.

———

Da literatura do Rio Grande, considero Dyonelio Machado o ponto alto. *Os ratos* são a obra-prima da literatura extremo-sulista. Numa referência de valores não se pode esquecer a figura notável de Pedro Wayne, bem como a experiência de Ivan Pedro de Martins.

———

As mulheres no Brasil batem o recorde da chatice literária. A horrorosa sra. Leandro Dupré, a horrorosa sra. Lygia Fagundes Telles, a horrorosa sra. Dinah Silveira de Queiroz, a mais ou menos pavorosa Lúcia Miguel Pereira, a crédula passadista Maria de Lourdes Teixeira. Só se salvam, dessa coleção de beócias e ingênuas, minha grande amiga Helena Silveira, que fez uma alta experiência com a sua peça *No fundo do poço*, e Rachel de Queiroz, que conseguiu o estrelato, mais do que no romance, na série admirável de suas crônicas e artigos.

———

É nesse tom de conversa que pretendo redigir definitivamente meu *Diário confessional*, que relata ano a ano uma virada imensa da história dos homens.

Somente por isso já teria importância. Não é à toa que os irmãos Condé, essas abelhas ativas, com o representante do *Jornal de Letras* em São Paulo, o marimbondo Alcântara Silveira, querem comprá-lo antes de escrito.

Como você sabe, eu sosseguei depois de meu último casamento. M. A. A. [*Maria Antonieta d'Alkmin*] satisfaz todos os meus complexos de meninão mal-educado. Deu-me dois filhos que considero os mais lindos da terra. São Antonieta Marília e Paulo Marcos. Os dois outros já são colocados. Oswald [*Nonê*] na pintura e Rudá no cinema, que estuda e pratica em Roma.

Os negócios vão indo. Forçado a viver o jogo bruto do capitalismo, aguento mal a parada, mas de vez em quando dou duro.

———

O aparecimento de Mário de Andrade teve para mim uma importância íntima de primeira ordem. O seu talento, seu exotismo pessoal, sua valentia literária, fizeram dele a única pessoa em nosso meio que vinha justificar e encorajar minha ânsia de caminhos novos. Até aí, só tinha encontrado, em São Paulo e no Rio, sonetistas sentimentais e sisudos idiotas que floriam nas estufas acadêmicas. O *Diário secreto* de Humberto de Campos, agora publicado n'*O Cruzeiro*, revela o rasteiro e mofado subsolo em que vegetavam as nossas letras. Hoje, há o sr. Peregrino Júnior. Naquele tempo, havia setenta e eram eles que mandavam. Desde o [beócio] Coelho Neto até o emproado Bilac, Amadeu Amaral e Alberto de Oliveira (esses dois mais humanos e simpáticos), tudo não passava duma triste fauna de pequenos letrados provincianos ou gagás. Os moços da época — Humberto de Campos, Olegário Mariano, Cleómenes Campos, Martins Fontes, Goulart de Andrade — eram piores do que os velhos. O Brasil, o grande Brasil de Machado, Euclides e Aluísio, morrera no fiapo de gênio de João do Rio. Ora, abriu-se uma janela inesperadamente e soprou o minuano ou mistral, um vento rijo e saudável que vinha espancar as nuvens torvas de nossa atmosfera literária.

O meu encontro com Mário teve valor do encontro do imperador Carlos Magno com o papa Urbano VII (Cf.).* Este assentava o cristianismo na história

---

* A indicação "Cf." (conferir) sugere que O.A. tinha dúvida sobre a informação; provavelmente, queria se referir à coroação de Carlos Magno pelo papa Leão III (e não Urbano VII), no ano 800.

do Ocidente e aquele abria os horizontes fechados da poesia, da prosa e das artes no Brasil. Eu, que ignorava os futuristas italianos de quem Mário hauria o heroísmo renovador, vi na miraculosa aparição dos originais de *Pauliceia desvairada* a certeza de que podíamos falar para o nosso tempo.

Mário, erudito, professor, moço sério, até irmão do Carmo, confirmava o destino de todas as minhas debandadas e fugas do rincão provinciano onde nascera e me formara. Muito cedo eu lera aquele aforismo de Nietzsche: "Deveis ser como expulsos de todos os países e pátrias de vossos antepassados".

No começo, foi tamanha a confusão em ser ou não ser moderno, que logo se esgueirou para o âmago da luta que iniciávamos uma figura bifronte que até hoje não se definiu. Era o sr. Menotti Del Picchia, autor do romance moderno *Laís* e da versalhada juliodantesca das *Máscaras*. Ao mesmo tempo, polemista invencível da Semana. A confusão foi tamanha que, na minha garçonnière de viúvo na praça da República, apareceu no meio da tertúlia modernista até quem? O sr. Gustavo Barroso, que, depois de ter vestido a camisa verde [*do Integralismo*], ficou se chamando Gustavo Garapa.*

———

Hoje, quando a gente mais civilizada do Brasil, Ciccillo e Yolanda Matarazzo, em São Paulo, Niomar e Paulo Bittencourt, no Rio, dirigem a avançada triunfal do modernismo, quando a visão do sr. Getúlio Vargas oficializa a Semana, obrigando conhecidos paquidermes a pronunciar publicamente confusas besteiras adesistas, bem como a Academia Brasileira a dobrar o joelho reumático diante de nós, quando é levado ao governo de Minas Juscelino Kubitschek, o homem que muitos anos atrás chamou Oscar Niemeyer e Guignard para darem continuidade estética à grande Minas dos Inconfidentes e do Aleijadinho, difícil é ser passadista. O perigo agora é o de conter a onda, pois é possível até que os extintos rapazes do extinto *Orfeu*, com os srs. Loanda, Lêdo Ivo e Cabral de Melo Neto à frente, passem a procurar se informar do que houve no Brasil, de 22 para cá. E queiram também se modernizar.

* O epíteto dado a Gustavo Barroso aparece numa fala da personagem D'Artagnan, da peça *O homem e o cavalo*, em que O.A. se refere ao integralista de forma cifrada: "Dou o meu sangue por uma sociedade de Buckingans e cornudos! Sou hoje um fenômeno de massa! Hitler! Mussolini! Gustavo Garapa!". *Panorama do fascismo/ O homem e o cavalo/ A morta* (São Paulo: Globo, 2005), p. 133.

No começo, não tínhamos ama de leite nova. Nos fartamos nos seios murchos do PRP. Foi o órgão do situacionismo político da época, o *Correio Paulistano*, quem nos deu guarida e apoio. Evidentemente, os perrepistas, dos quais o mais inteligente era o ignaro sr. Júlio Prestes de Albuquerque, desconheciam aquela afirmativa de Platão de que, em se mudando os princípios da música, se tocaria nos princípios do Estado. Agimos como semáforos. Pressentimos e preparamos a revolução brasileira, [coincidida] no seu primeiro episódio heróico de Copacabana com o nosso grito de 22. Já em 28, dava-se o estouro e a compromissão política em que se forjaria o Brasil novo. Foi aí o divisor das águas brotadas em 22. A Antropofagia, pela sua revista, congregou os que iriam comigo, mais tarde, para o marxismo e para a cadeia. Com exceção de Bopp, que viajava, ali estavam, em São Paulo, ao meu lado, Geraldo Ferraz, Oswaldo Costa, Tarsila, Jaime Adour da Câmara e Pagu. *A Revista de Antropofagia* (1928) publicava as primeiras páginas de prosa de Aníbal Machado e os primeiros versos de Murilo Mendes e Carlos Drummond de Andrade. O sr. Plínio Salgado, que estava programado para a Semana de 22 (vide o excelente ensaio de Mário da Silva Brito sobre modernismo) e não apareceu graças a mais um defluxo de sua coragem pessoal, começou bem, plagiando, com o seu livro de estreia, *O estrangeiro*, o processo de escrita nova que eu inaugurara com as *Memórias sentimentais de João Miramar*, que ultrapassa longe a tímida experiência dos *Urupês* de Lobato. Esse plagiário típico havia de se intrometer numa cópia de maior envergadura — o fascismo.

Em 30, bandearam para o anunciado socialismo do sr. Vargas duas forças do modernismo — Cassiano Ricardo e Menotti Del Picchia. Em 32, a turma que restava se encantou nas proezas liberal-democráticas da revolução melancólica dos latifundiários de São Paulo. Foram Mário de Andrade, Guilherme de Almeida, Couto de Barros e Sérgio Milliet e o menino rico António de Alcântara Machado. Outro milionário, extremamente pulha, andou rondando na circunvizinhanças do movimento e acabou querendo doar agora à municipalidade de São Paulo um edifício para biblioteca, com a condição de ter a sua estátua na entrada. É o sr. Yan de Almeida Prado, que ensaiou também um romance modernista.

Paulista "de quatrocentos anos", de armas ou sem armas na mão, foi ainda o sr. Rubens Borba de Moraes, que também deu um livro, intitulado *O domingo dos séculos.* Para ele, modernismo era piquenique ou farra, e o nosso século (o século de Górki e Kafka, Camus e Malaparte) seria uma espécie de domingo da história.

———

Hoje, creio que o que diferenciava o nosso grupo do grupo de Graça Aranha, que afinal só constava dele e de seu discípulo amado Ronald — pois o terceiro, que seria o sr. Renato Almeida, nem sequer tentou a literatura, dedicando-se ao folclore —, o que realmente nos separava era a seriedade de nossa paixão pelas letras em face da displicência cabotina de Graça e Ronald [*de Carvalho*] pelo fenômeno literatura. Se nós não poderíamos fazer a Semana sem a aparição de Graça Aranha, este, sem nós, nem sequer se lembraria de que o mundo mudava e, com ele, o fenômeno literário e artístico. Vejo na espetacular saída de Graça da Academia, carregado em charola por Mário de Andrade e Tristão de Athayde, uma coisa tão gozada como o gritinho imbecil de Coelho Neto: — Nós somos os últimos helenos! Por isso mesmo, fui o primeiro a romper com o *manager* e padrinho da Semana. Graça Aranha queria transformar num mandarinato a liderança ocasional que lhe havíamos outorgado. Em alguns artigos, publicados pelo *Correio da Manhã*, denunciei o seu "modernismo atrasado" e sem sentido. Isso ocasionou um escândalo no grupo. Mário me reprovou severamente, mas pouco depois, numa entrevista célebre, tratava muito mais impiedosa e grosseiramente o autor de *A viagem maravilhosa*. O Brasil não estava preparado para movimentos filosóficos como achava Graça. Só tinha tido até aí o copista de vulgarizador Farias Brito. E Graça pretendia nos encaixar e rotular dentro do que ele alacremente chamava de "sua filosofia". Estávamos longe da erudição do professor Euríalo (que em Copacabana chamam de Chiquita Bacanabrava)* e da sinistra mentalidade do nosso caro Vicente Ferreira da Silva. Estes, errados que sejam, representam uma maturidade inexistente em 22.

Ronald, depois dos *Epigrama* [*irônicos e*] *sentimentais*, que havia de dar senão uma poesia de varanda, opípara e vazia como tudo que produziu?

———

* O filósofo Euríalo Cannabrava, que O.A. menciona algumas vezes em sua coluna "Telefonema", no *Correio da Manhã*.

Numa frase que corre mundo, o presidente Getúlio Vargas ligou a Semana de Arte Moderna à renovação política de 30. Se bem que isso só pudesse ser percebido à distância, é um fato incontestável. Eu mesmo já juntei, no ano de 1922, dois fenômenos de explosão nacional — a Semana, em fevereiro, e a insurreição do Forte de Copacabana, em julho. E esta prenunciava a revolução de São Paulo em 24 e o vitorioso movimento de 30. E nada mais significativo do que ter sido o assassino dos 18 do Forte esse inveterado e consciente reacionário que se chamou Pandiá Calógeras, ministro da Guerra do presidente Epitácio. O Brasil tem sempre a carregar em torno de seu destino uma "mentalidade Calógeras", antidivorcista e jesuítica, de que hoje é o mais ilustre detentor o meu amigo Afonso Arinos, autor aliás dum bom livro que deveu ao Movimento Antropofágico de 28 — *O índio brasileiro e a Revolução Francesa*.

———

Considero um precursor da Semana João do Rio, que se chamava Paulo Barreto. Era o verdadeiro moderno perdido na chusma dos velhotes que faziam literatura e jornalismo. Deixou um livro curioso, *As religiões no Rio*. Se não tivesse morrido, talvez a Semana tomasse outros rumos, pois não precisaríamos utilizar Graça Aranha. A compreensão de Paulo Barreto era muito maior que a dele para tudo que representasse as transformações iniciais do século. O seu imenso prestígio teria, sem dúvida, dado mão forte aos inovadores da arte e da literatura no Brasil.

———

Com a data de 30 inicia-se, subitamente, um retrocesso dialético na avançada que desfecháramos em 22. O primeiro fenômeno de crise que se constata é o aparecimento do romance sociológico nordestino. Diante da tragédia trazida a furo pelos búfalos famélicos do Nordeste, particularmente os srs. Lins do Rego, Graciliano Ramos, Jorge Amado e Amando Fontes, que carregavam nos cornos a questão social, tivemos que parar. A posição do modernismo, nesse momento, era a seguinte. O divisor de águas de 28* provocara uma manifestação de conteúdo que separava os modernistas em quatro grupos, obrigando-os a exibir, afinal, uma identificação política.

---

* Em 1928 foi publicado o "Manifesto Antropófago".

Em 22, houvera uma unidade proclamada pela liderança de São Paulo. Tratava-se da reivindicação de nossa mentalidade industrial em face do estiolamento canhestro das formas literárias que vinham do Império. Exceção feita de Machado de Assis e Euclides. Mas, com as transformações do mundo na década de 20, urgente fora que cada um vestisse a sua camisa ideológica. E assim se fez. A verde foi posta pelo imundo plagiário Plínio Salgado. A de "treze listras" (camisa de malandro) foi envergada por Mário de Andrade, Guilherme de Almeida, Sérgio Milliet e Couto de Barros, que dirigiam o *Diário Nacional*. Esses caminharam para a revolução melancólico-latifundiária de 32. Os srs. Cassiano Ricardo e Menotti Del Picchia ostentaram a camisa furta-cor do sr. Getúlio Vargas e nós, da Antropofagia (Geraldo Ferraz, Tarsila, Pagu, Jaime Adour [*da Câmara*] e Osvaldo Costa), vestindo a "vermelha", caminhamos demoradamente para o marxismo e para o cárcere. Ora, o único grupo que teria a bravura de tourear as reses desembestadas do novo romance brasileiro seríamos nós, os antropófagos. Mas, marxistas então, tínhamos consciência comprometida com a questão social que os justificava. Houve, portanto, uma pausa voluntária no nosso avanço. Não íamos trazer tricas de estética para desvalorizar a ótima contribuição lírico-social de um Jorge Amado, por exemplo. Quanto ao medalhão José Américo de Almeida, que escrevera muito antes a pavorosa *Bagaceira*, nunca contou, porque sempre foi uma boa besta escrevendo em português certo.

Pareceria mesmo que o analfabetismo letrado ia apagar as consequências intelectuais da Semana. Apenas se deve a Jorge de Lima ter paciente e valorosamente continuado a pesquisa da prosa moderna até entregá-la nas mãos fidalgas de Clarice Lispector.

Outro fenômeno que utilizou a crise para se manifestar foi o aparecimento do tatu-canastra Augusto Frederico Schmidt no terreno sem polícia da poesia. Esse rapace capitalista, cevado na glória de ter ganho fortunas de sociedade com um ministro, entendeu um dia que era poeta. De fato, o que ele era era declamador. Muito inteligente, de boa companhia e melhores relações, viajadíssimo e suficientemente cultivado, ele entendeu de pôr todo o seu peso, em ouro nunca, mas em prestígio a favor de uma poética antimodernista e ultrapassada, mas que facilmente encontrou o favor do sorriso irônico-oportunista de Manuel Bandeira e a adesão de outros chicharros. É verdade que a poesia continuou a enriquecer-se com a experiência admiravelmente pura de Carlos Drummond, de Murilo Mendes e de Vinicius de Moraes.

Mas o paquiderme que ora ostentava a camisa fascista, ora se refocilava nos favores do governo, chegou a criar uma cadeia de fominhas de redação, a quem oferecia semanalmente um almoço no restaurante Brasil-Portugal, a fim de ser sempre lembrado na testada dos suplementos inermes dos jornais.

Isso lhe deu notoriedade, almoços e públicas homenagens (que ele regiamente financiava), mas não lhe deu a poesia, pois que essa só se entrega a quem realmente possui a paixão do verso. Admiro muito o gordo Schmidt como aventureiro e conversa mole. E até como prosador. Mas a minha consciência literária, chamada a depor, obriga-me a dizer toda a verdade, doa a quem doer.

Schmidt só tem afundado, pois, além do mais, é possuído pela paixão do dinheiro e sua avarice não lhe permite continuar as prodigalidades com que se fez "poeta" a troco de favores miúdos e modestos rega-bofes. Agora, anda cuidando de agricultura.

O pior é que, depois do gordo, surgiu o magro. E este não é poeta, é crítico. Como aquele tem o caráter debonário do pícnico, este tem o temperamento agreste do esquizotímico. Enquanto aquele é sintônico e digestivo, este é ascético, jejuador e longilíneo. Depois do Sancho, vilão e pançudo, aparece o Quixote agressivo e seco. Depois do sr. Augusto Frederico Schmidt, as águas da literatura nos mandaram o sr. Álvaro Lins.

———

Acredito piamente que a regressão da nossa poesia "moderníssima" se deve, principalmente no Rio, ao jogo pouco claro do sr. Álvaro Lins. Ele não tem a coragem de nos atacar de frente. Mas é o inventor do sr. Lêdo Ivo, esse que quando declarou numa conferência aqui em São Paulo que eu era o calcanhar de aquiles do modernismo, recebeu de um aparteante o epíteto de "chulé de Apolo".

O sr. Lêdo Ivo, com seu exemplar comportamento pessoal, é a reação em pessoa. Muito mais ensaboado que outra besta atualíssima, o sr. [*Fernando Ferreira de*] Loanda. Ambos formam a parelha com que o crítico e professor Álvaro Lins, carregando um volume de Proust debaixo do braço, dirige a sua carrocinha de triunfo diante de embasbacados lentes e alunos do colégio Pedro II e desprevenidos leitores do *Correio da Manhã*.

Proust significa ser branco. E aí está o complexo fundamental do sr. Álvaro Lins, que, tendo um nome de evidente origem flamenga, não precisava do atestado asmático de Proust para se fazer passar por ariano.

2 DE MARÇO DE 1952 [*Ao lado da data, no alto da página:* Schmidt, o porcino alado]

A maturidade da Semana já produziu três figuras de excepcional segurança e relevo: uma desconhecida, a do jovem crítico paulista Mário da Silva Brito, cujas qualidades de observador e de estilista vão muito além das virtudes capengas e suspeitas do sr. Álvaro Lins. As duas outras são as do romancista Gustavo Corção e do poeta Cassiano Ricardo. São três derivados da Semana e neles se estabelece o triunfo de nossas inquietações e pesquisas de 22. Mesmo que o sr. Gustavo Corção repila o que eu digo, por desconhecer o Brasil de antes de 22, isso não invalida a afirmativa de que ele é uma resultante de 22. Sem a nossa luta pela prosa nova, o nosso conhecimento e a nossa propaganda do romance novo, ele, que não é um instintivo como foi Machado de Assis, com certeza não teria alcançado a forma com que se apresentou. Os nossos toscos ensaios de romancear, pertencentes à época heroica, tanto os de Mário como os meus, exigiam do Brasil um romancista que não apresentasse somente a boa prosa de Graciliano Ramos ou a boa psicologia de Marques Rebelo.

Além das pesquisas de Jorge de Lima, Clarice Lispector e Guimarães Rosa, o Brasil deu nesse intervalo quatro obras-primas que são: *Marafa*, de Marques Rebelo, *Jubiabá*, de Jorge Amado, *São Bernardo*, de Graciliano Ramos, e *Os ratos*, de Dyonelio Machado. Mas creio que nenhum desses romances atingiu a importância lapidar das *Lições de abismo*, do sr. Gustavo Corção.

O sr. Tristão de Athayde não teve a coragem de continuar a jornada que tão entusiasticamente começara conosco. Apareceu-lhe vestido de pai de Hamlet o torvo fantasma policiesco de Jackson de Figueiredo e fê-lo jurar que levaria a cabo o morticínio das nossas conquistas. Aconteceu que ele enterrou a sua carreira de crítico e de escritor e é hoje um pobre-diabo que nos manda da América irrisórias considerações sobre o "caos moderno".

Ele começou sua traição ao modernismo quando quis liderar a campanha de silêncio e de ódio contra mim por ordem do cretino de ouro António de Alcântara Machado, conforme ficou publicamente constatado por uma indiscrição do suplemento d'*A Manhã* de alguns anos atrás.

Cronologia

1890 Nasce José Oswald de Souza Andrade, no dia 11 de janeiro, na cidade de São Paulo, filho de José Oswald Nogueira de Andrade e de Inês Henriqueta de Souza Andrade. Na linhagem materna, descende de uma das famílias fundadoras do Pará, estabelecida no porto de Óbidos. É sobrinho do jurista e escritor Herculano Marques Inglês de Souza. Pelo lado paterno, ligava-se a uma família de fazendeiros mineiros de Baependi. Passou a primeira infância em uma casa confortável na rua Barão de Itapetininga.

1900 Tendo iniciado seus estudos com professores particulares, ingressa no ensino público na Escola Modelo Caetano de Campos.

1902 Cursa o Ginásio Nossa Senhora do Carmo.

1905 Frequenta o Colégio de São Bento, tradicional instituição de ensino religioso, onde se torna amigo de Guilherme de Almeida. Conhece o poeta Ricardo Gonçalves.

1908 Conclui o ciclo escolar no Colégio de São Bento.

1909 Ingressa na Faculdade de Direito do Largo de São Francisco. Inicia profissionalmente no jornalismo, escrevendo para o *Diário Popular*. Estreia com o pseudônimo Joswald, nos dias 13 e 14 de abril, quando saem os dois artigos intitulados

"Penando — De São Paulo a Curitiba" em que trata da viagem de seis dias do presidente Afonso Pena ao estado do Paraná. Conhece Washington Luís, membro da comitiva oficial e futuro presidente, de quem se tornaria amigo íntimo. Trabalha também como redator da coluna "Teatros e Salões" no mesmo jornal. Monta um ateliê de pintura com Osvaldo Pinheiro.

1911 Faz viagens frequentes ao Rio de Janeiro, onde participa da vida boêmia dos escritores. Conhece o poeta Emílio de Meneses. Deixa o *Diário Popular*. Em 12 de agosto, lança, com Voltolino, Dolor Brito Franco e Antônio Define, o semanário *O Pirralho*, no qual usa o pseudônimo Annibale Scipione para assinar a seção "As Cartas d'Abaixo Pigues". No final do ano, interrompe os estudos na Faculdade de Direito e arrenda a revista a Paulo Setúbal e Babi de Andrade no intuito de realizar sua primeira viagem à Europa.

1912 Embarca no porto de Santos, no dia 11 de fevereiro, rumo ao continente europeu. A bordo do navio *Martha Washington*, fica entusiasmado com Carmen Lydia, nome artístico da menina Landa Kosbach, de treze anos, que viaja para uma temporada de estudos de balé no teatro Scala de Milão. Visita a Itália, a Alemanha, a Bélgica, a Inglaterra, a Espanha e a França. Trabalha como correspondente do matutino *Correio da Manhã*. Em Paris, conhece sua primeira esposa, Henriette Denise Boufflers (Kamiá), com quem retorna ao Brasil em 13 de setembro a bordo do navio *Oceania*. Não revê a mãe, falecida no dia 6 de setembro. Tem sua primeira experiência poética ao escrever "O último passeio de um tuberculoso, pela cidade, de bonde" e rasgá-lo em seguida.

1913 Frequenta as reuniões artísticas da Villa Kyrial, palacete do senador Freitas Vale. Conhece o pintor Lasar Segall, que, recém-chegado ao país, expõe pela primeira vez em Campinas e São Paulo. Escreve o drama *A recusa*.

1914 Em 14 de janeiro, nasce José Oswald Antônio de Andrade (Nonê), seu filho com a francesa Kamiá. Acompanha as aulas do programa de bacharelado em ciências e letras do Mosteiro de São Bento.

1915 Publica, em 2 de janeiro, na seção "Lanterna Mágica" de *O Pirralho*, o artigo "Em prol de uma pintura nacional". Junto com os colegas da redação, cultiva uma vida social intensa, tendo ainda como amigos Guilherme de Almeida, Amadeu Amaral, Júlio de Mesquita Filho, Vicente Rao e Pedro Rodrigues de Almeida. Vai com frequência ao Rio de Janeiro, onde participa da vida boêmia ao lado dos escritores Emílio de Meneses, Olegário Mariano, João do Rio e Elói Pontes. Mantém uma relação íntima com a jovem Carmen Lydia, cuja carreira estimula, financiando seus estudos de aperfeiçoamento e introduzindo-a nos meios artísticos. Com apoio de *O Pirralho*, realiza um festival no salão do Conservatório Dramático e Musical, em homenagem a Emílio de Meneses, em 4 de setembro.

1916 Inspirado no envolvimento amoroso com Carmen Lydia, escreve, em parceria com Guilherme de Almeida, a peça *Mon Coeur balance*, cujo primeiro ato é divulgado em *A Cigarra*, de 19 de janeiro. Também em francês, assina, com Guilherme de Almeida, a peça *Leur Âme*, reproduzida em parte na revista *A Vida Moderna*, em maio e dezembro. Ambas foram reunidas no volume *Théâtre Brésilien*, lançado pela Typographie Ashbahr, com projeto gráfico do artista Wasth Rodrigues. Em dezembro, a atriz francesa Suzanne Desprès e seu cônjuge Lugné-Poe fazem a leitura dramática de um ato de *Leur Âme* no Theatro Municipal de São Paulo. Oswald volta a frequentar a Faculdade de Direito e trabalha como redator do diário *O Jornal*. Faz viagens constantes ao Rio de Janeiro, onde Carmen Lydia vive sob a tutela da avó. Lá conhece a dançarina Isadora Duncan, em turnê pela América do Sul, e a acompanha nos passeios turísticos durante a temporada paulistana. Ela assina como Oswald de Andrade os trechos do futuro romance *Memórias sentimentais de João Miramar*, publicados em 17 e 31 de agosto em *A Cigarra*. Publica trechos também em *O Pirralho* e *A Vida Moderna*. Assume a função de redator da edição paulistana do *Jornal do Commercio*. Escreve o drama *O filho do sonho*.

1917 Conhece o escritor Mário de Andrade e o pintor Di Cavalcanti. Forma com eles e com Guilherme de Almeida e Ribeiro Couto o primeiro grupo modernista. Aluga uma garçonnière na rua Líbero Badaró, nº 67.

1918 Publica no *Jornal do Commercio*, em 11 de janeiro, o artigo "A exposição Anita Malfatti", no qual defende as tendências da arte expressionista, em resposta à crítica "Paranoia ou mistificação", de Monteiro Lobato, publicada em 20 de dezembro de 1917 em *O Estado de S. Paulo*. Em fevereiro, *O Pirralho* deixa de circular. Cria, a partir de 30 de maio, o "Diário da Garçonnière", também intitulado *O perfeito cozinheiro das almas deste mundo*. Os amigos mais assíduos, Guilherme de Almeida, Léo Vaz, Monteiro Lobato, Pedro Rodrigues de Almeida, Ignácio da Costa Ferreira e Edmundo Amaral, participam do diário coletivo que registra ainda a presença marcante da normalista Maria de Lourdes Castro Dolzani, conhecida como Deisi, Daisy e Miss Cyclone. As anotações, datadas até 12 de setembro, revelam seu romance com Daisy, que por motivos de saúde foi obrigada a voltar para a casa da família, em Cravinhos.

1919 Perde o pai em fevereiro. Ajuda Daisy a se estabelecer em São Paulo. Publica, na edição de maio da revista dos estudantes da Faculdade de Direito, *O Onze de Agosto*, "Três capítulos" (Barcelona — 14 de julho em Paris — Os cinco dominós) do romance em confecção *Memórias sentimentais de João Miramar*. No dia 15 de agosto, casa-se in extremis com Daisy, hospitalizada devido a um aborto malsucedido, tendo como padrinhos Guilherme de Almeida, Vicente Rao e a mãe dela. No dia 24 de agosto, Daisy morre, aos dezenove anos, e é sepultada no jazigo da família Andrade no cemitério da Consolação. Conclui o bacharelado em direito sendo escolhido o orador do Centro Acadêmico XI de Agosto.

1920 Trabalha como editor da revista *Papel e Tinta*, lançada em maio e publicada até fevereiro de 1921. Assina Marques D'Olz e escreve, com Menotti Del Picchia, o editorial da revista, que conta com a colaboração de Mário de Andrade, Monteiro Lobato e Guilherme de Almeida, entre outros. Conhece o escultor Victor Brecheret, na ocasião trabalhando na maquete do *Monumento às Bandeiras*, em comemoração ao Centenário da Independência, a se realizar em 1922. Encomenda-lhe um busto de Daisy, a falecida Miss Cyclone.

1921 No dia 27 de maio, apresenta no *Correio Paulistano* a poesia de Mário de Andrade com o artigo "O meu poeta futurista". Cria polêmica com o próprio amigo, que lhe responde no dia 6 de junho com uma indagação, "Futurista?", a qual tem por tréplica o artigo "Literatura contemporânea", de 12 de junho. No mesmo diário, publica trechos inéditos de *A trilogia do exílio II e III*, acompanhados de uma coluna elogiosa de Menotti Del Picchia. Em busca de adesões ao modernismo, viaja com outros escritores ao Rio de Janeiro, onde se encontra com Ribeiro Couto, Ronald de Carvalho, Manuel Bandeira e Sérgio Buarque de Holanda.

1922 Participa ativamente da Semana de Arte Moderna, realizada de 13 a 17 de fevereiro no Theatro Municipal de São Paulo, quando lê fragmentos inéditos de *Os condenados* e *A estrela de absinto* (volumes I e II de *A trilogia do exílio*). Integra o grupo da revista modernista *Klaxon*, lançada em maio. Divulga, no quinto número da revista, uma passagem inédita de *A estrela de absinto*. Publica *Os condenados*, com capa de Anita Malfatti, pela casa editorial de Monteiro Lobato. Forma, com Mário de Andrade, Anita Malfatti, Tarsila do Amaral e Menotti Del Picchia, o chamado "grupo dos cinco". Viaja para a Europa no mês de dezembro pelo navio da Compagnie de Navigation Sud-Atlantique.

1923 Ganha na Justiça a custódia do filho Nonê, que viaja com ele à Europa e ingressa no Lycée Jaccard, em Lausanne, na Suíça. Durante os meses de janeiro e fevereiro, passeia com Tarsila pela Espanha e Portugal. A partir de março, instala-se em Paris, de onde envia artigos sobre os ambientes intelectuais da época para o *Correio Paulistano*. Trava contatos com a vanguarda francesa, conhecendo, em maio, o poeta Blaise Cendrars. Profere uma conferência na Sorbonne intitulada "L'Effort intellectuel du Brésil contemporain", traduzida e divulgada pela *Revista do Brasil*, em dezembro.

1924 Recebe, no início de fevereiro, o amigo Blaise Cendrars, que conheceu em Paris. Escreve um texto elogioso sobre ele no *Correio Paulistano*. Leva-o para assistir ao Carnaval do Rio de Janeiro. Em 18 de março, publica, na seção "Letras & Artes" do *Correio da Manhã*, o "Manifesto da Poesia Pau Brasil", reproduzido pela *Revista do Brasil* n° 100, em abril. Na companhia de Blaise Cendrars, Mário de Andrade, Tarsila do Amaral, Paulo Prado, Goffredo da Silva Telles e René Thiollier, forma a chamada caravana modernista, que excursiona pelas cidades históricas de Minas Gerais, durante a Semana Santa, realizando a "descoberta do Brasil". Dedica a Paulo Prado e a Tarsila seu livro *Memórias sentimentais de João Miramar*, lançado pela Editora Independência, com capa de Tarsila. Faz uma leitura de trechos inéditos do romance *Serafim Ponte Grande* na residência de Paulo Prado. Participa do v Ciclo de Conferências da Villa Kyrial, expondo suas impressões sobre as realizações intelectuais francesas. Publica poemas de *Pau Brasil* na *Revista do Brasil* de outubro. Viaja novamente à Europa a bordo do *Massília*, estando em novembro na Espanha. Instala-se em Paris com Tarsila.

1925 Visita o filho Nonê, que estuda na Suíça. Retorna ao Brasil em maio. Sai o livro de poemas *Pau Brasil*, editado com apoio de Blaise Cendrars pela editora francesa Au Sans Pareil, com ilustrações de Tarsila do Amaral e um prefácio de Paulo Prado. Publica em *O Jornal* o rodapé "A poesia Pau Brasil", no qual responde ao ataque feito pelo crítico Tristão de Athayde no mesmo matutino, nos dias 28 de junho e 5 de julho, sob o título "Literatura suicida". No dia 15 de outubro, divulga em carta aberta sua candidatura à Academia Brasileira de Letras para a vaga de Alberto Faria, mas não chega a regularizar a inscrição. Oficializa o noivado com Tarsila do Amaral em novembro. O casal parte rumo à Europa, em dezembro. Na passagem do ano, visitam Blaise Cendrars em sua casa de campo, em Tremblay-sur-Mauldre.

1926 Segue com Nonê, Tarsila do Amaral e sua filha Dulce para uma excursão ao Oriente Médio, a bordo do navio *Lotus*. Publica, na revista modernista *Terra Roxa e Outras Terras*, de 3 de fevereiro, o prefácio "Lettre-Océan" ao livro *Pathé-baby*, de António de Alcântara Machado. Em maio, vai a Roma para uma audiência com o papa, na tentativa de obter a anulação do primeiro casamento de Tarsila. Em Paris, auxilia a pintora nos preparativos de sua exposição. Dá início à coluna "Feira das Quintas", no *Jornal do Commercio*, que até 5 de maio do ano seguinte será assinada por João Miramar. Casa-se com Tarsila do Amaral em 30 de outubro, tendo como padrinhos o amigo e já presidente da República Washington Luís e d. Olívia Guedes Penteado. Encontra-se, em outubro, com os fundadores da revista *Verde*, em Cataguases, Minas Gerais. Divulga, na *Revista do Brasil* (2ª fase), de 30 de novembro, o primeiro prefácio ao futuro livro *Serafim Ponte Grande*, intitulado "Objeto e fim da presente obra".

1927 Publica *A estrela de absinto*, segundo volume de *A trilogia do exílio*, com capa de Victor Brecheret, pela Editorial Hélios. A partir de 31 de março, escreve, no *Jornal do Commercio*, crônicas de ataque a Plínio Salgado e Menotti Del Picchia, estabelecendo as divergências com o grupo Verde-Amarelo que levaram à cisão entre os modernistas de 1922. Custeia a publicação do livro de poemas *Primeiro caderno do aluno de poesia Oswald de Andrade*, com capa de Tarsila do Amaral e ilustrações próprias. Volta a Paris, onde permanece de junho a agosto para a segunda exposição individual de Tarsila. Recebe menção honrosa pelo romance *A estrela de absinto* no concurso promovido pela Academia Brasileira de Letras.

1928 Como presente de aniversário, recebe de Tarsila um quadro ao qual resolvem chamar *Abaporu* (em língua tupi, "aquele que come"). Redige e faz uma leitura do "Manifesto Antropófago" na casa de Mário de Andrade. Funda, com os amigos Raul Bopp e António de Alcântara Machado, a *Revista de Antropofagia*, cuja "primeira dentição" é editada de maio de 1928 a fevereiro de 1929.

1929 Lança, em 17 de março, a "segunda dentição" da *Revista de Antropofagia*, dessa vez veiculada pelo *Diário de S. Paulo* até 1º de agosto, sem a participação dos antigos colaboradores, os quais a revista passa a criticar. Com o apoio da publicação, presta uma homenagem ao palhaço Piolim no dia 27 de março, Quarta-Feira de Cinzas, oferecendo-lhe um almoço denominado "banquete de devoração". Ao longo do ano, rompe com os amigos Mário de Andrade, Paulo Prado e António de Alcântara Machado. Em outubro, sofre os efeitos da queda da bolsa de valores de Nova York. Recebe, na fazenda Santa Tereza do Alto, a visita de Le Corbusier, Josephine Baker e Hermann von Keyserling. Mantém uma relação amorosa com Patrícia Galvão, a Pagu, com quem escreve o diário "O romance da época anarquista, ou Livro das horas de Pagu que são minhas — o romance romântico — 1929-1931". Viaja para encontrar-se com ela na Bahia. Ao regressar, desfaz seu matrimônio com Tarsila, prima de Waldemar Belisário, com quem Pagu recentemente forjou um casamento.

1930 No dia 5 de janeiro, firma um compromisso verbal de casamento com Pagu junto ao jazigo da família Andrade, no cemitério da Consolação. Depois registra a união em uma foto oficial dos noivos, diante da Igreja da Penha. Viaja ao Rio de Janeiro para assistir à posse de Guilherme de Almeida na Academia Brasileira de Letras e é detido pela polícia devido a uma denúncia sobre sua intenção de agredir o ex-amigo e poeta Olegário Mariano. Nasce seu filho com Pagu, Rudá Poronominare Galvão de Andrade, no dia 25 de setembro.

1931 Viaja ao Uruguai, onde conhece Luís Carlos Prestes, exilado em Montevidéu. Adere ao comunismo. Em 27 de março, lança, com Pagu e Queirós Lima, o jornal *O Homem do Povo*. Participa da Conferência Regional do Partido Comunista no Rio de Janeiro. Em junho, deixa de viver com Pagu.

1933 Publica o romance *Serafim Ponte Grande*, contendo novo prefácio, redigido no ano anterior, após a Revolução Constitucionalista de 9 de julho, em São Paulo. Financia a publicação do romance *Parque industrial*, de Pagu, que ela assina com o pseudônimo Mara Lobo.

1934 Participa do Clube dos Artistas Modernos. Vive com a pianista Pilar Ferrer. Publica a peça teatral *O homem e o cavalo*, com capa de Nonê. Lança *A escada vermelha*, terceiro volume de *A trilogia do exílio*. Apaixona-se por Julieta Bárbara Guerrini, com quem assina, em dezembro, um "contrato antenupcial" em regime de separação de bens.

1935 Faz parte do grupo que prepara os estatutos do movimento Quarteirão, que se reúne na casa de Flávio de Carvalho para programar atividades artísticas e culturais. Conhece, por meio de Julieta Guerrini, que frequenta o curso de sociologia da USP, os professores Roger Bastide, Giuseppe Ungaretti e Claude Lévi-Strauss, de quem fica amigo. Acompanha Lévi-Strauss em excursão turística às cataratas de Foz do Iguaçu.

1936 Publica, na revista *O XI de Agosto*, o trecho "Página de Natal", que anos mais tarde fará parte de *O beco do escarro*, da série *Marco zero*. Termina a primeira versão de *O santeiro do Mangue*. Casa-se oficialmente com Julieta Bárbara Guerrini, no dia 24 de dezembro, em cerimônia que tem como padrinhos Cásper Libero, Candido Portinari e Clotilde Guerrini, irmã da noiva.

1937 Frequenta a fazenda da família de Julieta Guerrini, em Piracicaba, onde recebe a visita de Jorge Amado. Publica, pela editora José Olympio, um volume reunindo as peças *A morta* e *O Rei da Vela*. Colabora na revista *Problemas*, em 15 de agosto, com o ensaio "País de sobremesa" e, em 15 de setembro, com a sátira "Panorama do fascismo".

1938 Publica na revista *O Cruzeiro*, em 2 de abril, "A vocação", texto que será incluído no volume *A presença do mar*, quarto título da série *Marco zero*, que não chega a ser editado. Obtém o registro nº 179 junto ao Sindicato dos Jornalistas de São Paulo. Escreve o ensaio "Análise de dois tipos de ficção", apresentado no mês de julho no I Congresso Paulista de Psicologia, Neurologia, Psiquiatria, Endocrinologia, Medicina Legal e Criminologia.

1939 Em agosto, parte para a Europa com a esposa Julieta Guerrini a bordo do navio *Alameda*, da Blue Star Line, para representar o Brasil no Congresso do Pen Club que se realizará na Suécia. Retorna, a bordo do navio cargueiro *Angola*, depois de cancelado o evento devido à guerra. Trabalha para a abertura da filial paulista do jornal carioca *Meio Dia*, do qual se torna representante. Mantém nesse jornal as colunas "Banho de Sol" e "De Literatura". Publica uma série de reportagens sobre personalidades paulistas no *Jornal da Manhã*. Sofre problemas de saúde. Retira-se para a estância de São Pedro a fim de recuperar-se da crise.

1940 Candidata-se à Academia Brasileira de Letras, dessa vez para ocupar a vaga de Luís Guimarães Filho. Escreve uma carta aberta aos imortais, declarando-se um paraquedista contra as candidaturas de Menotti Del Picchia e Manuel Bandeira, que acaba sendo eleito. Como provocação, essa carta, publicada no dia 22 de agosto no Suplemento Literário do jornal *Meio Dia*, vem acompanhada de uma fotografia sua usando uma máscara de proteção contra gases mortíferos.

1941 Relança *A trilogia do exílio* em volume único, com o título *Os condenados*, e os romances agora intitulados *Alma*, *A estrela de absinto* e *A escada*, pela editora Livraria do Globo. Encontra-se com Walt Disney, que visita São Paulo. Monta, com o filho Nonê, um escritório de imóveis.

1942 Publica, na *Revista do Brasil* (3ª fase), do mês de março, o texto "Sombra amarela", dedicado a Orson Welles, de seu futuro romance *Marco zero*. Participa do VII Salão do Sindicato dos Artistas Plásticos de São Paulo. Julieta Guerrini entra com pedido de separação em 21 de dezembro. Depois de conhecer Maria Antonieta d'Alkmin, dedica-lhe o poema "Cântico dos cânticos para flauta e violão", publicado como suplemento da *Revista Acadêmica* de junho de 1944, com ilustrações de Lasar Segall.

578

1943 Publica *A revolução melancólica*, primeiro volume de *Marco zero*, com capa de Santa Rosa, pela editora José Olympio. Com esse romance, participa do II Concurso Literário patrocinado pela *Revista do Brasil* e pela Sociedade Felipe de Oliveira. Em junho, casa-se com Maria Antonieta. Inicia, em 16 de julho, a coluna "Feira das Sextas" no *Diário de S. Paulo*. Encontra-se com o escritor argentino Oliverio Girondo, que visita o Brasil com a esposa, Norah Lange. Por ocasião do encerramento da exposição do pintor Carlos Prado, em setembro, profere a conferência "A evolução do retrato".

1944 A partir de 1º de fevereiro, começa a colaborar no jornal carioca *Correio da Manhã*, para o qual escreve a coluna "Telefonema" até o fim da vida. Em maio, viaja a Belo Horizonte a convite do prefeito Juscelino Kubitschek, para participar da I Exposição de Arte Moderna, na qual profere a conferência "O caminho percorrido", mais tarde incluída no volume *Ponta de lança*. Concede uma entrevista a Edgar Cavalheiro, que a publica como "Meu testamento" no livro *Testamento de uma geração*.

1945 Participa do I Congresso Brasileiro de Escritores, realizado em janeiro. Viaja a Piracicaba, onde profere a conferência "A lição da Inconfidência" em comemoração ao dia 21 de abril. Em 22 de maio, anuncia o nome de Prestes como candidato à presidência e lança o manifesto da Ala Progressista Brasileira. Publica *Chão*, o segundo volume de *Marco zero*, pela editora José Olympio, e também edita sua reunião de artigos intitulada *Ponta de lança*, pela Martins Editora. Publica, pelas Edições Gaveta, em volume de luxo, com capa de Lasar Segall, *Poesias Reunidas O. Andrade*. É convidado a falar na Biblioteca Municipal de São Paulo, onde pronuncia a conferência "A sátira na literatura brasileira". Discorda da linha política adotada por Prestes e rompe com o Partido Comunista do Brasil, expondo suas razões em uma entrevista publicada em 23 de setembro no *Diário de S. Paulo*. Publica a tese *A Arcádia e a Inconfidência*, apresentada em concurso da cadeira de Literatura Brasileira da Universidade de São Paulo. Recebe o poeta Pablo Neruda em visita a São Paulo. Publica o poema "Canto do pracinha só", escrito em agosto, na *Revista Acadêmica* de novembro, mês em que nasce sua filha Antonieta Marília de Oswald de Andrade.

1946 Participa do I Congresso Paulista de Escritores que se reúne em Limeira e presta homenagem póstuma ao escritor Mário de Andrade. Assina contrato com o governo de São Paulo para a realização da obra "O que fizemos em 25 anos", projeto que acaba sendo arquivado. Em outubro, profere a conferência "Informe sobre o modernismo". Em novembro, publica, na *Revista Acadêmica*, o ensaio "Mensagem ao antropófago desconhecido (da França Antártica)".

1947 Publica, na *Revista Acadêmica*, o poema "O escaravelho de ouro", dedicado à filha Antonieta Marília e com data de 15 de abril de 1946. Candidata-se a delegado paulista da Associação Brasileira de Escritores, que realiza congresso em outubro, em Belo Horizonte. Perde a eleição e se desliga da entidade por meio de um protesto dirigido ao presidente da seção estadual, Sérgio Buarque de Holanda.

1948 Em 28 de abril, nasce seu quarto filho, Paulo Marcos Alkmin de Andrade. Nessa época, participa do I Congresso Paulista de Poesia, no qual discursa criticando a chamada "geração de 1945" e reafirma as conquistas de 1922.

1949 Profere conferência no Centro de Debates Cásper Líbero, no dia 25 de janeiro, intitulada "Civilização e dinheiro". Em abril, faz a apresentação do jornal *Tentativa*, lançado pelo grupo de intelectuais residentes em Atibaia, a quem concede entrevista sobre a situação da literatura. Profere conferência no dia 19 de maio no Museu de Arte Moderna, onde fala sobre "As novas dimensões da poesia". Recebe, em julho, o escritor Albert Camus, que vem ao Brasil para proferir conferências. Oferece-lhe uma "feijoada antropofágica" em sua residência. Inicia, no dia 5 de novembro, a coluna "3 Linhas e 4 Verdades" na *Folha da Manhã*, atual *Folha de S.Paulo*, que mantém até o ano seguinte.

1950 No dia 25 de março, comemora seu 60º aniversário e o Jubileu de *Pau Brasil*; participa do "banquete antropofágico" no Automóvel Club de São Paulo, em sua homenagem. O *Diário de Notícias*, do Rio de Janeiro, publica, no dia 8 de janeiro, o "Autorretrato de Oswald". Em fevereiro, concede entrevista a Mário da Silva Brito, para o *Jornal de Notícias*, intitulada "O poeta Oswald de Andrade perante meio século de literatura brasileira". Em abril, escreve o artigo "Sexagenário não, mas Sex-appeal-genário" para o jornal *A Manhã*. Participa do I Congresso Brasileiro de Filosofia com a comunicação "Um aspecto antropofágico da cultura brasileira, o homem cordial". Publica, pela gráfica Revista dos Tribunais, a tese *A crise da filosofia messiânica*, que pretende apresentar à Universidade de São Paulo, em um concurso da cadeira de Filosofia, mas não pode concorrer. Lança-se candidato a deputado federal pelo Partido Republicano Trabalhista com o lema "Pão-teto-roupa-saúde-instrução-liberdade".

1951 Em janeiro, entrega a Cassiano Ricardo um projeto escrito a propósito da reforma de base anunciada por Getúlio Vargas. Propõe a organização de um Departamento Nacional de Cultura. Suas dificuldades financeiras acentuam-se. Consegue negociar um empréstimo junto à Caixa Econômica para conclusão da construção de um edifício. Recebe o filósofo italiano Ernesto Grassi, a quem oferece um churrasco em seu sítio em Ribeirão Pires. No dia 8 de agosto, a *Folha da Manhã* publica seu perfil em artigo intitulado "Traços de identidade".

1952 Em 17 de fevereiro, o suplemento Letras & Artes do jornal carioca *A Manhã* republica o "Manifesto da Poesia Pau Brasil" entre a série de matérias comemorativas dos trinta anos da Semana de Arte Moderna. Faz anotações para um estudo sobre a Antropofagia, escrevendo os ensaios "Os passos incertos do antropófago" e "O antropófago, sua marcha para a técnica, a revolução e o progresso". Passa temporadas no sítio de Ribeirão Pires e em Águas de São Pedro para tratamento de saúde. Em dezembro, escreve "Tratado de Antropofagia"; é internado na Clínica São Vicente, no Rio de Janeiro.

1953 Participa do júri do concurso promovido pelo Salão Letras e Artes Carmen Dolores Barbosa e dirige saudação a José Lins do Rego, premiado com o romance *Cangaceiros*. Passa por nova internação hospitalar no Rio de Janeiro, durante o mês de junho. Publica, a partir de 5 de julho, no caderno Literatura e Arte de *O Estado de S. Paulo*, a série "A Marcha das Utopias" e, a partir de setembro, fragmentos "Das 'Memórias'". Recebe proposta para traduzir *Marco zero* para o francês. Em dezembro, sem recursos e necessitando de tratamentos de saúde, tenta vender sua coleção de telas estrangeiras para o Museu de Arte Moderna do Rio de Janeiro, que forma seu acervo, e os quadros nacionais para Niomar Moniz.

1954 A partir de fevereiro, prepara-se para ministrar o curso de Estudos Brasileiros na Universidade de Uppsala, na Suécia. Altera a programação e prepara um curso a ser dado em Genebra. Não realiza a viagem. Em março, é internado no hospital Santa Edwiges e escreve o caderno de reflexões "Livro da convalescença". Em maio, passa por uma cirurgia no Hospital das Clínicas. Profere a conferência "Fazedores da América — de Vespúcio a Matarazzo" na Faculdade de Direito da USP. É homenageado pelo Congresso Internacional de Escritores realizado em São Paulo. É publicado o primeiro volume planejado para a série de memórias, *Um homem sem profissão. Memórias e confissões. I. 1890-1919. Sob as ordens de mamãe*, com capa de Nonê e prefácio de Antonio Candido, pela José Olympio. Seu reingresso nos quadros da Associação Brasileira de Escritores é aprovado em agosto. Em setembro, é entrevistado pelo programa de Radhá Abramo na TV Record. Em outubro, é novamente internado; falece no dia 22, sendo sepultado no jazigo da família, no cemitério da Consolação.

ESTA OBRA FOI COMPOSTA POR OSMANE GARCIA FILHO EM MINION
E IMPRESSA PELA GRÁFICA BARTIRA EM OFSETE SOBRE PAPEL PÓLEN SOFT
DA SUZANO S.A. PARA A EDITORA SCHWARCZ EM JANEIRO DE 2022

A marca FSC® é a garantia de que a madeira utilizada na fabricação do papel deste livro provém de florestas que foram gerenciadas de maneira ambientalmente correta, socialmente justa e economicamente viável, além de outras fontes de origem controlada.